书院的理念与探索

——复旦大学书院讲演录 Ⅱ

吴晓明 主编

复旦大学出版社

内容提要

  学术专题讲座、师生沙龙活动、经典研读小组、科创实践项目……十余年寒暑，复旦大学住宿书院制度自2005年实行以来，逐渐实现了将通识教育从理念导向实践；千百次朝夕，住宿书院制度依托文化育人的住宿园区、师生共享的公共空间和学生自我管理的教育平台，将第二课堂的优势发挥得淋漓尽致。

  书院课堂永远无法缺少教师。在教书育人的工作中，书院导师付出了拳拳心力；在科研创新的道路上，书院导师成就斐然。朝花夕拾酿以为酒，我们谨将导师们的部分演讲辑于本书。这些演讲跨越人文、社科、自然科学、工程技术和医学等，或是深入浅出地传达了学科的前沿动向，或是展开了异彩纷呈的学术争鸣，或是富含创造力和创新性思维，又或是蕴含认真严谨的推理探索。

  在收录和整理的过程中，我们尽可能地保留了导师演讲的原貌，期望读者在细细品味的同时，既得以身临其境地感受导师卓越的学术才华，又能够在字里行间一探复旦大学兼容并蓄、独立自由、开拓进取的治学精神和风貌。

  囿于篇幅，于本书编者而言，用思想的断章绵延成曲，颇需一番力气；基于志趣，于启封此书之书友而言，寻觅的好景也多有不同。然而我们依然期待，涓流汇集于此或有声响，以飨读者。

主　编
　　吴晓明　复旦大学复旦学院（本科生院）院长
编　委
　　徐　雷　复旦大学副校长
　　　　　　教务处处长兼复旦学院（本科生院）常务副院长
　　徐　瑾　复旦大学学生工作部部长
　　童　兵　复旦大学志德书院院长
　　汪源源　复旦大学腾飞书院院长
　　彭裕文　复旦大学克卿书院院长
　　王德峰　复旦大学任重书院院长
　　周鲁卫　复旦大学希德书院院长

序　言

吴晓明

吴晓明，哲学博士。现任复旦大学哲学学院教授，教育部"长江学者"特聘教授，复旦大学本科生院院长、马克思主义研究院院长。长期从事哲学专业的教学与科研，主要学术方向为马克思主义哲学、中西哲学比较研究等。主要学术兼职有国务院学科评议组（哲学）成员、全国马克思主义哲学史学会副会长、教育部教学指导委员会（哲学）副主任委员、上海市社联副主席、上海市哲学学会会长等。

复旦大学的通识教育在大陆起步较早,积累颇丰。我们的"通识教育"主要包括两个方面:一方面是指通识教育的核心课程,另一方面是指书院的建设。推行通识教育、书院教育以及书院导师制的宗旨可以用4个字来概括,即"保卫大学"。现在有许多情形、做法以及流俗的趋势,都使大学的基本理念在很大程度上被瓦解。而我们建设书院制度的宗旨和目标是明确的,这一宗旨和目标是与复旦大学,特别是与本科生的培养目标联系在一起的,它促使我们着力于专业教育和通识教育的综合推进。这其中也包含了复旦大学对于本科生教育提出的要求,主要有以下3点。

一是精深的学术能力。复旦大学的本科生培养并不仅仅是使学生尽快找到一份赖以为生的职业,而是首先要使学生具备较为精深的学术能力。大学要培养的是综合能力的人才,而对于这种综合能力的人才来说,复旦大学的第一要求就是使之具备精深的学术能力。有人可能会说,课堂上教的就是学术能力,但如果学生在院系读书仅仅是为了找一份职业,而不是培养精深的学术能力,那么复旦大学的本科生教育在很大程度上是失败的。因此,对于本科生的培养来说,复旦大学的人才培养目标首先是较为精深的学术能力,并以这种学术能力为轴心来构建整体的综合能力。

二是批判的思想。现在人们经常说知识和学问,却很少谈思想。这也许是因为一般的学校不对"思想"提出要求,但是复旦大学必须要提!如果学生学了很多知识和学问,但是他依然缺少批判的思想,那么这与复旦大学的培养目标就会有很大的差距。"知识"和"思想",两者非常不同,但人们现在却往往把它们等同起来。孔夫子说,"学而不思则罔,思而不学则殆","学"是知识、学问,"思"是批判的思想。"学而不思则罔","罔"是什么?是糊涂。一个人从本科一直读到博士,理应学富五车,但他若"学而不思",那就是糊涂;反过来,"思而不学则殆",他若只是埋头思考,而不去掌握知识和学问,就会"殆",即行之不远。因此导师们非常重要的职责,就是帮助本科生在学习的过程中,一方面掌握知识和学问,一方面开启他们批判的思想。这一点在今天特别重要,因为我们的学术长期以来处于外部学术的"学徒状态",而当今中国的发展正面临着重要的转折,在这个转折过程中,思想将成为当务之急。

三是家国的情怀和社会的责任。有人对我说,80后、90后与我们之间,存在的是代沟,但00后和我们之间存在的不是代沟,而是两种不同类型的文明。事实上,不论是哪一代人,在复旦大学的培养目标中,都一定包括家国的情怀和社会的责任。如果说我们的培养目标是具有综合能力的领袖型人才,那么这样的人才必然要有家国情怀和社会责任,因为综合的能力中本来就包含这一点,而且是本质重要地包含这一点。我们需要有更多的优秀人才能够承担起社会的责任。两个智商相当、才华相当的人,他们未来的发展空间在很大程度上取决于他们的胸怀,取决于他们的担当。

鉴于此,书院教育承担着重要的责任,即把培养复旦大学本科生人才的最基本目标放在首位,通过各种师生对话交往形式,弥补课堂教学中的不足,使学生们能够在成长过程中得到较高的学术水准、批判的思想,以及家国的情怀和社会的责任。在这个过程中,一定要有师生之间的交流和对话。书院里形式多样的学术文化特色活动为这一对话提供了可能,学术讲座沙龙、经典研读小组、科创实践项目、服务学习课程等,都是承载我们立德树人理念的育人方式。其中,各类书院讲座沙龙的开办是书院育人活动的一项重要内容,其目的在于希望通过邀请校内外各个领域的名家大师讲学传道,为书院乃至全校的广大师生,提供一个开拓视野、交流思想、启迪智慧的平台,引导和激励大学生在学习与交流中鉴往知来、融汇中西、兼备文理、发掘自我,充分汲取人类文明的伟大成果,进而助力学生成长,造福国家和社会。

  本书辑录了近年来复旦大学五大书院举办的各类学术专题讲座精华,内容涵盖人文、社科、自然科学、工程技术和医学等各大领域,所收文章皆为专家、教授、知名学者、社会名流在复旦大学的精彩演讲。文章兼容并蓄、深入浅出、简练朴素,既有引人深思的深厚学理,又有催人奋进的人生智慧。我们将其汇集于此,以飨读者。

2019 年 5 月

目录 CONTENTS

序言 ·· 吴晓明　001

志 德 书 院

线条的可能性 ··· 陈文明　001
地震救援中的创伤辅导 ································· 付　芳　024
从国际法解读中美韩关系和东亚局势 ····················· 马忠法　036
经典是我们的护身符 ··································· 吴勇立　048

腾 飞 书 院

第三代半导体 ··· 方志来　056
做有智慧有温度的人工智能研究 ························· 张文强　064
人文精神照亮数字化生存——兼谈计算机专业教育中的通识理念 ··· 戴开宇　070
未来的光纤传感网之星——分布式光纤传感 ··············· 肖　倩　080
薄膜力学与应用 ······································· 徐　凡　092

克 卿 书 院

十面"霾"下，我们该如何自救 ·························· 白春学　103
我的外科人生与哲学思考 ······························· 余　波　112

医学的走向 ……………………………………………………… 张俊祥　121
关注儿童用药安全,呵护儿童生命健康 ………………………… 马　国　133

任 重 书 院

东方之道与西方理论——国际政治学视野中的传统思想 ……… 陈玉聃　153
谈谈"成于乐" ……………………………………………………… 张汝伦　166
言盈天下——近代中国文化自信重建中的墨学复兴 …………… 何爱国　173
文创与休闲先驱——论17世纪的文化巨匠李渔 ………………… 杨光辉　182

希 德 书 院

奋斗、机遇、物理 …………………………………………………… 郝柏林　197
如何轻松学习做科研——从"纳米催化与未来能源"谈起 ……… 赵东元　222
用基因拨开早期历史的迷雾 ……………………………………… 李　辉　235
推动课堂教学革命,提高课堂教学质量 ………………………… 陆　昉　257

后记 …………………………………………………………………… 270

线条的可能性

陈文明

【主讲人简介】 陈文明，字大宽，号容一斋，别署宽彦山房，是学院派代表书家。湖南师范大学美术学院中国书法研究所所长、中国书法家协会会员。本科毕业于中国美术学院国画系书法篆刻专业，硕士毕业于浙江大学艺术学院，2012年入中央美术学院写意花鸟专业博士班，师从张立辰教授。

【讲座摘要】 书法艺术是无言的诗，无行的舞，无图的画，无声的乐。书法的最初始状态为线条，书法由此"线"而生万象；笔行墨砚，尺寸之间的无穷魅力经千年而不减，风云变幻尽在笔意之中。陈文明先生通过研究线条的5种气格，阐明了线条在五体书法中的可能性、东西方线条及其美学内涵，与大家分享"书法是在消解什么而不是获得什么"的心得体悟。

在对书法的感受和理解中,我们有时把书法说得特别沉重,有时把书法说得特别轻松。

对于我来说,我从小就特别喜欢书法,后来知道这个专业可以考大学。在我上大学时,我觉得自己最感兴趣的是每次上课老师是用什么样的方法让我们掌握知识点,这种感觉让我印象特别深刻。我讲两个例子。我们三年级在做草书训练时,老师为班上5个同学分别选择了不同的草字法帖,让我们用1个月的时间练习这5篇草字法帖。具体来说,是按照下面的方法进行训练:1个月可以分为4周,第一周让我们快速地把5篇草书能临多少遍就临多少遍,只有数量的要求而没有质量的要求,不求写的质量有多好;第二周一篇字帖只许写一行,要求我们在1周内完成每一篇帖;在第三周时,只允许写一篇帖里的一个字,这个字写1周时间;到第四周就只允许写一根线条。最后在草书课程考试时,老师从家里拿了一张宣纸,往桌子上一放,每个人带上自己的毛笔和墨,分别在纸上写5根线条,不需要用任何语言去表达,每个人就用视觉告诉我们这根线条是谁写的,这时在场的同学和老师来为这5根线条打分。这个打分是没有标准的,但是每个人心中都知道谁的分数最高。在这个过程中就会发现一件很有意思的事情,就是每个人的天性都被挖掘出来,比如,你可能更喜欢徐渭或者米芾,再或者其他人,也就是说,你会找到一个你很契合的点。每个人都会有两三根线条是弱项,有一两根线条是强项,只要一落笔,大家就明白你告诉我们这根线条是谁的。我想从这个角度告诉大家,其实线条有无数种可能(图1)。

图1 线条的可能性

书法,线条是底线,节奏是线条的生命。如果在一根线条中,你不注意一定的节奏,在书法的表述过程中,你不强调线条的质量感、节奏感、厚度感、力量感,如果你不对线条有这样的一种追求,你会发现书法是趴在纸上的,就像启功先生讲的:"你的作品挂在展厅的时候,你往后退,线条是跟着你跑的。"这是什么意思呢?就是说因为线条是立体的,唯有毛笔强调线条的质量,才能产生线条的立体感,只有把毛笔竖起来书写,才会有这样的立体感。毛笔要竖起来,就像人要直立一样。曾国藩说:"养活一团春意思,撑起两根穷骨头。""扬州八怪"的黄慎这样写竹子的精神:"未出土时先有节,到凌云处亦虚心。"就是说竹子还没有长出来时,人还没有出生时,气节就已经具有了。在书法书写中,横画就是"担当",竖画就是"脊梁"。如果说没有这样的对线条的需求,以及对中国传统文化线条的体会和感受,我想书法就只能是写字。这是我在讲座前与大家的分享。

立志不随流俗转　留心学到古人难

"立志不随流俗转,留心学到古人难。"我记得有一次湖南卫视做了一个节目,其中有3个主持人,一个是高晓松,一个是何炅,还有一个我不记得了。节目中有个清华的学生会主席上台,他说自己本科读的是社会学,研究生读的是什么,博士读的是什么,他现在已经博士毕业,然后请老师告诉他,他该去做什么工作。高晓松当时说的第一句话就是:"你的名字我在你们校长口中都听说过,在清华有这么一个优秀的学生。可是你在毕业的时候还在考虑自己要找什么工作,而不是为这个国家去担当什么,这就是学校的悲哀,就是教育的悲哀,也是你自己的悲哀。"我想说,任何一个人在做选择时,笔墨表达也好,还是技术层面也好,你首先要立志,首先要有方向,有了方向你才能去寻找方法。

我们经常讲,用尽一生的力气却发现学不到古人,只能从中找寻一点点东西。我们在学书法的时候,我说:"要么像古人,要么像自己,别做得既不像古人又不像自己。"像古人是为了提升笔墨的技术含量,像自己则是为了寻找自己内心的天性,把自己内心有意思的一面进行挖掘再放大,在表达中运用比较关系。

诗是什么?在汉语字典中,"诗"是用高度凝炼的语言形象地表达作者的丰富情感,集中反映社会生活并具有一定节奏和韵律的文学体裁。在西方哲学家的解释中,诗是翻译中失去的东西。我们用两张图(图2)来说明,图(a)是中国美院学生画的线条稿,图(b)是德国版画家画的铅笔稿版画。从图(b)中素描的画面、线条在纸上搓揉的质感所产生的一种粗糙的生活环境,以及从小孩的眼神和妇女弯背的形态中,我们可以从线条读到图画中的内容。为什么说诗是翻译中失去的东西?我们常说"白日依山尽",用现代文翻译就是"太阳完全落山了"。大家可以发现,在翻译这句话的时候,翻译出来的东西恰巧不是诗的本意,没有说出来的东西恰巧就是诗的本身,我们心里都明白那个东西是什么,但是那个东西是什么要靠感受力知晓,不是知识教会的。比如,在展厅里挂有一幅作品,每个人来看的感受是不同的,看到的是不同的作品。如果作品的作者要向每一个人解释,就会有两层含义:第一层含义是作品表现很失败,作品失败了,才要用语言告诉人;第二层含义是在描述作品时所有的表述都是附加给作品的,都是多余的。就像我们选择一个很美的物件摆在居室里,你能感觉到它在说话;就像把青铜器摆在博物馆里,你不需要任何的语

(a) 中国美院学生的线条稿　　　　　　(b) 法国版画家的铅笔稿版画

图 2　线条稿和铅笔稿版面

言,你就能感受到它自己在说话。任何时候追加的语言和词汇都是多余的,艺术是靠感受的,而不是依靠知识去传授。

我们来看两幅作品(图 3)。图(a)是一幅工笔画,图(b)是一幅写意画,一个讲形与像,一个讲神与意。工笔画是宋徽宗的《写生珍禽图》,拍了 3.2 亿;齐白石送给蒋介石 60 岁大寿的《松鹰图》再加上副对联,拍了 3.9 亿,是写意画。我打一个不太恰当但是又形象的比喻,工笔画是把功夫全部花在你看得到的地方,写意画则是把功夫花在你看不到的地方。你看八大山人的荷花,用了几笔都可以数得出来,叶子就是 5 笔,但是营造的意境淡远、深幽,给人的感觉是与世无争、高洁空灵。我们的这些感受都是画家用笔墨呈现出来的,这是最难的。宋徽宗在一次画师的考试中,出了个题目叫做"深山埋古寺",很多画师画了很多高山,后面露出庙宇的屋檐一角,但是有位画师只画了一座山,山前有个山坡,山坡边上有口井,井的旁边有两个和尚在打水。有和尚必有庙,可见这个寺庙埋得有多深,这就是艺术表达所要让大家感受到的东西。

我们再来看两幅作品(图 4)。图(a)是一幅写实的油画,图(b)是高更的一幅油画,我

(a) 形与像　　　　　　　　　　　　(b) 神与意

图 3　工笔与写意

们从中可以感受,充分不等于填满。从图(b)我们可以看到,画家的笔触是有着意处和无着意处。所谓的着意处,就是画家对这一块和整个画面主题的交代,这让我们感觉画家似乎毫无要表达它的意思,但是又把它清晰地呈现出来。图(a)则是把每一个物品都画得很清楚,每一个都不是焦点,恰巧就平衡了,这就是充分不等于填满,也就是说,如果要充分表达的时候可能只要几个字,有时候我们会发现说100个字不如说四五个字。

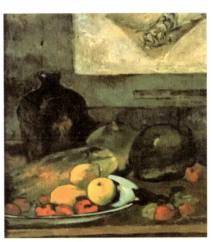

(a) 写实油画　　　　　　　　　　(b) 高更的油画

图4　充分不等于填满

我们来看两个艺术品(图5)。图(a)是个陶瓷罐,图(b)是个小花插,大家从中可以明显地感觉到一个巧,一个拙。巧是雕饰,而拙是不加任何雕饰的朴实自然之气,这种美是安安静静的美。中国有个词叫"顿悟",人往往顿悟一次就会变"拙",再顿悟一次就变得越来越拙、大彻大悟。这是什么意思呢?就是越来越耐人寻味,越来越富有内涵,越来越向内收敛,越来越修炼自己。这就是艺术表达的巧与拙。

(a) 巧　　　　　　　　　　(b) 拙

图5　巧与拙

石不能言最可人(图 6)。这两个盆景都已经做得很好了,但是我们从这两幅作品里可以看到一个审美的本质区别:一个是为石头做架子,一个是为石头呈现它的价值。这完全不同,就像我在家里摆一盆花,我是为了塞满空间,因为这个地方缺东西,还是为这个地方锦上添花。我在做一幅作品的时候,我做一个颜色,做一个标签,做一个形式,是为了掩盖技巧的不足,还是为了让作品锦上添花,这是完全不同的。所以,我们在表达中透露出的一个是造型,一个是质感。

(a) 造型　　　　　　　　　　(b) 质感

图 6　石不能言最可人

启功先生说:"我见过即为我所有。"每年 11 月大家都会到故宫看展览,有人排队甚至排了 12 个小时,去看《千里江山图》。故宫每年都会晒画,什么是晒画呢?晒画不是拿到太阳底下晒,就是把它从箱子里拿出来见光,这就是晒画。故宫有多少件文物?几十万件,也就是说,某一年晒过的画可能在其后的 50 年都不会再拿出来了,这就是大家为什么要去看的原因。这一天看到的这幅画,可能这一辈子都不会再看到了。"我见过即为我所有",我会把在故宫的那幅画前感受到的笔墨信息,感受到的人文信息,感受到的这种气场,带到我的书房,带到我与朋友分享的茶房,带到我的笔墨中。"我见过即为我所有"而不是想方设法地用几十个亿把这幅画买回来。我们到底想要得到什么?得到的是它给你带来的想象力和精神体验。

这是我们在上海建筑设计事务所改造的一个空间(图 7),图(a)是改造之前,图(b)是改造之后。这样的空间和线条,有无数的想象力,就是说当我们置身在这样的环境中时,我们会对空间有感受。另外的设计师可能会有另外的感受,每个人都会不同,会产生无限的遐想,线条空间有无数的可能。我们经常讲,我们的灵魂跟不上我们的脚步,这是什么意思呢?我们在做每件事情、每一次都被别人推着往前走一步时,你就发现后面的每一步都是被推着往前走。但如果你的第一步是主动迈出的,你会发现后面的每一步都是主动迈步往前走,这就是前后的本质区别。

(a) 改造前　　　　　　　　　(b) 改造后

图 7　空间的改造

我们来看标准体和书法体(图 8)。图(a)的左边是美术字宋体,中间是九成宫字体,右边是颜真卿的颜氏楷书。对于图(b),我们在学习过程中可以看到：第一,最上边线条的边缘线是机械线;中间的是纯粹的徒手线,是有温度的线条;最下边的是介于两者之间的线条,既类似于机械线,实际上又是手写出来的,那么,它在控制什么? 它在训练什么? 它在控制一根线条的边缘线的起伏和造型。我们发现学书法不宜从楷书开始,为什么呢? 大家看到这里已经很清楚,楷书的横划都是向右上斜,篆书是对称的,隶书是水平的。第二,楷书强调起笔和收笔,以及中间运笔整个形状的塑造,隶书只要回锋过来就行了,篆书只要藏锋过来就行了,它们都不需要形状的塑造,在起笔以后一以贯之地保持匀速的力量推到最后一个毫,它们的控制在强调筋,在控制边缘的起伏变化,在控制造型。颜筋柳骨,要先学筋骨,再学外形。我们在连毛笔都能不熟练书写的情况下,要去塑造这样有造型的线条,而且是著名书法家的代表作,写上一段时间就会觉得毛笔一点儿都不好玩,一辈子都不想学书法了。所以,我们先解决一根线条中段的稳定性,如果你觉得写得轻松简单,

(a) 汉字　　　　　　　　　(b) 笔画

图 8　汉字的标准体与书法体

就去学行书。学行书学什么？因为行书的起笔收笔行笔的角度要比楷书的变化丰富，这个时候就可去寻找适合自己笔画角度的法帖来训练起笔收笔行笔角度的丰富性，训练自己的用笔角度。通过行书这样的角度练习，加上前面篆书那样的中锋线条练习，再去学习写楷书。其实就是为了写好楷书，不能先从楷书入手，要先做训练。

　　我们再来讲讲欣赏层面。这两幅作品是我在一个展览上的两幅作品（图9），我问大家读得懂吗？大家会说，图(a)读得懂，图(b)读不懂。图(a)读得懂是因为大家认识它的字，图(b)中的字大家不认识，这就是我接下来要讲的书写内容与书法内容。什么是书法内容？笔墨线条的质感、节奏和笔墨与笔墨之间的组合关系让人产生美感。我们在现代社会拿起毛笔，不是再要大家读懂书写内容，而是要大家读懂书法内容。我们现在使用毛笔只能是艺术要求，没有任何实用性，我们现在连钢笔都不拿，还拿毛笔书写吗？拿上毛笔就不要从让别人读懂和认识的角度书写，而是要从线条能不能打动人的角度去书写。张旭的狂草，历经一千多年已经成为经典法帖，青铜器的毛公鼎是台北故宫的一件镇馆之宝，这些文字很多人都不认识。我们要能够读懂书法内容和书写内容，书法内容是审美，书写内容是实用。

(a) 书写内容　　　　　　　　(b) 书法内容

图9　书写内容与书法内容

　　书法也有时序性、空间性（图10）。中国的笔墨一直强调一笔生两笔，两笔生三笔，三笔生万笔，而西方的美术构成理论则强调构成，强调点线面，这两种都有美的成分在里面，但美的感受是不一样的。图(a)是从第一笔开始直到最后一笔，中间的起伏千变万化；图(b)完全是一种构成的表达，有居有狭，有方有圆，有虚有实。欣赏图(b)这样的当代抽象作品时，要去想这里为什么来个三角形？这里为什么要有横向的一块黑？这里为什么黑里有白？这里为什么要斜的？这里为什么要黄色？这里为什么要有机械线？你一点点、一层层地去掉，去掉之后就是白板，然后再用自己的想象力一点点、一层层地加入，分析有和没有时会有什么不同，会带来哪些情绪。三角形倒立会给人带来不安全感、不稳定性，就会一步一步、慢慢地给心理带来不同的反应。这就是当代艺术,它是靠空间构成的,而笔墨艺术强调时间性。我们一件作品有好多年了,有年代感,是时间沉淀的。我拿了毛笔才知道你那一笔那么轻松地写出来,而我写了半天都没有写出来,这就是时间感,是因为从这一笔看到背后花了多少时间在修补它,在消解它,在提炼它,就是为了达到心中的线条。

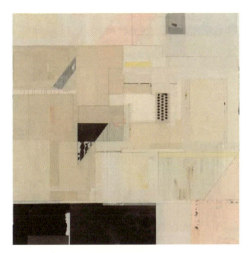

(a) 中国笔墨的时间性　　　　(b) 当代艺术的空间性

图 10　书法的时间性与空间性

书法中五气的可能性

易经中强调金木水火土五行,文艺理论中强调五气。金气,阳刚正大,融铸屈铁(图11),对应的作品如金文。图(a)是西周早期的金文,图(b)是我根据这样的笔墨关系创作

(a) 西周金文　　　　(b) 大道至简

图 11　书法中的金气:阳刚正大,融铸屈铁

的"大道至简"4个字。这样的笔墨呈现,我们认为它是一种金气,给我们带来金石器感,落下来是有声音的,砸下来是有火花的。

木气,性直情和,质朴无伪(图12),就像《兰亭序》中的线条。木气就像我们从森林里砍下一棵树,把树形去掉后那种线条的质感,一览无余,你会发现很难捕捉这样的线条,这种线条很难写。图(a)的秦代篆书把每根线条控制到那样精准的程度,这就是掌控力。图(b)中《兰亭序》把每根线条塑造得干净利落,这就是掌控力。

(a) 秦代篆书　　　　(b) 王羲之《兰亭序》

图12　书法中的木气:性直情和,质朴无伪

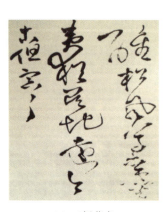

(a) 王铎草书　　　　(b) 张旭草书

图13　书法中的水气:通灵隐谈,变化无常

水气,通灵隐谈,变化无常(图13)。从第一笔开始,就很难捕捉下一笔往哪个方向,它永远是无常的,然而它又无时无刻不隐藏在你的内心,平静又隐谈,通过线条能找到无数个可能。比如,这个地方要粗,这个地方要圆,我只有写出来才知道它要粗到什么程度、圆到什么程度,但是你的心里是有预想的,有这种隐隐约约的感觉。

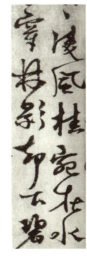

(a) 龙门二十品　　　　　(b) 清代杨维桢行书

图 14　书法的火气：热情向上，性急情恭

火气，热情向上，性急情恭（图14）。图（a）中每一个点画三角形特别明显，我刚才说了三角形是有提示性的。图（b）不仅仅是点画三角形，它的抛物线特别明显，注意每根线条落笔以后抛出的弧线，这也是一种火气。

土气，浑厚朴实，吞吐大荒之气（图15）。我们来看经典法帖。图（a）是魏碑汉隶，图（b）是汝南王墓志铭。它们给人的感觉是什么？就是非常朴实，不需要做任何雕饰，就是安安静静地排在那里，你会发现它憨憨的，很有智慧。

(a) 魏碑汉隶　　　　　　(b) 汝南王墓志铭

图 15　书法的土气：浑厚朴实，吞吐大荒之气

金木水火土五气，我们每个人写字的时候，身上都会具有这五气中的一种。比如，刚才这些法帖,我们每个人心中都会有自己喜欢的,也就是说,你会发现它们与你五行中的金木水火土极其相像。我们每个人身上都有天性,无论是哪方面的表现,演讲也好,诗歌也好,每个人身上都有自己的天性,但是我们总会把天性的东西丢掉。我们练书法,要把颜真卿的东西"装"到自己身体里面,你会发现你把他"装"进来,却把自己丢掉了,我们应该发现自己的东西,之后去提炼,去寻找对应的合理性,再进行传承和学习,这就是艺术的教育。

宋代有位书法家叫吴琚,董其昌把他评为"米芾第二"。大家听清楚,吴琚学米芾学得再像,留下的也是"米芾第二"的名号。在艺术表达中,最主要的就是把每个人身上的特质挖掘、发挥出来。盲目地去学别人的优点,还不如踏踏实实地看到自己的长处,才能找到非常完整的笔墨体系。

赏味一根线　打通五体书

五体书分为碑学和帖学两大体系,碑学通常包括篆书、隶书、楷书(魏碑),帖学通常包括楷书(唐楷)、行书、草书。

"掌握一根线,打通五体书。"我们在练习书法时总是说,如果楷书没写好三五年就别去写行书,然后如果行书没练个几年就别去写草书,好啦,这样一算下来,花上十几年还不是专业的,书法太不好玩了。我要跟大家讲,可以用一根线条打通五体。我们先把五体弄清楚,先把篆隶搞清楚。甲骨文(殷商)到金文(三代),再到秦篆(秦代),然后到汉隶(汉代),汉代以后,中国的书法就形成5种书体。汉代的隶书正化就变成楷书,楷书再草化就变成行书。汉代的隶书草化就变成章草,章草再正化就变成今草。所以说在汉代中国的5种书体就已经完成了(图16)。唐代是楷书的鼎盛,宋代是行书的鼎盛,明代是草书的鼎盛,清代又回到碑学的鼎盛、篆书的鼎盛,成为第二个高峰(秦代是篆书的第一个高峰,清代是篆书的第二个高峰)。五体书后面分为碑学和帖学两个概念。碑是刻在石头上的,帖是直接写在纸上的,我们先这样简单地区分碑和帖。碑上的字拓出来就是拓片。碑学包括篆书、隶书和楷书,帖学包括楷书、行书和草书(图17)。

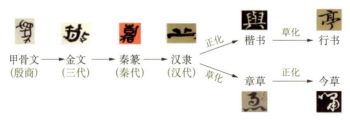

图16　五体书的发展脉络与流变

我们首先要把这些不同的字体区分清楚(图17)。图(a)是碑学的笔法,以势取胜;图(b)是帖学的笔法,以韵取胜。每一笔都是一笔完成,就是一笔书写。

(a) 碑学（以势取胜）   (b) 帖学（以韵取胜）

图 17　碑学与帖学

帖学笔法是一根侧峰线条，侧峰起笔，中锋收笔，然后到笔墨延伸，都属于这根线条的体系，这就是帖学笔法。图 18 用的是侧峰，就是露峰入笔，顿笔蓄势，调整笔锋方向，运笔逆行，收笔蓄势，最后完成一根线条。在这个过程中当然有细节。

(a) 侧锋的笔势与体势   (b)《九成宫》局部   (c)《兰亭序》局部   (d)《书谱》局部

图 18　侧峰

图 19 是帖学笔法的临摹示范。图(a)是苏东坡的《一夜帖》，图(b)是我临摹的，就是用帖学笔法准确地摹写。在这个过程中，只要安安静静、准准确确地掌握帖学笔法就行了，

 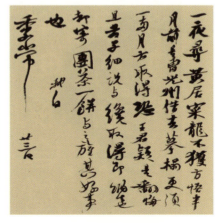

(a) 北宋苏轼《一夜帖》   (b) 大宽临《一夜帖》

图 19　帖学笔法的临摹示范

不要有过多的想法。你要么像古人,要么像自己。一定要在这个时候准确地临摹,抓住帖中信息,把它的信息表达出来,甚至要加强它的信息。

碑学笔法是一根角峰线条,达成各种方向的线条。大篆散氏盘、隶书属于这个体系的笔法。大家刚才看到,一根侧峰线条,一根角峰线条,这两根线条实际上是一根线条的两种表现形式,基本上把五体打通。

在图20中,图(a)是西周的金文《散氏盘》,图(b)是我临摹的《散氏盘》,当然我是对自己的作品有完整的要求,有自己的章法概念。图(a)中笔墨关系用的是角峰,而不是侧峰,大家可以明白,就是5种书体的概念通过一根线条打通,一根线条打通五体。所以,你要学的是线条,而不是书体,就像西方的音乐先教节奏后教曲子,而不是先学曲子后教节奏。中国的小朋友去学音乐,都是先学曲子后学节奏,甚至不学节奏。我们学线条就是先学节奏,然后再学书体。掌握了线条,就可以自谱曲子,因为心中有自己的节奏。所以,书法有韵味就体现在这个地方。它不是说,你一定只能这样。古人没有哪个人是五体不能的,他们没有书体的概念。古人会不会5种书体是与当时的文化背景要求有关系的。我要表达自己的情绪,肯定不会用楷书,而是会用行书或者草书。颜真卿会写行书,会写楷书,会写草书,但就是不会写篆书和隶书,因为他没有见过。青铜器都是在清代被挖掘出来的,颜真卿在唐代他没有见过。他要是见过,肯定能写篆书。颜真卿的技巧那么高超,毛笔掌握能力那么强,人家让他写碑时,他不可能用草书,他肯定用楷书,因为这是文本的要求。清代的何绍基五体兼能,但仍旧可以发现他没有书体的概念,他的篆书是一根线条,篆刻也是那根线条,画也是那根线条。一根线条把所有都打通,因为他掌握了那根线条的节奏,

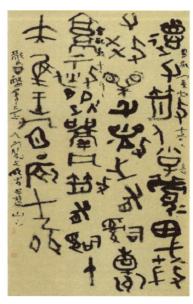

(a) 西周金文《散氏盘》局部　　　　(b) 大宽临《散氏盘》

图20　碑学笔法的临摹示范

是自己命脉呼吸的节奏,与自己是同步的。书法的可能性遵循如果,而不是结果。一支毛笔几千年没有变,战国时的毛笔是圆锥体,到现在它还是圆锥体。正是因为毛笔没有方向,我们每个人才能从各种方向使用它。油画笔是有两个方向的,只能做两个笔竖。米芾说,毛笔别人独有一面,唯我独有四面。一面是说别人用毛笔写字只用其一面,米芾的四面则是四面八方,所以米芾又叫"八面书童"。米芾的字跳动翻转,他用毛笔的每一个方向,把毛笔的每一个角度都用到,这就是用笔的一种节奏。圆锥形毛笔可以八面出锋到各个方向,到深和浅,到横向和纵向(图21)。

(a) 圆锥形笔毫 (b) 八面出锋　(c) 横向书写方向的可能 (d) 纵向用力方向的可能

图 21　毛笔的四面

艺术的审美中有优美和壮美。在图 22 中,图(b)的《张迁碑》线条浑厚古朴,有力量,有厚度;图(a)是《红高粱》的剧照,大家是不是可以从夕阳映照的逆光带来的气氛中感悟到跟这样的线条有异曲同工之妙。这就是壮美,浑厚、古朴、大气、开张。在图 23 中,图(b)的《兰亭集序》线条优美、飘逸、婉转、灵动、矜持、秀润,和图(a)张艺谋的《英雄》剧照有

(a) 张艺谋《红高粱》　　　　　　　　　　(b)《张迁碑》

图 22　壮美

(a) 张艺谋《英雄》　　　　　　　　　　(b) 王羲之《兰亭集序》

图 23　优美

相似的表现力,这就是优美。我们通过线条的可能性,让大家能够读懂艺术、读懂书法。书法太抽象了,如果能把那么抽象的一根线条读懂,你会发现你对身边发生的任何事情不可能不敏感。

在图 24 中,图(b)是陕西的摩崖石刻,图(a)是毕加索的画作《男子和他》,大家可以发现它们有异曲同工之妙。这就是错构,在线条与线条之间、偏旁与偏旁之间,没有具体的界限,产生错综复杂的构架关系。这会让你产生视觉的幻象,产生斑驳的美感,这种经过年代久远的洗礼的感觉是一种质感,是一种美。

(a) 毕加索《男子和他》　　(b)《开通褒斜道刻石》

图 24　错构

图 25 是宋徽宗的瘦金体和珂勒惠支的画作《医院探病》。珂勒惠支用画笔描绘德国大众的贫苦生活。床上躺着一个人,老人带着小孩,画面上那种内心的无奈、那种无法抗争与宋徽宗的瘦金体异曲同工。宋徽宗对国家命运的无奈只有寄情于笔墨,线条像竹片那样尖薄,像刀那样质感,像生活那样刻薄。这就是美的感受。

(a) 珂勒惠支《医院探病》　　(b) 宋徽宗的瘦金体

图 25　寒寂

在图 26 中,图(b)是徐渭的草书,这幅作品的原作收藏在上海博物馆,大家有机会一定要去看一下,这是徐渭一生中的代表作。我们可以看到一种自由,一种无序。梵高所画的《葡萄园与景观瓦兹》中画的是植物,是草,是叶子,是天空,还是什么? 其实这已经都不重要了,它们之间所呈现的就是一种由自由走向秩序的美。

(a) 梵高《葡萄园与景观瓦兹》　　　　(b) 徐渭的草书

图 26　自由与秩序

我们来说高贵（图 27）。我们可以从图（a）的剧照中感受到一种矜持，一种高贵；图（b）李斯的秦篆中同样可以感受得到。对一根线条不偏不倚的控制就是一种矜持，就像如果伊丽莎白喝红酒，绝对不会用纸杯，她的高贵会让她一定要用红酒杯。这就是高贵，这就是矜持。一个人身上有贵气，是因为她身上有一种力量叫矜持，他不会随随便便对待一个人，也不会随随便便获取一件东西。

(a)《伊丽莎白 2》剧照　　　(b) 秦李斯《峄山碑》局部

图 27　高贵

在图 28 中，图（a）是教堂，图（b）是颜真卿的书法《祭侄文稿》。大家可以从质感看到

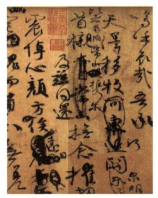

(a) 莫奈《教堂》　　　(b) 颜真卿《祭侄文稿》

图 28　同质异象

其中的契合,同时可以从图(a)中空间和边缘线切割的朦胧感、造成的缺口和空间,以及由此产生的窗户和门,与图(b)中符号的表达有异曲同工之妙。想去看清楚每一个符号,仿佛又不可能,但整片去看却又显得那么和谐。其中的涂涂改改,无论是故意还是有意,来得都那么自然。这就是同质意象的视觉表达。

在图29中,图(a)的《实虚》剧照与图(c)金文的线条,给大家带来一种普遍的观感就是浑厚。比如,图(a)中这一整块的黑,加上旁边这个人着衣的颜色、质感和他瘫倒在地的介于有力和无力之间的这种抗争,他身旁石和土之间的质感、厚气,都给人浑厚的感觉。

(a)《实虚》剧照　　　　　　(b) 大宽《群贤毕至》(c) 西周早期金文局部

图29　浑厚

线条的可能性有很多种,美的可能性也有很多种,我们在用书法进行表达的时候,可以寻找到各种各样的可能。

自信书写——盲写

自信书写是通过专注力、观察力、表现力、想象力等一系列能力的培养寻找自信。盲写不是瞎写,是指书写区域为盲区,用心与笔尖对话。我为什么要强调盲写这个过程呢?我们学习书法有个基本过程叫徒手线的书写。我们从来没有拿过毛笔,每个人随便用毛

  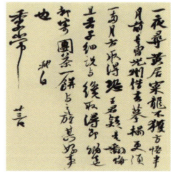 

(a) 徒手线书写　　　(b) 盲写　　　(c) 规范书写　　　(d) 自由书写

图30　自信书写

笔在纸上画,这就叫徒手线。在徒手线之后,我们就要开始进行规范书写。这时就要求你临写某一个贴,然后再要求你自由书写。我在这其中加了一个盲写。

我们来做个对比。在图 31 中,图(a)是王羲之的《二谢帖》,图(b)是我盲写的。什么是盲写呢?我的左边是王羲之的帖子,右边是盲区,在书写时不看王羲之的帖子,你会发现自己是用心在跟笔尖对话,这个时候你会发现不管是多漂亮的线条你都敢写,留在纸上的东西更加真实,你消解了不敢去面对的紧张情绪。我们在准确临摹的时候写不到这样,因为总是想要像它,像它的线条形状、空间、结构。我们在书法训练时分析 3 个同学的性格,让 3 个人写《兰亭序》相同的一行,结果 3 个人写出来的完全不同。有一个同学笔笔都特别清晰,还有个同学活得极其洒脱和糊涂,但没有一个符号写得清楚。你会发现写得极其清晰的同学把笔提得很轻,他有一种心理过程是活得很累,不把每一件事情表达清楚就不放过,对这种人交给他的事情会很踏实,但有时会主次不分;对没有一个符号写得清楚的同学,他的每一笔都压得很重,他的心里如像没有安全感,只有压得很重才感觉踏实,所以每个人的优点、缺点都有。盲写不是瞎写,是寻找笔墨的自信,同时也是一种笔尖与内心的对话,是发掘每个人身上有意思的地方,是寻觅"我是谁"的可能性。你会发现学习字帖特别有意思,慢慢地走向另外一种获得。

(a) 王羲之《二谢帖》

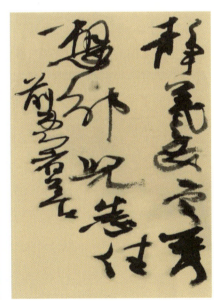
(b) 盲写

图 31　盲写

消解与获得

在书法的学习过程中,我们总是觉得自己在获取,其实我们在对一根线条进行成千上万次的书写当中,对一根线条进行无数次的磨练与消解当中,我们都是为了获取心中理想的那根线条。对于艺术教育来说,更在意的是成千上万次的书写。"非人磨墨墨磨人",磨的是心性(图32)。将精致优雅与道德修为内化于心,并且将这样的方式转化为生活的常态,润物细无声式地发现自我、提升品质,于生命洗礼的过程中思考当下和远方。

非人磨墨墨磨人。

——苏东坡

知止而后有定,定而后能静,静而后能安,安而后能虑,虑而后能得。

——《大学》

图32　磨墨

在图33中,图(b)是我抓拍的北京工作室的窗台,我特别喜欢这张傍晚逆光的照片,它好像有话要说,有很柔又很刚的东西。图(a)是我写的《境由心造》,我写的这个"心"字正是有起、承、转、合鲜明的笔画,才会引起注意、富有美感。所以在写字时你会发现自己不仅是在写字,更是对美的追寻。

(a)《境由心造》　　　　　　　　(b)窗台

图33　境由心造

这是我在 2015 年去敦煌回来后画的《叩问敦煌》(图 34)。我先画左边的佛像,然后画中间的莲蓬,过了很长时间我才落款,我一直在思考怎么让画面产生更丰富的感觉,从哪里开始,到哪里结束。这幅画从左到右连在一起,也是一种造境。

图 34 《叩问敦煌》

图 35 和图 36 是我的一系列作品,是陆羽的《茶经》。我用煮出来的普洱去画,看起来就像刚煮好的茶,从锅里飘出的热气,非常有意境。我讲了这么久,我也不知道自己在讲什么,就像画上的小人,好像听到了什么,又好像没有。这就是我今天所有的讲座内容。

图 35 《水还是水》

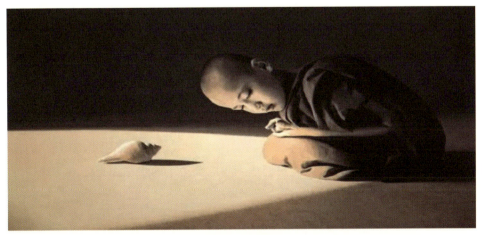

图 36 《茶经》

问 答 环 节

学　生：陈老师，您说线条是书法的基础，那么平常应该怎么练习？

陈文明：我们在书法学习的过程中，一要解决毛笔的问题，二要解决字帖的问题。首先要掌控毛笔，因为每一根线条有强烈的塑造性，所以，你要训练一种手势，横画竖画，不管往哪个方向，你的肌肉要有记忆，你的手要顺要畅。为了达到一种快速记忆，你要快速书写，书写完了再放松，这样就有了肌肉记忆。有了书写的稳定性，再去寻找起笔的造型、角度，能不能训练一种落下去就能看到的角度。你把每一步训练做好，越单纯越好，每一次训练只要一个内容。准确临摹是看不到什么的，训练法一定是单纯的，一个点一个点地去解决问题。不要在结构中去解决笔法的问题，一定要在笔法中解决空间艺术，从第一个字写到最后一个字你只把每一根线条写了一遍，因为你是在追求整个字结构的完整性，但失去了每一个笔画的特性，在写结构的时候讲笔法肯定是不行的。应该把每一个字打散，变成几根线条。单独训练几根线条。比如，把10个字里面所有的竖画挑出来，看看到底有几种处理竖画的手段，然后去训练，就知道有几种手段，在组合的时候有什么规律，梳理出来以后会发现空间意识、笔法意识就都有了。所以，训练笔法的时候就训练单纯的笔法，不需要把字写完。

学　生：陈老师，我想问问您刚才说的关于盲写的试验，这样的想法是怎么形成的？在这样的一个试验过程中，它给了您什么感受？

陈文明：当你拿钢笔写信的时候会琢磨要写的内容，对于书写基本上是盲写状态：一是你不会去分析每个笔画；二是你不会找下笔在哪里，你会随着肌肉记忆往前推移书写过程，大脑中多年储存的经验告诉你往哪里去。所以，古人当时是一种日常的速写状态，古人的书法作品就像我们现在用钢笔写信一样接近盲写。写得熟练的人很快就写完了，那个过程几乎是盲写，你的想法在字里行间、在笔墨关系中穿梭，落到纸上顺势带出。书法的最高境界是反惯性。当一个人形成一种书写习惯以后，每一次都写得一模一样，我们就说这个人有匠气。王羲之《兰亭序》中没有一个"之"字是相同的，说明他有一种反惯性的能力。从那时我就发现盲写恰巧能把一个人身上有意思的东西给挖掘出来，挖掘出来的东西正是艺术的表达。我为什么说盲写而不叫瞎写，是因为虽然每个人所写的内容相同，但是写作的符号信息不同，每个人从开始的毛笔书写到自我内心抒发，不存在写的好坏。心理学讲"字如其人"，说的就是这个道理。盲写的阶段不同效果也不同。当你有一定的书写能力时，你的盲写质量是不一样的。

学　生：我想问陈老师一个技术方面的问题，以前我们练字都用墨练，现在的孩子都用水临摹字帖，科学发展甚至可以让我们达到用电脑写字的水平。您会支持这些可能产生的练习书法的途径吗？

陈文明：方正字库推出一款书写模板，为小学生的电脑写字提供评判。但我认为，毛笔的书写一定要用纸来写：一来笔墨纸砚有着长久的契合，线条画在电脑上的感觉与画在宣纸上的感觉是不同的，后者带有天生的质感、厚度与节奏，它会给孩子的心灵带来温度，连在布上写字和在纸上写字也完全是不同的感受。若是能利用高科技帮助大脑记忆是可以的（比如篆书），但是心性体验的书法一定需要用毛笔感受，一定要强调孩子对笔墨的专注。

古人有两个概念：一是开笔，不会随意将毛笔落入宣纸上，所有的线条一旦落入纸上，必是书法者所要求的，是有质量的；二是古人不随意丢弃记录有文字的纸，必须放火烧毁——这是对文化的尊重，对文字的尊重。在我的教学过程中，我一直强调学习书法必须研墨，必须用手工纸，而非机器磨边的纸张。多用手工纸而非机器纸，才能维持传统造纸业。当时我们几个人共同筹集了15万元，让贵州的一家竹制造纸厂重新开张。当你觉得书法如此有趣时，手头的ipad必然相形见绌，不再对你有什么吸引力。

学　生：有人说学书法要多读书，想听听陈老师对此的看法，您又会读什么书呢？

陈文明：我曾写过"书中乾坤大，笔下天地宽"，横批为"读书写字"。我对教书的方法、理念包括心理学一直十分感兴趣。我读的书很杂，读书靠感觉。《八十年代访谈录》的作者查建英将12个人的采访实录写成采访稿，在采访每个人前都要先调查1个月。她说，"往往我把演讲稿做得越详细，我问的问题就越没有按照这个方面来"。所以，我们读书读的并不是内容，而是书中的感受，读多了自己的气韵也就出来了。我建议大家广泛涉猎，读很多书。

地震救援中的创伤辅导

付 芳

【主讲人简介】 付芳,复旦大学社会发展与公共政策学院社会工作系副教授,北京师范大学应用心理学系硕士,香港大学社会工作与社会行政系博士。研究课题有"自闭症儿童权益保护"(上海市团市委权益部委托课题)、"自闭症儿童家庭的需求和干预"。研究成果有"论学校心理危机干预体系的构建""自然灾难后不同阶段的心理干预""自然灾难后身心反应的影响因素——研究与启示""灾后中小学生的长期心理援助模式——基于 TAT 和 SAP 的比较"。研究方向包括癌症病人希望感、重症精神病患社区康复、灾难社会工作等。

【讲座摘要】 在地震后,灾民首先需要物质上的援助,物质援助本身就可以产生极大的心理效应。但他们不仅需要物质援助,也需要直接的心理援助。震后的创伤辅导就是一种直接的心理援助。适当的心理援助可以帮助其减轻压力,尽快进入灾后重建。此时心理辅导关键是与灾民的同心,与他们同心首先是理解他们的情绪。

今天这个主题是创伤辅导或者说在地震救援过程中的创伤辅导。因为我之前是从心理学硕士再转到社工专业博士,所以,我会从心理和社工两个不同专业的角度来跟大家分享怎么给地震中需要帮助的人提供不一样帮助的经验。今天的这个讲座会分为3个部分:第一个部分首先给大家介绍地震对于幸存者的影响,主要有一些理论阐述;第二个部分我会跟大家介绍我在四川北川地区做志愿者的时候,跟一群国际上很有经验的创伤救援专家一起到汶川、北川做心理救援项目的分享;第三个部分是我在2014年9月跟随上海社工3个队伍到鲁甸赈灾,我是第二个梯队的队员,我从社工的角度来跟大家分享作为社工我们是怎样给鲁甸灾民提供救援和帮助的。希望大家从中有自己的收获。

谈到中国的地震,大家应该会有自己的理解。像5月11日新疆就发生了5.5级地震,死亡人数到目前为止我看到有8个人,相对来说,它不算特别严重的一次地震。但是,自20世纪以来,中国历史上其实发生了至少两到三次大地震,死亡人数非常多。你们能够想到的比较严重的地震是哪次? 是1976年的唐山大地震,大家知道那次地震的死亡人数吗?(学生:"24万。")唐山大地震是多少级?(学生:"7.8级。")这是大家能想到的,除了唐山大地震之外,刚才讲到的汶川地震也是比较大的地震,震级应该到了8.0级。我在这里给大家稍微梳理一下,20世纪最早也是最严重的一次地震,其实是海原地震,有28万人死亡。唐山大地震的死亡人数应该是24万,刚才这位同学的回答是对的。死亡人数排第一的是1920年的海原地震,发生在宁夏地区。排名第二的就是1976年的唐山地震,7.8级,死亡人数达到24万左右。之后是2008年的汶川地震、2010年的玉树地震,还有2013年的雅安地震、2014年的鲁甸地震,也包括2017年的新疆地震。20世纪以来,在中国经历的这些大型或者中型的地震中,排名前两位的是死亡人数最多的。我们今天的话题主要是以汶川地震和鲁甸地震为例子,接下来我稍微介绍汶川地震的情况。汶川地震是在2008年5月12日中午2点28分发生在汶川的大地震。根据2008年9月距离地震发生已经将近4个月时的统计,有6.92万多人遇难,37万人受伤,还有1.7万人失踪。这里我有一个问题,唐山大地震时震级是7.8级,死亡人数有24万人,汶川地震为8.0级,相对来说震级更高,为什么死亡人数为6.92万人? 大家想过是什么原因吗?(学生:"人口密度的原因。""一个发生在城市。""一个发生在晚上。")唐山大地震发生的时间是在凌晨3点42分,这个时候绝大部分人都是睡着的,都在睡梦中,人们的反应能力不是很快,这是一个原因;还有一个原因是那时的科学技术各方面不是特别发达,救援力量包括救援技术也不是很强,所以,死亡人数会比较多。

我们刚才主要就地震的一些例子做了介绍,但地震只是我们所说的灾难中的一种。灾难其实可以分为很多种,这里稍微给大家介绍一下。灾难可以按性质、按时间长短、按规模大小来分。按它的性质来分,就可以分为自然灾难和人为灾难。自然灾难大家很清楚,比如洪灾、水灾、飓风、地震都是自然灾难。人为灾难大家想到的例子是什么?火灾如果是故意纵火的话,那应该算是人为灾难,但有时也可能是受到自然的影响。美国的"9·11"事件就是人为灾难,新疆发生的恐怖袭击也算。按时间长短所谓的急性灾难和长期灾难怎么区分？我们说,像地震、洪灾这种基本上是瞬间发生的,持续时间不是很长。汶川地震从开始到结束只有两分钟。但是有一些灾难是比较长的,一般可能是人为灾难,如对人的身体虐待或者性虐待。从规模大小来看,有些灾难是比较小型的,比如交通事故,可能牵涉的人或者死亡人数都比较少;有些大型的,像刚才讲到的洪灾或者地震,或者美国的"9·11"事件牵涉的人数、死亡的人数就很多。我在这里稍微介绍一下这个灾难的分类。在你们看来,是自然灾难给人们带来的心理反应大,还是人为灾难的影响更大？大家有没有想过这个问题？比如地震与"9·11"事件对美国人来说,哪个影响更大？造成的创伤更严重？如果你们现在按照自己的判断,会觉得哪个更严重？（学生:"人为。"）为什么？（学生:"因为就我知道的非典给人留下很大的心理阴影。"）心理阴影为什么更大？（学生:"我也说不清楚。"）你是凭着自己的感觉是吧？其他同学有不同意见吗？有没有同学觉得自然灾难的影响会更大？（学生:"自然灾难。"）为什么？（学生:"感觉自然灾难是不可控制的,没有预料性它就会发生,所以就一直在提心吊胆。"）一直在提心吊胆,那人为的灾难你能控制吗？（学生:"至少在一定程度上可以限制。"）你从控制的角度觉得人为灾难可能好控制一点,如在恐怖袭击之前可能能够做些预防,是吧？把恐怖分子控制住,就可能控制人为灾难发生。其实从研究上来讲,如果是同等的规模,就是带来的死亡人数相等或者牵涉的规模相当的情况下,人为灾难的影响会更大。因为人为灾难相对来说是有特定对象的,它展现出人性的丑陋或者说人性的一种恶,人们可能在这个程度上就会非常质疑。对自然灾难,大家相对来说好理解一点,它毕竟是无法预知的,而且不是蓄意的。所以,从这个角度来讲,人为灾难的影响会更大。灾难对人的影响我会从个体、社区、家庭3个层面、从社会工作专业的角度来讲,我们不仅要关心个人,还要关心个人所在的环境,包括家庭环境、社区环境。我们说灾难的影响首先是跟灾难本身的性质有关。

　　灾难是人为的还是自然的,是长期的还是短期的,是大规模的还是小型的,灾难类型性质的不同对人的影响也是不同的。还有就是灾难的不同阶段。我们说刚发生地震那会儿,跟地震过去一两个月,跟过去9年的现在相比,灾难对人的影响肯定是不同的,在不同阶段会对人产生不同的影响。每个人对世界的认知是不同的,有些人很乐观,有些人则比较悲观,还有些人以前可能也经历过一些灾难。所以,人们以前的经历,他们的性格特性,包括他们的社会知识系统都会成为灾难对他们的影响因素。大家还会看到所谓的文化方向,文化方向就是灾难对人的影响。比如,在汶川地震时,很多家庭都失去了孩子,在中国,孩子的丧失对一个人的打击无疑是很大的,而且有时孩子的丧失在我们的文化中可能会有一些不好的解释,那就是孩子没了,就是未来没有了,希望没有了。为什么你会经历这样的事情？可能会有因果循环、善恶论等。如果他们自己这样想,灾难对他的影响则更大。我们说这是文化的影响。还有如果他们信奉宗教,相信佛或上帝保佑他们,但是现在他们那么相信的佛或上帝竟然会让坏事发生在他们身上,他们对佛或上帝的信任丢失,也会影响到他们整个价值观的崩塌。我们说灾难之后个体的反应,其实是非常事件下的一些正常反应,比如,会很恐惧,会很害怕,会选择逃避,需要在一定的时间内能够自行地化解或者消退，这是没有问题的。但是如果它持续很长一段时间，这就不是正常的反应，他们就出现了一些心理问题的症状。

最典型的就是创伤后应激障碍，这个症状其实最早是在第一次世界大战从战场上回来的一些士兵身上发现的，那时把这个创伤后应激障碍叫做炮弹综合征。从战场上回来的士兵有人会变得非常麻木，或者看到一些东西就很自然地会有很大的反应，对于一些小刺激就会反应很大，当时大家认为是不是因为这个士兵被炸弹轰炸过，所以就会有这种反应。后来人们发现不仅战争给人带来心理反应，地震还有其他的人为灾难都会给人带来心理反应。这种反应具体有哪几个方面？第一个就是会不断地去体验在地震中的那种感觉，明明地震已经过去了，可是即使在家里坐着也会感觉周围不断地在摇，会感觉有人在哭、有人在叫，这就是再体验，不停地在重复体验地震当时的那种感觉。这就是创伤后应激障碍很重要的一个症状。还有一个症状是回避，不能看到任何跟地震有关的报道，不管是人也好、事也好、地方也好，一看到整个人就崩塌掉。还有认知和心理的改变，总是觉得整个世界都塌掉了，人生没有希望了，活着没有任何意义了。

刚才讲到的，一点刺激就会让他们有很大的反应。哪怕只是有人说，"让一让，我要过去"，他们都会觉得是在攻击他们。所有这些都是创伤后应激障碍。在灾后一个月内有这样的反应是正常的反应，但如果一个月后还有这样的反应，我们就需要做一个测试来判断他们是不是患上创伤后应激障碍。除了身体上的感觉之外，在认知上的冲击是什么呢？比如，对自己有什么假设？会觉得我们不会轻易地被伤害，我们是有价值的。对世界的假设是什么呢？世界是善意的，很多事情都是可以预测的。今天从床上起来，我知道我晚上可以回去。这是一个规律，这是一个秩序。还有就是意义的层面。我们会觉得一切事情的发生是有原因和意义的，我会去解释这些事情。当地震或其他灾难发生时，这些假设都会受到冲击。我是不容易受伤的，可是为什么一下子会死那么多人？甚至包括我的家人、亲人。还有世界也是，地震为什么说来就来？还有意义的层面是，为什么地震会发生？我们家有人去世了，别人家为什么没有人去世？所有这些都会有所影响。当然不是所有人都会出现创伤后应激障碍或认知上的负向改变。在挑战之后其实有3种结果：一是幸存，你活下来了，但是情绪、想法都被摧毁掉，就是有点行尸走肉般的感觉；二是恢复，你活下来了，而且慢慢地恢复到地震前的状态；三是成长，不仅活下来了，而且活得更好，找到了更多的意义，更加珍惜自己的生命，类似孟子所说的"天将降大任于斯人也"。

创伤后成长是4个方面的：一是重视与家人的关系、与朋友的关系，会更加珍惜和他们在一起的时间；二是会觉得不要存钱，有钱就去蹦极、锻炼、旅游、买车，珍惜活着的时间；三是对生命的理解不一样了，生命很脆弱，说没就没，更加珍惜当下的人跟事；四是灵性的改变，对人生的意义和对人生的目标更加确定，以前活得可能浑浑噩噩，现在是明确知道接下来要干什么。

创伤后成长与创伤后应激障碍可以同时存在，它们不是互斥的。一个人可以有创伤后应激障碍，在经历创伤后应激障碍这些症状的同时，他也会去找自我救赎的办法，也可以有创伤后成长。它们其实是正相关的。所以,我们说在经历了地震之后,从生理、认知、情绪、行为、灵性和人际关系都可以看到地震对人的影响。

讲完个人层面,再来讲家庭层面。地震发生之后,家庭的正常秩序被打乱,大家都瘫痪了,家庭的结构、功能、界限、生命周期、角色全部受到影响。一般来说,一个正常的家庭是一个三口之家,这是来自唐山大地震的调查。家庭的结构破损是什么样的?没了妻子,没了丈夫,没了父母,没了孩子。你会发现在整个过程中失去孩子的家庭是最多的。可能因为家人的去世,原本三口之家变成两人或一人,甚至一个人也都没有了。除了死亡的原因之外,还有家人的搬迁,原来居住的地方不适合居住,造成两地分居。还有可能原先的工作没了,父母或父亲外出打工,也造成家庭结构的变化。另外还有离异的情况,经历了地震后想得更清楚,觉得婚姻不幸福就离婚了。很多家庭都是基于孩子的,孩子没了,家庭就散了。

家庭功能与其结构密切相关。建立一个家庭是为了什么?第一是为了生育,牵涉户口和养育的责任。第二是为了基本的生活需要,从现代来看可以减轻生活负担。当然家庭还有很多派生功能,如情感、保障、教育、娱乐等。地震的发生会对这些功能造成不同程度的影响和冲击,只有一个功能会得到加强,那就是情感,其余都会中断、衰退。这也印证了创伤后成长大家会齐心协力,家人的关系会更加紧密。以前家庭中每个人都有自己生活的地方,界限是很清楚的。地震时或之后大家都住在一起,甚至三四家人都住在一个板房里。但是,地震的发生使包括家庭原有的娱乐活动都中断了。

两个人结婚形成家庭,孩子出生是家庭的扩展。然后家庭慢慢稳定,夫妻变化到父母的角色。孩子到了18岁,到外面上大学,又是家庭的收缩。孩子要工作、结婚,家庭就成为空巢家庭,最终以一方的死亡作为这个家庭的解体。地震之后,生命周期就发生紊乱。会有这样的情况出现:本来是收缩或是空巢的家庭可能家人之间更加依恋,大家搬回来一起住。如果家庭中父亲或母亲去世了,孩子需要承担更多的责任;七八岁的孩子去世了,空巢之后夫妻感情不好又离了婚,家庭也就解体了;地震发生,老人不见了,家庭的传承就中断了,所有这些都是对家庭角色的冲击。

社区是大家居住在一起的环境。社区基础设施(如医院、道路等)在地震中会受到破坏,公共服务(如看病、上学等)会被停掉一段时间。还有就是集体主义精神的缺失,大家都是一个地方的人的感觉会慢慢磨灭。社区会有历史和文化的底蕴,地震会把承载这些底蕴的东西都破坏掉,社区的历史和文化积淀也就没了。

我参加的一个项目叫做中国地震缓解计划,这个计划的目标是培养当地的一些咨询师和医务工作者,教会他们一些心理辅导和创伤辅导技术。因为我们这些人是会离开的,我们需要给当地留下一些医护力量,让他们直接服务这些受地震创伤的人。这个计划本身有6个阶段,我是在第三个阶段过去做志愿者,负责翻译和项目协调的工作。这个项目受到当地的支持,绵阳卫生局愿意配合我们的工作,他们也和世界卫生组织联系过,希望能把这个项目作为世界卫生组织的一个下属项目。

首先向大家介绍一下我们的专家团队。团队中有两位专家，他们非常擅长用心理治疗方法治疗创伤。除此之外，团队中有临床医学经验非常丰富的精神科专家。还有当地检察院的工作人员，他们都有一定的心理创伤，希望在工作之余加入我们的治疗当中。

我们整个项目的工作安排是14日到17日在绵阳做准备，18日我们给刚才提到的检察官做咨询和培训，19日我们去绵阳市第三医院做讲座，20日去北川县医院和一些社区做心理教育，之后去江油的一些小学和板房区做督导培训，总共十几天的时间。

我再给大家介绍一下国外专家带来的治疗模式，这种模式基本上是给幸存者提供一些身体和技巧的干预。针对创伤后应激障碍的症状，如恐惧和一些认知障碍，都是创伤之后非常典型的症状，这种创伤复原模式针对性非常强。

这种模式可以给两类人使用：第一类是对我们的救援人员，可以减轻救援人员长期在灾区的倦怠和精神压力，这里有个概念叫做替代性创伤，本身没有经历过创伤的人过于投入到创伤人群相关的事物当中，也会严重受这些痛苦的影响；第二类是对直接的幸存人员，可以让他们提升独立性和自我管理的能力。

这种模式对于灾难的定义就是"too much, too fast"（太多，太快）。灾难发生太多、太快，人的大脑无法去处理。当人的神经系统受到冲击之后，人随之就会失去自我调节的能力。为什么会这样呢？刚才讲的是从生命层面、从神经系统来解释，从认知的角度来说，你对一件事情感知到对自己的生命有威胁，还有你觉得很无助，觉得很恐怖……这些就是创伤性的一些典型症状。所以，不仅要从神经系统来解释，还要从个人感受来解释，灾难历程为什么对人会有更大的影响。这种创伤恢复模式就是基于以下的这些概念：自然定律，人体解剖生理，大脑科学，体感……就是通过这些概念，然后对人做一些治疗。这其实就是他们觉得创伤事件之后人应该经历的心路历程或者是作用的机制。创伤事件发生之后，每个人都会有创伤性的压力反应，这是正常的反应。慢慢地，如果你知道家里有人去世，你还会有悲伤的反应；除了情绪上的问题，躯体上也会有一些反应，中国人把它叫做心身问题症状躯体化。很多人可能不太会说，"我心里不舒服"，"我觉得心理可能出了问题"，他们会说，"我头疼"，"我胃疼"。其实这些都是心病导致的，身体出问题的主要原因就是悲伤。创伤性压力反应通过一些身体上的症状反映出"我睡不好""我天天有睡眠问题""我胃口不好，我吃不下"，这些都是心理出了问题，大部分人需要通过大脑同躯体的自我调节才能够恢复过来。

但是，有时候有些创伤后应激障碍基本上恢复不过来，我们作为救援人员就需要做一些干预，这种干预其实是一种教育。教育什么呢？让他了解什么是所谓的非正常事件下的正常反应。我们刚才讲到那些涉及反应及生病等在地震刚结束时都是很正常的，不要觉得自己是有问题的；知道创伤之后可能会有哪些反应，了解一些心理生物学知识，对创伤后应激障碍除了教育之外可能还要做一些干预。

刚才讲的是身体方面。因为身体其实有无法用言语表达的智慧，特别是在经历地震之后让人家去述说一些事情，一来人家本身也不是很愿意，二来可能真的很乱，根本说不出来,但是身体其实可以记住很多地震的一些反应。"我为什么会觉得胃痛",可能是身体哪个部分有一些记忆,"它想有些话说",但是怎么让他能够表达出来,其实还是要从身体方面着手,这就是体感疗愈。基本上就是让个体去感知人家的感觉,然后了解身体的那个部分出现这种异常反应与大脑之间的关系。要去调节情绪和心理反应。你要把注意力带到这些非创造性的感觉中。因为每个人都容易放大一些所谓的异常反应。比如,一张白纸上面有个黑点,你有没有看到这个黑点?你不会看到黑点旁边的东西?为什么人们会有这种负向的偏见?创伤事件也是如此,当你过于关注那些创伤反应的时候,你根本就不能够"跳"出来,所以,整个的治疗就是希望你能够把注意力放在黑点外面的白纸上,这么做的原因是让你有更多的勇气去面对那个黑点。这就是我们刚才所讲的生命心理知识、体感替代疗愈模式。

人的大脑其实可以分为3个部分:一个部分是大脑皮质,主要跟思考有关,就是人的想法、人的语言都是由这个部分负责;还有一个部分是脑桥,也叫做情绪脑,基本上控制人的表达,就是情感的表达以及与情感相关的东西;还有一个脑区就是脑干,控制着人类的语言表达。前两个部分体现出人与动物的区别,是我们高级的脑区。但是再高级的动物也还是动物,第三个部分脑干有关生存本能直觉,这是人与动物非常相似的地方,当受到重大刺激与冲击时起作用,一定是最本能的第三个部分。第三个部分与人的消化、生殖、呼吸以及反击和逃跑行为的执行有关。反击和逃跑行为就是受到冲击之后的反应,后面会具体来说。这里还有一个要了解的概念,就是交感神经系统和副交感神经系统。大家应该都知道,很兴奋的时候交感神经系统被调动起来,你的呼吸会变得急速,瞳孔放大,出汗,分泌荷尔蒙。比如,你要跑步的时候,或者你要去完成一件很重大的事情时,你会调动全身的能量去完成,这件事情完成之后,身体会自动地调节副交感系统,会让呼吸放松,心跳放缓,整个人的状态就会调回正常。人类能够正常地自主调节神经系统,但是创伤出现之后实际系统就会出现不受调节的情况,平衡被打破。刚才讲到反击和逃跑行为,我们知道这是在遇到危险时的本能,但是还有一种反应叫冻结。你有没有发现,当一个很巨大的恐怖的东西在你面前时,我们会被吓懵,动都不能动,为什么不能动呢?

这就是我们说的冻结反应。其实你的内心"波澜壮阔",就是吓得已经不行了,根本就迈不动脚步,根本不会反击和逃跑,整个人就像被冻结起来。这就是为什么人会出现所谓的创伤后应激障碍症状,原因是被调动起来的大量能量,大量的荷尔蒙压力,大量的压力的分泌的物质,全部积聚在你的身体里面。这种强烈的刺激在你的身体里,你无法把它们释放出去,你的身体失衡,它会想方设法地出现这样或那样的症状,其实是内在的情绪能量所起的作用,就是因为被封锁住的防御的能量引起的症状,所以,当我们遇到危险的时候,有这么几个正常的本能反应:第一,肌肉紧绷,找出危险来源,比如,突然听到有声音,你会四处查看,找到是哪里发出声音;第二,你可能会告诉自己要去做哪些事情;第三,你已经有了想法之后赶紧执行,完成之后其实能量就得到释放;第四,整个人放松下来,这样的一个过程其实就是高度的触发状态应付短期的威胁,这是一个正常的循环。交感神经系统与副交感神经系统基本上就是这样的作用。如果遇到创伤事件,你会发现原本比较舒服或者比较顺畅的交替行为会把你的神经自主系统破坏掉,在这个过程中会有两种反应:一种反应就是困在交感神经系统,困在所谓的情绪高亢中,表现出过度的精神旺盛,人会不停地跑,或者不停地走,或者内心非常焦虑,也很易怒,甚至只要说两句话会就爆发,因为内心积聚了大量的能量而无法排解,这就是创伤后应激障碍的一个症状;还有一种是困在副交感神经系统,困在所谓的忧郁中,表现出整个人了无生机,如同行尸走肉,这种就是困在副交感神经系统表现出的抑郁的倾向。创伤事件对于人的生理和心理神经系统的冲击可能会导致冻结反应,可以冻结在交感神经系统,也可以冻结在副交感神经系统。刚才的介绍让大家了解创伤对人的影响,了解创伤形成的过程和原因,对其治疗的目标就是把神经系统积聚的能量释放出来,消除症状,让神经系统恢复平衡。

神经系统积累能量释放的感觉,身体上有体现,会感觉很暖和,有东西在流动,或者有时原来很热现在变凉了,就是有这样的一个变化。比较典型的是颤动,身体在抖动的时候其实就是能量散去。能量的一种释放也可表现为跳舞,跳完广场舞之后人会觉得神经系统释放能量。人在发怒后去打打球、跳跳舞,整个人会舒服一些,就是因为释放荷尔蒙。发抖其实也是能量释放的过程,包括呼吸。如果很紧张或者压力很大时,呼吸是很急促的而且很短暂;如果深深地吸一口气或者屏住呼吸,你会发现整个人其实会放松。哭也好,笑也好,这些都是情绪的释放。

整个治疗就在于体感流域的 6 个核心技巧:第一是同步跟踪,第二是踏实感,第三是活化资源,第四是点滴中和,第五是钟摆效应,第六是修复防卫反应。对这 6 个核心技巧稍微解释一下。第一,同步跟踪。我们说这个疗法最重要的是对人的身体做治疗,首先要去发现整个身体里面哪个部分是不舒服的、是有异常的,能量就积聚在身体的那个部分,伴随比较轻柔的音乐,从头到脚放松,但会发现有的地方怎么也放松不下来,可能那个地方就是我们要处理的地方,这个就是追踪。第二,踏实感。我们知道,经历过地震的人会不时感觉地在动,他觉得不踏实,可能地裂,脚下可能破裂。在对这些人做进一步治疗之前,要让他感觉在很安全的情境下做治疗,要让他坐在那里,跟他说去感觉脚底下踩的地面是很厚实的,感觉是坐在很踏实的椅背上,椅子能够支撑他,感觉整个大地很平稳、不会晃动。通过这种引导语辅之放松的音乐,使他能够渐渐地关注当下。如果是有创伤后应激障碍的话,他的注意力不易集中,一定要让他集中注意力。前两个核心技巧都是准备工作,第三个核心技巧还是准备工作。一旦让他回顾或体验经历过的创伤,一定会有崩溃的情绪。不管是哭也好,闹也好,在负性情绪出来之后会有很多发泄,在发泄之前要给它找到所谓的支撑。就是当出现负性情绪时,要找到可以让他回来的方向。前 3 个核心技巧相当于开刀之前一定先消毒,先麻醉,先把所有准备工作做好。第四个核心技巧就是点滴中和。我们看到水龙头的水一点一点地滴下,处理创伤的情绪和想法也要一点一点地来,一下子涌出来会受不了,我们先让他回忆点滴。先让他回忆一点不幸的东西,当你觉得他快受不了的时候马上拉回来,让他回忆一些比较开心的东西,情绪稳定了再回到不幸的东西,所以,点滴中和就像一点一滴地在处理不幸的"钟摆",处理完一点不幸后让他回去,再处理完一点后再回去。之前的调节能力被破坏掉,在这个点滴的过程中也是在恢复他的自我调节能力,当你带着他做到最后他自己能够做的时候,他的这种防御反应就被修复了。

我们所说的6个核心技巧,就是通过身体的感知,通过个人认识的调节,通过身体的处理,让他的情感得到释放。

当时我们在北川做培训时了解到,北川整个县城有一半被埋到草坪下面,当地的医疗机构人员基本上有一半已经在地震中丧生。我们的培训过程是见缝插针,非常紧凑。我们在绵阳医学院给当地的医学生做这样的教育,虽然他们当时还不是医生,但是以后他们要去实习、去做医生,我们要教会他们一些方法。他们不仅会帮助自己,而且这些医学生中的很多人老家是在北川,他们回去之后也可以用这些方法教会当地的居民。我们给他们做课外培训,告诉他们生命与大脑和身体之间的关系,让他们有这样的了解。我们除了培训医护人员和医学生之外,还在社区给居民做教育,告诉他们地震发生之后会出现症状,出现这些症状之后可以做什么事情。让居民学到一些与创伤相关的知识,在这个过程中除了知识的普及,还有一个作用是筛查。有些居民听我们讲完之后跑来找我们,说这些天有些什么反应,希望得到帮助,我们就可以找国外的专家为他们做个体咨询。通过心理教育所做的这些工作,让他们知道有社会力量支持。

当时也有居民把我们的专家拉到他们的家中,述说家里的事情,非常有效果。我们团队内部每天要做工作汇报,就这一天的工作我们相互去做一个反馈,因为一天的工作下来,我们自己的身体、心理受到的冲击也很大。当时我们还都是本科生、研究生,做这样的事情压力还是很大的,基本上每个同学都在那里哭过两三次。大家不知道自己为什么哭,就知道有些情绪无法释放。专家告诉我们,每天晚上稍微讲一讲当天发生的事情、有哪些困难,通过这种讲述清除负面情绪。当一个人精神紧绷的时候,容易发生摩擦,需要情绪释放。这样做本身是在工作,也是对工作的反馈,也是对每个工作人员心理的调解,让我们每个人每天都能有更好的工作状态。整个10天的时间,我们是志愿者,但也学到特别多的东西,自我得到了成长。

刚才是从心理学的角度,给大家介绍四川地震的创伤辅导。接下来给大家讲一下社会工作在整个灾难救援、在创伤辅导过程中可以做的事情。其实社工的角色比较多元,可以做心理上的工作,还可以做社区服务的倡导。社工最主要的工作还是在社区里做居民的教育工作。鲁甸地震是在2014年发生的,灾区基本上是山区,受灾人数有100多万,我们主要是做受灾人群的灾后安置工作。安置和适应是当时最大的问题。我们2014年项目的背景是当时民政部需要外部力量支援地震灾区,当时有5支队伍去鲁甸,每个队伍负责一个地区。他们把鲁甸分为5个地区,在这5个地区你会看到中国社工协会是独立组织。北京、上海、广东各派了一支队伍,四川也派了一支队伍。为什么四川也派一支队伍呢?这是因为在汶川地震时,他们在心理和社工方面得到很多培训,在心理和社工方面有非常丰富的经验，有更多的体验和积累。所以，在鲁甸地震发生后，四川的队伍自告奋勇，因为他们曾经受到过帮助。每支队伍在鲁甸经历了3个阶段。我们知道灾后是分阶段的：灾前紧急期；灾后初期（两天到3个月）；灾后中长期（3个月到几年）。为什么要分阶段呢？因为在不同的阶段救治的任务是不同的。灾前就是要提升公众的意识，培训志愿者和义工救治，因为不可能在发生灾难后才去找人、去培训组织。如果没有很好的组织方式，灾后是找不到人的。前两天我接到上海义工协会的电话，他们要建立这样一个人才库，就是把曾去过灾区救援的人全部纳入这个人才库里，如果再发生地震或者一些巨大的灾难，这些人就可以作为储备人才。因为你去过，你有经验，可以直接把你带过去，都不需要培训了，灾之前就是要做这样的工作，把人、知识、设备全部都储备好，这就是灾前预防。

救援时一到两周，我们首先要去参与救援、救人或者事故处理，当生命救援的任务完成之后要做适应和安置。到底什么样的问题会出现在适应和安置的过程中呢？社工要在这一两周之内做出需求评估。在2～6个月时要具体按照需求评估进行救援或干预，询问需要什么，链接一些资源，还要做些心理辅导。

在恢复期和重建期基本上就是要协助建立社区，重建家园的任务是一件长期要做的事情。龙头山镇社区是上海救援服务队负责的区域，与别的区域相比，它的受灾程度是最重的。这个地方是由9个社组成，这里的"社"有点像镇的感觉，每个社又有好几个村。龙头山镇，有416顶帐篷、588户，大概有2 256个人，这就是我们要服务和工作的对象。我不知道大家有没有注意到鲁甸地震安置点与四川地震安置点的不同，大家发现鲁甸地震时人们住的地方与其他地方有什么不同？四川地震点的灾民住的都是板房，但是鲁甸地震点很多灾民是住在帐篷里面，这些板房基本上是政府部门工作使用的，居民住的是帐篷而不是板房，这是为什么呢？余震只是一个方面，板房的抗震能力还是可以的。大家看鲁甸的地理位置和地理形态，因为四川的平地比较多，在四川有大片大片的平地可以去搭板房，但是在鲁甸，在云南，山比较多，山和山之间的空地很少，两千多人不可能都搭板房居住，只能住在帐篷里。在帐篷里面要待两年，房子得慢慢建。首先要确定在哪儿建、确定每个人住多少平米，这些都需要政府论证，然后出文件，再开始建房子、分房子。这个过程需要两年时间，在两年的过程中，他们全都住在帐篷里，对他们来说会是非常大的问题。不知道大家有没有住过帐篷？帐篷是"冬凉夏暖"的，完全透风，夏天热得要死，冬天根本挡不住雨雪，这种居住状态就非常恶劣。救援分成3批，第一批开始于9月9日，一批的时间约为1个月。我是第二批救援队的队员，时间从10月2日到10月30日。第三批从12月10日起。我们这次动身比四川地震那次要快，那次我们是在两个月之后去的，这次我们不到1个月就去了。我们做的事情首先就是需求评估。因为有两千多人要住帐篷，一个帐篷里最多住两三个人，所以帐篷的密度特别大。社区缺乏公共设施，连厕所都很难找。一个施工队原本是来建基础设施，在我们的请求下，帮我们建了一个厕所。帐篷里不能洗澡，基础设施很差。因此当时第一批上海社工定下的目标就是帮助恢复正常社会秩序，重建和谐社区关系。

在方案设计中,首先要区分人群(老人、儿童、妇女),要针对不同的人群设计不同的活动。特别是有亲人死亡的家庭,家里有人去世的话要做哀伤辅导。在灾区,一些老年人希望有些娱乐设施,灾区的老胖茶馆,就是简单地搭个棚子、放些桌子,让那些老人家在里面喝喝茶、聊聊天,打发打发时间。针对儿童和青少年,要做心理辅导,开展安全教育,开展文体活动,让青少年和家长的关系有些调整。我们知道当地妇女基本上都是家庭主妇,有些妇女有工作。地震发生以后更多的妇女没有任何收入,我们教她们手工、编织,让这些妇女稍微减轻一些家庭的压力。

对于灾后的社区增能,我们基本上是让志愿者建立网络,让个人之间能够更好地交流。我们上海救援服务队负责的区域有9个社,本来住在不同的地方,现在因为地震都住在一块儿,是一个社区,所以社区本身的构建非常重要。如果没有团队意识,帐篷的安全系数很低,因为没有锁,东西很容易被偷,来个陌生人把东西全搬走可能都不知道。如果居民之间不是很了解,这种犯罪行为很难被防御,所以一定要提升灾后的社区意识。我们第二批队员中除了有来自3个高校的成员,还有来自一线的社工,他们是从上海的社工机构中调来的四五人,加起来第二批一共有十来人。我们希望和第一批有衔接,开始的工作主要是社区增能,还有放电影之类的娱乐活动。我们还做了《灰街子快讯》,让大家知道我们社工是干什么的、在这个社区我们搞了什么活动,除了延续第一批的工作,我们第二批还做了一些调整。因为我们发现整个安置点比较乱,如何实现社区更好的管理,是我们要面对的问题。除了安全防护还有社会关系问题,当时政府分发救助物资时分不匀,有人拿了还想多拿点,有人一点儿都没拿到。当这种问题出现时,大家就有点剑拔弩张的感觉,我们需要对这样的问题进行沟通。

当地的党支部有一些领导力,但是党支部的优秀先锋作用没有得到很好的发挥,我们希望培养社区的领袖,在我们走了之后这些人还能发挥作用。在灰街子社区,除了我们这个专业团队以外,还有中科院的心理辅导队伍,还有无国界社工,还有卫生防控系统的医生和护士,还有消防员和警察。我刚开始去的时候,我们需要把安置点的分布弄清楚,我们就画出地图,熟悉整个帐篷分布。除了绘制地图以外,我们还去居民家中探访,与他们聊天,了解他们的生活需求和问题。除了与居民去沟通,我们还与社长沟通活动方案。社长对整个社区、整个村镇十分了解,哪个人需要什么帮助,或者这个社的问题在哪里,社长们都知道。我们经常跟社长一起开会设立方案。在整体了解之后,我们设定了服务思路:对内挖掘社区自身内部资源,对外寻求外部机构的支持。

方案基本上分为3个部分:一是行政层面的增能,二是社区以外组织的管理联盟,三是社区居民的增能。在行政层面上,我们除了找每个社的社长以外,还找出社区的积极分子,组建先锋队组织,为他们培训创伤后的心理知识。在他们学好之后就由他们挨家挨户去讲。这是我们做的第一件事情。帐篷与帐篷之间挨得很紧,存在防火隐患,我们买了消防桶,帮他们蓄水,教授消防知识,让消防战士演示如何使用消防灭火器,在他们学会之后再让他们向其他的居民介绍。不同地区的救援队伍会定期地开会,了解你们是怎么做的、我们是怎么做的，相互沟通学习。比如，中科院救援服务队基本上是在学校为孩子们做创伤辅导，但这些孩子都是寄宿的，社区里还有很多孩子，我们就去帮助他们做筛查，我们在挨家挨户走访时发现有些孩子可能有心理问题，我们就把这些孩子转接到中科院救援服务队。

对于社区居民，首先是社区安全建设。我们让孩子去宣传安全知识，还有就是发挥社区安防团队的作用。我们让每个社找几个精壮的男子，每天24小时在帐篷周围巡逻，做好24小时的安全防护工作。其次是妇女关系建设。我们组织巧妇团一起勾勾毛线、织织手套。还举办棋牌比赛，让每个社出两个人与其他社的人比赛，获胜者还可以获得奖金。大家的积极性都很高，居民之间的互助性也调动起来。我们还组织了龙头山好邻居评选活动，让每个社选出最好的邻居，在评比过程中人与人之间的关系有所增进。还有就是生日祝福活动，在有居民过生日时我们发卡片、送水果，让过生日的人知道还有人在关心他。这就是我们围绕邻里关系所做的事情。我们在寻访过程中发现某些人有异样的话，就会给他做个案辅导。

我们的所有活动主要围绕行政层面和居民层面。我们帮助灾区的孩子组建花椒小剧社，以尽可能好玩的方式让他们演戏剧，如怎么做防护，让孩子演出来给大家看，孩子们也很乐意参与。我们对选出来的社区骨干进行表彰，让他们回去以后学会与居民沟通交流。我们的日志和快讯是居民获得重要信息的一种方式，也是我们传递重要知识的一个渠道。我们在鲁甸待了1个月，做了4期快讯，基本上一周一次。当地的一位党委副书记对社工并不了解，一开始对我们有防卫心。我们与这位副书记建立联系，他需要做什么，我们就去帮助他做些事情。后来他非常愿意配合我们做事。

我们在鲁甸和在四川同样是做灾后救援，也涉及创伤辅导，但是这两次做的事情不太相同。社工层面除了关注人本身，还关注人周围的自然环境和社会环境、与周围的人互动。在社工层面，很多时候是组织、策划、协调和沟通，最重要的是资源整合，我们不仅希望改变一个人，还希望改变他的环境，让他能够在更适宜的环境中去修复（或者恢复）。而心理层面的关注点主要是心理层面上的技术。这就是我们说的社工与心理本身的不同之处，但是两者之间一定是相互合作的。在我们社工团体中，我们会把心理专业人员看作重要的资源，一旦发现一些问题比较严重的孩子，我们就转介给心理专业人员。虽然社工也做心理辅导，但是做的属于评估层面的比较多，或者是教育层面，很深入地做创伤辅导不是社工的专长。社工与心理专业人员会有联系与合作，这两者本身没有矛盾，是从不同层面帮助灾区救援和重建。

从国际法解读中美韩关系和东亚局势

马忠法

【主讲人简介】 **马忠法**,复旦大学法学院国际法学教授,上海知识产权研究所特邀研究员,兼职律师。复旦大学法学博士(国际贸易中的知识产权法方向)。主要研究领域为国际经济法(含国际贸易中的知识产权法)、国际商法。

【讲座摘要】 中美朝三者关系会以两两之间的关系变化而相互牵制。对于中美来说,目前两者对于朝鲜半岛整体的外交基础保持一种"和而不统"的外交政策,维持朝鲜半岛的和平。而美国和中国对于朝鲜实行的外交政策是有明显区别的,也就导致三国关系自"二战"后至今关系的动态发展,并且朝鲜与中美两大国的关系也随着朝鲜半岛的朝韩关系而不断改变。

首先感谢大家在非常繁忙的学习中能听我今天晚上的这个探讨,我们不说是讲座,因为刚刚主持人也介绍了,我个人的研究主要是在国际贸易和知识产权法上。同学们这么热情地邀请我来做这个讲座,且是个命题作文,我在有限的时间内做了准备,有些地方仅仅是我个人粗浅的看法,不当的地方同学们可以交流、批评。

我们今天的题目是"从国际法解读中美韩关系和东亚局势"。刚刚这位主持人也提到,我曾经在韩国高丽大学访学一年多,在美国哥伦比亚大学访学一年多,因为我在中美韩都呆过,所以,对于三国关系我可以结合自己的体会谈一点我对未来走势的判断,当然前提是基于国际法的角度。大家看网上的文章,政治、经济、军事各个角度都有,我主要是基于国际法谈谈自己的体会。

我在韩国有一年多的时间(2012年8月~2013年8月),我个人感觉到,由于萨德系统要入驻韩国,乐天跟韩国国防部进行地皮交换之后,在我国引起很大反响,掀起抵制乐大的活动,比如,乐大有些门面店被关掉,原因是违反环境保护法等,使乐天在经营上有一些麻烦。当然这些不是官方有意为之,而是乐天的确有些地方存在违法和不当的行为。就我个人而言,一般提到国际法就会想到国际公法,主要是政府之间。我在一家跨国公司中做过几年,我感受国际法外在的表现主要是国家之间的条约,但都有某些利益集团在背后推动。国际法是什么样的形式,以怎样的方式存在,实际上可以查出背后都有私人活动的烙印。比如,萨德反导系统是由一家美国的公司提供的。世界上为什么会有战争?我有时候在想,非洲那么贫穷、落后,它的武器为什么那么尖端?交战的两个国家都有尖端的武器,甚至他们的武器都来自同一家公司,为什么会有这一现象?如果军火商这个利益集团不被消灭的话,世界上的战争可能会持续,因为战争的背后有利益驱动。所以,国际法有很多条约都是私人部门在里面推波助澜。

我们在讲国际公法的时候,不能仅仅只讲政府的行为,而要找到背后私人的环节。比如,乐天在中国发展得这么好,从某种意义上来讲,它可能不希望来换这个地,但是,韩国大企业发展有一个最大的特点,就是它基本上是在政府的支持下发展起来的,不论是现代,还是SK集团,韩国真正的中小企业想要发展得好十分困难,大企业发展得很好是因为政府背后的支持是非常厉害的。虽然韩国很多企业在表面上是私人的,没有政府的扶持和支撑,但是政府在政策法律的制定方面会给企业带来很大的影响,乐天和国防部的换地实际上可能是迫不得已。如果乐天和国防部对着做,它将来的日子不好过,但是乐天换完之后,又在我们国内引起很大的抵制。我在韩国时发现,韩国中高层以上人员对华态度非常友好,高丽大学有位教授,已经60多岁,他说其实在韩国中上层受过很好教育的人,他们想和中国维持比较好的关系。大家可以注意到,凡是民族主义情绪很强烈的人,往往处于这个社会的中下层位置。为什么呢?这主要是全球化之后带来的结果。那些素质比较高的人,他们在世界各地的竞争力都很强,不愁没饭吃,而中下层的人,除了政府保护之外,没有生存的技能。我到欧盟的总部布鲁塞尔,曾经问过一个比利时人:"布鲁塞尔这里有没有什么爱国主义的标志?对爱国主义的宣传是什么样的?"他说:"我们很少讲爱国主义,因为布鲁塞尔是欧盟总部所在地,比利时是国际化程度很高的国家,它当然希望全球国际化,比利时人可以到处找工作。"在任何一个国家,凡是民族主义很强的人,他们感到自己的生存危机。我们今天讲国际法,主要是从国际公法的角度,但国际公法也和私人利益有着千丝万缕的联系。

我今天跟各位汇报的提纲是这样的,从特朗普和习近平主席会晤时的一系列问题引出我们的主题。首先,我们讲国际法主要是在无政府的国际社会中产生的,整个国际社会是一个无政府的状态。《联合国宪章》是当今最重要的国际条约,我给大家讲一讲国际法的形式。其次,萨德问题是我们当今中美韩最为敏感的话题,它与国际法有怎样的联系,怎样用国际法的手段帮助我们解决或者有效地减缓东亚目前面对的这种"危机"?再次,除去军事方面,在其他方面往往与经贸有着千丝万缕的联系,我们看看经贸领域有哪些国际法的基础,从经贸入手解决问题可能更为温和,对我们未来发展趋势具有更大的意义。最后,就是对国际法语境下三国关系与东北亚局势的展望。

我们知道习近平主席在美国佛罗里达州海湖庄园与特朗普进行首次会晤,对推动中美关系起到很大作用,我们希望通过和平途径来解决朝鲜半岛问题。在会议期间特朗普提出美国打了叙利亚。2003年美国打击伊拉克时说有国际法依据,是因为1992年的144号决议要求伊拉克停止生化武器的研究和制造,2003年小布什说伊拉克没有执行联合国安全理事会(简称安理会)的决议。朝鲜、美国、中国都是《联合国宪章》的缔约国,既然是它的成员,显然你就要遵守它的条约和章程的规定。如果一个国家不服从安理会的决定,对集体安全造成危害,就可以对这个国家进行打击,这是有国际法依据的。但是美国打击叙利亚没有安理会的决议,美国是不是违反了国际法呢?这又与国际法另外一个重要的概念有关。那就是国际法中的"强行法",像恐怖活动、奴隶贩卖、种族屠杀等行为都是全人类共同反对的,任何国家基于一些人的这些行为都可以进行相应的制裁。叙利亚搞了一个生化武器,联合国开会讨论是否要对叙利亚进行相关制裁,中国投了弃权票。为什么中国会投弃权票,是因为还没有弄清楚这个生化武器到底是谁的,美国一口咬定这一生化武器是总统阿萨德政府方支持,我们则认为要先了解清楚,不要放掉了坏人、打击了好人,所以我们投了弃权票。大国领导人之间的相互沟通是消除误解、消除战争的重要手段,这个世界上的争端在很大程度上是大家互不了解、缺乏交流造成的,只有相互交流才能解决问题。

看中国和韩国主要是由萨德系统引发的问题。1992年以前由于朝鲜战争,中国一直和韩国保持不太正常的外交关系,1992年之后中韩关系变得越来越亲密,我们在贸易方面等许多方面形成相互依赖的局势,中国每年有产品出口到韩国,韩国也有不少商品出口到中国。朴槿惠总统突然同意美国在韩国部署萨德系统,引起巨大的反响。萨德系统讲起来是为了帮助韩国抵御朝鲜,背后的一个重要功能则是萨德能够进行很好的监测,我国华北、东北的信息安全受到严重威胁,这涉及中国信息安全的核心利益,就为中国和韩国的关系带来一系列的问题。

下面我们来讲中美韩之间会有哪些国际法的问题。第一个就是关于朝鲜要进行的第五次、第六次核试验,它是不是违背国际法?判断这一行为是不是违反国际法,主要是看现在是否有国际法对其进行相应的规定。如果本身没有法律规定,怎么能判断它是违背国际法呢?如果它本身的行为没有违反国际法,为什么会受到国际社会的谴责呢?这个是我们要探讨的两个问题。朝鲜制造核武器是个历史性问题,朝鲜很早就想制造核武器,尤其是在苏联解体、中国搞改革开放以后,朝鲜的安全感更为动摇。讲到发展核武器,朝鲜振振有词,它说中国在20世纪50年代末、60年代初搞核武器,为什么中国能搞朝鲜不能搞?它提出的这一理由在当前的语境下能否成立?朝鲜在中国改革开放之后与中国的关系就拉远了一点。在国际关系里有一句著名的话:"没有永远的朋友,也没有永远的敌人,只有永远的利益。"如果是同盟肯定要有共同的利益,但是中国和朝鲜有这样的共同利益点吗?如果我们总是寄托国际法来解决这样的冲突到底靠不靠谱?我们总是依靠国际法来解决这样的国际问题到底能不能解决?国际法是不是有强制力、能有效地解决问题?这里我举一个很小的例子。国际社会是一个无政府的社会,如果有国家违反国际法,怎么制约它呢?比如,朝鲜其实从2009年开始,已经多次被联合国安理会做出决议,不要干这个,不要干那个,但是朝鲜我行我素,讲一句不好听的话叫"养虎为患",所以它的胆子越来越大。朝鲜进行第五次核试验时,东北有些学生在教室里上课,以为发生地震赶紧跑出去,结果,是朝鲜在搞地下核试验。如果有国家违背了国际法,国际社会有什么政策去制约它,这就是国际法正在探讨的一个问题。还有就是国际法如何影响中美韩三国关系,如何解决朝核问题。肯定是中美韩三国之间的合作远远多于分歧。朝鲜半岛这样下去,只会给中国带来越来越不利的影响。朝鲜半岛之前是一个国家,由于冷战分裂成两个国家,中国在这一方面是最大的受害者。朝鲜现在的这种态度,如果真的恶化下去,对中国和韩国会带来很多消极的影响,所以,有人说中国和韩国应该更多地寻求合作,而不是像现在这样。萨德的问题如何解决,能否通过国际法解决,对将来会造成什么样的影响,等会我们一起来看一看。

整个国际社会是一个无政府的社会,它有法,但是这个法和各国家的立法机关不同。比如,中国是全国人大和全国人大常委会,美国是议会,英国也有议会,国际社会谁是立法者?其实国际社会的立法者就是各个国家自身,我们讲世界贸易组织,我们讲联合国,大家知道联合国不是在国家之上的一个超国家组织,是国家之间的组织。既然是国家之间的组织,主权国家相互平等,没有谁管理谁的问题。美国是世界上最强大的,但是它和一个很小的国家在联合国投票时也是大家一票一权,就是说大家不分你我高下,那么,这个国际组织是干什么的呢?它是给大家提供一个讨价还价的平台,就是在大家遇到问题之后通过这样一个平台来讨论,最终形成一个协议,我们国内叫协议或合同,国际法上叫条约,这个条约是通过国际组织谈判最终形成的看法。所以,国际法最终的制定者是各个被调整对象自身,即国家自己。这就带来问题,如果我们既是法律的制定者,又是法律的执行者,等到最后我就是不实施,你能拿我怎么样?这就是国际法面临的很大困境,当然有人基于这一点,说国际法不是法律,没有强制力,但是我告诉各位,包括美国在内,当前世界没有哪个国家敢说我这个行为是违反国际法的,我就是要违反国际法。美国这么霸道,但它所做的每个行为都说自己是遵守国际法的,包括朝鲜现在也说是遵守国际法,因为《联合国宪章》规定主权国家平等,朝鲜也是联合国成员之一。简单地说,国际法就是各国之间意志的妥协。有人说国际法是各国之间共同意志的形成,这怎么可能呢?格劳修斯被称为"国际法之父",他说各国之间的共同意志就是国际法,它的英文表达是"law of nations",过去学者把它译为"万国法",即适用于所有国家的法律,这是一个非常理想的状态。随着时代的发展,国际法的表现形式多种多样,主要形式是国际条约、多边条约、双边条约。中美韩三国要解决朝核问题,国际法依据的就是多边条约。双边条约发生在两个国家之间,比如中美之间、中韩之间,随着时代发展,双边条约成为国际法形式中表现最多、最重要的一种。各国意志的妥协除了条约、国际组织谈判之外,还有习惯国际法,就是大家在实际已经形成,但并没有反应在条约中,各个国家在实际中已经接受。习惯国际法往往在外交领域、在领事关系中形成很多,比如,有些国际条约就是习惯国际法的形成,如《维也纳条约法公约》就是国家在过去的国际条约中所形成的大量的习惯,最终由有关的机构把它整理成规范的法典,然后大家都接受它,这就变成《维也纳条约法公约》。还有一个《海洋法公约》,也是大部分吸纳了习惯国际法。大家都说要与国际接轨,其实与国际接轨这种表达是有问题的。既然国际法是各国意志的妥协,与国际接轨意味着你这个国家可能要放弃某些国际条约制定的机会。过去法学院的老院长李昌道先生说过这样一句话:"如果现在讲与国际接轨,就是在与美国的法律接轨,因为美国以各种各样的方式把自己国内法的东西变成了国际法,与国际接轨就是放弃了谈判的机会,按照它的法律来。"如果是涉及国家、民族、政治、主权,并不能简单地说与国际接轨。当然还有一部分不跟国际接轨就不行,人家就不跟你交易,这是哪一部分呢?比如,商事贸易领域的双边自由协定、区域贸易协定与国际商事惯例等,在商事领域,共同的规律性的东西比较多,我们就要与国际接轨。只是我们不能简单地说与国际接轨,而是要有所区分,因为这与国际法本身有很大关系。

中美韩三国关系的国际法基础主要是靠条约。一个是多边条约,最大的是《联合国宪章》。《联合国宪章》规定联合国是如何成立的,其成员要履行哪些义务、享有哪些权利,目前中国、美国、韩国、朝鲜都是缔约国,显然对这4个国家都有约束力。大家注意,在国际法领域,如果一个国家不加入某一条约,这个条约就对它是没有约束力的。朝鲜原来是加入《不扩散核武器公约》的,后来它退出了,于是就不受制约了。朝鲜也没有加入《全面禁止核试验条约》,它不加入就不受这个条约的制约。这与国内的法律就很不同了,国内有谁敢说《中华人民共和国刑法》不是我制定的,我不参与,所以我不受它管辖?这不可能,但是国际法中存在不受约束的这种现象。参与成员最多的就是《联合国宪章》,其次是《世界知识产权公约》,有188个国家参与。我们耳熟能详的世界贸易组织有164个成员,要注意世界贸易组织不是以主权国家为单位的,而是以独立关税区为单位,所以,世界贸易组织中我们中国最牛,一个国家有 4 个席位,分别是中国大陆、中国香港、中国澳门和中国台湾。成立世界贸易组织的《马拉喀什协议》含有多边协定与复边协定,其中就包括每个国家都要遵守的 13 个多边条约,构成经贸领域的规则。目前中美韩三国都是它的成员,但朝鲜不是,因为世贸组织规定要想加入必须是一个市场经济国家,朝鲜是计划经济国家。在核能方面现在已经形成很多国际公约。1968 年的《不扩散核武器公约》目前有 191 个国家加入,很多国家尽管没有核武器,但还是加入了这个公约。目前我在承担司法部的一个项目,就是关于核能立法研究。目前全球真正拥有核技术进行发电(仅仅是进行发电)的大概有 35 个国家,其中有 5 个国家已经停止核能发电,现在真正使用核能发电的只有 30 个国家。但是参与《不扩散核武器公约》的却有 191 个国家,说明人类对核武器、核试验的反感和想要制止的愿望。核武器扩散带来的危害非常巨大,尤其是如果恐怖分子掌握的话相当危险,这也是朝鲜进行核试验受到各个国家一致谴责的原因。禁止核试验是在 1996 年通过的,中国的核武器是在 20 世纪 50 年代搞的,用以防止核冷战、核威胁。当时美国和苏联都拥有核武器,中国这样一个大国发展核武器肯定有其历史合理因素。中美韩都加入了《不扩散核武器公约》,加入了就要遵守、不能违反。但是美国比较有意思,它本来是参加《京都议定书》的,但后来退出了。奥巴马总统主张环境保护、应对气候变化、发展清洁能源,特朗普作为一个商人更加关注时效,他声称将来要退出《巴黎协议》,可以看出共和党在环境保护方面与民主党很不一致,美国一旦退出,《巴黎协议》对美国就没有约束力。

下面说说中美韩苏俄签署的《朝鲜人民军最高司令官及中国人民志愿军司令员一方与联合国军总司令另一方关于朝鲜军事停战的协定》,简称《停战协定》。为什么现在朝鲜敢于做出各种各样的过激行为?因为历史上只要战争一结束,就会签订一个和平条约,用来解决交战双方各方面的冲突和权利义务问题,朝鲜战争 1953 年结束后签订的就是《停战协定》。但是到现在,从理论上讲,朝鲜和韩国包括和美国之间,还处于战争状态,在这个框架下朝鲜做出任何行为都没有违反国际法,因为这只是一个《停战协定》,《停战协定》并不表示将来不发生战争。我们国家王毅部长说将《停战协定》变成和平协定或者和平机制,过去是无核化,现在不可能做到,因为朝鲜已经拥有了核,现在应该是去核化,中国提出这样一个崭新的机制来解决朝鲜问题。2009 年 5 月 27 日,朝鲜军方宣布退出《停战协定》,不再受《停战协定》约束。朝鲜不再遵守《停战协定》背后的潜台词是什么?核武器一旦试验成功,将来就可能发生战争!这个协定是国际法表现的一种形式,如果朝鲜退出不遵守这个《停战协定》,并不代表它违反国际法,这就是朝鲜被美国人称为"无赖的国家"的理由。

除了条约以外就是安理会决议。联合国有 6 个机构,分别是联合国大会、安全理事会、经社理事会、托管理事会(主要管理"二战"后的殖民地国家,现已名存实亡,几乎停止工作)、国际法院(解决争端)、联合国秘书处。其中最有权力的机构是安理会,联合国大会制定的协定不一定有强制执行力,但是安理会的决定是有强制执行力的,这是由《联合国宪章》第五章明确规定的。联合国安理会召开会议,如果五大国有一国行使一票否决的话,这个决议就不能通过,中国在面对两难选择时一般会弃权,弃权就是不反对。对于实质性的问题,比如朝核问题,必须实行五大国一致原则。在安理会的15个成员中,中国、美国、法国、俄罗斯、英国是常任理事国,这5个国家的态度必须要一致,然后这个决议再加上其余4个国家构成9票,决议就可以通过。如果一个决议有14个国家赞同、1个国家反对,而这个国家是常任理事国,那这个决议也过不了。

《联合国宪章》第七章的"对于和平之威胁、和平之破坏及侵略行为之应付办法",表明安理会对朝核问题做出决定之后有法律的效应。我个人认为,安理会决议具有法律约束力,对全球安全负有主要责任,安理会决议的依据是"对于和平之威胁、和平之破坏及侵略行为"作出相应决定,"和平之威胁""和平之破坏"通过什么表现出来?过去是战争,现在朝鲜搞的核武器就是对和平造成威胁,所以,安理会做出决议对朝鲜进行制裁是有国际法依据的,朝鲜进行核武器试验是违反国际法的。安理会已经做出决议,朝鲜却公然违背,这也是它在国际社会被谴责的原因。有人会说,主权国家一律平等,为什么不允许朝鲜搞核武器?因为现在的情况已经发生很大变化,在20世纪80年代、90年代,美苏销毁很多核武器,核武器对全人类会造成灾难性的后果,核武器不扩散是全人类的共识,在这种情况下,还要进行核武器试验就不具有时代背景和合法性依据。

为什么朝鲜遭到全世界的谴责仍然要发展核武器呢?这跟朝鲜自身的发展观、安全感有很大关系。在冷战时期,苏联和中国从很大程度上可以说是朝鲜的盟友,而美国一直和朝鲜都是敌对关系,朝核问题的核心就是美国一直把朝鲜定义成一个流氓国家,所以,金正日说,如果美国不再对朝鲜采取敌视的态度,朝鲜马上停止核试验。但是美国人说,朝鲜必须首先放弃核试验,然后再谈判。这些都是表面问题,美国出于全球战略考量,它其实更加希望朝鲜这种对它最有利的状态,朝鲜半岛不统一,会给中国带来很大的威胁。我们要把对朝、对韩关系区分开,如果朝鲜半岛统一,对于中国的安定很有利。对美国则是无所谓,因为美国在远东地区即使失去了韩国,日本还在它的手里。日本还有美国的防御体系,美国设在日本的装备军队要比在韩国的多。朝鲜发展核武器是因为它没有安全感,是因为中国的改革开放。我看过一个小资料,在毛泽东时代,我们送给朝鲜很多小飞机,飞机运行了10多年之后,很多零件坏了,要送回来修。那时我们已经改革开放了,飞机送到我们的沈阳机场,机场已经承包了,人家说飞机修理要付钱,朝鲜人觉得很奇怪:"你都把飞机送给我们了,修还要钱啊?"苏联当时给朝鲜很多设备都是收费的,毛泽东主席说我们不收,但是改革开放之后已经按照市场经济规律办事了,飞机修理需要付费,这个官司一直到了外交部,最后的结果还是要付钱,于是朝鲜和中国的关系慢慢疏远。习主席在和特朗普会晤的时候说,金正恩从来没有来过中国,他的爷爷和他的父亲都曾经来过中国,对中国有一定的了解,金正恩其实对中国并不很了解。朝鲜早期是没有核技术的,曾经向中国寻求帮助,毛泽东拒绝了金日成。后来,苏联支持朝鲜发展核电技术,这跟核武器的技术要求还有很长的距离,但是,苏联帮助朝鲜培养了一部分人才,也是朝鲜现在开发核武器的人员力量。苏联解体以后,早期进行核武器研究的工作人员在生活各方面没有保障,朝鲜通过经济利诱,把一部分掌握核技术的苏联专家引进到朝鲜。这就是朝鲜核技术,在冷战结束以后发展很快的重要原因,同时也是后来朝鲜态度比较强硬的重要原因。美国在其中也扮演了不太光彩的角色。例如,美国出于利益导向,有些企业可能偷偷摸摸地把核技术出售给朝鲜,结果导致今天这种结局。美国能源部长承认,美国曾经向朝鲜转让过一些核技术,但是他没想到今天演变成这样的结果。朝鲜的核武器技术为什么发展得这么快?于私于公及各种因素帮助朝鲜在核技术方面取得突破,这是美国、苏联这些核大国没有注意有关策略措施所带来的恶果。朝鲜要发展核武器的决心从未动摇,从20世纪50年代一直到现在,只不过现在公开地表现出来而已。巴基斯坦本来经济、技术发展水平相对不发达,就是因为它是世界上仅有的少数几个拥有核武器的国家之一,现在它在世界上拥有话语权。巴基斯坦通过阿拉伯一些公司运作,把一部分核心技术卖给朝鲜。远东和中东是两个最敏感的地方。在美国人看来,中东地区都属于常规武器能解决的;远东地区就比较棘手,因为属于需要非常规武器解决的。联合国安理会做出决议,将对朝鲜采取一系列的制裁措施。中国希望通过谈判,解决问题,通过六方会谈走上外交路径。王毅部长说:"中国坚持实行半岛无核化,坚持维护半岛核稳定,坚持通过对话协商解决问题。"《停战协定》表明战争状态并未结束,只是处于停止战争的状态。如果签署和平条约,很有可能就会结束朝鲜战争,就会停止核试验。王毅部长的"停和"双轨机制,就是把停战协定变成和平条约,停止核武器试验。如果这个问题不解决,就会带来进一步的冲突。但是,美国说朝鲜首先停止核武器试验,再来谈和平协定,这就是目前的分歧所在。另外,中国坚持3个底线。第一,朝鲜半岛不能有核,不论是韩国还是朝鲜。第二个问题是,不能用武力解决问题,那样会使半岛生乱、生战,中国不会允许。第三个问题是中国自身的正当国家安全利益必须得到有效保护和维持。大家注意这里的"正当",中国在很多场合下都认为在东北亚这个问题上我们是有很大的话语权的。中国是最近的利害关系方,所以对这件事最为关切,也最希望通过和平方式解决朝核问题。萨德问题其实是朝核问题引出来的,中国与韩国争论最厉害的就是萨德的监测系统会给我们国家带来经济或者安全上的问题,中国持强烈的反对态度。

  关于朝核问题,我们已经讲了它有没有国际法依据,现在要讲的问题是主权国家平等与主权独立。发展核武器是不是一个国家的主权?国际法有一个重要原则叫不干涉他国内政原则。朝鲜会说:"我发展核武器这是我国内的事情,老百姓勒紧了裤腰带,愿意给国家发展核武器,凭什么要干涉我们?"国际法中的一个很大的问题就是主权和人权,之间如果有冲突到底怎么办?我们举个简单的例子。某个国家发生严重的侵害人权现象,进行种族灭绝屠杀,这个时候还会允许主权高于人权吗?

  另外一个问题是有关核能、核武器的国际条约能不能解决朝核问题。从目前来看,问题无法解决,这是因为朝鲜根本就没有加入这些条约。我们能制约朝鲜的就是安理会决议,安理会决议来自《联合国宪章》,《联合国宪章》是有国际法约束力的,因为朝鲜也是缔约国,可以通过强行法迫使朝鲜解决朝核问题,毕竟核武器给人类社会带来很大的安全隐患。联合国国际原子能机构在解决这个问题的过程中作用不大,因为原子能机构主要涉及核能的民用问题。至于涉及武器、军队、国防,它的作用与联合国相比要弱了很多,如果安理会决议在朝鲜没有得到遵守,如何来处理? 安理会规定,只要是安理会决议,任何国家都有遵守和履行的义务;如果不遵守、不履行,就可以采取其他措施来迫使你去遵守和履行,美国冷战政策的延续,导致国际上的政治问题和法律问题纠结在一起。单纯的法律问题相对比较容易解决,但是一旦把政治问题和法律问题搅和在一起,这个问题就难了。中国一直主张对于国际上的很多敏感问题,通过外交途径解决。所谓外交途径就不是走法律程序了,什么打官司啊等等的。我们一直相信主权国家之间相互平等,任何纷争都可以通过和平路径、外交路径、以充分的对话解决。特朗普认为针对朝鲜的问题就是针对核武器的问题,不涉及政治的分歧。什么是不涉及政治的分歧? 就是不想推翻朝鲜的政权,只要停止核武器试验就可以。早期特朗普并不是这个态度,外部分析美国发生重大变化的原因是受到中国的影响,不把矛盾搞得那么尖锐,只要停止核武器试验,就实现了目的。中国对美国的政策调整起到一定作用。

还有一个是萨德问题。韩国同意美国部署萨德系统,是不是违反了国际法?《联合国宪章》中有一个关于集体安全的机制,如果周边国家都受到安全影响,很有可能会采取措施。中国和俄罗斯都反对萨德系统,我们能不能基于集体安全认为萨德系统是违反《联合国宪章》的? 能不能找到一种理由让萨德系统不要入驻韩国? 从目前来看这很难成立,因为萨德系统就是为了防止朝鲜的核武器,而且双边之间有安全保障协定。要注意萨德系统涉及多国安全战略利益,韩国仅就双边条约置他国不顾,有没有可能把它理解为违反了国际法的条约,目前有些学者正在研究。我个人认为想要认为韩国违反国际法,很难证明,确实有点牵强。

下面来讲经贸领域的问题。乐天在中国的很多门店关掉了,对韩国的经贸是重大的打击。历史上中美韩三国在经贸领域的发展非常迅速。中国和美国 2016 年的贸易额在世界上已经数一数二,中国成为美国的第一大贸易伙伴、第三大出口市场,美国是中国的第二大贸易伙伴、第一大出口市场,相互之间的经贸联系非常密切。在 1990 年时美国动不动就对中国采取贸易制裁,让你中国享受不到最惠国待遇。通过经贸领域的制裁迫使中国在其他方面做出一些让步。过去中美双方没有交流,往往容易把矛盾激化。中国和美国之间建立外交关系之后,双方人民往来越来越密切,美国对中国的敌视度降低了很多。其中有一个人做出了巨大的贡献,那就是姚明。姚明当初到美国打篮球对美国一般民众了解中国起到很大作用。过去美国媒体都把中国妖魔化,中国输出的一些电影又反映了中国的一些阴暗面,所以,很多美国民众不了解中国到底是怎么回事。姚明这个大男孩又阳光又灿烂,讲话幽默,有亲和力。姚明对推动中美之间的关系、让美国人了解中国起到很大作用。我一直认为,国与国之间的冲突和误解往往都是双方不了解导致的。很多到过中国的美国人对中国有了全面的了解,他们的敌意就减少很多。经贸往来让相互之间增进了解，对整个国际和平做出巨大的贡献。一个经济全球化带来的结果就是让世界和平的机会越来越大。中国与韩国之间的贸易数量在萨德以后受到一定影响。《中韩自由贸易协定》对经济的发展、对双方的交流起到很大的作用。非常可惜的是，这个协定在 2015 年开始生效，到了 2017 年就发生了萨德事件。我个人预判将来中美关系、中美韩三国关系在经贸领域的合作的可能性远远大于冲突。我们希望朝鲜无核化问题得以恰当解决，这就是我们希望看到的一个好的结果。

下面我们来简单地看一看和平发展的总体趋势。我个人认为不会有太大的改变。在 20 世纪前 50 年发生了两次世界大战，人类社会总在吸取教训，所以有了欧盟这个世界上被很多学者公认的超国家组织。联合国是一个国际组织，但是欧盟被认为是一个超国家组织。它比国际组织在调整成员国之间的关系方面更进一步。这个也可能是未来世界我们走向和平的一种模式。欧盟为什么能够走向超国家组织这样一个状态？这是和欧洲 300 多年的战争有很大关系的。从 1618 年开始的 30 年战争，一直到 1945 年的第二次世界大战，这些大战绝大部分都发生在欧洲。经过几百年血与火的洗礼，有位著名的学者康德写了一本书《永久和平论》，这本书为后来欧盟的建立奠定了思想基础。当然欧盟的建立还有文化基础——基督教。随着人类文明进程的不断推进，战争是文明社会所不愿意看到的，战争足以摧毁我们人类生存的地球，所以我个人认为和平的总体趋势不会有太大的变动。2017 年 4 月 11 日，朝鲜决定恢复外交委员会，释放了朝鲜希望通过外交途径和平解决问题的信号。安理会从 1990 年开始做出《85 号决议》《1540 号决议》《1695 号决议》，从 2003 年开始也有很多决议，这些决议实际上对禁止朝鲜核武器试验可以从法律角度找到一定的依据。《1874 号决议》到《1887 号决议》和《2094 号决议》对朝鲜的制裁非常厉害。最近的《2270 号决议》对朝鲜提出新的要求和必要的制裁。安理会通过法律程序试图迫使朝鲜停止核试验。4 月 10 日中国代表团团长吴大伟会见韩国六方会谈代表团团长，就朝核问题交换了意见，如果朝鲜强行进行战略挑衅，中韩双方根据安理会的决议，将对朝鲜采取强力的制裁、打击。这里有个前提，一定是要根据安理会的决议，因为安理会的决议是有国际法依据的行为。对朝核问题，中方坚持实现半岛无核化目标，坚持维护半岛和平，主要通过和平方式来解决问题，愿意同美方就半岛问题保持沟通、协调，也就是我们不希望美国采取单方面措施。我自己对朝核问题解决可能的路径有 3 个判断。一个是在外部压力下，朝鲜主动放弃核试验、核武器，并承诺不再发展，最后和平解决。这是我们希望看到的，取决于诸多因素的结合。二是朝鲜发生政变，新人执政后和平放弃，这种可能性从目前来看可能性比较小。三是美国和韩国通过武力解决。朝鲜要求美国放弃敌对态度，美国要求朝鲜放弃核武器试验，这成为一个先有蛋后有鸡还是先有鸡后有蛋的问题。

美国国务卿表明目标是让半岛无核化，而不是推翻政权，很多学者认为这是中国从中斡旋所产生的结果。美国采用武力措施解决了有些国家的问题，但是带来很多后遗症。比如，今天的欧洲难民问题就是美国没有处理好中东问题带来的结果。再如利比亚，尽管美国不是冲在第一线,但是美国是法国重要的支持者,有很多难民都从利比亚逃走。还有埃及、伊拉克,美国是想把独裁者消灭掉,然后再把这个国家的民主制度建设起来,但结果是民主制度没有建设起来,人民的生命安全没有保障,导致大量难民出现。如果朝鲜问题没有解决而发生战争,难民会给中国带来新的问题。朝鲜问题如果继续拖延,等到朝核武器和导弹成熟以后,武力解决会付出更大的代价。另外,还有一个很可怕的后果,如果日本也要发展核武器,其他国家也要进行核试验,就会进入新一轮的军备竞赛,甚至包括核武器的竞赛,这将把人类社会带入恶性循环之中。这种情况是我们不希望看到的。所以,中国的态度是希望通过对话协商,以和平的方式实行朝鲜半岛无核化。王毅部长提出双轨并行的思路和双暂停的倡议。双轨并行是指半岛无核化和停和机制转换,停是停战协定,和是和平协议,把停战协定变成和平协议;双暂停是指朝鲜暂停核岛活动,美国暂停大规模军演。这是中国提出来的相对比较温和的解决问题的方案。中美韩已经在朝核问题上形成了一致的看法,中国在朝核问题上和美国、韩国合作的概率增加,在萨德引起的问题上也稍微缓和。萨德问题我们没有放弃,现在最大的问题是让朝鲜不要再进一步搞第六次核试验。在经贸领域,中日韩的自由贸易协定在如火如荼地进行,中日韩之间的利益联系越来越多,矛盾有所和缓。关于区域全面伙伴经济关系的协定,有东盟十国和中日韩参加,属于东北亚方面的问题。

我做一个简单的结束语,然后再和各位朋友进行交流。国际法在调整各国关系中的地位和作用在今天变得越来越明显。中国希望通过外交途径解决问题,但外交途径解决最终还是要形成一定的协议,在某种意义上就是形成国际法规范意义的文件。国际法的形式多种多样,如全球性的多边协定、区域性的多边协定、双边协定等,这是一个庞大的体系。我们早期讲国际法会讲到战争中的人道主义规则,今天我们讲国际法的时候,更多强调的是和平,国家之间经济、贸易、人权相互间的依存越来越深。中国政府强调通过外交途径、通过谈判来解决问题,最终的结果很有可能是通过国际法、通过国际条约的方式来解决。国际法的产生最早就是因为战争,所以,有人说战场是国际法产生的摇篮。在和平年代,市场是国际法发展的温床,经贸领域的合作对未来的国际法发展起到很大作用。如果形成了相互依赖的经济体,其他方面的冲突就会有所减缓。随着人类文明的进程,战争会限制在最小的范围内,最终通过战争解决的可能性不太大。但对恐怖主义需要加以提防,核武器、核技术如果一旦被恐怖主义分子所掌握,会带来很多消极的东西。对于中美韩三国的关系,我个人认为是趋向和平发展、合作与共赢,这也是我们现在努力追求的。这三国之间经贸领域的交互程度越来越深。在国际法的调整下,六方会谈最终可能会形成一个所谓的协定来解决朝核问题。我个人认为从长期来看充满希望。

人类在战争中消耗了那么多的资源。北朝鲜的很多老百姓过得很贫困,如果没有战争,没有不和平因素的影响,把资源用来改善或者提高百姓的生活,将是一种非常好的状态。不论是韩国还是朝鲜,都是在大国中、在夹缝中求生存。朝鲜与韩国分开是在"二战"以后,一部分被美国控制,一部分被苏联控制,导致后来没有统一,无论是金日成还是李承晚，从本质上他们都希望这个半岛变成一个国家。正是因为大国之间的角逐，导致了今天南北朝鲜之间的状态。如果朝鲜半岛真正统一，会不会给中国带来危险，或者说给中国带来的危险大还是给中国带来的利益大？有人可能会认为利益大，朝鲜的核问题不解决，对中国来说就是潜在的危机。即使不发动战争，朝鲜技术不过关有可能会导致核武器搞爆炸或者泄漏，我们的东北还是会受到影响。如何保证整个国际社会的公平，这是现在需要研究的一个问题。我一直认为国际法最终不是保护某一个国家的利益，它是保护我们所有国家、所有个体的正当利益，保证它们的福利，为国际社会提供和平的环境。

再下面来谈乐天。乐天，实际上是一个受害者，商业目的受到很大影响。布置萨德系统是韩国军方的需要，后来代表政府，公私之间的关系无法分清，而且在国际上很多条约背后本身都是由私人提出的。西方发达国家政府背后都有庞大的利益集团，在某种意义上是把某个公司的利益或者意志变成国际条约的一种形式，这是我们对国际法要加以注意的。

我们为什么要干涉他国尤其是那些小国发展自己的核技术？这是值得思考的问题。国际法是不是最终能给人类带来和平、安宁，也是目前我们在研究国际法时关注的问题。尽管各国之间有利益纷争，但是从人类社会目前面临的处境、面临越来越多的公共问题来看，国际法所起到的作用越来越大。朝核问题可以从国际法找到很多依据，我个人判断这个问题的解决最终也是要通过条约来完成，而条约恰恰是国际法中非常重要的内容。从"二战"结束以来，群体性的战争几乎没有爆发过，像中东地区、朝鲜、中国革命时期的这些战争都是局部的。所以，国际法在维持整个国际社会的和平、经济发展和贸易方面起到积极的推动作用。法律解决所有问题是不太可能的。它可以在解决国家、个人之间的冲突起到很大作用，但是光靠法律是不能解决所有问题的。美国有位著名学者亨金，他是哥伦比亚大学著名的法学教授，后来做过美国国际法学会主席，他在20世纪90年代写过一本《国际法：政治学与价值》，在这本书里他认为"国际法对将来社会可以起到推动作用"。当然，国际社会的冲突不断，世界上的贫富差距越来越大，有些地方还有饿死人的现象，这些是国际法制度里某些不公平的规则所导致的。如何让国际关系变得更加公平，也是国际法所研究的问题。

经典是我们的护身符

吴勇立

【主讲人简介】 吴勇立，复旦大学外国语言文学学院教师。本科毕业于上海外国语大学德语系，同济大学德语硕士毕业，于上海外国语大学获德语博士学位。2005—2006年任教于华东师范大学德语系。专业方向为德语文学理论。

【讲座摘要】 古典学在人文学科中的重要性得益于拉丁语和古希腊语在历史上的重要地位。古希腊语的巨大文化影响得益于4世纪希腊黄金时代的文化繁荣。罗马帝国被基督教化后，拉丁语取代古希腊语变成基督教徒的通用语言。教会的影响使得拉丁语的研究在西罗马帝国灭亡之后得以为继。西方古典学的真正兴起部分归功于文艺复兴对西方古代人文传统的再次挖掘。许多在西罗马帝国灭亡后丢失的文献，因得益于拜占庭帝国学者的研究和保存，才被重新发现并成为文艺复兴时期学者的研究对象。

各位同学中午好！很高兴有机会与大家交流分享古典学的心得。我常常和朋友们讲：本人能够将自己真心喜爱的读书、传道作为我的职业，真是上天对我的恩宠！今天我跟大家分享的内容，也是我跟第一次结交的朋友们最想谈的话题。我这次拟的标题叫做"经典是我们的护身符"，这个讲法是我的老师张汝伦教授在讲康德的《纯粹理性批判》时引用的一个比喻。康德写了800多页的这本哲学巨著，是为拯救当时奄奄一息的形而上学。当时在唯理论和经验主义的双重夹击之下，古代人坚信不疑甚至是不可须臾离的绝对性真理（也就是形而上学）受到了冲击和怀疑，在当时的启蒙主义者看来，我们的知识是否客观都很有可能靠不住，世界上哪有绝对真理，古代人相信宇宙万物有其终极目的，永恒秩序不过是天真的、一厢情愿的愚昧和迷信。康德用800页的篇幅给人的理性划好了界限、为信仰留出了地盘。他说出世界上的终极真理：人是有灵魂的，世界上是有上帝的，人配拥有幸福，这是理性所无法证明的，但人必须相信它，不然我们的生活就没有了意义。假如我们人类未来的命运注定是黑暗的、堕落的，我们甚至都没有了活下去的勇气，干脆现在自我了断算了。当然康德的这个理论工作是否能完全使人信服，是否对付得了强大的现代性，我们姑且存而不论，但是我们从中可以看到古今思想的根本不同在哪里。

在古人看来，特别是希腊古人，他们把自然看作一种其来有目的、但起点并不明确的力量涌现，希腊语"自然"叫做"physis"，意思是动词"涌现"，德文叫做"aufgehen"，世间的自然物和生活都仰赖于那种生生不息涌现的力量所赐，这种力量是绵绵不绝的，有方向，有尺规，于是古人产生一种质朴的兴趣，要把握这种秩序。希腊语"宇宙"这个词叫做"cosmos"，现代德语、英语都沿用过来，同学们是否知道它的本意是"秩序"？相应地，古人认为自然界和生活都应该符合一定的规矩和秩序。比方说，为人子女者有孝道，为人师长者有师德师道，为人医病者有医德医道，只有遵从这些活生生的道或者秩序，人才算是找到了能妥贴地安置人际关系的门路；相反地，如果抱着一些私人性的想法，觉得我有特权成为这些规矩和秩序的例外，甚至无视这些规矩和秩序，那么到头来你一定会碰壁。托尔斯泰在《安娜·卡列尼娜》的开头有一句话大家都很熟悉，"幸福的家庭都是相似的，不幸的家庭各有各的不幸"。为什么这么说呢？因为幸福家庭一定是符合幸福家庭所必须遵守的秩序、尺规。秩序、尺规有很多条，无一例外地遵守了、成全了方能幸福；反之，只要破坏其中任何一条，都会造成不幸。这些尺规、秩序有一个自然的天敌，那就是人不加制约的欲望和权力意志。安娜无视这些秩序、尺规，放纵自己的情欲，结果她得到了沃伦斯基，感受到短暂的幸福，最后也只能走上卧轨自杀这条绝路。同样地，浮士德为满足自己无限的生命意志（也就是权力意志，一物二名），把灵魂抵押给了魔鬼，结果给甘泪卿、给他自己，以及他所统治的人间都带来巨大的灾难。《浮士德》的副标题叫做"一部悲剧"，历代译本都没有译出来。此观点是受到了陕西师范大学庄振华教授的启发。

同学们可能会说："老师，你说的那些规矩、秩序不是人为设定的吗？我可以订立规矩，你也可以订立规矩，两个人制定、认可的规矩肯定不一样，凭什么说它们就是客观真理的体现呢？"问得好！我们这里强调的秩序、规矩，可不是单纯的人为的规章制度，不是规定世界杯决赛圈是给 24 个还是给 36 个名额,而是指世界上所有事情背后的根据,也就是支撑世界之存在的根本指向。比方说,《论语》里有这样一句话大家也应该很熟悉,"德不孤必有邻"。抗日名将李宗仁的字"德邻"就是从这里来的。孔子这句话咱们不能用数学上的概率论来理解,不能说按概率论随机抽取的几百个人当中,一定有几个有德之人。孔子的意思是:德行,是人和事情能够得以立足、得以实现的根本基础。世界既然存在着,就彰显着必然有美德尚存。所以,哪怕你的近邻不是有德之人,世上也还是有有德之人。无论他身在何方,他都是跟我同气连枝,我都视他为天涯若比邻。古人对美德、天道秩序的坚定信仰是不可能用理性去证明的,它是一种生命实践,好比婴儿对父母的眷恋,不需要也无法用理性去验证,孩子就安然地躺在襁褓里,不会怀疑父母会不关心他、会弃他而去。我们几千年流传下来的礼仪、习俗,就是基于我们古人对天道的生命体验而形成的,正如朱子所说,"礼,理之节文也"。而且礼制当中又贯透了人情。从古至今,社会形态发生了沧桑巨变,可是能够使人类社会立足的基本常道是不变的,这就是为什么我们今天进入了后工业时代、信息时代,还要学习农耕文明时代的古人所体验的天道常理的根本原因。懂得了经典的微言大义,并且努力去践行之,才是我们获得更高幸福的保障。这就是康德说"经典是我们的护身符"的用心所在。

下面我们来看看古今不同的思想家、文学巨匠,他们因为思想观念的不同所呈现出来的文学世界,以及他们个人的命运出现何其巨大的差异。我们先来看看庄子和卡夫卡的对比。大家都知道"庄周梦蝶"的典故。大家同样也知道,庄子一生穷困潦倒,经常连饭都吃不上。为什么他会做梦梦见自己变成一只美丽的翩翩起舞的蝴蝶呢?反过来,物质生活条件远比庄子优渥得多的卡夫卡,为什么写自己一天早晨醒来,变成了一只巨大的形状丑陋的甲虫?老话说"相由心生"很有道理。庄子的物质生活虽然贫困,可是他的心灵非常自由,他坚定地相信世界之本是真善美,人活在世界上的意义就在于追求甚而成全这样的真善美。卡夫卡则不是,他具有超一流的艺术家的敏感直觉,但是在思想意识上他是个不折不扣的现代人。我等一会儿给大家介绍,卡夫卡对古典文化基本上是隔膜的,因而他看不到构成世界根本基础和方向的崇高根据,弱小的自我在刚性无情的现实面前不堪一击,因而他在整个世界面前总是感到无能、虚弱甚至丑陋不堪。

我们再来看看近代的哲学大人物尼采,他跟卡夫卡非常不一样,他的古典学功力十分深厚,25 岁就成为巴塞尔大学的古典学教授。他对现代文明的弊端洞若观火,见解十分独到深刻,但非常可惜,他对现代性的批判依然采取的是一种现代的方式,也就是说,他误解了作为世界本源和根本方向的客观真理与秩序,他固执地以为世界就是他的权力意志。最后他的个人结局十分不幸,在 45 岁那年精神失常。我们看看他在自传《瞧,这个人》的目录编排,就能体会他在权力意志上是何等执着:第一章是"我为什么这样有智慧",第二章是"我为什么这样聪明",第三章是"我为什么能写这样优秀的书",等等,最后一章是"为什么我是命运"。整本书从头到尾都是"我",大家是不是感觉似曾相识?现在的流行歌曲无一不是"我"字当头。大家又知不知道,歌德早年的诗歌同样有这个毛病,也是"我"字当头。有一首诗《欢乐和离别》就是这样的,多年以后再版的时候,第一格的"ich"就变成了第三格的"mir",位置也从第一位移到了第三位。歌德年轻的时候正值风风火火的狂飙突进运动,主体优先,个人优先,人人都急着打破规矩,树立自己的个性。但是歌德、席勒毕竟是伟大的艺术天才和思想者,他们很快就摆脱了青年人的狂热,冷静地进入了古典主义的殿堂,当然他们有不少曾经的战友依然继续沉迷在主体的世界,而不去过问客观的真理是什么。他们这些人以浪漫派人士居多。浪漫主义的文学作品从语言到意象都的确是美不胜收,美得动人,令人心醉,可是我不得不告诉大家,浪漫派的哲学根基是不牢靠的,歌德不客气地批评他们是病态的。在晚年他对艾克曼说过:"我告诉你一个重大发现,精神上升的作品都是可观的,精神走下坡路的作品都是主观的。"(大意如此)各位也可以看到,浪漫派诗人和艺术家有几个是长寿的?他们都活得很短。为什么歌德、黑格尔包括海涅对浪漫派的批评都很不留情,难道这是偶然的吗?

现代人的一个很大毛病就是"我"字当头,那么古人是怎么看待整个世界的呢?我们可以来总结一下,古人都是以天地为最大的。庄子讲"天地有大美而不言",孟子主张"存其心,养其性,所以事天也"。我们现代人认为艺术作品都是人的主观创作,特别是音乐,可是我们看《吕氏春秋》怎么讲,"夫乐,天地之精也,得失之节也,故唯圣人为能和乐之本也"。也就是说,《吕氏春秋》的作者认为,"乐之本,在天不在人"。天地才是人得以存在立足的条件。同学们都知道"贪天之功"这个成语的来历吗?意思就是说把天公的功劳据为己有,这是非常无耻的。这个典故出自《春秋左传》,晋国公子重耳流亡19年后重新回国执政,成为晋文公。他对跟随他流亡的人论功行赏,唯独把割大腿肉熬汤给他喝的介子推给忘了。介子推很有气节,他称病回家隐居,侍奉老母,靠编草鞋为生,他认为那些受到奖赏的人是在贪上天的功劳而不屑与他们同列。晋文公一定要介子推出来领赏,介子推躲着不肯出来,晋文公竟然放火烧山逼他出来。岂料介子推宁可跟母亲一起被烧死,也不愿意违心地接受赏赐。这就是"寒食节""清明节"的来历。同学们有没有觉得不可思议?古人要参与到天地之间,他们明白脱离了天地世界,人其实啥也不是,我们没有理由把自己放在很重要、很突出的位置。《礼记》上对君子的要求是"自卑而尊人",这个人就是人群、社会,这个集体远远大过了个人,那么天地又大于人类社会,在天地之间,个人就更没有资本张狂了。

以上我们举的是中国的古典例子,现在我们看一则希腊的古典例子。希腊悲剧最具代表性的作品是《安提戈涅》,在德国的中小学像这样的古典作品就相当于中国人的四书五经。该剧描写了俄狄浦斯的女儿安提戈涅不顾国王克瑞翁的禁令,将自己的兄长反叛城邦的波吕尼刻斯和埃泰奥克勒斯(只安葬了一个哥哥,不是两个)安葬而被处死,坚持执行城邦律法的国王克瑞翁也遭致妻离子散的命运。按照黑格尔的解读,这是古希腊城邦人的秩序(城邦的律法)与神的秩序(家庭人伦秩序,因人具有神性)的冲突,安提戈涅以她的生命捍卫并成全了她的角色所必须完成的神的秩序,最终也使得忒拜城两种秩序达成了和解。里面的歌队有这样的唱词:

奇异的事物虽多，却没有一件比人更奇异。
他要在狂暴的南风下渡过灰色的海，
在汹涌的波浪间冒险航行；
那不朽不倦的大地，最高的女神，他要去搅扰，
用变种的马耕地，犁头年年来回地犁土。

他用多眼的网兜捕捉那快乐的飞鸟，
凶猛的走兽和海里的游鱼——
人真是聪明无比；
他用技巧制服了居住在旷野的猛兽，
驯服了鬃毛蓬松的马，使它们引颈受轭，
他还把不知疲倦的山羊也驯养了。

他学会了怎样运用语言和风一样快的思想，
怎样养成社会生活的习性；
怎样在不利于露宿的时候躲避霜箭和雨箭；
什么事他都有办法……只是无法免于死亡。

在技巧方面他有发明才能，想不到那样高明，
这才能有时候使他走厄运，有时候使他走好运；
只要他尊重地方的法令和他凭天神发誓要主持的正义，
他的城邦就能耸立起来。
如果他胆大妄为，犯了罪行，他就没有城邦了。

前面一大段跟《哈姆雷特》中对人的礼赞非常相似，人凭借其理性确实有近乎通天彻地之能，可是他最终"无法免于死亡"。希腊人的神不是基督教里的人格神上帝，他们的神是一种秩序，命运是秩序的一种表现形式。海德格尔用德语词"schicksal"解释"命运"，是上天派送来的，是客观的安排。人本事再大抗不过命运的安排。古希腊人的命运是他们的朋友，不管是福还是祸。所以，我们说尼采那样的哲学是一种极端的主体性来反对现代性，其实说穿了还是属于现代的套路，他虽然洞察到现代人所有不幸和耻辱的来源，可是他反对现代的方式还是落入了俗套。最后几行是："只要他尊重地方的法令和他凭天神发誓要主持的正义，/他的城邦就能耸立起来。/如果他胆大妄为，犯了罪行，他就没有城邦了。"大家看出什么意思来了吗？人纵然有通天彻地之能，但希腊人并不因此而盲目自信，人最终还是要遵从秩序。在希腊神话里，奥林匹斯山上的众神和凡人有区别吗？固然，奥林匹斯的神是不会死的，也不会老，他们的法力远远超过凡人。但是在德行方面，在遵从

秩序的要求上，人和神是平等的。神犯了错误、违背秩序的时候，凡人也有权利纠正之。奥林匹斯的众神是凡人的邻居，在某些方面可以作凡人的榜样，但无论是人还是神，触犯了秩序就必须受到惩罚，如此而已。举一个很明显的例子：阿基里斯杀死了特洛伊第一英雄赫克托耳，用战车拖着赫克托耳到处炫耀，这是违背当时的战争道德观念的，如此行为激怒了太阳神阿波罗，阿波罗在奥林匹斯山上向众神义正辞严地声讨阿基里斯，取得了一致意见，对阿基里斯实施惩罚，在人间伸张了正义，从而也将阿基里斯死于青春年少的命运付诸了实施。

在希腊人看来，秩序是先在的，先于人的，就像我们刚才举的中国人的例子，"乐之本在天不在人"。一个好的音乐家创作了一个好作品，再有一个好的演奏家将它演奏出来，我们说就是神来之笔，是天地神灵借助于这两位把艺术的美立体地、真实地呈现出来。所以，我们可以理解为什么当代没有好的艺术作品诞生。因为崇高感没了，古希腊的艺术创作，比如说雕塑，它的创作过程跟今天非常不一样。希腊人的艺术创作是追求美，而且是极致的美、最高程度的美的过程，什么才是最美呢？理念的美。因而他们的雕像创作出来是一种阶段性成果、中间成果，雕像在雕塑家手中成型的过程，就是雕塑家赋予青铜或大理石原料以形式的过程，原本不规则、不成形的青铜材料和原本处在不定形状态中的手艺，通过这个过程都具有了形式。但这个形式还不是潜能的终极实现，它可以被雕塑得更好。潜能的终极实现是什么呢？亚里士多德把它叫"隐德莱希"（entelecheia）。这是一个复合词，"en"就是介词"in"，"tel"是目的，希腊语"telos"就是"目的因"的意思，相当于德文单词"zweck"，"echeia"就是"haben"，是"有"的意思，这几个词拼合在一起就是"im zweck haben"，也就是实现了终极原因的意思。大家可能听说过"皮格马利翁"的故事，这个神话传说传达的就是一位热爱雕塑艺术的雕塑家最后达到了终极的美——其表现形式就是他斧凿下的美女人像最后变成了真人。古希腊的艺术创作就是在追求美的道路上永不停步。反观我们现在复制艺术品是怎样的套路呢？先是在内心里有一套规划，然后以一种主体的姿态，对材料进行计量、削凿，使材料符合"我"的构想，也就是说，材料只是"我"的自我力量外化过程所用的工具，一切都围绕"我"在转。而古希腊人并非没有想法、没有计划，而是人和事物本身的生命力双双在这个雕塑的过程中实现出来。

下面我们继续看，"奥德修斯的故事只能在古代出现"。奥德修斯回家的路上充满了艰辛坎坷：凶险恶劣的自然条件，各种妖魔鬼怪、食人怪物，塞壬女妖的致命歌声，还有现代人绝对难以抵挡、把持不住的诱惑，仙女卡吕普索爱上了奥德修斯，要跟他相伴终身。只要奥德修斯娶了她，就能变成神仙而长生不老。她把他扣留了整整7年，直到最后宙斯出面才将他放行。不管什么样的艰难险阻还是诱惑，都没有动摇奥德修斯回家的坚强决心，准确地说，他不敢有一刻忘记命运安排给他的角色和他必须担负的责任。他满足于他的角色，以尽全力履行伊塔卡国王的职责为荣，在他这样做的时候，战神雅典娜就经常陪伴在他左右，更使得他气定神闲，在一切困难面前都从容不迫、应付裕如（尽管一开始与他同行的500位战友全都倒在了旅途上）。匈牙利的美学家卢卡奇这样说："希腊人头顶着的灿烂星空照亮了他们脚下的路,他们在问题出现之前就找到了答案。"确实不是虚言。

接下来我们说玄奘。各位知道《大话西游》的英文翻译是什么吗?对,是《中国的奥德赛》,玄奘取经的故事跟《奥德赛》确实有的一比。我们历史系的钱文忠教授在"百家讲坛"讲的《玄奘西游记》是一件功德无量的大好事,让我们中国人重新认识了玄奘。大家可以体会一下,没有对真理、对佛法的极大的虔诚信仰,何来玄奘的传奇?我们来读一段《大慈恩寺三藏法师传》里的文字:

> 东南入大雪山,行六百余里,出睹货罗境入梵衍那国。国东西二千余里,在雪山中,涂路艰危,倍于凌碛之地,凝云飞雪,曾不暂霁,或逢尤甚之处,则平途数丈,故宋玉称西方之艰,层冰峨峨,飞雪千里,即此也。嗟乎!若不为众生求无上法者,宁有禀父母遗体而游此哉。

玄奘走过的这段地方是今天的帕米尔高原,自然条件极其恶劣。我们历史系的老师重走玄奘的取经之路,当时他们开着两辆越野吉普车,通过现代化通信工具随时与总部保持联系。尽管如此,在走过荒无人烟的野地还是胆战心惊,诸位能够想象玄奘当时可是独自一人牵着瘦老赤马徒步走过的!在过八百里莫贺延碛大沙漠的时候还打翻了水囊!真是把命豁出去了!玄奘过凌山最险峻的地方,据说1个小时都走不了10米的路。玄奘整整走了半个月才走出深山。

下面简单地说说卡夫卡。他这一生活得非常痛苦,大家知道是什么原因吗(张国荣跟他很相似)?他对古典没有理解,他是个现代人。他从小跟所有的德国、奥地利公民一样接受良好的文化教育,荷马史诗、希腊诗歌和悲剧的片段他都读过,但是在他的生命中没有留下什么痕迹。在19世纪和20世纪之交,德国、奥地利的民间涌现出很多文学期刊,有一本在起名叫"阿卡狄亚",阿卡狄亚是古希腊名字,相当于中国的世外桃源。对于这个名字,卡夫卡罕见地出言不逊,他说:"现如今只有小酒馆才会叫这个名字。"他对古典非常不屑。他是个文学爱好者,自然要读很多文学作品,他的阅读面80%都只是近代和与他同时代的文学,当然他免不了要读歌德。然而卡夫卡对歌德的思想乃至歌德的语言非常不理解,他在日记里抱怨:"18世纪的语言太落伍了,对于现代文学是不堪使用的,歌德的语言只是传达了陌生的图像,他的作品完全不能让我们产生景仰之心和持续的惊喜,而只能产生距离感。"1911年的圣诞节,他在日记里写下:"歌德作品里的语言让德语语言的发展变得迟缓。"我们先不去讨论卡夫卡的观点如何,虽然很显然是充满偏见。我们知道歌德活得很健康,活了80多岁,晚年的时候依然步履如飞,在爬山的时候不少年轻人都跟不上他。歌德在70岁的时候还能像年轻人那样热烈地恋爱,可见他活得非常健康。相反,卡夫卡是很病态的。大才子君特·安德斯对卡夫卡的狼狈处境有非常著名的刻画:

> 作为犹太人,他不属于基督教的世界,他本就是个无所用心的犹太人,因此又不

属于犹太社群。作为德语使用者,他不属于捷克人。作为说德语的犹太人,他又不被波西米亚的德意志人所认同。作为波西米亚人,他不属于奥地利。作为工伤保险公司的职员,他不属于市民阶级。作为市民阶层的儿子,他不属于劳工阶层。但他也不属于上班族的写字白领,因为他自认为是一名作家,可他又不是一名作家,因为他的力量全部奉献给了他的家庭。可是"在自己家里,我比外边的陌生人还要觉得陌生"……

这一切都缘于卡夫卡不懂古典,在不知不觉中被现代性掌控。前面我们说了,抛弃经典就等于丢掉了护身符,结果就是在生活中找不到根基和方向,跟所有人包括自己的亲人都是绝对隔离、无所适从。古典的敌人是现代性。关于现代性,同学们,歌德在《浮士德》里有一句名言请大家重新思考:"尊贵的朋友,所有的理论都是灰色的,生命的金树才会常青!"其实歌德在这里还隐含了一层意思:"在现代性的阴霾下,本该焕发出常青的生命金树都只能是一片灰色。"不幸被歌德言中了。卡夫卡不幸地生活在现代,一出生就戴上了现代性的眼镜,所以他看什么都是灰色的,他的人生是黯淡的,他看不到崇高,他看到的一切都是卑下的、肮脏的、丑恶的,包括他自己。各位同学,哪天你们去布拉格旅游观光时,你们大概不会想到,那样一座美丽的城市,在卡夫卡的眼中竟然是让他万分恐惧的地方。

最后我告诉大家,并不是所有的现代作家对于古典都是隔膜的,至少有这么两位杰出的作家,一位是卡尔维诺,一位是艾略特,他们对于经典都有非常好的理解和阐释。限于时间关系,我这里不多作介绍,各位可以上网找一找卡尔维诺对经典的定义和艾略特写的《什么是经典》。谢谢大家!

第三代半导体

方志来

【主讲人简介】 方志来,复旦大学信息科学与工程学院光源与照明工程系和复旦大学工程与应用技术研究院超越照明研究所教授、博士生导师。香港中文大学物理系表面物理专业博士,德国柏林洪堡大学博士后。研究方向为宽禁带半导体材料与器件、表面科学等,发表英文专著章节2章和学术论文40多篇。

【讲座摘要】 半导体科技推动了人类信息社会的发展和进步,改变了人类社会的生产制造、日常生活、沟通交流和思维方式。其中,半导体材料技术在半导体科技发展的历程中扮演着举足轻重的地位。本文对半导体材料的发展历程进行了介绍,着重讲解了第三代半导体技术的发展现状与前景。

半导体科技推动了人类信息社会的发展和进步,改变了人类社会的生产制造、日常生活、沟通交流和思维方式。其中,半导体材料技术在半导体科技发展的历程中扮演着举足轻重的地位。半导体材料通常按发展年代分为第一代半导体(锗和硅)、第二代半导体(砷化镓和磷化铟等)和第三代半导体(氧化锌、碳化硅和氮化镓等宽禁带半导体)。新一代半导体材料在某些方面的的优异特性及新型高性能器件应用的需求推动了新一代半导体的快速发展。

多学科融合创新推动半导体科技发展

半导体材料性质及其器件性能与材料中的微量杂质(掺杂)、结构缺陷(晶体质量)以及表面状态等参数密切相关。例如,早期用于微波雷达接收器的整流器性能和良率不佳,主要受限于锗或硅的纯度和晶体质量。高性能器件要求大力发展半导体材料技术,半导体材料技术的发展反过来又推动了新型器件技术的创新发展。多学科(物理、材料、化学、信息、工程技术等)融合创新驱动贯穿了半导体科技发展的历程。

1939 年,肖克莱首次提出晶体三极管的理论设计,布拉顿用半导体氧化亚铜制备了新型器件,但没能观察到所预想的实验现象。半导体材料技术落后,空有理论设计也无能为力。"二战"后随着半导体材料与工艺技术以及固体物理理论的进步,基于肖克莱早期提出的晶体三极管设计,巴丁和布拉顿在锗晶体上制备了世界上第一个固态信号放大器(点触式晶体管)。布拉顿认为这次成功的一个主要原因是他做好了心理准备,"机会是留给有准备的人","功夫不负有心人"。

1947 年底,在点触式晶体管发明后,肖克莱在竞争压力下"闭关修炼",提出了一个全新的"三明治"式的晶体管设计,即在上下两层 N 型半导体之间插入一层超薄的 P 型半导体,避免了点触式晶体管的"点接触"和"表面处理"等引起的生产良率低和产业化难的问题。肖克莱后来把这个发明归功于"思考的决心"。

虽然结型晶体管在理论和实验上可行,但大规模制备生产仍有困难,其主要挑战还是来自材料技术问题。后来,贝尔实验室的提尔用"提拉法"制备了完美的锗单晶,范威廉发明了区域精炼技术,极大降低了锗材料的杂质浓度,才使得晶体管的可控制备和产业化成为可能。半导体材料、物理、器件与工艺的有机融合和协同创新推动了半导体材料技术的发展。

早在 20 世纪初,氮化镓材料已被认为是制备发光二极管(LED)的理想材料之一,然而氮化镓材料晶体质量差且难于 P 型掺杂。直到 1983 年,赤崎勇和天野浩采用金属有机物化学气相沉积(MOCVD)技术,首先低温(500～600℃)生长氮化铝薄层(20～30 纳米),随后在高温(>1 000℃)生长氮化镓,首次获得了表面平整、晶体质量较好的氮化镓材料。这种"两步生长法"简单巧妙,直到 1983 年才被赤崎勇和天野浩提出并成功运用于氮化镓材料的生长。这是建立在大量的经验积累和独立思考基础上的。1988 年,赤崎勇和天野浩发现经多次扫描电子显微镜观察的镁掺杂氮化镓的 P 型氮化镓特性得到改善。因此,他们采用低能电子辐照掺镁氮化镓,首次获得了 P 型氮化镓材料。严谨的科学态度和敏锐的观察力是首次获得P型氮化镓的关键。1989年,他们首次实现了氮化镓P－N结发光二极管。受赤崎勇和天野浩"两步生长法"和P型氮化镓思想的启发,中村修二采用低温氮化镓取代低温氮化铝,以更适合金属有机物化学气相沉积的批量生长,还提出了在750℃的氮气气氛下退火处理掺镁氮化镓,以释放氮化镓中的氢离子、激活P型氮化镓。这种P型氮化镓的制备方法简单,更容易产业化。1992年,中村修二成功制备了首支蓝光发光二极管。氮化镓材料晶体质量和P型掺杂的重大突破才使得蓝光发光二极管的器件制备成为可能。半导体材料技术的发展是关键。

"工欲善其事,必先利其器。"如果没有昂内斯实现液氦以下超低温,发展了低温物理,发现了超导现象,如果没有超强磁场技术,冯·克立青就不可能发现整数量子霍尔效应,崔琦和斯托默不可能发现分数霍尔效应。当时机不成熟时,如材料技术、实验条件不具备等,即使有"完美"的理论设想,也难以在实验中得到体现。

半导体发展史上的里程碑

半导体发展史上的一些重大发明或发现极大地推动了自然科学与技术的发展,在很大程度上改变了人类生活。诺贝尔颁奖委员会曾8次把诺贝尔物理学奖颁发给与半导体相关的研究工作。这里做个简单列举。

1947年,巴丁和布拉顿制备了世界上第一只锗点接触晶体管。随后几年,肖克莱提出了结型晶体管的新概念和半导体P－N结理论,并首次研制成功锗结型晶体管。他们3人因发明晶体管而共同获得1956年诺贝尔物理学奖。

1957年,江崎玲于奈在研制高频晶体管时意外地发现窄势垒(10纳米)和高掺杂(每立方厘米有10^{21}个原子)锗P－N结的正向伏安特性存在异常的负阻特性。江崎玲于奈因在锗半导体中发现电子的量子隧道效应而获得1973年诺贝尔物理学奖。该研究为半导体超晶格和量子阱的研究奠定了重要的物理基础。

安德森和莫特因为非晶态半导体理论研究的重大贡献而荣获1977年诺贝尔物理学奖。

1980年,冯·克立青因发现在低温(1.5开)和强磁场(15特)的极端条件下,金属-氧化物-半导体场效应晶体管(Si MOSFET)反型层中二维电子气的量子霍尔效应而荣获1985年诺贝尔物理学奖。

1982年,崔琦和斯托默因发现在超低温(55毫开)和更强磁场(20特)的极端条件下,具有超高电子迁移率的调制掺杂$Al_xGa_{1-x}As/GaAs$异质结的分数量子霍尔效应而荣获1998年诺贝尔物理学奖。

若尔斯·阿尔费罗夫和赫伯特·克勒默因发展了用于高速电子学和光电子学的半导体异质结构获得2000年诺贝尔物理学奖,基尔比因发明集成电路分享了该年度的诺贝尔物理学奖。

威拉德·博伊尔和乔治·史密斯因发明电荷耦合器件这种半导体成像器件荣获 2009 年诺贝尔物理学奖。

赤崎勇、天野浩和中村修二因发明高效蓝色发光二极管而荣获 2014 年诺贝尔物理学奖。

第三代半导体

半导体照明

人类照明经历了火、油灯、电光源(白炽灯、荧光灯、高强度气体放电灯)等多代光源(图1)。基于第三代半导体氮化镓的高效蓝色发光二极管的发明开创了半导体照明新时代,极大地改变了人类生活。

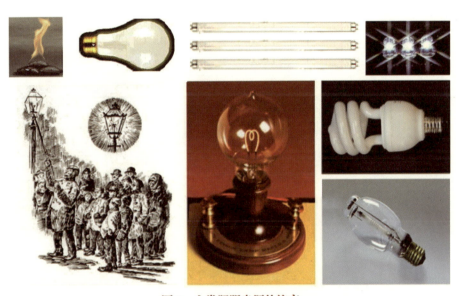

图1　人类照明光源的演变

瑞典皇家科学院将 2014 年诺贝尔物理学奖颁给日本名城大学和名古屋大学教授赤崎勇、名古屋大学教授天野浩、加利福尼亚大学圣塔芭芭拉分校教授中村修二(图2)。他们发明了高效蓝色发光二极管,这是一种新型、高效、环境友好型光源。2014 年诺贝尔物理学奖颁奖委员会主席 Per Delsing 教授在颁奖介绍中说:"红色和绿色的发光二极管已经问世很多年,但是蓝色的发光二极管一直缺失。这个灯包含 3 个发光二极管:一个红色,一个绿色,一个蓝色。把这 3 种光结合在一起的时候就会得到白色的光。1671 年艾萨克·牛顿就曾展示过。感谢有蓝色发光二极管,我们才能得到白色光源,这种光源既高效,而且使用寿命长。这种技术取代了老式的技术。实际上许多人都把这种发光二极管揣在口袋里。闪光信号灯和智能手机屏幕运用的就是这种发光二极管。"

图2 2014年诺贝尔物理学奖得主赤崎勇、天野浩和中村修二

经过20多年的发展,氮化镓基发光二极管已广泛应用于背光/投影、手机、汽车、建筑照明、渲染、信号/显示、工业/医疗卫生等领域(图3)。半导体照明具有高效、节能、环保和长寿等优点,已走进千家万户。

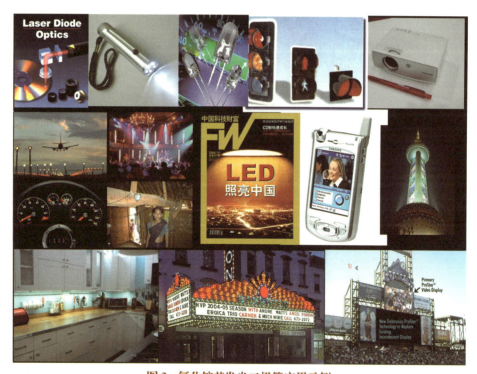

图3 氮化镓基发光二极管应用示例

第三代半导体的现状与展望

氮化镓基半导体外延技术与器件工艺的重大突破及其在半导体照明中的应用,极大地推动了第三代宽禁带半导体光电技术的发展。以碳化硅和氮化镓为代表的第三代半导体材料的禁带宽度宽(表1),制备的器件具有高温、高压、高频等特性(图4),在光电子和电力电子领域具有重要应用。碳化硅半导体在低压、中压和高压电子器件以及紫外探测

器件领域具有重要应用(图5),氮化镓基半导体在高频器件、电力电子器件、紫外光源和紫外探测器件等领域具有重要应用(图6)。

表1 硅和第三代半导体的主要物理参数

材料	硅	碳化硅	氮化镓	氮化铝	氮化硼	β-Ga₂O₃	金刚石
带隙(eV)	1.1	3.3	3.4	6.2	5.97	4.9	5.5
电子迁移率(cm²/Vs)	1 400	1 000	1 200	400	58.8	300	2 000
击穿场强(MV/cm)	0.3	2.5	3.3	11.7	20	8	10
相对介电常数	11.8	9.7	~9	9.1	4	10	5.5
热导率(W/cmK)	1.5	4.9	1.3	3.2	6	0.14	10
巴利加优值	1	340	870	21 807		3 444	24 664

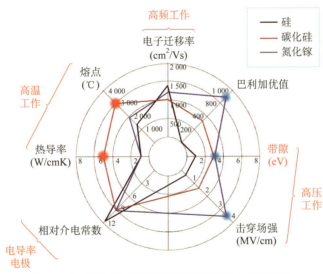

图4 硅、碳化硅和氮化镓宽禁带半导体的器件特性

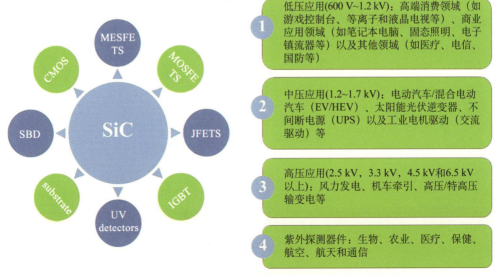

图5 碳化硅半导体的器件应用

图 6　氮化镓基半导体的器件应用

现阶段半导体照明在通用照明领域的应用已经进入产业成熟期(图 7),智慧照明、光健康、光医疗、光农业等新兴照明仍处于产业形成或成长期。第三代半导体在光电子领域应用还包括紫外发光二极管、紫外探测器以及紫外/蓝/绿激光器。其中,紫外发光二级管在光固化、消毒杀菌以及水净化等许多领域具有重要的应用前景;激光器在激光显示、激光照明及其他信息领域具有重要应用。例如,紫外激光器可用于制造大容量光盘,还可用于医疗消毒、荧光激励光源等;氮化镓基紫外探测器可用于导弹预警、卫星秘密通信、环境监测、化学生物探测等,但尚未实现产业化。

图 7　第三代半导体发展现状

第三代半导体具有宽禁带、高压、高温、高频等特性,在微波射频和功率电子器件等应用上具有优越性,目前正处于攻破关键技术和产业培育阶段。其中,微波射频主要用于军用雷达、智能武器和通信系统等,功率电子可覆盖不同电压范围,硅基氮化镓器件主要应用于笔记本、高性能服务器、基站的开关电源等中低压领域(200~1 200 伏)。碳化硅基氮化镓则集中在太阳能发电、新能源汽车、高铁运输、智能电网的逆变器等高压领域(大于 1 200 伏)。紫外发光和探测器件、激光器、微波射频和功率器件处于产业形成期。

我国在第三代半导体核心材料与装备、核心技术与工艺平台、人才团队等方面与国际水平仍有差距,当然也存在一些优势和机会。例如,高铁、智能电网以及新能源汽车等应用技术在国际领先且国内市场巨大。此外,我国国民经济和社会发展第 13 个五年规划纲要(简称"十三五"规划)及 2030 远景目标已明确促进第三代半导体材料技术发展。总之,第三代半导体材料技术的发展对第三代半导体产业发展至关重要。

超宽禁带半导体

材料是基础,材料特性决定器件性能。氮化铝、氮化硼、氧化镓、金刚石等超宽禁带半导体具有更优异的性能,其制备的器件可工作于更高电压和更高频率(表 1 和图 4)。氮化镓基材料与器件获得成功的关键是材料晶体质量和 P 型掺杂的重大突破。超宽禁带半导体材料在发展初期也同样面临材料生长和掺杂的问题。例如,大尺寸、高质量的氧化镓单晶薄膜仍难以获得;P 型氧化镓和绝缘氧化镓都不易实现。金刚石成为极高频、超高功率领域应用的最佳材料选择。但是,金刚石材料异质外延成颗粒状,表面不平整;同质外延材料的尺寸小,晶体质量仍然不高;此外,金刚石掺杂效率和激活率低,难以获得有效掺杂。解决超宽禁带半导体的材料技术问题是首要任务,超宽禁带半导体的新型器件技术也应获得关注。

结语

2017 年 1 月,复旦大学工程与应用技术研究院(简称"工研院")成立,原国家科学技术部副部长曹健林教授任理事长。工研院下设智能机器人研究院、生物医学工程技术研究所和超越照明研究所 3 个研究机构。超越照明研究所拟重点突破第三代半导体技术、光医疗、光健康、光农业以及照明光电子等领域关键技术。让我们共同期待复旦大学在未来 5~10 年内在第三代半导体等领域取得重大进展。

做有智慧有温度的人工智能研究

张文强

【主讲人简介】 张文强,复旦大学计算机科学技术学院研究员、博士生导师,智能机器人研究院副院长。博士毕业于上海交通大学。主要研究方向为机器人、计算机视觉、移动互联网与机器智能等。所带团队曾获教育部技术发明二等奖、日内瓦国际发明展银奖等奖项。

【讲座摘要】 人工智能是近年来大热的词语,已经上升到国家战略规划层面。本文解读人工智能的深层次概念,从类脑智能研究、人工智能的情感、人工智能的物理化与内容化3个方面解读人工智能,指出人工智能不是工具,而是伙伴。

近年来,随着移动终端、云计算、大数据等产业和技术发展,人工智能迅速得到学术界、产业界、教育界和投资界的广泛关注。人工智能已经提升到国家战略规划和教育层面,国务院在 2017 年 7 月印发的《新一代人工智能发展规划》中明确指出,要逐步开展人工智能教育项目。作为人工智能重要载体的机器人,被誉为"制造业皇冠顶端的明珠",是衡量一个国家创新能力和产业竞争力的重要标志,已成为全球新一轮科技和产业革命的重要切入点。

人工智能在过去几年取得了极大成功,主要有 3 个因素历史性地交汇在一起,促成了这波人工智能浪潮。第一个是海量的数据,尤其是各类应用场景数据的积累;第二个是中央处理器(CPU)的发展使得计算能力获得了大幅度提升;最后就是在此基础上以深度学习为代表的算法的进展带来了人工智能的成功和在众多应用场景的落地。例如,波士顿动力机器人本体可以在野外箭步如飞,作出后空翻等高难度动作。再如,老百姓耳熟能详的阿尔法机器大脑下围棋,人类早已不是对手。当前,在语音识别、图像识别、自然语言理解等方面,人工智能已经达到甚至超越了人类水平。

何为真正的智能?

自从 60 多年前人工智能的概念被提出后,人工智能大致经历了 3 个发展阶段:第一个阶段是以规则为基础的逻辑推理,试图通过演绎推理来建立智能,但由于规则无穷无尽,在很多情况下人自己都不知道自己是怎么想的,因此效果不是很好;第二个阶段是基于知识的专家系统,人们试图通过给予机器知识来使它获得智能,但后来人们发现,知识的总结需要花费大量的人力和物力,而得到的所谓的智能不过是执行数据库的自动化机器而已,并不能算是真正意义上的智能;第三个阶段就是目前所处的深度学习阶段,随着大数据的积累和硬件的发展,计算机的数据处理能力大幅度提升,人们不再给机器加上这样或那样的束缚,而是把大量的数据交给机器,让它自己从数据中学习所需要的知识。人们惊奇地发现,通过自主地学习,机器在许多方面(如图像识别、语音识别、翻译等)都有不错的表现,但是,事实上这还远远算不上真正的智能。在日常生活中,我们还很难看到真正智能的机器人走进人们的日常生活。从某种意义上来说,目前的人工智能还是一种粗放型的发展,算法方面主要是以资源投入和人工成本为代价,片面追求准确率和性能指标,所谓的智能还达不到低级动物的智能。究其原因,我们人类感觉很简单的所谓常识(包括物理常识和社会常识),可以帮助我们推理获得其他知识,但对于机器人来说却很难。

在日本,研究人员跟踪拍摄了一只野生乌鸦在闹市区吃坚果的视频。乌鸦衔住坚果驻足在红绿灯杆上,等汽车来时扔下坚果,让汽车将坚果碾碎,等红灯亮时,再飞落地面去享受美味。乌鸦通过自己的观察、学习和推理,最终成功地吃到了坚果,它所表现出的智能可以认为是完全自主的智能,而目前的机器人还很难具备这种真正的智能。如今的深度学习算法要用到大规模的训练样本来支撑,而乌鸦通过观察,在没有人类教它的情况下,只通过少量的数据就完成了学习过程。另外,乌鸦的头脑功耗大约只有 0.1～0.2 瓦,在如此低功耗的情况下完成上述智能过程,这给硬件芯片设计也提出了挑战,如何设计低功耗的类脑芯片是人工智能发展的方向之一。

类脑的人工智能研究

随着社会各界对脑科学研究的重视和投入,人类对生物脑的认识在近年来取得了很大的进展。生物脑不仅仅是一个信息处理器,还是信息处理器的发育器,这个处理器里的每个模块也各不相同。但是,生物脑的细胞迁徙方法、联接方法、自组织方法和更新方法是被许多脑区域所共享的。譬如,大脑皮层约 3 毫米厚,每个皮层区域都有 6 个层次分布在这 3 毫米厚内。几乎每两个区域只要是相联接的,两个方向的联接就都有。发育心理学的研究告诉我们,人的视觉在出生时是很不完备的。1963 年,赫尔德和海恩就做了一个有意思的实验。他们让两只幼年猫从小就生活在相似的转盘视觉环镜中,一只可以自主移动,带动转盘,而另一个不能自主移动,只能被动地被转盘带动。42 天后这两只猫理解视觉峭壁的行为大相径庭。所以,认识脑的功能的浮现和计算机理必须从脑和心智的产生机理着手。由此可见,一个人的感知、认知、行为产生是一个每天在和物理环境实时交互、累进学习和累进整合的自主过程。这对机器人的感知、认知和行为的自主发育(发展)的可能性是很有意义的启发。

为了使机器人能像人一样思考、学习,在复杂环境中完成非特定任务,我们课题组与美国密西根州立大学的翁巨扬教授合作,提出了"自主心智发育"的思想。与传统的基于特定任务的学习方法不同,心智发育理论强调在开放环境下,通过与周围环境的在线交互和用户"手把手"的教授,循序渐进地完成学习,实现智力的不断发育,从而能适应新的环境,产生新的技能。其关键特色是通过教和学发育新功能,完成新任务,不必针对新的任务再编程。

例如,生命科学领域的研究发现,人类的视觉系统大体上分为两大通路,即腹侧流和背侧流(图 1)。腹侧流沿腹部经过侧膝体(LGN)、初级视网皮层区域(V1,V2,V4)、下颞叶皮层(IT),到达腹外侧额叶前部皮层(VLPFC),主要处理物体的外形轮廓等信息。背侧流沿背部经过侧膝体、初级视皮层区域(V1,V2)、中颞叶区(MT)、后顶叶皮层(PP),到达背外侧额叶前部皮层(DLPFC),主要处理物体的空间位置信息等。按照功能,

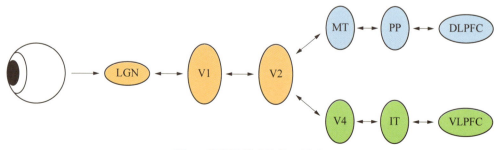

图 1　人类视觉系统的双通路

我们可以把腹侧流和背侧流分别称为"What"通路和"Where"通路,其中,"What"与目标的识别有关,"Where"与目标的位置和运动处理有关。

借鉴人脑视觉系统的"What"与"Where"双通路分层处理结构以及多个不同功能脑区协同工作机制等研究成果,我们提出了一种新型的 WWN(Where-What Network)网络模型,不仅能对视频或图像序列中"What"和"Where"等信息进行有效整合处理,还能够通过不同网络部件协同工作,从而像人脑视觉系统那样捕获图像序列中出现的目标动态信息,实现目标检测、识别与跟踪等任务。它不仅有学习、知识积累等功能,同时运用了自组织学习和合理的新、老知识的处理,提高了泛化能力和对新环境的适应能力,解决了目前在生物视觉领域复杂背景下物体识别所面临的多物体、多尺度的识别难题。该网络模型在2010年上海世博会成功展示了半年之久,获得了广大市民和游客的关注(图2)。

图 2　海宝机器人

人工智能的情感与"温度"

深度学习中所使用的神经网络,顾名思义,是受到生物体内神经元的启发而设计出来的,通过这种对生物大脑的模仿,我们希望让机器人也能够像人一样思考和学习,甚至具有情感。但是我们可以发现,目前人工智能大多都只是对于某个领域而设计,它们依然像是一台台冷冰冰的机器,在岗位上做着自己的工作,只不过比它们的前辈做得更好而已。这样的人工智能,还只是一种"类人助理",被称为"弱人工智能"。目前的人工智能还不具备情感,这也是为什么我们认为人工智能还处于一个早期的阶段。让人工智能具备情感,让它像人一样学习和思考,具有自己的喜怒哀乐,成为"强人工智能",这需要计算机科学、生命科学、认知科学等多个领域的研究,需要我们对自己的大脑、对自己的情感来源有更好的认识,这将是一项长期的研究。同时,创造有情感的机器人,不仅仅是学术研究方面的追求,更是实际生活的需要。相比于冷冰冰的机器,具有情感的机器人能够更好地消除人们心中的隔阂和距离感,更好地服务人类,成为有"温度"的伙伴,为服务对象提供人文关怀。

当然，一旦人工智能具有了情感，随之而来的就是相关的伦理问题。前段时间，美国麻省理工学院的研究人员用包含暴力等负面内容的数据集对神经网络进行训练，然后对它进行墨迹测试，发现机器人给出的结果也都是暴力等负面内容，仿佛是一个要毁灭世界的邪恶机器人。事实上，这个结果是在意料之内的，因为目前来说人工智能还只是找到一个函数去拟合所给的数据而已。如果人工智能接收到的数据都是负面的，给出的结果自然也是负面的，这并不是什么人工智能入侵这样的恐怖事件，但是，这也给我们提了个醒，一旦人工智能具备了情感，我们是否期望有这样的"邪恶"人工智能出现？有人提出要将人工智能运用到战争中去，对于这一点，我们是坚决反对的，人工智能的发展应该是为了服务人类，让人类的生活更美好，而不是用来进行杀戮等暴力活动。无论是现在的神经网络人工智能，还是将来的具有认知能力、具有情感的人工智能，都不应该成为一种伤害人类的工具，它们应该成为人类的伙伴，给予人温暖，而不是变成冰冷的杀人机器。人工智能作为一种技术，既可以助人，也可以伤人，如何正确地使用它，是我们每个人都应该注意的。

人工智能的物理化和内容化

原微软副总裁张亚勤曾提出过"互联网的物理化"这一观点，如果说在过去的30年我们把物理世界变成数字世界和虚拟世界，接下来我们要向另一个方向走，就是把数字世界互联网的技术、商业模式又送回到物理世界。

我比较认同这一观点，"物理化和内容化"是判断人工智能、区块链等新兴技术可行性、发展潜力的重要标准，如今互联网已经全面进入我们的生产、生活，与人们的衣食住行、方方面面产生联系。互联网物理化的进程为它带来创新与活力，内容化与载体化结合渗透到生产和生活的各种领域和场景，让互联网得以超脱虚拟世界，在物理世界中落地，给用户带来前所未有的体验。

人工智能也是如此，它也应该像互联网那样进入我们的生产、生活中，让我们切切实实地感受到人工智能的发展为我们的生活带来的便利。现在的智能相机、人脸检测，还有在线翻译等都是人工智能发展的产物，是我们能感受得到的人工智能的成果，而随着人工智能技术的继续发展，它也将通过更多的载体（如汽车、机器人等）进入我们的生活。为了实现人工智能的物理化和内容化，我们课题组也在这方面做了很多相应的研究。像之前提到的海宝机器人，它就是人工智能的一种实际应用，是一种看得见、摸得着的人工智能。课题组还研发了"复娃""爱家一号"等服务机器人，具备环境感知能力，能够通过语音交流等方式与用户进行交流，为用户提供一些日常生活所需的服务。课题组的中医健康服务机器人经过专家的指导，能够为用户提供中医诊断，并给出相应的养生建议，以此来关爱用户的身体健康。此外，课题组还研发了儿童益智服务机器人，专注于幼儿教育，拥有宝宝识字、科普知识问答等功能,成为儿童成长的好伙伴。这些都是运用人工智能帮助人类更好生活的例子,虽然目前来说人工智能还没有真正意义上的情感,但从这些服务领域中,我们依然可以感受到一份属于人工智能的温情。

相信在不久的将来,人工智能将越来越多地出现在人们的生活中,并且,随着技术的发展,它们将不再是单纯的工具,而是人类可以交流沟通的伙伴。

人文精神照亮数字化生存

兼谈计算机专业教育中的通识理念

戴开宇

【主讲人简介】 戴开宇,复旦大学计算机科学技术学院高级讲师、硕士生导师,中国计算机学会会员。博士毕业于上海交通大学计算机应用专业。主要研究方向为教育信息科学与技术、Web技术、网络虚拟环境、智能技术等。主持12项教改项目。全国首届"高校计算机专业优秀教师奖励计划"获奖者。"计算机类专业教育中通识教育理念的探索与实践"获得复旦大学校级成果一等奖、上海市教学成果奖二等奖。

【讲座摘要】 现今社会计算机技术迅猛发展,人们对于世界的认识也由于计算思维的衍变发生变化。本文从计算机技术的诞生与发展出发,提出从信息的视角解读世界的方式,并指出要努力培养计算思维的重要性。最后指出,在计算机技术飞速发展的当代,人文精神的重要性愈发凸显,以及其在推动计算机技术正确发展方向上的关键作用。

早在20多年前，麻省理工学院媒体实验室的创建者尼葛洛庞帝就在其著名的《数字化生存》一书中提到，"'信息的DNA'正在迅速取代原子而成为人类生活中的基本交换物"，他所说的信息的DNA就是比特。这本书被称为"20世纪信息技术及理念发展的圣经"，书中讨论了包括电视、通讯在内的数字化，以及多媒体、人机界面、虚拟现实等数字化技术，预示了数字化生存是不可抵挡的趋势。

21世纪诞生的、处理信息的神奇"机器"——计算机技术发生发展，加上衍生出来的互联网，制造了一个我们认为的"真实"物质世界之外的"虚拟"世界——比特世界，而且我们越来越分不清这两个世界之间的界限。人类进入了"人机共生，虚实交融"的时代。时至今日，日常生活中人们在数字化世界中所花费的时间已经超过了物质世界，已经进入了数字化生存的时代。

有种说法是"最伟大的计算是消失了的计算"。因为它已经如同空气一样，悄无声息地应用在人们的生活中，不被察觉地影响着我们的生活习惯以及观念。前沿的人工智能、移动互联网等技术正消失在人们的生活中，想想我们如何日益依赖手机，以及在导航、购物等日常生活中依赖计算给我们的提示和个性化推荐就知道了。"软件定义一切""算法统治世界"，成为这个数字化时代的标语。随着计算机技术的快速发展应用和受到重视，对计算机编程、计算思维、人工智能等教育的重视已经上升到许多国家的国家战略层面。计算机编程课程进入中小学，以及成为高考的主要可选科目之一。然而，在当今的数字化时代，人文精神以及相应的教育不仅不应该被忽视，反而更应该得到重视，才有可能让数字化这辆高速奔驰的列车行驶在以人为本的方向上，人类的生活才不会随着科技的发展反而丧失意义和幸福感。下面本文就从信息视角对世界观的影响、计算思维相关重要素养的培养，以及以人为本等方面探讨数字化生存时代的人文精神，兼作计算机专业教育中通识理念的探讨。

从信息视角认识世界

爱因斯坦曾说过："认识论同科学的相互关系是值得注意的，它们互为依存。认识论要是不同科学接触，就会变成一个空架子。科学要是没有认识论——只要这真是可以设想的——就是原始的混乱的东西。"认识论是哲学的范畴。科学帮助人们认识周围世界的规律，从而也认识到人类自身如何和世界相处、和自己相处，进而影响世界观。我们不应该仅仅将科学作为一个工具，更不应通过学习仅仅将自己变成一个具有某项技能、可以工作的"工具"。

ACM前主席彼得·J·丹宁在其《伟大的计算原理》一书中指出："计算与科学密不可分；计算不仅仅是一种数据分析的工具，更是一种用于思考和发现的方法。"该书总结了计算科学的发展历程：曾有保守评论者认为除去电子工程和数学的内容，计算机科学并无实质性的新东西，不适合独立成为一门学科。随着对计算的理解，"对信息的处理自动化"成为计算体现与其他学科不同的核心特征。并且，人们认同了计算是"进行科学思考和科学发现的崭新方法"。诺贝尔奖获得者、物理学家、同时也是将计算机用于前沿物理研究的肯尼斯·威尔逊指出:"除了理论和实验之外,计算是进行科学研究的第三种方式。"计算成为了一种极其重要的探索和认识世界的科学。事实上,像"四色问题"这样的数学难题最终是由计算机学家通过编程证明的。而诸如"宇宙中像地球这样适合人类生存的星球是否还在其他地方存在"这样的科学问题,科学家们也在通过计算机仿真宇宙的演化来进行探索和研究,理论和试验都没有计算机仿真这样可行和直观。

图1 香农和他的信息熵计算公式

$$H(X) = -\sum_{i=1}^{n} p(x_i) \log p(x_i)$$

"信息"成为计算科学的核心词汇。计算机的概念也成为"是一种在程序控制下,自动高速进行计算和信息转换工作,并且具有信息存储能力、友好交互界面的数字化信息处理设备"。然而信息是什么呢?控制论的发明者维纳认为:"信息就是信息,既非物质,也非能量。"将信息与人们之前所认为的世界主要组成部分物质和能量并列,成为一种重要存在。得到公认的定义是"信息论之父"克劳德·香农给出的:"信息是用来消除随机不确定性的东西。"1948年香农在其传奇的硕士论文《通信的数学原理》中,提出了应用"比特"对数据进行测量。他还给出了衡量信息量的概念——"信息熵"及其计算公式(图1)。我们举例来理解,假设进入世界杯决赛的有32个队,最后哪个队夺冠是不确定的,如果给出某个队会夺冠,那么就是给出一条能消除不确定性的信息。

一个系统X的信息量的大小,将根据其组成事件x_i可能会发生的概率$p(x_i)$由图1中的公式计算。只看一个组成事件x_i,那么,$p(x_i)$越小,$-\log p(x_i)$越大。这可以直观地理解为,发生概率越小的事件的不确定性越大,那么,消除该不确定性的信息量会更大。前例中世界杯夺冠队伍的确定,给出32强时的夺冠队伍的信息量,要大于只剩下2个队伍进行决赛时确定夺冠队伍的信息量。最后,系统整体的信息量值将由各组成部分的信息量值以及发生概率相乘后求和。

从前沿物理学的角度来看,目前在对统一微观的量子理论以及超大空间的相对论而进行的探索中,最被认可的是胡安·马尔达西纳提出的弦理论。简而言之,该理论认为我们观测到的基本粒子的状态是一根"弦"的振动,而不是"弦"本身,由基本粒子组成的万物就是由许多"弦"振动奏响的"交响乐"。也就是说,我们所感知和测量到的是客观属性和观测者主观属性的叠加,是对主观而言可得到的"信息"。对具有实在性的客观物质世界是否存在,一些学者也在质疑,甚至认为宇宙最基本的成分不是物质而是信息。

这种对世界的理解方式让我们对世界的认识产生颠覆性的改变,对其他学科的一些传统理解也被改变。许多学科可以归在信息科学下面。例如,科学家戴维·培根认为,作为量子计算理论支撑的量子力学也是一种信息科学。从量子力学中的量子纠缠出发,两个发生纠缠的量子就是在共享信息,纠缠度越高,共享的信息就越多。又如,一些学者认为生物学是信息学的一部分,因为生物处理和遗传下去的都是生命的信息。

香农还给出了通信系统模型(图2),这个模型成为通信学科的基础,而且这个模型不仅可以应用于通信。贾里尼克和他领导的 IBM 华生实验室将自然语言的理解认为是一个从信息源到接收端的信息获取过程,开启了基于统计方法来研究自然语言处理的先河,实质性地提高了自然语言处理的准确度。我们也可以把科学发现的过程认为是一个通信系统模型。深藏在宇宙中的规律就是信息源,而我们观测到的各种现象就是被大自然编码后的接收信号,从现象发现规律的过程也可以被认为是一个通信系统模型。

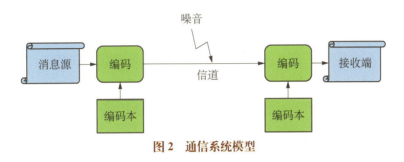

图2 通信系统模型

可见,从数字化生存的核心要素——"信息"的角度来看待和认识世界,可以让我们对世界产生创新甚至更接近本质的理解。

计算思维的培养

学习的目的不仅是增长知识,而且是增长智慧。思维能力包括理解力、分析力、概括力、抽象力、推理力、判断力等一系列重要能力,是智慧的核心。这里对与计算科学关联的计算思维和跨(交叉)学科思维进行讨论。

先谈谈计算思维。如前所述,计算已经成为科学发现的三大途径之一,科学发现具有三大思维:以观察和归纳自然规律为特征的"实证思维"(实验思维),典型的如物理学;以推理和演绎为特征的"逻辑思维"(理论思维),典型的如数学;以抽象和自动求解问题为特征的"计算思维",典型的学科就是计算科学。

2006年,时任卡耐基梅隆计算机系主任的周以真(Jeannette M. Wing)第一次明确使用计算思维这一概念:"计算思维是运用计算机科学的基础概念进行问题求解、系统设计以及人类行为理解等涵盖计算机科学之广度的一系列思维活动。"例如,将日常生活中学生背书包上学的行为与计算中将数据局部化(如缓存)进行联系,可以理解它们都是将要处理的对象放在离开处理者最近的地方,从而在需要的时候可以快速处理;对商场排多个队伍付款的场景,如果将各个收银员作为计算单元的话,其原理无异于分布式计算中的负载均衡。

计算思维的抽象性和自动化处理这两个特征,分别与数学和工程化的特征相对应。也说明其既有偏理性思维,也有实践性思维。计算的许多原理借鉴了生活实践中的智慧,同时,这些原理又帮助人们理解并指导日常行为。举例来说,计算思维甚至可以教我们如何与人交往,或者说为人处事,是不是很有趣?"囚徒困境"是博弈论中的一个经典案例,可以将其应用到生活中的与人交往行为,交往行为可以有"信任(合作)"与"背叛(对抗)",双方采取某种行为交往后分别有对应的利益和惩罚。如果将一次性的交往行为扩展成为多次,并根据对方上次的行为可以有不同策略来选择本次采用的行为,结果又会是如何呢?美国曾组织了相应的计算机程序比赛,这些程序采用不同的策略来和其他程序交互。最终得分最高、也就是获利最大的是"一报还一报"程序。该程序采取的策略是:"第一次对局采取合作策略,以后每一次对局都采用和对手上一次相同的策略,即:对手上一次合作,我这次就合作;对手上一次背叛,我这次就背叛。"总结下来,这样一种"做人"的策略特点是:善良的,不首先背叛;反击的,对于对方的背叛行为采取孔子提出的"以直抱怨"行为;宽恕的,不怀恨在心,只要对手改为合作,我们也要与之合作。我们也许很难穷尽一生进行试验来确定如何做人使自己收获最大,但是计算机程序却可以抽象出现实活动的特征,并采用自动处理来仿真,最后给出指导日常行为的启示。建议感兴趣的读者可以使用一个叫"信任的进化"的有趣的手机 App 来体验和理解这部分内容。

那么,又有哪些经典的计算原理呢?丹宁在《伟大的计算原理》中将计算原理分为通信、计算、记忆、协作、评估、设计等 6 类(表 1),每一类反映对计算的一种视角(图 3)。我国的陈国良院士加入"抽象"一类,并对每类都给出了许多核心概念,更加详细地给出了计算思维的核心概念。正如周以真指出的,计算思维的概念可以随着人们对计算以及世界和自身行为的理解继续扩充。

表 1 计算原理分类

类别	关注点
通信	信息在不同位置之间的可靠传输
计算	可计算性
记忆	信息的表示、存放和读取
协作	有效地利用多个自主的计算实体
评估	度量系统是否表现出预期的计算行为
设计	通过特定结构的软件系统实现可靠性

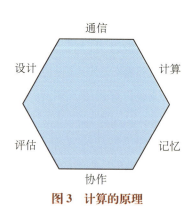

图 3 计算的原理

下面再谈谈与计算相关的跨(交叉)学科思维。前面提到,计算已经进入人们生活的方方面面。这与我们之前讨论的两个话题是逻辑上相符的:对于人类而言,这个世界被认识的基本单元可能是信息;同时,计算就是对信息的自动化处理。所以,计算机相对其他工具而言,必然被更广泛地使用。而广泛使用的工具又反过来会影响人们的生活和思维。现代编程语言先驱、图灵奖获得者艾兹格·迪科斯彻说过:"我们所使用的工具影响着我们的思维方式和思维习惯,从而也将深刻地影响着我们的思维能力。"计算的发展深刻影响了人类的思维方式，也深刻改变了其他学科的思维方式：计算生物学改变了生物学家的思维方式；计算机中的博弈论改变着经济学家的思维方式；量子计算改变着物理学家的思维方式；计算社会科学改变着社会学家的思维方式，产生了社会计算研究方向；计算和哲学的结合更是产生了"计算和信息哲学"。L·弗洛里迪在《计算与信息哲学导论》中指出，自从图灵的"计算机与智能"一文的问世以及20世纪50年代人工智能的提出，计算机的出现已经决定性地改变了哲学的论辩。

其实计算思维中本身就包含跨（交叉）学科的思想。计算科学从其他学科和日常生活中借鉴了许多智慧和范式。例如，计算机科学中的设计模式就来自建筑学家亚历山大的《建筑的永恒之道》，借鉴了建筑设计的模式思维。又如，据传莱布尼兹推广采用0和1的二进制时，也受到中国《周易》中阴阳学说的启发。计算机软件和硬件本质上分别就是数学和物理的一种实际应用，必然借鉴和应用这两门基础学科的理论和思想。

复旦的校训"博学而笃志"也蕴含了博观约取、从多学科中获取智慧的通识理念。本人认为计算机教学中通专结合非常重要，从通识的角度来学习并不比培养计算机专业能力不重要。2017年，本人主持的"计算机类专业教育中通识教育理念的探索与实践"获得校级教学成果一等奖和高等教育上海市级教学成果二等奖。例如，我在教授通识课程"虚拟世界：科技与人文"时，从典型的数字化世界——虚拟世界的角度探讨了许多与人文学科相关的问题。关于真实和虚拟的讨论就涉及哲学中从本体论到认识论再到人本身心理机制的发展历程，也讨论到庄周的梦蝶、笛卡尔的"我思故我在"、柏拉图的"理念世界"和"影子说"、王阳明的"心外无物"、佛学大乘中的心物能一体论，如《心经》中的"色即是空，空即是色"和唯识论等，以及美国当代哲学家、哈佛大学名誉教授希拉里·普特南提出的著名思想实验"缸中的大脑"。而介绍虚拟世界中的化身时，和真实物质世界中的"我"进行对比讨论，哪个才是真实的"我"？这涉及弗洛伊德的"自我、本我和超我"，以及古希腊德尔菲神庙的箴言"认识你自己"。还会讨论到前沿物理"多重宇宙"的隐喻：在另外一个平行的虚拟世界中还存在着一个"你"；虚拟世界中的社会学问题，如"破窗效应""乌合之众"，以及通过在数字化世界留下的数字痕迹进行社会计算等；虚拟世界中的虚拟货币、比特币、体现信任计算和价值网络的区块链又与经济学息息相关；"人肉搜索"、"网络暴民"等又涉及数字化生存中的伦理和法律问题等。人类构造的这个数字化世界不仅让我们多了一个和现实物质世界相互影响的平行世界，同时从数字化世界中的许多现象可以反思现实世界。让同学们在课堂上思考和讨论这些开放性话题，培养批判性思维和自主探索的科学精神，并思考我们应该如何自处以及人生意义何在，引出追求"真善美"等人生观和价值观的讨论。

即使在专业课程授课中，注重通识理念的教学也会更具启发性。例如，在教授程序设计课程时，我会对同学们强调注意通过编程来培养和锻炼自己的各种思维。苹果公司的创建者乔布斯指出："这个国家的每个人都需要学习计算机编程，因为它教你如何思考。"另外，与人类的自然语言进行比较，我们会发现，即使程序设计语言是严格的形式化语言，但是编程的实质也是和计算机对话,通过对话给出指令,让机器执行相应操作达到编程的目的。学习的重点并不是枯燥的语法规范,而是通过语法表达出逻辑和思想,这与人类的自然语言是相同的。而且随着语音识别等技术的发展,通过自然语言给予计算机指令实质上也是编程。甚至在学习方法上也很类似,重要的是多实践,目的是实现实际场景下的问题求解。我常对同学们说,学习程序设计的语法过程是"学会它,然后忘掉它"。如同我们使用自然语言表达的时候,会符合所"学会"的语法,但是,你不会在开口前还要思考是否符合语法,已经"忘掉"需要使用语法,而是注重要表达的内容和解决的问题。Python语言的发明者吉多·范罗苏姆认为:"编程是另一种比写作更高形式(或者说更深层次)的思想表达工具……编程能力在以后将成为文盲的标准。"如果说写作可以通过文字构造一个故事来表达思想,那么编程产生的程序运行就能够更加具有直观性、交互性地表达我们的构想。所以可以认为,编程就是以某种形式讲故事。《留住魔迹的地方》一书中提到:"为电脑编程序是个非常激动人心的事。你建立一个自己的宇宙,而这个宇宙是由你来管理的。只要把程序编好,就可以让电脑做任何事情。这简直就像小孩堆砂子玩的砂箱,里面的每一粒砂子都在你的控制之下。"

编程和计算思维目前已经进入中小学的课程安排,因为这才是真正的世界语,不仅不局限于一个国家的语言,而且拓展到人和机器的对话。在我的程序设计课程中,已经多次布置一个让学生初听觉得不可思议的作业——使用计算机编程语言写个故事,不光体会各种编程语法引入的必要性,而且尝试用计算机的形式化语言来进行故事元素、情节的组织和表达,体会编程作为思想表达的工具。

以人为本

科技的发展应该是让世界和人的生活变得更加美好;教育的首要目的也应该是实施全人教育,而不仅仅是培养具有能使用知识和技能进行工作的人。耶鲁前校长理查德·莱文甚至说:"如果一个学生从耶鲁大学毕业时,居然拥有了某种很专业的知识和技能,这是耶鲁教育最大的失败。"他认为:"真正的教育,是自由的精神、公民的责任、远大的志向,是批判性的独立思考、时时刻刻的自我觉知、终身学习的基础、获得幸福的能力。""真正的教育不传授任何知识和技能,却能令人胜任任何学科和职业。"

在数字化生存的时代,人的全面素养变得尤其重要。例如,在通过互联网可以迅速传播各种言论的时代,如何判别信息的真伪和本质是一种重要的信息素养,否则善良的人们很可能变成流言的传播者。世界教育创新峰会(WISE)与北京师范大学中国教育创新研究院共同发布《面向未来:21世纪核心素养教育的全球经验》研究报告,给出了最受各经济体和国际组织重视的七大21世纪核心素养,其中信息素养被列为第二位。信息素养不光指检索获取和利用信息的能力,也包含了甄别信息能力、批判精神以及强烈的社会责任感和参与意识。以色列历史学家尤瓦尔·诺厄·哈拉里在其著作《今日简史》中指出:"而到2048年,物理和认知结构或许也会烟消云散,或是散成大量数字信息。""需要的是能够理解信息,判断哪些信息重要、哪些不重要,而重要的是能够结合这点点滴滴的信息,形成一套完整的世界观。"

另外一方面,在数字化浪潮改变了世界、影响到每个人的生活的时代,我们更应该反思科技发展与以人为本的关系。哈拉里在其著作《未来简史》和《今日简史》中都指出,基于计算机的算法已经对人本主义提出了颠覆性挑战。例如,如果基于你的行为的大数据进行计算,给出各种提示告知你下一步应该采取的行动,甚至是选择终身伴侣的问题;即使算法的建议并不是你希望做的,但是如果不按照算法给出的提示,就总是遭受失败和挫折,那么,是否有一天你出门抬左脚还是抬右脚都应该按照你携带的智能计算设备的提示来呢?人还有自由意志吗?或许人和机器的角色进行了交换?如果包括大脑思维在内的人的生物功能本身就是生化物质相互作用的计算,那么,也许人本来就没有自由意志,包括思想的一切都是算法的结果,人本主义提倡的"以人为中心"和对自身存在方式的自由选择又在哪里?我认为,人工智能和虚拟现实等计算机技术的发展和普及,会比以往其他各种技术的出现更加让人反思人本身。正如冯友兰在《中国哲学简史》中指出:"学哲学的目的,是使人作为人能够成为人,而不是成为某种人。"这些科技的发展反逼我们思考哪些人的特质无法被机器替代,从而更好地了解人性的核心和珍贵之处。

在围棋对弈上人工智能战胜了人类的世界冠军,让人们觉得几千年围棋发展下来,人类居然可能并没有理解围棋,体现人类最高智力的对弈在人工智能面前失守。人们也开始担心自己的工作是否会被人工智能所抢走。2017年,BBC基于剑桥大学研究者得出的数据体系,对300多个职业中人类可能被人工智能替代的淘汰率进行了分析,得出具有以下3个方面特质的工作是很难被机器所替代的:①社交、协商和人情练达的沟通艺术;②同情心、对他人真心实意的扶助和关切;③创意和审美。可见,人类的情感和交流能力、创造力和想象力、艺术和灵感等是目前很难计算的,也是我们人类目前不能被机器替代的珍贵能力。

2017年,苹果公司首席执行官蒂姆·库克在麻省理工学院的毕业典礼上发表演讲提到:"史蒂夫曾经说过,光有科技是不够的,科技要与人文和人性结合,才能产生让我们的心为之歌唱的结果。"并且指出:"我不担心人工智能让计算机像人类一样思考问题,我更担心的是人类像计算机那样思考问题——摒弃同情心和价值观,并且不计后果。"机器只是冷冰冰的并没有温度,即使Alpha Go赢棋了,它也不会有自我意识而因此感到喜悦。奥斯卡获奖影片《她》里构思了可以和人交流的智能操作系统,让主人公对她进行依赖并产生了感情。这在现实中还无法实现,但是影片给我们的警示是,在日益科技化、网络化的今天,我们要珍惜人与人之间具有真挚感情的联结,具有同情心和善意才是最可贵的品质。在社交网络非常发达的今天,人们却变得更加孤独。在网络链接中不断跳转的信息获取方式,以及各种微文、微视、微博等带来的快餐文化,也给我们的认知和深度思索方式带来许多负面的影响。《哈佛商业评论》前执行主编尼古拉在其《浅薄》一书中指出:"互联网正在把我们变成高速数据处理机一样的机器人,失去了以前的大脑。"麦琪·杰克逊则在《分神:注意力的涣散和黑暗时代的来临》中指出:"人类很可能沦为半人半机器,因为我们被各种信息吸引,永远处于走神状态。"这些都是数字化时代的我们需要警醒和反思的。

我们再来审视一下虚拟现实技术。与以往的技术相比,它最大的不同是其他技术让人在实质上增强了在物质世界中的能力。例如,驾驶车辆的确比步行速度要快,持有枪械会让人对之前无法触及的地方进行致命打击。而虚拟现实主要利用的是人的感知等能力。例如,带上头盔后,可以采用虚拟旅游软感受到远在千里之外的美景,而人实际在原地不动。这样的虚拟旅游,会比实际的旅游成本更低,甚至观察到的美景和体验会比实际旅游更好。虚拟现实技术让我们领悟到感性能力的重要性。美国著名的趋势专家丹尼尔·平克指出,"世界将属于具有高感性能力的另一族群——有创造力、具同理心、能观察趋势,以及为事物赋予意义的人",他认为人们将"追求更深层的渴望:生命目的、处世意义以及性灵满足"。

科技以不断提高技术水平和产品性能来满足人们不断增长的欲望,甚至为人类欲望的膨胀推波助澜。如果没有人文精神的引领,人们很容易迷失。未来学家库兹韦尔在《奇点临近》一书指出,科技正在加速发展,而机器智能超过人的奇点即将到来。且不说其对时间预测的准确性,科技发展的趋势的确如此。但正是在科技突飞猛进、物质空前富余的时代,人们却普遍觉得不幸福、缺乏信仰和迷失自我。这个时代很切合狄更斯在《双城记》里的描述:

> 这是一个最好的时代,这是一个最坏的时代;
> 这是一个智慧的年代,这是一个愚蠢的年代;
> 这是一个信仰的时期,这是一个怀疑的时期;
> 这是一个光明的季节,这是一个黑暗的季节;
> 这是希望之春,这是失望之冬;
> 人们面前应有尽有,人们面前一无所有;
> 人们正踏上天堂之路,人们正走向地狱之门。

如同霍金、比尔·盖茨、马斯克等人对人工智能发展威胁人类命运的担忧,科技的发展之路如果没有人文精神的引领和照亮,发展越迅速,则将更快地远离人性甚至毁灭人类。时至今日,我们需要好好地思考人性和生活的意义,而不是盲目地发展科技。在《今日简史》一书中,哈拉里给出的一个建议是,"21世纪的生活需要内观——更好地了解自己",而且该书还谈到了教育,在《教育:改变是唯一不变的事》一章中对于应对科技不断改变的教育进行反思,并指出:"如果你还想为自己的存在、为人生的未来保留一点儿控制权,就得跑得比算法快,在它们之前就认识你自己。"认识自己的"内观",其实早就在佛学的"明心见性"和王阳明"心学"的"致良知"等中国传统文化和哲学思考中有所强调。

  在科技迅猛发展的今天,更加凸显人文精神的重要性,需要它在科技驶向不适当的方向时踩一脚刹车。数字化的进程还将继续,不断颠覆传统的观念,深刻影响人们的生活。人文精神也将因为直接关系到人们的幸福感和人类的终极命运,如同照亮数字化世界中生存的一盏明灯,需要被人们认识到其重要性而被高举。

未来的光纤传感网之星

分布式光纤传感

肖 倩

【主讲人简介】 **肖倩**，复旦大学材料科学系副研究员。主要授课内容为光电子技术。主要研究领域为光纤传感与光纤保密通信技术，代表性研究成果为光纤分布式振动传感技术。

【讲座摘要】 光纤传感技术的发展与人类生活息息相关，在光纤通信网发达的今天，分布式光纤传感技术的发展研究具有十分重要的意义。本文从分布式传感技术的发展着手，详细介绍分布式传感技术的发展情况，继而解释光时域反射、光纤双光束干涉的技术原理，以及 P‑OTDR、φ‑OTDR、基于 M‑Z 干涉的定位技术等多种实现方法。

随着光纤通讯技术的发展,光纤到小区,光纤到楼,进而光纤到户,光纤也越来越多地进入人们的生活、为人们所熟知。光纤没有电传输缆那种金属传输介质,可以进行大容量的通信数据传输。然而,进行数据传输不仅仅是光纤的唯一用途,光纤还有另一种重要用途,即:具有感应作用,感应外部物理量的变化,这就是光纤应用的另一个重要分支——光纤传感。

第一个光纤传感器是具有柔韧性的内窥镜,出现于 20 世纪上半叶,它的出现在医学界是革命性的,这种影响一直持续至今。随着 19 世纪 70 年代后期低损耗光纤的研制,现代光学传感器技术崛起。自从文献中报道了第一个这类光纤传感器以来,已经出现各种各样的光纤传感器,应用领域也多种多样。

由于光纤具有长距离传输、低损耗的特性,光纤无需供电,可以长距离布设,光纤上的每个点都可以作为探测元对目标物理量(如温度、振动、应力)进行探测,实现分布式探测,分布式光纤传感技术即应运而生。近年来,由于大范围、长距离的探测需求,如对石油管道、传输电缆、煤气管道、国境线等的监测,往往涉及民生、国家安全、经济、军事等重要内容,因此,分布式光纤技术的研究不断升温,越来越多的研究机构孜孜不倦地加入了新技术、新产品的研发工作。

光纤分布式振动传感器属光纤分布式传感器的一种,以振动为探测对象。以振动探测为手段来进行监测具有重要意义。振动作为一个基本物理特性,广泛存在于各种事件和现象中。例如,可利用振动特性进行声纹识别,进行发动机故障诊断;利用振动探测地震的发生;利用振动特性进行列车运行状态的监测等;利用油气管线泄漏时发生的振动,来进行油气管线的安全监测;利用火花放电产生的超声波来探测输电线缆、设备的安全运行情况等。在这种种监测中,常常涉及大范围、长距离的应用需求,点振动传感器无法真正满足这些测量需求。要进行大范围、长距离的探测,需要数量庞大、分立的点传感器,要把这些测量信号集成起来,系统复杂程度可想而知。因此,分布式振动传感器的研究具有重要的现实意义,特别是在光纤通信网发达的今天,光纤分布式技术可以直接利用已经布设的光纤,实现环境参量动态监测功能,把"密如织网"的通信网变成光纤传感网,这一技术有着诱人的使用前景。

分布式传感技术的发展

实现分布式传感要具备两个基本条件。首先,要保证外界的物理参量可以对在光纤中传输的光进行调制,用光信号的变化来反映物理量的变化;其次,测量信号中还需含有位置信息,这样才能获知物理参量的位置来源,即定位。

最初的光纤分布式传感技术都是在光时域反射技术(OTDR)的基础上发展起来的。随着光纤技术的发展,基于干涉的分布式测量技术也日渐蓬勃。

基于瑞利散射的光时域反射技术最早出现于 1976 年,但是该技术的测量灵敏度和测量精度都很低,测量距离不够长,且由于响应时间长,适合用于缓变物理量的测量,因此该技术的推广和应用受到限制。经过多年的发展，光时域反射技术较成熟的应用是温度测量。基于拉曼散射的光时域反射技术(ROTDR)出现，目前测量系统的温度测量误差可达±0.05℃，空间分辨率达1米，该技术对应变不敏感，因些无需剥离应力的影响，测量可靠性高，得到较为广泛的应用，但同时也存在工作波长衰减大、测量距离短的问题。

1989年，日本电报电话公司的堀口提出了利用受激布里渊技术进行分布式温度测量的方法，该方法在温度、应变测量上潜在的精度、传感长度和空间分辨率高，因而得到研究者的广泛推崇。目前，美国微光光学(MOI)公司的光纤布里渊分析测试技术对温度的测量精度已达1℃、对应变的测试精度达0.002%，测量范围达30千米，空间分辨率优于1米。

目前的光时域反射技术为了从微弱光中提取信号，采用长时间平均的方法来提高测量准确性，但牺牲了对信号的响应时间，因而一般用于静态或缓变物理量的测量。

在应用领域，除了常见的如温度、应变这类缓变的物理量外，还有变化迅速的物理量。振动是一种广泛存在的物理现象，相对缓变量，属于一种快速变量。近年来发展了许多针对振动量的光纤分布式测量技术，主要是基于光纤及其器件构成的光纤干涉技术，其在长距离管道检测、安防监测等方面的应用潜力得到尤为广泛的关注。

1997年，Spammer等提出了基于萨格纳克/迈克尔逊(Sagnac/Michelson)干涉的分布式光纤传感技术，同年，南非的Chtcherbakov等提出了基于萨格纳克/马赫-曾德(Sagnac/Mach-Zehnder)干涉的分布式光纤传感技术；1999年，英国的罗素等人提出了利用双波长Sagnac干涉技术构建分布式光纤传感系统；2004年，美国霍夫曼等采用的Sagnac干涉技术实现了光纤分布式传感。近几年来，国内的研究也发展起来。2007年，重庆大学提出了双向Mach-Zehnder(M-Z)干涉型光纤分布式传感系统，同年，复旦大学采用Fox-smith干涉进行光纤分布式传感系统的构建。这些技术多采用构成信号时延或利用信号谱特征等实现定位。由于光纤光路带来的干涉光路噪声、稳定性等问题，这些定位技术的应用受到限制。目前，商用化的技术以澳大利亚的快速傅氏变换(FFT)技术为代表，这是一种基于M-Z干涉的技术，虽然在解决环境变化等带来的偏振稳定、相位衰落等问题上引入了补偿技术，但实际应用效果还有待进一步提高。

分布式传感的技术本源

纵观光纤分布式探测技术，究其技术本源，大都是在光时域反射技术及双光束干涉技术基础上发展起来的。

光时域反射

探测光纤中散射光的变化，进行分布式探测的光时域反射技术是一种基本的检测技术。

当光注入光纤中，会产生光的散射现象。最常见的散射为瑞利散射。光纤中的瑞利散射是不可避免的，与光纤的制作过程密不可分。光纤是由二氧化硅(也就是传统所说的石英)构成的。从微观上看,二氧化硅分子彼此间是有间隙的,在光纤拉丝过程中需要冷却,由于冷却条件不均匀,造成二氧化硅分子间的间隙不均匀,相互间的距离和位置产生不规则性,引起光纤折射率不均匀。另外,为了获得特定的光纤性能,需要对光纤掺入杂质,光纤中的掺杂不均匀,也会引起折射率微小起伏变化。当光在光纤中传输时,这些微小的折射率变化会对光纤中传输的光产生散射,成为散射体,散射体的尺度小于光波长,散射遵从瑞利散射定律。瑞利散射属于光纤的固有损耗,它决定着光纤损耗的最低理论极限。

当光在光纤中传输时,由于瑞利散射,一部分光沿着与传输方向成180°的方向散射(即后向散射光),被光纤重新捕获,沿着向光源的方向传播。如图1所示,向一段光纤注入脉冲光,通过监测不同时刻的散射回光(对应于相应的位置)的强度变化,即可探测到光纤散射系数、横截面、损耗等的空间变化。以这种技术为基础的光时域反射仪,在光纤通信领域已得到广泛应用,用于光纤链路的故障定位或诊断。这一技术也成为光纤传感的一项基础技术,可以通过探测连续传感光纤的损耗或散射系数的变化等,监测引起这些改变的物理量的变化(事件的发生)。

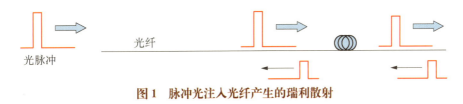

图1 脉冲光注入光纤产生的瑞利散射

图2(a)是典型的光时域反射仪结构。激光一般由一个高功率砷化镓铝(GaAlAs——二极管或是固态钇铝石榴石(Q Nd:YAG)激光器产生,向待测光纤发出短的激光脉冲光,处理电路监测后向散射光随时间变化。如果光纤是均匀的且置于一致的环境中,后向散射光强度随时间成指数衰减,这是由于光纤固有的损耗所致。

光时域反射仪的探测信号如图2(b)所示。在测量曲线中,探测信号对数的斜率等于损耗系数,更高的斜率则标志着更高的损耗。

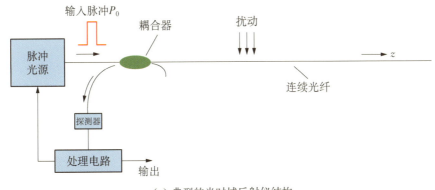

(a) 典型的光时域反射仪结构

图2

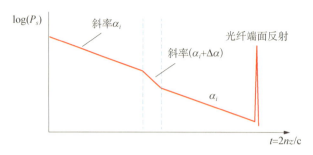

(b) 光时域反射仪测量曲线

图 2　光时域反射仪工作原理

光时域反射仪的空间分辨率是能够被分辨的两个散射光间的最小距离,由输入光脉冲宽度决定,脉冲越宽,空间分辨率越低。对于宽度为 10 纳秒的脉冲,空间分辨率约 1 米。通常光时域反射仪获得的信号很弱,为了获得较好的信噪比,需要对探测信号进行长时间的平均。

光纤双光束干涉

双光束干涉仪可以用来测量由物理量引起的光纤内部的微小微分相移。经光纤传输的光的相位延迟可以表示为

$$\phi = nkL$$

其中,n 为光纤纤芯的折射率,k 是真空中光的波数,L 是光纤的物理长度,nL 即为光程。当光纤受到外界扰动时,如压力、温度、磁场的改变会使光纤的长度、折射率发生微变,这种微小的改变对以光波长为量度的光相位来说,是显著的变化,因此,通过对光纤中传输的光的相位变化监测,可以测量相应的物理量变化,这就是双光束干涉式光纤传感器的传感机理。大多数低频(50 千赫以下)传感机理依赖于附着在光纤上的材料(或是涂敷,或是黏胶)以产生显著的光程变化。

图 3(a)是一种典型的双光束全光纤干涉仪结构。该干涉仪是 M－Z 干涉仪。图 3(b)是分立器件的 M－Z 干涉仪结构。相干单模光源注入单模光纤中,光被一光纤分束器

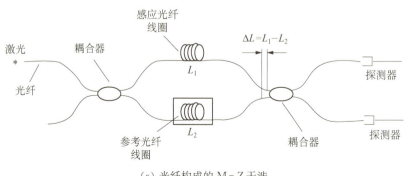

(a) 光纤构成的 M－Z 干涉

图 3

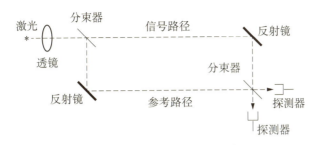

(b) 分立器件构成的 M-Z 干涉

图 3　M-Z 干涉仪的分立和光纤结构

(耦合器)均分成两束,一部分光被送到传感光纤臂,另一束被送到参考光纤臂。经过传感和参考光纤线圈传输后,这两束光在第二个光分束器处重新会合,这两个光束形成干涉,经输出光纤输入光电探测器。当有外界扰动作用在感应臂上时,会引起探测器处输出的光强变化,通过光强变化量即可获得扰动的信息,如扰动的性质、位置等。

光纤分布式测试仪的实现技术

光纤分布式传感技术是应用光纤一维特性进行连续测量的技术,它把被测量作为光纤长度的函数,光纤上的连续点都作为传感点。

在光纤分布式传感技术中,一般基于两个基本实现原理,即以上介绍的光纤散射的测量技术——光时域反射技术和双光束干涉技术。还有一类技术虽也是利用光纤的一维测量特性,但是从严格意义上讲,仅能算准分布式测量技术,这种技术是光纤光栅技术,它是在光纤的分立(即非连续)点上制作光栅,起感应、测量作用的仅是光纤光栅。这种技术由于对信号解调技术的限制,需要较长的测量时间,实时响应速度慢,一般用于静态或准静态(缓变)信号的测量。

时域反射技术为了提高测量精度,需要对探测信号进行长时间的平均,一般短则半分钟,长则几分钟。这种平均虽然提高了信噪比,但系统对相对快速的时变信号无法进行实时探测,在进行信号判断所需的平均时间周期内,信号的变化已被平均效应平滑。因此这种系统通常用于对静态信号或准静态信号进行探测,而难以用于快速的变化信号的测量。双光束干涉技术可以探测光纤内部发生的快速变化,因而这种技术可以用来探测实时变化的信号。

为了将光时域反射的特性用于传感技术,研究人员提出了基于光时域反射的技术,用于对外界力的变化引发光纤响应的有 P-OTDR、φ-OTDR、BOTDR 等技术。基于双光束干涉的分布式光纤传感技术有基于 M-Z 干涉、Sagnac 干涉结构、单芯反馈式干涉结构等。与这两类基础测量技术特点相类似,P-OTDR、φ-OTDR、BOTDR 技术常用于对静态、缓变物理量的监测,而基于 M-Z 干涉、Sagnac 干涉结构、单芯反馈式干涉结构等的分布式技术,常用于较快速、动态变化物理量的监测。下面对这几项技术分别进行举例分析。

P‑OTDR 技术

为了将光时域反射技术扩展到对外部物理量（如压力、应力、温度等）的变化的测量，1980 年，A. J. Rogers 提出了偏振敏感式光时域反射技术（P‑OTDR）技术。该技术通过检测散射光偏振态的变化来检测被测物理量的变化。在单模光纤中，当光被散射点散射时，散射光具有保持入射到该散射点的光的偏振态的特性。当光纤的偏振特性（或双折射特性）不发生改变时，背向散射光的偏振不会发生变化，而当散射点附近的双折射特性因外界物理量（如压力、应力等）的变化而引起改变时，则引起散射光偏振态的变化并直接表现为探测端偏振态的变化，因此，这种方式可用于对外界物理量变化的判断。图 4 是常用的两种 P‑OTDR 基本结构。

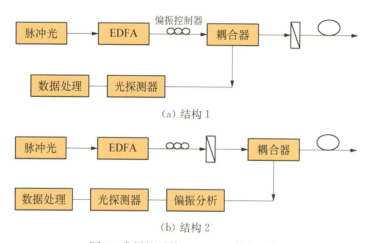

图 4　常用的两种 P‑OTDR 基本结构

在这两种结构中，都采用起偏器对进入光纤的光进行滤波（即输入偏振光），但图 (a) 中起偏器同时又承担着检偏器的功能，光探测器测量的是背向散射光中与起偏器工作模式一致的偏振分量的光强变化。在图 (b) 中，返回的背向散射光不经过起偏器，而是直接对背向散射光的偏振态进行偏振分析、测量。从本质上说，这两种检测方式是一致的。

经过多年的发展，P‑OTDR 技术在理论和实验方面取得很大的进展。但是，由于光纤自身参数（如双折射）易随温度的影响而发生变化，这项技术尚未得到普遍应用。

φ‑OTDR 技术

φ‑OTDR 是另一种基于光时域反射的分布式传感技术，但是，它是测量后向瑞利散射光的干涉信号，通过对干涉信号的监测来获取扰动信号。为了获得良好的干涉效果，光源通常采用线宽极其窄的光源。φ‑OTDR 技术的探测原理如图 5 所示。当外界没有干扰信号时，系统测量一组数（时段 1）作为基准值；当光纤上发生扰动（如：D_1、D_2、D_3）时，光纤相应位置处干涉光的强度发生变化（时段 2）；把这时探测到的光与无扰动时测得的基准值相减，即可获得各个扰动位置的信息。

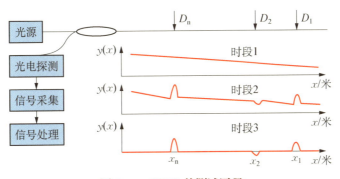

图 5　φ-OTDR 的测试原理

瑞利散射光相干原理可以从以下角度理解，如图 6 所示。光纤内前向传输的光脉冲可以分为 S_1 和 S_2 两段，每段脉宽为脉冲宽度 τ 的一半，即 $\tau/2$。设在 t 时刻，S_2 的前沿位于 x_2，中心位于 x_1。S_2 在 x_2 处返回的瑞利散射光与 S_1 在 x_1 处返回的瑞利散射光在时间上保持同步，发生完全干涉。该干涉只携带了 x_1 和 x_2 处的扰动信息，而不会受到路径中其他位置的扰动的影响。同样，每个扰动点的位置可以通过瑞利散射信号的返回时间来确定。

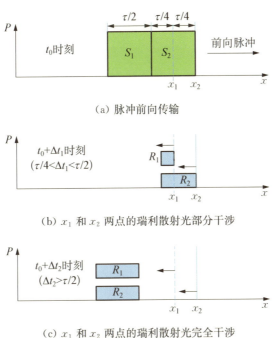

图 6　瑞利散射光干涉过程示意图

这种探测方法虽然已经在测量时间上比光时域反射迅速，如光源脉冲频率为1千赫，每50个数进行平均，则一次测量至少需要0.05秒，因此，尚不能用于频率达数千赫的扰动信号的探测。并且随着光纤长度的增长，脉冲间隔也会相应增加，更不利于快速扰动信号的探测。

基于M-Z干涉的定位技术

基于双光束干涉的结构之一是M-Z干涉结构，这种结构以澳大利亚未来光纤技术(FFT)公司的油管监测设备为代表，其基本结构如图7所示。

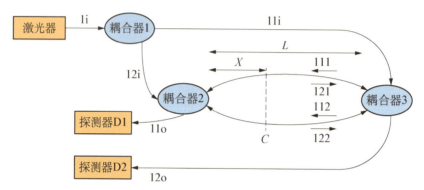

图7 基于双马赫-曾德尔干涉原理的光路结构图

该光源采用窄带激光。激光器经耦合器1分成两束光，其中一束光经耦合器2再次分成两束光，这两束光分别沿传感光纤121和122光束，在耦合器3处汇合并发生干涉，构成第一个M-Z干涉仪，干涉信号经耦合器3的端口输出，进入探测器D2；经耦合器1分出的另一束光经传输光纤11i传输到耦合器3，经耦合器3分成两路，分别沿着传感光纤111和112传输，并在耦合器2处汇合，发生干涉，构成第二个M-Z干涉仪，干涉信号由耦合2的端口输出，输入到探测器D1。

从上述分析可以看出，在两个M-Z干涉仪中传输的光是反向的。设传感光纤（即干涉臂）总长度为L，C距耦合器2的距离为X处发生振动。设扰动信号作用于传感光纤111或112上，对光束进行调制，使得两干涉光束产生相位差$\varphi(t)$。由于两个M-Z干涉仪受到共同的相位调制$\varphi(t)$，而携带相位差的信号沿干涉臂中相反方向传播到D1和D2的光程不同，分别为$L-2X$和X。设真空中光速为c，光纤纤芯折射率为n，则C点相位差信号传播到D1和D2的时间差为

$$\Delta t = \frac{2n}{c}(L-X)$$

如果两个干涉输入的信号相关，只要测出两干涉输出间的时间差Δt，就可以计算出振动发生的位置X。

这种结构存在的最大问题是系统的稳定性，尤其是系统会出现偏振衰退现象，这是由于光纤的偏振是随机的，且易随环境的变化、光纤状态的变化而发生变化。当相干涉的两束光的偏振态发生变化时，干涉对比度就发生变化，特别是当相干涉的两束光偏振态正交时，两束光完全不发生干涉（即发生偏振衰退），系统对扰动不再有响应而处于瘫痪状态。这是该技术的一个难点。

除了偏振问题会对该技术产生困扰，由于光纤自身所处的环境不可能完全稳定，因温度、光纤自身的状态（如弯曲等）的变化，光纤的长度皆会发生微变，而构成干涉光路的两路光纤的这种变化不可能完全同步，这种变化也引入不断变化的相位差，干涉信号自身一直在"飘"，系统也因此难以保持稳定的初始相位，工作点不断发生变化，测量灵敏度也在不断发生变化。系统对环境变化过于敏感，为了实用化，系统需要重点解决这个问题，因而系统的复杂程度也远超系统原理所显现的简洁。

基于 Sagnac 环的定位技术

萨格纳克环（Sagnac 环）也是一种双光束干涉结构。Sagnac 环最初用于光纤陀螺，利用这种结构的 Sagnac 现象进行角速率的测量。20 世纪 90 年代，Udd 和 Kurmer 等人提出了基于 Sagnac 干涉原理的分布式光纤检测技术。该结构如图 8 所示，光纤干涉仪主要是一个 2×2 光纤耦合器，两同向端口分别与传感光纤的两端相连，构成 Sagnac 环，从耦合器分出的两束光分别沿着传感光纤的顺时针、逆时针方向传输，这两束光重新回到耦合器并发生干涉。由于相干涉的光行走的是共同的光路，这种干涉是真正的零光程差干涉。因此，在该结构中所采用的光源可采用低相干光源。由于采用低相干光源，长距离光纤中的散射光之间彼此发生的干涉现象大大降低，干涉信号的背景噪声也大大减少。

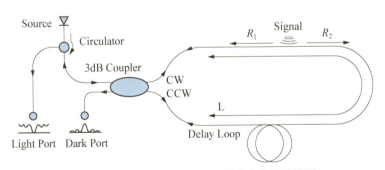

图 8　基于 Sagnac 干涉原理的分布式光纤结构图

利用这种光路结构，同样可以通过后端软件处理解算出扰动发生的位置。这种位置解算巧妙地采用了正反两束光相汇合时，扰动存在着这样的频率分量，即该频率不会对相干涉的相位差产生影响，频率值与扰动发生的位置相对应，通过探测这种特征频率就可以确定扰动的位置。从系统测量的相位变化的频谱上来看，该特征频率表现为频谱上存在系列的陷波点（图 9）。

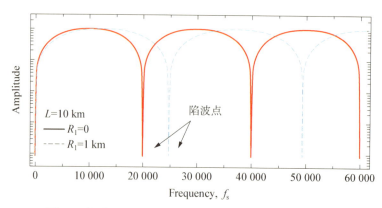

图9　不同位置的白噪声扰动源获得的相位差傅里叶变换

在该结构中,相互干涉的两束光沿着共同的光纤行走,当光纤所处的外界环境缓变时,两束光受到共同的影响,因而相互抵消,系统具有良好的环境稳定性。

由于系统的环路是对称的,虽然可以判断出与扰动相关的位置 R,但是离耦合器端口1距离 $R_1(R_1=R)$ 的位置、离端口2距离 $R_2(R_2=R)$ 的位置的扰动获得的干涉结果相同,该系统的定位值在空间具有双重解,这是系统的一个缺点。在有些系统结构中,在系统环路中引入一段延迟光纤以解决该问题,但是这段光纤的长度有限,当用作传感的光纤长度大于这段光纤时,这种双重解的问题又将无法回避。如果延迟光纤过长,由于系统监测的光纤的长度有限,延迟光纤会占用测量长度,系统的实际测量长度大打折扣。且延迟光纤过长,这段光纤对外界环境噪声、振动的响应也会增强,这部分响应信号构成系统工作的背景噪声,无疑对系统的探测、定位功能不利。为了解决双重解的问题,也出现一些改良结构,一般来说,系统变得更为复杂。

这类结构还存在一特殊点,即在环路的中点,由于 $t_1-t_2=0$,无论扰动特性如何,总有 $\Delta\varphi=0$。在这个位置发生的扰动无法被系统探知,这一点的光纤需要做特殊处理,不能作为探测光纤出现。

另外,由于传感光纤必须形成环路,为实际应用带来一定困难。在被监测的路径,如在一直延伸的管道没有构成环路的情况下,除了沿途布设用于感应功能的光缆外,还必须布设用于构成环路的仅用作光传输的光缆,这部分光缆从干涉结构来说,同样具有传感能力,如何在长距离路径上给这部分光缆提供免受扰动的安静环境,是这种结构系统走向实用需要解决的重要问题。

单芯反馈式定位技术

由于传统的 Sagnac 结构的光纤干涉测量系统存在上述缺点,特别是无法直线单轴布设的实用局限性,在此基础上,人们又提出了一种复合结构,其特点是仅利用一根光纤可以自由延伸下去,进行单轴布设,无需构成物理环路;在传感光纤的末端接一反射镜,将传输到光纤末端的光原路反射回传感光纤。根据这种结构特点,把它称为单芯反馈式结构。

系统的一代表性光路构成如图 10 所示。在该系统中,光源经环形器的一端口注入耦合器,从干涉光路输出的干涉光由环形器的另一端口输出。

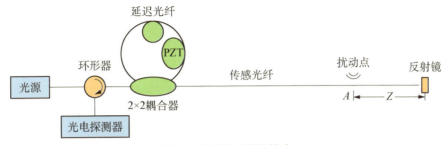

图 10　光纤单芯定位技术

该系统的定位类似于图 8,也是通过寻找信号中成分为零的频率点——陷波点,但是陷波点的来源不同:在 Sagnac 环结构中,陷波频率点的产生是通过相互干涉的两束光之间的共同作用,在单芯反馈式定位结构中,频率缺失点是由相互干涉的光束中的一束产生的,是通过一束光波先后两次经过扰动点传输而被两次调制所产生的。这种结构与 Sagnac 环类似,对温度等缓变信号不敏感,环境适用性强。

结语

以上是当前分布式光纤传感技术研究的主流。近些年来极少数分布式光纤传感在一些重要领域得到应用。例如,在绵延的边境线布设分布式光纤周界,防范非法侵入;在通信光纤干线上应用分布式光纤监控技术,防止第三方施工对光缆的破坏,保证通信线路的畅通;在长输煤气管线沿线利用分布式光纤监控技术保护管线的安全。虽然分布式光纤技术在应用中暴露出一些问题,仍需要大量的研发投入,但随着技术水平的不断改进和深化、应用范围的不断扩大和普及,分布式光纤传感技术无疑将会成为继光纤通信后,又一项走近大众与国家建设、人民生活息息相关的光纤应用技术。

薄膜力学与应用

徐 凡

【主讲人简介】 徐凡,复旦大学航空航天系教授、博士生导师。研究领域为固体力学、材料与结构失稳、薄膜力学、软物质力学等。曾入选"2018中国十大新锐科技人物"、科技部"中法杰出青年科研人员交流计划"、上海市"青年科技启明星计划",获美国机械工程学会ASME法国分部青年研究员论文奖等荣誉。

【讲座摘要】 薄膜材料是生活中常见的材料。不稳定性是薄膜结构的一大特点,又称为"薄膜失稳"。将薄膜附着在介质上构成"膜基系统",具有广泛的应用价值。本文将从航空航天、生物形态、柔性电子和智能材料4个方面来介绍薄膜的应用。

薄膜结构在日常生活中无处不在：从塑料大棚，到太空中的光帆，从手机中的柔性电子器件和镀膜，到大自然中动物的皮肤和果实的表皮，在方方面面影响着我们的生活。随着科技发展，人们对薄膜结构的性能和需求不断提高，以各种高分子聚合物和半导体为材料，配合先进技术制备出的新型功能薄膜结构/材料层出不穷。这些新材料不仅在一定程度上保留了材料本身的基本性能，还在结构方面体现了薄膜的特殊性质；不仅拓宽了材料的应用范围，还促进了众多新兴科技领域的发展。

薄膜最主要的特征就是它纤薄的厚度，使其结构具有不稳定性——抗弯刚度较小，在外荷载作用下易产生较大的面外变形。薄膜结构极易发生弯曲或屈曲而形成褶皱，从而显著地丧失其力学稳定性，我们把这一过程称为薄膜失稳。一般来说，薄膜只能在外拉力作用下才能维持构型稳定。那么，如果我们将薄膜附着在某种介质之上，是否会改变其力学性质？这就是薄膜-基底系统（简称为膜基系统）。膜基系统在自然界、日常生活及现代工业制造中广泛存在，如前面提到的果实、皮肤以及细胞膜表面的超微结构等。膜基系统可产生丰富的表面失稳形貌。例如，在单轴压缩下可形成正弦形褶皱，在双轴压缩下形成棋盘、六边形、人字形和迷宫等形貌。一方面，膜基系统表面失稳可能导致材料或结构的失效，影响其功能和应用。例如，在微纳尺度器件表面镀膜时，由于薄膜失稳产生褶皱导致器件失效，对此类问题需要从理论上理解和预测失稳条件以避免其发生。另一方面，可以利用基底的变形来调控表面薄膜失稳，产生特定设计的结构或形貌，用于功能材料和器件的制备。例如，利用光激励光敏液晶高弹体，可以设计和调控复杂表面斑图而满足特定的需求。下面将分别从航空航天、生物形态、柔性电子和智能材料4个方面简要介绍薄膜的应用。

航空航天

霍金于2016年提出一项名为"突破摄星"计划的外太空探索构想：在未来半个世纪内将飞行器发送至太阳系以外的邻近恒星系。其设想是将探测器搭载于光帆之上，通过地球上发射的激光辐射压推动光帆把极轻量的飞行器加速至20%的光速，朝着离太阳系最近的比邻星前进（图1）。实现这种设想需要使用具有极限性能的光帆，光帆就是一种

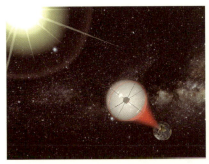
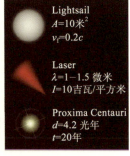

图1 "突破摄星"计划与光帆

（图片来源：Atwater H A, Davoyan A R, Ilic O, et al. Materials challenges for the starshot lightsail [J]. *Nature Materials*，2018,17(10): 861-867.）

薄膜结构。现有的光帆主要由聚酯类薄膜构成，一般是发射进入太空后再展开。这种方法不仅包装折叠效率高，而且只要利用传统的展开方式就能实现，因而在运输和储存上极大地节约了高昂的空间成本。

然而展开的大尺寸空间薄膜很难保持平整，也就是说，在太空飞行时总不可避免地在某些地方出现褶皱。一点微小的激励或边界变化都会使膜结构失稳起皱，或促使已形成的褶皱迅速扩展，造成局部乃至结构整体丧失稳定性，从而影响薄膜的功能性质。褶皱的存在会使光帆反射器表面精度降低，而幅值较大的褶皱甚至会加大薄膜的磨损和疲劳。图2所示的太阳帆表面存在的褶皱导致太阳光子反射角发生变化，进而影响太阳能电池板的转化效率和太阳帆的运行轨道。当存在幅值较大的褶皱时，会造成光子能量集中产生局部高温，影响光帆的使用寿命。目前直接对全尺寸的大型薄膜进行空间展开实验和原位观测还存在不少技术困难，因此，从理论上预测和控制褶皱的发生和演化具有重要的意义。

图 2　膜结构光帆上的褶皱
（图片来源于网络）

生物形态

薄膜结构在生物中随处可见，如耳膜、皮肤、骨膜和细胞膜等。这些膜组织与生命的存续密不可分，起着不可替代的作用。生物膜的功能丰富多样，包括传递信息、输运营养、隔绝外界、黏附浸润、减少摩擦等。然而它们敏感且易受损伤。生物组织的膜结构形态演化和变形涉及空间和时间两个尺度，包含复杂的生物、化学和物理耦合过程。对于活体组织，即使没有外界作用，也会因自身生长发育而出现失稳。如图3所示，羽衣甘蓝叶片边缘的生长速度比内部区域快，所产生的残余应力导致边缘产生复杂的波浪形分形图案（图(a)）。有趣的是，当我们撕破塑料袋时也能观察到类似的多级褶皱图案（图(b)）。这说明尽管组织微分生长是个复杂过程，但也可以通过力学机理的分析，掌握一定的内在规律。除了正常的发育过程(生长和萎缩),病变也会引起薄膜组织的变形和失稳。胃癌患者的胃黏膜在病前、病后就具有明显不同的特征,褶皱波长和波幅均大于正常人。因此,研究活体薄膜组织的变形演化过程,不仅有助于我们理解生命的生长过程,也可以为某些疾病提供有效的预测和治疗手段,另外,也能为仿生智能材料的制备带来一些启发。

(a) 羽衣甘蓝叶片边缘的褶皱

(图片来源于网络)

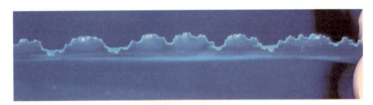

(b) 撕破的塑料袋边缘

(图片来源:Sharon E, Marder M, Swinney H. Leaves, flowers and garbage bags: making waves [J]. *American Scientist*, 2004, 92(3):254-261.)

图3 羽衣甘蓝叶片边缘与撕破的塑料袋边缘

柔性电子

传统的电子产品将电子元器件分布在刚性电路板上,在一定程度上可以起到保护电路的作用,但也使得电路无法承受较大的变形,制约了电子产品的延展性和柔韧性。基于薄膜/基底结构的柔性电子产品具有体积小、重量轻、散热好、可穿戴的优点,可自由弯曲甚至折叠,且结构形式灵活多样,具有优良的电学和力学性能,适应复杂多变的工况环境。

2006年在慕尼黑国际运动与装备展览会上,迈尔体育(Maier Sports)公司展示了附着柔性薄膜非晶硅太阳能电池板的运动夹克,只要在阳光下行走即可给手机等随身电子产品充电。2018 年,日本研究人员开发的柔性可穿戴电子器件在身体健康和疾病监控方面取得了突破性进展。他们在超薄的聚对二甲苯上集成有机光伏器件(OPV)和有机电化学晶体管(OECTs),实现了生物传感器的自供能驱动。另外,柔性电子显示屏的研发已产生一定的应用成果,部分产品已投入市场,未来的显示屏将实现柔软的卷成筒状(图 4)。可以预见不久的将来,新型柔性传感器在医疗保健、电子、电工、运动器材、纺织品、航空航天和环境监测等领域将产生广泛应用。当然,如何避免因为薄膜失稳而导致的电子元件性能的失效破坏,或是保持元件在变形过程中电学性能的稳定性,仍是当前亟需解决的问题。

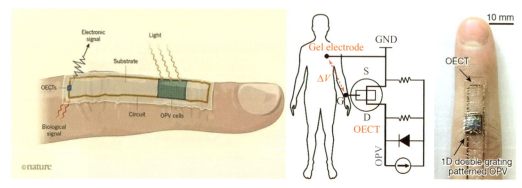

(a) 自供能超柔性生物传感器

(图片来源:Park S, Heo S W, Lee W, et al. Self-powered ultra-flexible electronics via nano-grating-patterned organic photovoltaics [J]. Nature,2018,561(7724):516 - 521.)

(b) 未来柔性屏概念图

(图片来源:Forrest S R. The path to ubiquitous and low-cost organic electronic appliances on plastic [J]. Nature,2004,428(6986):911 - 918.)

图 4 柔性电子产品

智能材料

1888 年,奥地利植物学家莱尼茨尔发现胆甾醇苯甲酸酯在其固态和液态之间有两个熔点,在其间会呈现出一种新的物质形态——液晶态。诺贝尔物理学奖得主、被誉为"液晶之父"的法国科学家德热纳首次提出,如果能将液晶的特殊物理性质与聚合物网络的力学性质有机结合在一起,必然会制备出一种全新的功能材料。液晶弹性体正是由液晶分子与聚合物分子交联而成。其中,向列相液晶是最常见的一种液晶,其液晶分子指向某一个平均方向 n,称为指向矢方向。交联的作用限制了液晶分子的宏观流动,使其宏观上呈现固态,并且可以承受应力的作用,在保留了液晶独特性质的同时具有弹性体的特征。2001 年,Finkelmann 等人发现,将一些光敏分子(如偶氮苯等)加入液晶弹性体中,在紫外光作用下,分子会由较为稳定的直棒状(逆势 trans 态)转变为弯曲的亚稳定状态(顺势 cis 态,这一性质称为偶氮苯分子的光致异构化),从而导致薄膜沿着指向矢方向发生收缩,垂直于指向矢方向发生膨胀,产生膜内应力,最大可以发生高达 20% 的变形。当用不同方向的偏振光照射时,光敏液晶高弹体则会向着不同方向发生弯曲变形,从而可以利用这一性质来控制液晶薄膜的变形。光或激光(图 5)作为一种非接触式的加载,可避免接触式加载中可能出现的加载缺陷。另外,与热、电等加载方式相比,其可操作性更强,且载荷的大小和形式可以远程控制,也比力学加载更加丰富而精确,理论上可以根据具体需求来实现多样的加载形式,达到对表面失稳形貌斑图的灵活设计和调控(图 6),这也为光敏液晶高弹体等智能材料的应用提供了新的思路。

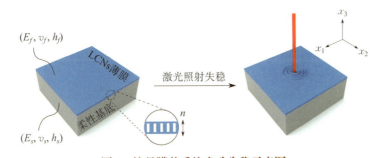

图 5　液晶膜基系统光致失稳示意图

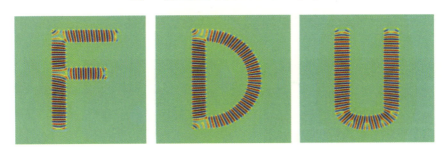

图 6　光照调控液晶表面形貌形成特定起皱图案

(图片来源: Fu C, Xu F, Huo Y. Photo-controlled patterned wrinkling of liquid crystalline polymer films on compliant substrates [J]. *International Journal of Solids and Structures*,2018,132-133: 264-277.)

曲率与褶皱

综上所述,薄膜失稳对薄膜结构的表面精度、力学稳定性、光学和电学性能等具有不可忽视的影响。对薄膜的应用需求不断增加,不仅推动了薄膜力学相关理论的发展,也加速了对薄膜失稳褶皱预防控制的研究。另一方面,对薄膜失稳的精确控制可制备特殊功能材料,甚至对某些和膜组织有关的疾病进行预测和治疗,极具应用前景。无论利弊,都需要能准确地预测褶皱形成的时机、位置及变形程度,探索其整个力学行为的发生、发展及演化具有重要的科学意义和应用价值。近年来研究人员对薄膜表面失稳现象的研究已取得不少成果,总体来说,由于非线性问题的复杂性,对后屈曲失稳及各种因素的影响仍然缺乏足够的认识,有待更深入的研究。在这里我们用一个简单的日常现象作为例子,讨论一下薄膜的初始曲率如何影响后屈曲失稳过程。

圆柱是最简单的可展曲面。当你"撸起袖子加油干"时(图 7),是否留意过袖子上形成的各种复杂褶皱?这个过程退化到平面(零曲率)时,则变成轻轻挤压桌上的一张 A4 纸,整个纸张在桌面上隆起形成波浪状(图 8)。这类问题可归纳为软薄膜在硬基底上受压的非线性变形。从纸片在桌面上的隆起变形,到卷起的袖子或是眨眼时眼睑在眼球上的褶皱,此类起皱现象在日常生活中无处不在。对于平面情况(零曲率),已经有学者对褶皱失稳现象进行了系统研究。然而在更为复杂和普遍的曲面上,人们仍然知之甚少。

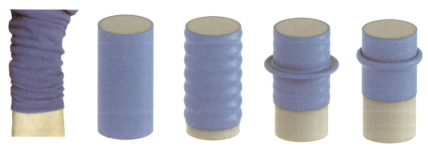

图 7　撸袖子时衣服褶皱的形成与演化过程

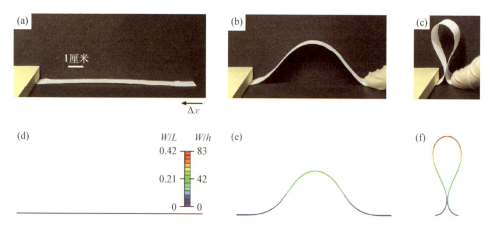

图 8　纸片在光滑桌面上受挤压变形过程,可以看到单一的半波隆起直至两端接触

(图片来源:Yang Y, Dai H H, Xu F, Potier-Ferry M. Pattern transitions in a soft cylindrical shell [J]. *Physical Review Letters*,2018,120:215503 - 1—215503 - 10.)

图 9(a)所展示的撸袖子动作非常简单,不过看似简单的现象背后却包含着复杂的机理。我们将问题简化为力学模型,把它视为一个软薄膜在圆柱核心上受到轴向压缩。其力学响应是一个非线性大变形失稳演化过程,可以归纳为光滑-褶皱-凸脊-松垂这样一个多重分岔失稳行为,是一个涉及多种模态连续转变的强非线性问题。如图 10 所示,在某一载荷下,系统可能存在多个平衡状态,且比当前状态能量更低,促使系统向更低能量的模态分岔。实验中首先观察到周期性的轴对称正弦形褶皱,然后演变到局部的"凸脊"形模态(图 9)。受曲率影响,凸脊的高度存在极限,并不会像平面情形(图 8)下半波的高度接近于整个薄片对折的尺度。在到达这个挠度极限后,凸脊由于对称性破缺倒向一边而发生偏转。

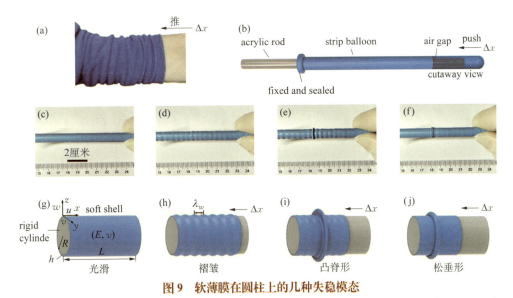

图 9　软薄膜在圆柱上的几种失稳模态

(a)为撸起的袖子;(b)为实验装置示意图;(c)至(f)表示实验中随载荷增加从光滑依次出现正弦形、凸脊形、松垂形失稳模态;(g)至(j)是其分别对应的特征示意图
(图片来源:Yang Y, Dai H H, Xu F, Potier-Ferry M. Pattern transitions in a soft cylindrical shell [J]. *Physical Review Letters*, 2018, 120: 215503-1—215503-10.)

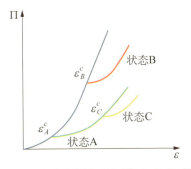

图 10　多重分岔的树状示意图,如应变-势能或载荷-位移的多重后屈曲分岔路径;每条分岔支路(用不同颜色区别)对应一种失稳模态,多重分岔将导致模态选择与转化

我们可以通过数值计算来定量预测这一演化过程(图11)。当轴向压缩载荷达到临界点时,光滑柱壳会屈曲失稳为正弦形模态,通过 Koiter 稳定性理论可以预测其临界状态的应变及波长(接触对于屈曲失稳并无显著影响)。理论预测也解释了当曲率半径无穷大时(退化为平面),结构整体变形为一个半波(图8)。随着载荷的增加(图11),正弦形褶皱的幅值随之增加,直到达到第二个分岔点:其中一个波的幅值快速增长,伴随着其余波的幅值剧减,形成局部凸脊形模态。凸脊的高度受限于曲率(柱壳的半径和厚度)的影响,与壳体的长度无关。当它达到上限之后发生第三次分岔,凸脊偏转的同时会把周围区域的压应力释放。有趣的是,采用不同的材料本构模型均未对这一过程产生较大影响,说明该现象的普适性,即依赖于几何非线性而不是材料性质(如不同材质的衣服均会出现类似的褶皱形貌)。

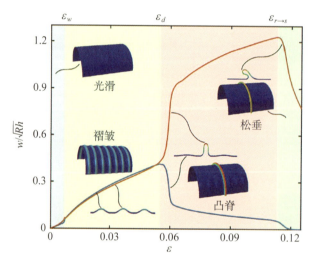

图11 后屈曲分岔演化相图;红线为凸脊顶峰径向位移,蓝线表示与凸脊相邻波峰位移

(图片来源:Yang Y, Dai H H, Xu F, Potier-Ferry M. Pattern transitions in a soft cylindrical shell [J]. *Physical Review Letters*, 2018, 120: 215503-1—215503-10.)

我们进一步考察加载与卸载过程。由于系统失稳产生首个正弦形褶皱模态,属于稳定的超临界分岔,而后两次分岔(正弦-凸脊,凸脊-松垂)属于不稳定的亚临界分岔,在加载-卸载过程中的正弦-凸脊和凸脊-松垂的转变区域(图12)存在迟滞现象。在此基础上,比较加载-卸载两个阶段的能量差,我们可以看到在正弦-凸脊和凸脊-松垂两个过渡区域中,分别存在一个麦克斯韦应变(图12)。该应变表示处于过渡中的两种状态能量相等,可用于判断和预测后屈曲过程中的失稳模态转变趋势。

有趣的是,该研究为20世纪60年代 Almroth 和 Horton 等人研究单轴受压下金属薄壳屈曲的模态选择提供了科学的解释。当在柱壳中放入一个核心,且核心与柱壳的间隙与壳的厚度相当(以避免柱壳局部变形过大),屈曲时产生非轴对称的"钻石形"模态(图13)。较大的间隙使壳体在屈曲后与核心接触,较小甚至为零的间隙在结构屈曲前就

薄膜力学与应用　101

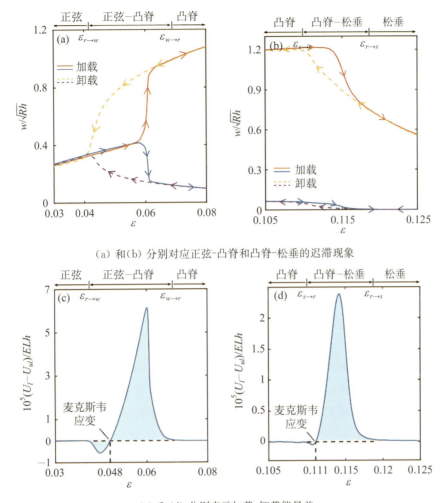

(a) 和 (b) 分别对应正弦-凸脊和凸脊-松垂的迟滞现象

(c) 和 (d) 分别表示加载-卸载能量差

图 12　加载与卸载过程比较

(图片来源：Yang Y, Dai H H, Xu F, Potier-Ferry M. Pattern transitions in a soft cylindrical shell [J]. *Physical Review Letters*, 2018, 120: 215503-1—215503-10.)

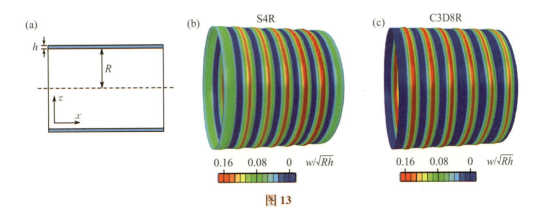

图 13

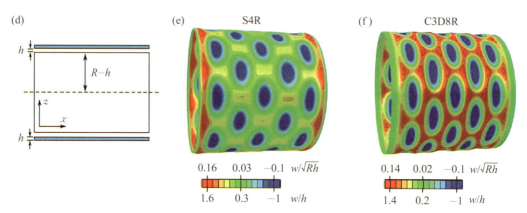

图 13　柱壳与核心之间的间隙可以影响并调控柱壳失稳模态的选择

(图片来源：Yang Y, Dai H H, Xu F, Potier-Ferry M. Pattern transitions in a soft cylindrical shell [J]. *Physical Review Letters*，2018，120：215503-1—215503-10.)

已发生接触,易产生稳定的正弦形轴对称变形。研究发现,可以通过控制孔隙的大小来进行失稳模态的选择与调控(轴对称/钻石形模态转变)。

结语

薄膜失稳现象无处不在。本文主要从力学角度来介绍这种非线性分岔行为,实际上它还涉及材料、物理和生物等多个领域的相关知识。失稳现象复杂多变,受诸多因素影响,具有细腻敏感的"个性",人们目前还难以透彻地理解和掌握它的脾性。但是,"办法总比困难多",随着社会日新月异的发展和科技的进步,总有一天我们终将揭开谜底。

We must know, we will know.

(David Hilbert，1862—1943)

十面"霾"下,我们该如何自救

白春学

【主讲人简介】 白春学,上海市领军人才,复旦大学中山医院教授,上海市呼吸疾病研究所所长,复旦大学呼吸病研究所所长。兼任亚太呼吸学会、中国肺癌防治联盟主席,中国非公医协物联网医疗分会会长,中华医学会呼吸分会肺癌学组顾问,中国医师协会呼吸分会副会长。获国家自然科学基金重大、重点和面上等课题48项,发表论著520篇,总SCI影响因子1 000余分。主编《物联网医学》等专著12部,获专利42项。

【讲座摘要】 大城市阴霾天气的频频出现,引起社会对其罪魁祸首——细颗粒物(即PM2.5)的广泛关注。PM2.5主要通过氧化应激和炎症反应产生损伤,可随呼吸进入呼吸道和肺泡,甚至血液循环。预防需要减少污染源,提高环保意识,控制汽车尾气,整治工业污染,区域联防联控,同时还有保护高危人群、监测与告知PM2.5、净化小环境空气、雾霾时出门戴口罩、公共场所禁烟等。

各位老师,各位同学,非常高兴有机会在江湾校区探讨一下雾霾的问题。我在上海已经生活了30多年,倒是头一次来到这里。方才司机拉着我转了好几圈才找到这个图书馆,我感到江湾校区发展得很快。

谈到雾霾这个问题,我首先要感谢一个人,早在十几年前我所撰写的《肺癌》中就提到这个问题的严重性,当时没有点名讲东北某重工业城市鞍山,该城市空气中漂浮的致癌物质相当于一个人每天吸了20支香烟。也就是说,从婴儿哇哇坠地那一刻开始,就相当于每天吸20支香烟。这是多严重的事情! 遗憾的是当时没人关注我的这个描述。

骆家辉来到中国做大使之后,他讲这个问题引起了大家的重视。虽然骆大使讲得比我晚,但我还是很感谢他,要是没有他的话,我这个想法到今天可能还不被人关注。所以,早在十几年前我就已经关注这个雾霾问题。为什么呢?

雾霾已经引起中国肺癌发病率增加。我在北京协和做研究生时做的就是慢阻肺,后来到上医做的是慢性呼衰,在国外做的是肺损伤,导师还是世界有名、数一数二的肺损伤专家。在20世纪90年代初,我就已经发现肺癌问题的严重性,就把很多精力放在肺癌的防治上。我们说防治,主要还是治。因为防这个权利不在我们,那些产生雾霾的工厂也好,或者其他职业也好,我们没有权力把它关掉,这是国家的事情。尽管如此,治的问题也是很重要。2016年我作为中国肺癌防治联盟主席,在全国各地讲了近百场讲座,讲的是早期诊断肺癌,培训了1万多名医生,就是为了解决这个雾霾造成的后果。实际上,我们医生是在给环境管理善后,去收拾这个烂摊子。在目前这种情况下,我们怎么来做一些具体的事情,我就把它分成4个方面给大家介绍一下。

首先介绍什么是雾霾。雾霾可以理解成呼吸的细微粒,能够吸到支气管肺泡的细微粒。当然我们还会谈到雾霾还有很多致病成分。呼吸的细微粒分很多种类,按照直径大小,有PM10(小于等于10微米)、PM2.5(小于等于2.5微米),当然还有小于等于0.1微米的。在这3类中,对人体危害最大的是哪一类呢? 就是中间的PM2.5微粒。尽管我们讲它们都是呼吸的细微粒,但是PM2.5更容易到达我们的肺泡,到达末梢器官。PM2.5相当于1/20的头发丝粗细,真正对人造成危害的原因是其中所含的内容,究竟是些什么内容呢? 实际上不能一概而论。像江湾这个地方的PM2.5有江湾的特点,到那个化工厂那里有化工厂的特点,到鞍山有鞍山的特点。PM2.5里面含有物理、化学、生物的因素不同,主要还是一些理化成分。当然也有病原微生物,这就是为什么会出现流感、为什么会出现SARS、为什么会出现墨西哥禽流感的原因。

不要以为雾霾都是大烟囱造成的。在没有改革开放之前,大烟囱比现在要多,当时为什么雾霾没有这么严重? 所以说烟囱的贡献还是有限的。不光是上海,整个中国比如黑龙江、吉林、北京、河北都是如此,河北实际上是我们国家现在雾霾最严重的,看一看PM2.5的排行榜,位居榜首的城市都在河北、山东。

室内做饭也会引起雾霾。现在这几年好一点,早在10多年前,你到农村去,厨房间的烟直接弥散在房间之内,也不向外排,农民觉得这样有取暖的作用。

抽烟也对雾霾有很大的贡献。我不知道在座的诸位有没有抽香烟的习惯,如果有的话,我建议你们赶紧戒掉、不要再抽。在中国还有另一种烟,在其他国家是见不到的,就是云南、贵州、四川农村抽的那种水烟。水烟原来没有引起国际上的注意。4年前我派一个学生去云南富源支援,顺便调研那个地方的水烟。虽然只调查了1 000多人,给他们做了胸片和肺功能,研究结果发到一个很好的杂志 Chest 上。我没有想到这篇文章还被慢性阻塞性肺病在世界上最权威的GOLD指南作为一个发病因素专门引用,原先世界上还不知道有这种水烟,一讲水烟都以为是阿拉伯的水烟,阿拉伯的水烟造成的危害没有中国的水烟大。这个水烟要怎么抽呢?用肺活量在抽。我们正常人的潮气量是500毫升左右,抽这个水烟的时候要有1 500～2 000毫升的潮气量,那不快赶上肺活量了,所以吸得是非常充分,把水烟几乎没有浪费地都吸到肺里了。

大家对石棉有印象吗?我们大家有来自杭州湾慈溪一带的人吗?我在慈溪做过很多呼吸病的工作,慈溪余姚那里胸膜间皮瘤高发。原来是刚改革开放时,他们拿生命做代价纺石棉。在这种环境下工作20年,50%以上的人都会得胸膜间皮瘤或者肺癌。现在他们这里的老板雇一批人,工作几年之后就,让他们做别的,再雇一批人来做几年,这样可能发病就会少一点。尽管如此,石棉护不好,还是有很严重的健康威胁。

在2015年,我们国家的空气质量陆续公布。像在今天,我早晨打开看时空气质量指数是120,早晨我离开家时觉得天气还不错,就走出来,运动运动,但是我也不敢就这么随便走,专门找了一个防雾霾的口罩戴上,运动了3公里,如果是不戴口罩的话,那PM2.5就不知道吸到肺里多少毫克了。我们有些地区稍微好一些,包括海口、厦门、贵阳、拉萨等,毫无疑问这些地方的工业少。

下面稍微介绍一下雾霾里引起人体疾病的主要成分。PM2.5可以进入呼吸性细支气管,进到17,20级。大家不用太担心PM10的细微粒,鼻毛遮住一部分,到了声门沉积一部分,呼吸道纤毛上皮细胞黏液可以把一部分呼吸细微粒给黏住,再通过咳嗽反射把它排到体外,对我们的影响不大。PM0.1的细微粒也不是太可怕,一般在0.5微米以下的呼吸细微粒,都不大沉到肺泡,它随着吸气进到我们呼吸性细支气管,可能进入到17,18级,但是一呼气又把它呼出来。最怕的就是不大不小、2.5微米左右的PM2.5,大部分都能沉到呼吸性细支气管。PM2.5里面含有真菌、病毒,还有理化的成分。大家知道香烟中致病最主要的理化成分是苯并芘,对人体的毒害相当大。还有一些汽车尾气颗粒等都可以进入我们体内。

再来谈一谈雾霾对于健康的影响。PM2.5是怎么进到人体体内的呢?首先是通过鼻腔,鼻腔的过滤实际很重要,鼻腔纤毛抓住一部分,还有一部分是黏液黏住的。支气管纤毛上皮黏液分黏液层和浆液层,黏液层位于最表面,能抓住呼吸细微粒,浆液层在纤毛之间,利于纤毛运动,最后通过咳嗽反射把它排出去。这时,有的进入体内、沉积到肺泡里的细微粒就排不出来了。或者是因为纤毛功能差,或者是因为疾病使得黏液成分分泌变多了、浆液成分分泌变少,这一部分细微粒直接从肺泡进入血液中,对心血管系统产生影响。所以,长期暴露,或者短期暴露在PM2.5中,对这几个系统都会产生影响。首屈一指的就是呼吸系统,因为呼吸系统是开放的,可以把呼吸细微粒吸入肺,其次是心血管系统,内分泌系统也多少受影响。在呼吸系统中最容易引起哮喘。无论儿童和成人的哮喘发作或者急性发作,都和这个PM2.5有关。邓丽君女士在曼谷因哮喘去世,曼谷的交通比较差,从宾馆到医院,抢救不及时,但是她急性发作哮喘是因为曼谷的雾霾比较严重、空气不怎么好,不能完全排除这个哮喘急性发作与雾霾有关,也许需要对那天曼谷的空气质量记录进行分析。

慢阻肺急性加重引起的死亡率很高。中国慢阻肺的发病率不如糖尿病、高血压高,要知道中国的糖尿病和高血压都有上亿患病人群,慢阻肺只有5 000万左右,还不到一半,但是慢阻肺的死亡率高,大家知道慢阻肺的死亡率是多少?5年前上海医学口只有一个重大课题,究竟是立糖尿病,还是立慢阻肺或是其他疾病?我是代表呼吸系统去拿这个课题的,结果那一年让我拿到了这个课题。怎么拿到的呢?内分泌研究专家说,糖尿病患病率高达1亿多人,每年死亡9万人。轮到我讲,我说:"慢阻肺按患病率比糖尿病患者少一半左右,但是糖尿病每年死亡9万人,慢阻肺每年死亡128万人,平均每分钟死掉两个半中国人。今天我讲了50分钟,就有100多人死去,这是个相当大的数字。"它和急性死亡、急性发作有关,急性发作其中多与雾霾有关。原来不知道雾霾时只知道这种天气慢阻肺就容易发病。

石家庄的肺癌发病率是世界之最,60～70岁男性每10万人中有500人得了肺癌。更可怕的是有很多小孩子得了肺癌。上海也是全国肺癌发病率最高的城市之一。过去10年中上海的肺癌患者增加了很多,这是很让我们吃惊的。女性癌肿中死亡最高的并不是乳腺癌,而是肺癌。所以,要讲死亡率的话,在肿瘤之中男性和女性肺癌都是死亡率第一。另外,在不抽烟的人群中肺癌发生率明显增加,你能说这和雾霾没关系吗?

我从2006年就在宣传雾霾和肺癌的关系,要大家去筛查。中山医院有一个科室获益最大,就是在最近两年,筛查下来有两位医生的肺结节都很像肺癌,手术下来都是原位癌。更让人吃惊的是这两人都是女医生,一个37岁,一个42岁。如果活到七八十岁得了肺癌,可能是呼吸那么长时间的有毒空气,肯定发病率高一点。但是37岁、42岁的女医生也不抽烟,是哪里出了问题呢?复旦大学有位不到40岁的干部找到我,在肺里发现问题。她在上海找了很多专家,有人说像肿瘤,还有很多人说不像肿瘤,我看了之后说赶紧拿掉。她还在犹豫,我说:"你是宁可丢掉一块肺呢?还是宁可丢掉一个人?"这句话把她刺激得马上手术拿掉,果然是原位癌。我要是不这么刺激她,她可能还拿不定主意,她非常感谢我。现在中国肿瘤出现的年纪越来越早,我公开以中国肺癌联盟的名义建议及早对肺癌进行筛查。美国要求年龄在55岁时筛查肺癌,建议中国人在40岁筛查。要是每天抽一包烟,还要筛查得更早;如果有肿瘤家族史,也可以筛查得更早。

在山东聊城的一个地级市医院,启动肺结节诊治分中心时,我告诉他们肺癌早期是以肺结节的形式表现,当然只有5%～10%的肺结节是肺癌,95%左右不是肺癌,也可能是炎症、真菌感染等。我每到一个地方启动肺结节诊治分中心，一定要他们以身作则，自己先筛查一遍。我建议给40岁以上的职工作筛查，结果发现了300多例肺结节，其中有十几例比较危险，切掉后发现都是早期肺癌，结果大家都知道了严重性。

健康体检非常重要。如果父母有肿瘤家族史，二十几岁、三十几岁都要进行筛查。我有个很好的案例。一个28岁的小伙子，他的姐姐比他大不了几岁，死于肺癌。他自己很担心，到中山医院照CT，报告出来说没什么事。他不太放心，专门挂了我的号，我把他的CT调出来，认真看完之后，在左下肺找到一个4毫米大小的肺结节，这就是危险信号。所以，他现在在我的严密监控下，你4毫米就是癌症也没有转移，一旦到了七八毫米，那就得赶紧拿掉。

雾霾对心血管也有很严重的影响，包括冠心病甚至血液系统，对儿童、老年人的影响更大。为什么会引起这些问题呢？是因为雾霾中所含的生物的、物理的、化学的成分，比如氧自由基，对我们是很严重的挑战：你能够平衡应激的时候，你没有问题；如果你平衡不了，那就会出问题。还有其他致病成分（如过渡金属）都是如此。当然我们体内有很多平衡系统，你有氧自由基，我有抗氧化系统。

下面我想重点谈一下怎么保护自己。我们没有权利关掉工厂，但我们可以让毒气不吸入我们的肺。怎么才能让毒气雾霾不吸入肺里呢？

一是在房间装空气净化器，同时要注意空气净化器的质量。

二是要戴口罩。虽然口罩不能完全保护自己，但还是要戴，哪怕只戴外科手术口罩也都能挡一点，是多少有一些防护作用。

三是在公共场所不要被动吸烟。首先是公共场所不允许抽烟，才能够没有被动吸烟。

四是要减少污染源。国家已经重视雾霾的问题，还有很多问题需要我们去做。

五是保护儿童更重要。儿童的肺的免疫功能不像成人那么完善，防护不好更容易出问题。儿童口罩与成人口罩不同。儿童力气小，呼吸空气的能力有限，戴口罩就觉得憋气，会不愿意带。有的口罩专门装有一个电动的马达配送空气，儿童觉得好一点。

我相信中国的雾霾问题在几年内会陆续解决。

我建议医学院的学生都应该去从事具体的医疗工作。我就明确提出一个口号："名医治未病，大医惠众生。"前面的，"名医治未病"早就有了，"大医惠众生"是我提出来的。什么是大医？大医不是单纯的大医精诚的意思，是通过物联网技术来放大名医效应。名医一辈子治疗的病人太有限了，如果有一个可以放大名医效应的技术系统，就能够有全面感知、可靠传输和智能处理。我正在研究诊断机器人，现在诊断肺癌很大部分是依靠我的机器人。实际上单纯靠肉眼阅片，我肯定没有放射科专家水平高。他们每天看着影像，什么特点、分叶、毛刺等等，肯定比我经验丰富。但是当我使用物联网技术辅助时，他就没有我的机器人经验多，那可是个电子眼，可以把两三毫米的小肺结节都分析得淋漓尽致。我们阅片时除了"以貌取人"之外，还要"注重内涵"，把它的体积、密度、血管生成情况研究得清清楚楚，最后判断它是肿瘤还是不是肿瘤。

现在在苹果手机、安卓手机都可以下载这个 5A 流程，5A 流程的影响很大。目前在苹果手机采用亚洲国家研发的医疗元件中，我这里是唯一的一块。5A 流程的第一个就是信息；第二个是去检查；第三个是建议，包括智能诊断；第四个是提出进一步的处理意见；第五个是对整个诊疗过程进行质量控制。

最后做个小结。现在 PM2.5 已经引起大家的关注，因为它影响到我们的健康。孙子说："知己知彼，百战不殆。"他还说过："工欲善其事，必先利其器。"所以，我们要知道雾霾是什么，要有解决问题的办法。通过刚才的介绍，相信大家已经不同程度地了解了我们和雾霾做斗争的理论体系和实践方法。

谢谢诸位。

问 答 环 节

学　生：老师，我想问一下，您刚才说肺癌的发病率很高，如果我们平常人想去预防或者预先了解这种疾病，平时可以做什么自我检查？或者说有哪些预兆会预示我们有可能得这种病？比如，这几天我一直在干咳，我有没有可能就是得了肺癌呢？

白春学：你这个问题很普遍，就是怎么来预防肺结节或者肺癌。首先是远离危险因素，这非常重要。就像我们和传染病做斗争，首先需要隔离传染源。肺癌和大气污染有关，室内空气要保持清洁，不要有被动吸烟，当然自己更不要吸烟，再有就是必须要做体检。世界上的疾病主要有 3 种发病机制，一个是遗传致病，像先天性心脏病、呼吸系统的囊性纤维化，这些都属于遗传致病；还有一类是环境致病，像病原微生物引起的 SARS、流感这些是环境致病；还有一类是危险因素由于体内防御功能不健全引起发病，那就是环境通过遗传致病。我们需要除了避免接触之外，还要考虑怎么提高自己的防护能力、免疫功能。这些都做完之后，还要体检。我们一般建议 40 岁就要做体检。有危险因素的，比如说有家族史，就应该再年轻一点。肺癌的问题难就难在早期诊断。早期肺癌就是原位癌，不往别处转移，或者不在临危期内，它就没有症状。如果它的原位癌给你信号，"我是原位癌"，你就要注意了，问题是它从来不告诉你。一旦有了症状，咳嗽、痰血、胸痛，那几乎就都是转移了。所以，最好按照要求来做体检，早期肺癌在肺结节状态长到能转移的时候大约 8 毫米，这段时间大概是三四年。

学　生：那我现在想去做检查，一定要去医院挂号吗？

白春学：现在可以自检的呀！大家不要笑，我觉得这个同学对健康非常重视，很好。尤其是我们医学院的学生一定要了解。做一个 CT 是可以的，那相当于影像解剖，1 毫米可以从肺尖到肺底切个三四百层，非常有利于鉴别诊断。你可以到普通门诊，做个 CT，一共不到 300 元。说到这里，我再补充一句，中国的医疗费用实际不贵。4 年前我给梅奥诊所做过两个报告，第一个就是我很拿手的 ARDS，第二个是用低剂量 CT 筛查肺癌和慢阻肺。当时有人提出两个问题：第一个问题是筛查慢阻肺有什么根据。我说用肺功能能够判断出慢阻肺时,肺组织已经损伤20%,但是低剂量CT可以在肺组织损伤5%时就看到了。第二个问题是那得增加多少医疗费用。我的回答让他大吃一惊,我说在上海做一个CT要250元人民币,相当于40美元。在美国做一个CT需要1500美元,他们想象不到中国的医疗费用如此之低。

学　　生: 老师,您在讲如何防雾霾时说要戴口罩防雾霾,我之前买过,但是我觉得戴着口罩非常憋气,所以我想知道,第一问题是口罩的正确戴法,第二个问题就是我们进实验室,比如局解课,那个口罩到底应该怎么戴,才可以让呼吸出来的雾气不会把眼镜弄白?

白春学: 应该讲你的口罩是好口罩。如果那个口罩不好的话,你不会觉得憋气。它过滤的东西多,孔径小,你才会感到憋气。如果孔径很大,PM2.5很容易通过,你肯定也就不憋气了,所以,你这个口罩从理论上讲还是合格的。那么,怎么解决这个憋气的问题呢?第一个我刚才讲的儿童口罩会装马达帮助透气,这种口罩戴上之后就不会憋气。还有一个就是眼镜的问题,你戴任何口罩都有哈气,如果在镜片上涂些肥皂会好一点,你可以试一试。

学　　生: 老师,您好!我家里有位老人肺结节已经三四年了,一直都是靠吃激素来维持。我想问肺结节能不能治好?应该用什么方法?

白春学: 我怀疑这不是一般肺结节,有可能是肺里的结节病,英文是"sarcoidosis",它是良性病变,非干酪样坏死性肉芽肿性病变,它不是结核。有的人有咳嗽等症状,有的人也可能没症状。你讲他吃了好几年激素,通常是结节病医生给他吃激素,如果吃了激素之后,他这个结节、这个病灶明显缩小,肿的淋巴结明显缩小,那说明诊断是对的。有一部分人后来逐渐消散,还有一部分人,缩小一些,但不能完全消散,有可能形成瘢痕组织。如果他这个吃了激素以后不缩小,反而不断长大,就要当心它是不是肿瘤或者结核病。如果他离上海比较近,你可以让他把几年的片子都拿来,到我的门诊来看,我很愿意解决这个疑难问题。中山医院呼吸科的医生要有三大看家本领,会解决三大主要疾病。三大看家本领是(CT片和胸片)、内镜和气管镜、呼吸机,三大主要疾病是肺癌、纤维化和呼吸衰竭。

学　　生: 老师,您刚刚提到物联网医学,我想问一下怎么让物联网和医学疾病相关联最大化?

白春学: 我非常高兴回答,这个问题,可以帮助我宣传物联网技术。怎样才能解决分级诊疗问题使其效益最大化?早在10年前,我就开始想做这件事情。为什么想到做件事情,是出于朴素的医生之心。有太多的人找我看病,比如,今天早上我去看门诊,昨天晚上5点时这个患者就等着排队挂号。我有一个上午看了92个患者,从早上8点一直看到下午2点,连卫生间都没去。我觉得我为人民服务很积极,结果我在网上看到两种反应:有的很感谢,"我终于看到白教授",还有的是"我排了一晚上他就看我3分钟"。我想怎样可以让大家都满意,研究还有什么方法。后来我就发现物联网技术可以感知、传输、智能处理,可以帮我先做一些预期工作,智能阅片节省时间,可以使效率最大化。比如,我的助手可以先帮我问诊、输到云端,让患者按照流程做检查;一个机器人先帮我看下图片,把良性特征、恶性特征提取出来,我再来确诊。要是没有机器人提取,我需要花上5～10分钟。有的患者带来一摞片子,1秒钟看一张片子还要半天时间。机器人先帮我处理好,而且很准确,我再看就会节省大量时间。前段、后段都节省了时间,自然会使效果最大化。这个还不是最主要的。最主要的是什么呢?它可以用物联网技术感知存储智能处理,把目前这种水平高低不一的手工作坊式的看病模式,改变为同质化、国家标准的现代化流水作业,这才是真正的放大名医效应。一旦使用了物联网技术,按照流程诊治,都会达到同质化水平。

学　　生：老师,您好!我刚才听您讲,感觉物联网技术非常厉害。我想知道如果再发展10年、20年,或者再长一段时间,这个诊断效果有可能会比一般的医生要强,那么,以后医生这个行业怎么办?

白春学：你问这个问题非常实在。物联网技术肯定会帮助我们提高医疗水平。但是这并不等于机器人可以代替医生所有的功能。它能代替我们的是解决它能够解决的问题,这些地方它甚至可以比我们解决得还好。让我们就讲讲肺癌的诊断。刚才我说最小的肺结节我们可以看到两三毫米,现在医生是通过"长×宽×高×圆周率"来计算,但这个结节不是按照规则长的。我们用物联网技术可以把它切成上千个小方块,放在一起后体积计算得丝毫不差,这是我们人力所不及的。既然它的精确度这么高,那我们就利用它的这个优点。机器人还有深度学习的功能,你让它学习上万个病例,当再给他一个病例时,它很快就会了。来了一个患者,它马上就把那上万个病例都联想一遍,你让我们联想上万个病例得用多长时间?这是我们没办法比的。机器人可能取代80%～90%的专家,但有5%～10%的专家的水平它是达不到的。你要成为掌握物联网技术的专家你就不会失业。你要是不掌握高新技术,你就可能失业。

学　　生：老师,您好!现在我们非常关心雾霾PM2.5对于人体的影响,其实空气质量还有很多其他的成分,我们是不是对其他成分对人体的影响有所忽略,是否应该考虑一下其他的成分?

白春学：我刚才讲在所有能够进入人体呼吸系统的微粒中,PM2.5是最主要的,因为它可沉入的深度比较大,但致病性和成分有关系。例如,在江湾采样与在五金化工厂采样的结果肯定不同,当然是因为化学成分不同。但不管有多大区别,呼吸细微粒本身会有物理损伤,化学成分会表现出不同的病原微生物,导致不同的疾病。

学　　生：老师,我想问两个问题。您刚提到的发病机制是遗传,我看到有很多公司在开发,说只要付几百元钱,用两毫升唾液就可以计算出各种神奇的基因,您觉得有必要去做这个检测吗?这个检测真的有用吗?第二个就是我前几天看了在《自然》上发的一篇文章,说现在有很多疾病是基因因素导致的,与环境没有太大关系。您是怎么看的呢?

白春学：基因预测毫无疑问地将来会应用于临床,但现在还有点太早。例如,研究肺癌还包括研究甲基化,我们要研究上万个位点;这种不取组织、通过血液检测来判断它是癌还不是癌,将来肯定会在临床应用,但现在还做不到,我们还没有找出能够预测和百发百中的基因,即便在将来也总归会有一定的误差。我们的想法是希望准确率能达到95%左右就可以用到临床。至于你讲的第二个问题,有人认为不是基因起主要的作用,但是我坚信,一定是基因起主要作用,要不然怎么来的精准医学呢?要是说基因不起作用,精准医学就没有基础。你看现在的肿瘤疾病,从基因上都能找到答案,这本身就说明问题,我不知道两毫升唾液能不能做到,但两毫升血液肯定是需要的。但是,肿瘤与基因和环境都有关系,是环境因素通过基因背景发病的。

我的外科人生与哲学思考

余 波

【主讲人简介】 余波,主任医师,二级教授,博导。复旦大学附属浦东医院院长、党委副书记。上海市医院协会副会长,中国医院品质管理联盟副主席,上海市领军人才,复旦大学附属华山医院血管外科教授,上海市重点专科血管外科学科带头人。承担国家自然科学基金、国家教育部基金、上海市科技启明星计划等多项科研项目。荣获国务院特殊津贴、复旦大学管理十佳、复旦大学优秀教师、第二届上海市仁心医师奖等。发表专业论著60余篇。

【讲座摘要】 医生在成长的道路上,尤其是外科医生,不论是求学还是工作,都会经历迷茫和困惑的时候。用哲学的智慧去思考与指导医学人生,可以让事业少走弯路。为人医者,医学生涯发展不仅局限于临床,还有科研,处理好人际关系也极为重要。要坚持,要耐心,"等闲识得东风面,万紫千红总是春",好好努力,静待花开。

很高兴和大家一起交流。这个会堂我非常熟悉,在这里我曾经主持过上医的 80 周年庆典和 85 周年庆典。看到同学们洋溢着青春的笑脸,我想起自己在这里读书的时候,心情和大家一样,有着心中的热血、抱负和理想。当时我确实也有很多困惑和迷惑,往往每个人在人生求学之路上都会经历年轻人的迷惘和困惑。其实,每个时代、每个阶段、每个人都会遇到这样的问题。

那么,怎样认识这些问题?怎样看待这些问题?这就是我今天要和大家讨论的,我主要从 4 个方面来讲:求学之路、事业之初、学问之道、人生之旅。

人生之初,我们每个人都是通过认识世界和改造世界来支出你的想法、你的选择。这件很简单的事情里蕴含一个简单的概念——哲学。每个人在自己的生活中、工作中都会运用哲学。什么是哲学?"哲学"的词根来源于"爱"和"智慧"两个词,热爱智慧就是哲学。事实上,哲学从内心来说是一个思辨的过程,认识什么是好的、什么是坏的,应该怎样做好正确的选择。外在来讲就是它体现出你的智慧以及对世界、对人生的一种态度,这是每个人都应该掌握的。

哲学是一个"元"的理论,不管是将来工作也好,生活也好,做科研也好,首先都要从哲学开始为起点。选择就变得尤为重要。正是因为有智慧才会有正确的选择,是正确的开始。但是,正确的选择并不会自动导向正确的结果,而正确的结果一定有正确的开始。这些内容我会在后面和大家进行交流。

我们首先说第一个阶段——求学阶段。我们在座的同学已经是大二的学生了,目前还有 4 年或者 6 年毕业。学医确实非常辛苦,5 年时间一眨眼非常快地就过去了。不要看好像还有 5 年,求学之路说过去就过去,我们现在就应该要确定自己未来道路的正确性。说到专业的选择,在这里我要省略掉一个非常重要的专业选择话题。

我非常开心地看到仍然有这么多学医的学弟、学妹和我站在一起,继续为医学奉献自己的青春和人生。我们一定要牢记自己的初心,我们为什么学医?接下来大家会遇到非常多的包括专业选择、导师选择、医院选择等等问题。到底应该怎么选择?是选择有兴趣的专业,还是选择有前途的专业?我在这里告诉大家,如果你的内心有非常强烈的愿望,就遵循内心的声音,不要看到现在外科或者内科、心内科等需求量很大,患者也很多,而是要看这些专业是不是你内心想要的,如果是的话,你去选择;如果不是,你就静下心来想一想你内心选择的是什么。不是任何岗位都适合你,唯有找到自己的兴趣点,才能取得事业的成功。期待大家都能找到自己的兴趣所在。

我记得我的父母希望我成为一名医生。在我成为外科医生以后,父母又告诉我要成为一个好的外科医生。我想在现在的求学阶段就必须树立自己的人生观。

在求学阶段大家都会遇到平凡与优秀的困惑。在座的各位来自全国各地,高中时都是各个中学的佼佼者,到了复旦以后你们可能又成为平凡的一员,我们要怎样看待平凡与优秀?事实上,一个人的想法和一个人的能量,总是因为他所处的地方大而大,不要因为你曾经很优秀,现在到了更大的地方,你就成为了平凡。不是的,因为你所处的平台更大,事实上你就更优秀。更重要的一点是因为你在这个平台上,你能看到更多比你优秀的同学或者对手,这也非常重要。要让自己更聪明,最好的办法是找一个比你更聪明的对手和他决斗。这正是我们来到更大地方、更高平台的理想所在。优秀是一个相对的过程。

"欲穷千里目,更上一层楼。"我曾经无数遍吟诵过这句诗,但是在经过二三十年从医之路以后,我才真正体会出这首诗所蕴含的内容:只有优秀的人才能更上一层楼,但怎样才能更上一层楼、看到千里目?你的心胸一定要很宽广,你才能做到优秀,你才能走很远。思想有多高,你的成绩才有多高。另外,我请大家注意诗句中的"穷"字,穷的含义非常丰富。我们每个人都会对自己的未来充满理想和憧憬,每个人都有自己的视野,如果说没有成为一个优秀人才或者优秀医生的精神,没有"穷"自己千里目的精神,你可能就在小山丘度过一辈子,所以,一定要"穷千里目",才能成为优秀的人。

再和大家说一下第一个字"欲",一个人有自己的能力,因为你的素质好,能力自然就会上来。但是什么比素质更重要?是一个人的想法或者意识。如果你有这方面的意识,一达到这方面的素质,你的能力自然会提升。复旦大学上海医学院对学生的要求就体现出这个想法。大家还记得对医学生是什么要求吗?那就是国际视野,领袖气质。

然后是人文情怀和科研素养。怎样才能达到诗中的境界?平时我告诫我的学生和同事,在制定工作计划或者战略规划时,要把你做的事情想大,要想到5年或者10年以后这项工作会是怎样。

在求学之路上每个人都会有自己的导师,怎样对待自己的老师或者怎样选择自己的导师?曾子曾说过:"大学始教,皮弁祭菜,示敬道也。"大家想想我们以前的私塾也好,大家以前上的中小学也好,有的私塾里有孔子的图片,学校里有马克思、恩格斯、毛泽东的照片,这些图片每天都挂在我们经常能看到的地方,是希望我们每个同学都能有一个精神上的导师、精神上的偶像。大家可以看到这里的3张照片,第一个是莎士比亚,第二个是歌德,第三个是贝多芬。如果说我们在学英语的时候内心有莎士比亚,学习的心绪就会不一样。如果说在写作的时候内心有歌德,或者在弹钢琴的时候内心有贝多芬,会不会跨越时空和贝多芬、和歌德对话?这就是精神的力量。你想成为什么样的人,你就能成为什么样的人,因为你的偶像应该是激励你人生不断向前的原始动力。每天叫醒大家的不应该是闹钟,应该是你的偶像。

同学们有没有的偶像?你的偶像是谁?是周杰伦吗?我们同学的偶像大多为娱乐方面的偶像。作为自己人生的偶像,肯定每个人都有自己的要求。大家知道我是血管外科医生,血管外科的鼻祖是美国的德贝基教授,一个非常牛的人,很多疾病是以他的名字来命名的,德贝基永远是我的偶像,但是在现实当中,我真正的偶像就是我的导师薛光华教授。他对学生非常严格,他要求学生要有敏锐的观察力。在华山医院的普外科大楼,查房的时候他问学生:"你今天上楼爬了多少楼梯?"学生一蒙,然后他说:"爬多少楼梯都不知道,你的观察能力太差了。"这件事传出去以后,后面的学生都知道了。下一批学生来了,果然薛老师又问:"你今天爬了多少楼梯?"同学回答:"老师,我今天爬了320级楼梯。"薛老师马上把脸沉了下来,说:"你是来学习的,还是来爬楼梯的?"当然这只是个传说,但是说到薛老师的严格,三天三夜也说不完。我在这里可以给大家展示一下,这是薛老师1949年写的结肠肿瘤病史,是英文的。他当时是主治医生,病史写得一丝不苟,签字签得非常准确。正是因为薛老师一丝不苟的严谨作风,才造就了华山医院的血管外科。我想薛老师不光是我精神上的偶像、人民的医生,更重要的是我们这些学生还能站在薛老师的肩上,完成薛老师更希望完成的为广大老百姓治病救人的目标,老师在任何时候都是非常重要的。

再来说说求学之路的学习与思想的关系。"学而不思则罔,思而不学则殆。"这两句话大家都非常熟悉,在不同的时代有不同的理解。

我们先说罔和殆,目前正处于信息时代。手机里的信息铺天盖地,电脑里各种各样的信息扑面而来。如果不加思索或者不加过滤地把这些信息都接收的话,最后自己的大脑只会变得迷迷糊糊。也就是说,在目前这个信息爆炸的时代,我们怎样从有限的时间和精力中去思考有用的信息。在医学上也是这样,有各种文献、各种手术器械操作方法,学而不思则罔,是我给大家的一个提示。另一点更重要,思而不学则殆,如果不进一步地更新自己的知识,固步自封,抱守着自己原有的知识和原有的技术,终究会被这个时代所抛弃。复旦的校训是"博学而笃志,切问而近思",我们前面也说了"领袖气质,国际视野",我相信同学们都有雄心大志,但是万里之行始于足下,千万不能好高骛远。我告诉大家,我在加州大学旧金山分校医疗中心(UCSF)做过博士后,看过不同学校的学生,我们上医人的很多特点我且不归纳,只想讲两点:第一,以前到图书馆去查资料,看这个人是不是上医人,就看他是不是带字典。到图书馆查资料,确实因为认识的英语单词不是很多,总会很忐忑,生怕被老师看见。到后来逐渐就自信了,查资料可以不带字典,这说明上医对学生要求的严谨和严格。只有这样严谨的要求,我们的水平才能提升。另外还有一个特点就是言简意赅。回答问题也好,阐述问题也好,言简意赅,切中要害,思路非常清楚,这应该是我们上医人的特点。

求学之路结束以后就是事业之初,大家进入医院或者其他工作单位开始发展自己的事业。这个时候一定要清晰地认识到将来要干什么,自己的心态一定要摆正。在这里我跟大家分享一句话,就是"与时逐而非责于人",这是司马迁《史记》里的一句话,就是说你的发展是要和时代竞争,而不应该是和周围的人竞争。事实上,对于有抱负的人或者说有理想的人,始终应该走在时代的前面,将来才能成为"大牛"。上个月我们还在纪念马克思的诞辰,他的《资本论》开创共产主义理想,这是牛人。毛主席带领中华民族站起来,在1937年抗战处于最低谷的时候,他写下了《论持久战》。那时大家都很迷茫或者低落,觉得我们要亡国了,但是毛泽东认为我们可以成功,我们应该要打持久战,用战术来打败日本侵略者、解放全中国。这是不是站在时代的前面?我们可以说爱因斯坦不是和我们人类在交流,他是和外星人在交流。乔布斯非常有意思,他曾经是个人见人恨、人人唾弃的人,1967年他创办了自己的苹果公司。到了1985年,苹果公司开会想把他开除掉,他们实在很讨厌乔布斯，和同事也好，和客户也好，他的想法对大家都造成了伤害。当然其中有一些经营上的失误，1985年他的公司面临倒闭，最后他被自己创立的公司开除。1986年乔布斯又成立了另外一家公司，重新开始做一个皮克斯电脑公司，拍了很多的动画片，更重要的是，他后来形成一整套关于数字中枢的理念。现在很多东西都可以在手机上实现，在1985年时电脑还是"王者"，乔布斯已经能想到我们现在这样的状态，时代变化的核心就是数字中枢。他提出这些思想以后，正好原来的苹果公司又处于濒临倒闭的状态，大家集体再把乔布斯请回来，重新让他做首席执行官，苹果公司自此打了翻身仗，从iPod直到后面的iPhone，引领了数字经济和数字时代。从这里可以看到，如果你是走在时代的前面，你的能力将会高于整个时代。虽然开始人家会不待见你，但是最后还会追随你。由此可见，认清时代是多么重要！大家在自己事业之初，也要认清自己所处的时代。"与时逐，铸精医"被我写进浦东医院的院训，这几年的发展正是用这种精神激励大家。浦东医院的跨越式发展，正是因为有了这种思想和精神，激励大家取得成绩和进步。每年我们都有新的技术、新的突破。比如，在颈动脉外科方面我们引领全国的发展，是全国的基地。

事业之初，要认清自己。大家到了工作单位以后都是小萝卜头，都默默无闻，应该怎样对待无名和有名？我经常对我的学生和实习生说，第一句话就是要多问为什么。这里有两个含义，一是要打破砂锅问到底，才能把问题的本质找到；二是要敢于问为什么，因为你是学生，因为你没有名气，因为你的脸皮可以很"厚"，你可以多问为什么。还有一句话就是：有名的时候往往会为名所累，能量会被耗尽；无名的时候能量在聚集，是一生当中进步最快的时候，一定要珍惜自己无名的阶段，不要放任自流。事业之初时要看清贫穷与富裕的关系，要正确看待回报。确实我们的生活压力很大，我们现在大部分学生是独生子，父母含辛茹苦地把我们教育成人，工作以后还要父母来救济真的是于心不忍，所以，工作报酬是非常重要的，但是怎样看待工作报酬呢？大家一定要记住，工作的时候不要为钱分心，这句话时刻要记住。如果说是为了钱分心，就不是为了创造价值，而是为了赚钱。唯有在工作的时候创造自己的价值，把自己的价值创造最大，将来给别人的价值也才能最大，而且给别人的价值大了以后，你的物质才会随之而来。所谓富在迎来，贫在弃时，这一点说起来容易，但是做起来有时候会很难。作为医生，只有患者奔着你而来的时候你才能体现价值。患者为什么会奔着你来？因为你身上有价值，所以，那些有能力为他人带来更多价值的人，自身的价值也会更大。工作不要为钱分心。在座的各位同学，可能每位同学都会成为外科医生。我只举这样一个例子，外科医生要有狮子的心、鹰的眼力与耐心。我们常说外科医生在做手术的时候，内心一定要强，一刀划下去血往上涌，抢救患者的时候要独当一面。如果没有坚强的毅力和坚定的信心，是很难完成一台手术的。所以，一定要有狮子般的雄心，要有坚强的责任。外科医生和其他医生的区别在哪里？从事外科工作往往起步比别人晚。技术工作做得好，应该从3岁就开始，真正有了童子功以后，才能出去闯荡世界。外科是一门技术工作，但是外科医生基本上是22岁毕业，毕业的时候手脚特别是手已经定型，这个时候要赶快抓紧去训练，所以，在事业之初时要正确对待重复与创造。重复的工作是基础,重复第一千零一次,你就能找到钻石。就像我前面说的,到了实习的时候要反复说"让我来做",不断提升自己的手术技巧。等到年纪再大点,由于固化就很难成为一个出色的外科医生。另外,外科医生要像猫头鹰。猫头鹰有两个属性,一是眼睛非常敏锐,观察判断非常准确;二是很有耐心,每天晚上站在树枝上看老鼠、吃老鼠、抓老鼠、什么时候、多长距离、多长时间,都会反复观测,等到看上两三天、四五天,"噗"地一下把老鼠吃掉。外科医生也要有猫头鹰一样的眼睛和耐心,有时候锻炼外科医生,就让他去钓鱼,锻炼他的耐心。这是一个外科医生成长的经历。

职业生涯是我要讲的最后一部分。这个部分是我在浦东医院对新职工入职培训的内容,每年都要讲职业生涯。我们每位同学进到医院以后,一定要为自己的职业生涯制定一个规划。我们有很多规划的理论,包括萨博的职业发展阶段理论,包括成长期、探索期、建立期、维持期和衰退期,可以在生涯彩虹图发现不同的时机、不同的阶段,人们扮演不同的角色,一个阶段有一个阶段的历史使命。职业生涯应该从短期目标、中期目标到长期目标进行划分,短期目标为2年,中期目标为2~5年,长期目标为5~10年,对整个人生做一个翔实的规划。举个例子来说,如果你在2012年大学本科毕业,然后要进入规培,规培完了以后可以考主治医师。现在我们同学是8年都能拿到博士学位,以后还要出国读博士后。每个人的人生都要做好规划,才能稳步前进,甚至可以考虑什么时候能够成为全国知名专家,或者上海市的主委、副主委和全国的主委,从现在起就要有远大的理想,从现在开始就是规划和设计。

另外一个是微型图。大学刚毕业22岁,26岁取得初级职称,31岁评上中级职称,36岁、46岁的时候要有提高。55岁能不能拿到院士?不想当将军的士兵不是好士兵。我是拿不到了,但是我拿不到不等于大家都拿不到,我们上医每年都有几个院士产生。从行政角度也有一个循序渐进的过程,可以从副科、正科、副处、正处、副局到正局。

今天演讲的后面两个部分要和大家一起来探讨,就是学问之道。大家在各个中学里都是佼佼者,经过上医严格的培训,我相信都能成为比较出色的医生。但是毕业以后在复旦附属医院中,如果只想作一个医生,那么就远远没有达到自身所赋予的责任,也没有达到老师对大家的期望,更重要的是人生道路可能会停滞不前,所以,持续不断地做学问是将来达到成功彼岸的唯一路径。做学问确实是一条非常艰辛的路,就像通过恶水河上的大桥,有惊涛骇浪、风吹雨打。但当你登上彼岸,这座桥就是你最大的财富。为什么说做医生比较难,尤其是三甲医院的医生又要开刀,还要看文章、写文章、做课题。在做学问的时候,不要认为这是负担,事实上这是最大的财富。我们做学问,不光是老师对你的要求,也是你自身的要求,更重要的是患者对你的要求,因为我们要不断地完善自己的知识体系,利用自己完整的知识体系,为患者选择最佳的治疗方案。当你和患者站在一起的时候,会有很多选择,可以为患者选择上中下的治疗方案,但是患者面对你的时候,他唯一的选择就是信任和不信任,他选择你给他看病就是信任你,这时你的学术水平就决定了你的道德责任。我在做颈动脉内膜手术之前,都要问自己3个问题,为什么要做?应不应该做？要做的话，应该采取什么样的手术？到底是内膜切除，还是放支架？我只有把这些问题都清晰地自我回答后，我才能给患者治疗，否则我就对不起患者的信任。这是我们对学术的态度。

说到做学问，科研必不可少。在这个方面，自己对未来发展方向的把握就显得非常重要。我们可以在每天繁忙的工作中找到自己未来学问发展的方向，在临床工作中肯定会有很多疑问，在工作实践中能够发现很多破绽，这个破绽就是下一步研究的方向。当然这个破绽也不会很好找，毕竟云集了众多著名专家的智慧，但是不管怎么说，找准一个方向不懈地钻研，如果能够做到一流，人生就会成功。学问关键是问，问了以后才能把握住方向。曾子曾说过："善问者如攻坚木，先其易者，后其节目，及其久也，相说以解。"我可以举个例子。外科做内膜切除手术，早期不很理想，后来我拿出去与人家交流。那时我博士刚毕业，在我们同辈当中，1996年就开始做也是最早做的人。早期推广不理想，但是我们坚持着一个目标，目前取得了一系列成功，发表了不少著名的文章，更重要的是建立了一套理论，提出了颈动脉手术的2.0时代，我本人也成为国家颈动脉内膜切除术标准制定专家组的副组长。只有这样才能把科研做好，才能从外科医生成长为科学家。

对待科研的态度反映出我们究竟是外科医生还是科学家。为了改善临床结果而做研究，可能还是比较低端或者说是普通的外科医生。但是你可以为理解你的手术策略做研究，帮助更多的患者做研究，你的成绩才会逐步地提升。医学是我们的事业，临床是事业的土壤，科研是事业的花朵。只有做了好的科研，事业才会有后劲，顶尖的临床医生是科学家和外科医生合二为一。

各位同学，最后我说说人生之旅。我相信每个人都有自己的理想，都有伟大的前途抱负。当我们在10年、20年之后，是不是每个人都能实现自己的理想抱负？诗经里说："靡不有初，鲜克有终。"习总书记在讲话中也引用过这句话。什么叫"靡不有初"？就是说很多人都有伟大的理想，但是很少能够完成、达到终点。我们一定要知道，人生是这样一个过程：开始阶段是靠技术，学了很多技术，可以提升得很快；坚持到最后是靠人际关系，就是所谓的情商，还有就是坚定的信念和不懈的追求，这样事业才能达到理想的高度。我们一定要认识到每个人都有自己的不足，这是一个模式图，我们可以看到人是有局限的生物，我们每个人都不完美。什么是完美？世界上有没有天堂？乔纳森在他的书里说过的一段话我非常赞同："世上没有天堂，天堂不是一个地点，也不是一段时间，天堂是一个完美的状态，你只有内心达到完美的状态，你就能达到天堂。"所以，我们不要去追求完美，而应该尝试完善自己。每个人在一生当中可能都会出现挫折，外科医生可能会遇到很多并发症，对待并发症的能力就能说明这个医生是高手还是低手，高手善于把这个破绽变为自己前进的动力。举例来说，如果要画一个花瓶，我相信每个人都会，但是如果是很高级的技师，在画的时候不小心画重了一点、出现了笔误，真正的高手看到这笔画错了之后，他会再描两笔就变成另外一朵更加鲜艳的花朵。这就是高手。我们在行医的过程中，如果出现了并发症，我们常说一句话："好的医生是拿别人的并发症作为自己的经验，而普通的医生是拿自己的并发症作为别人的经验。"换句话说,低手可能尝试去掩盖扩展、忘记扩展,而不去进行经验总结。另外,高手往往是互补的,低手往往是互对的。也就是说,如果你的同事、你的同学和你在一起,互相欣赏、互相给予,这肯定都是高手,但是互相贬低永远是低手,你可以选择不用去跟他去计较。

人生的目标是要实现自己的价值,这个价值有高有低。单纯从生物学角度来说,我们是延续各自的基因发展,我们要吃饭,要生存,要生儿育女,但是我们应该有志向。我们这一代人身上带有使命,是为了国家和民族的复兴进行努力,我们的人生价值观不应该只局限于单个生物,而应该放眼整个的国家和民族,这样我们的人生才有意义。

在演讲的最后我想送大家一首诗,这首诗来自朱熹。在我的老家庐山脚下有个白鹿书院,我高中的时候经常骑自行车去那里。这首诗对我的人生有非常大的影响。这首诗的内容是:

> 胜日寻芳泗水滨,无边光景一时新。
> 等闲识得东风面,万紫千红总是春。

学医虽然艰苦,但是我一路走来,尤其是经过了几次重大的人生选择,我一点儿都不后悔,因为我的初心就认为医学是高尚的,能为人类解决痛苦。目前,对于医学发展虽然有各种不和谐的地方,但是我相信同学们一定能继承上医的传统,树立远大的抱负,做一个真正有目标、有抱负的人,不放弃自己的追求,有信心,有耐心,静待万紫千红总是春的那一刻到来。只要你坚持下去,属于你的春天一定会到来!

谢谢大家!

问 答 环 节

学　生:我想请教一下老师,医生的生活是很忙碌的,如何才能处理好医生工作与生活的关系,如何处理好如此大的压力?

余　波:首先,医学领域其实同其他任何行业一样,只要想做出一些成绩,留下一些成就,都会很忙碌。没有哪个行业随随便便就能成功,关键是怎样看待忙碌。做医生确实会很忙。但是如果说你是为了未来事业的发展去忙,忙是心甘情愿的,这很重要。如果你是被动的,每天又是开刀、又是值班,没有自己的理想,没有自己的抱负,你可能就会被这种压力所拖垮,所以,理想和信念非常重要。另一方面,生活毕竟也是我们事业发展的基础。不是说忙就不能照顾自己的家庭。家庭是事业的基础,尤其是在目前有各种诱惑时仍要保持自己纯净的心灵。另外,在生活方面一定要有个人爱好,并且一定要坚持,这样的话对于繁忙的工作是一种调节,也是一种心灵的安抚。

学　生:请问兴趣的来源是什么?

余　波：我是在医院长大的,我的母亲是麻醉师。我记得小时候趴在窗户上看见医生在开刀,耳濡目染看到的就是外科医生的工作。我从内心非常尊重,这可能是我未来事业的重要出发点。这种经历不是每个同学都会有,但是我相信每个同学将来进入临床以后,不管是医学、预防医学或者其他专业,总归会有一份工作、会有一个岗位打动你,让你有兴趣并为之献身。

学　生：卫生事业管理学专业的学生在未来毕业之后,是否需要学习医院的运营?现在是不是真的存在院长职业化趋势?

余　波：太需要了。可以这样说,我们全国这么多医院几十年的发展,尤其是改革开放后的成绩有目共睹。我们的医疗水平提高,预期寿命增加。为什么还要建立现代医院管理制,是因为我们现在的医院还不是真正意义上的现代医院,医院的战略、运营等急需专业管理人才来改善现在的局面。另一个问题是,现在有多少院长真正是职业的院长。大部分院长是从医生转行的,或者说由临床专家兼任的。就拿我来说,我基本上是一周有五天半的时间在做管理,每天还在看门诊,有些院长没有那么多时间做。现在的院长都应该扪心自问,有多少时间是用在医院的管理上,这是第一个问题。接下来还有一连串的问题:你的医院现金流是多少?每天你的医院花去多少成本?你愿意花多少成本?到了年底员工的绩效是多少?目前,我们大部分公立医院的运作还处于原来的计划经济,尤其是我们上海,因为上海不愁没有患者。现实是因为企业有了危机才会提高运营,这样企业才能良性地运作下去,而我们的医院非常缺乏企业化因素。接下来是我对于医院管理的一些想法,我也是清华大学医院管理研究院的硕士生导师。目前中国的培养体系可能还不完善,事实上,医院的院长、医疗院长甚至包括人力资源部都应该是专业人才,而不应该是医生转行来做。所以,你的春天一定会到来。一方面要他是个好医生,一方面也要他做一个好院长或者副院长,这并不容易。我想这大概是一个过渡,未来像你们这种专业的人才可以做副院长或者常务副院长,让院长有更多的精力用在学术上。再进一步,是让精通管理的你们做院长,让原来的院长去做学术委员会主任。院长职业化才能把医院管理好。

学　生：怎样可以选到适合自己的科室?

余　波：首先你在实习的时候要学会留意各个科室的不同工作情况。实习是一个非常好的阶段,审视自己适合哪些科室这很重要。一旦确定好以后,一个关键是选老师,毕竟现在学生比较多,选导师会有竞争,要审时度势。不同医院的导师数量不同,同样一个专业的不同导师都要了解,甚至他们有多少学生来报名都要心中有数。然后自己再去努力准备,报考的时候万一不行,应该要有第二套方案、第三套方案。就像我们开刀一样,尤其是血管外科,我在解剖的时候首先要把血管两边用带子扎好,我才敢下手。也就是说,你一定要有自己的第二、第三方案,不要在一棵树上吊死,要做好充分的准备。能成功的人,我们为他祝福;不能成功的人,也不一定是说他努力不够、成绩不如。谋事在人,成事在天,这次没有成功,不意味着下一次也不会成功。

医学的走向

张俊祥

【主讲人简介】 张俊祥,教授,主任医师,中国民主促进会会员。联想控股—上海德济医院/青岛大学上海临床医学院副院长兼放射科主任、学科带头人,联想医疗集团医学影像中心筹备组主任。先后发表各类论文100余篇,主编和参编学术专著6部;获省级以上科研、教学成果奖励多项;曾获安徽优秀科技工作者称号和医牛健康资讯网年度健康教育杰出组织者奖。

【讲座摘要】 医学的老路是重治轻防,医学的歧途是技术至上,未来医学的正确道路应该是预防与治疗兼顾、技术与人文并重。医者要"博学而人道",医者应该"有所为有所不为",尤其在医患信息不对称的情况下我们要做到慎独,有自知力和自制力。有时去治愈,常常去帮助,总是去安慰——特鲁多的墓志铭并没有过时。

今天来和大家分享一下我对医学的认识,分享的题目是"医学的走向",副题是"医学的价值、医生的使命和医学生的成长"。作为医学生,我们可能会经常思考一些问题,例如,医学是什么?医学是一门科学吗?医学是一种技术吗?医学的目标只是延长人类寿命吗?医生是专业技术人员吗?医生的工作是一种服务吗?医生的价值只是救死扶伤吗?我相信你们在平时有过思考,可能也会产生一些纠结。

关于医学及其他

什么是科学?科学最基本的内涵是理性、客观,符合内在逻辑,可测量,可重复,可证伪,可预测。天文学发展以后,我们就能计算出什么时候会发生日食和月食、每个地方不同的经度和纬度,可以算出每天日出、日落的准确时间。这些都是通过实验观测之后进行推算总结,找出规律,得到的规律可以重复、证实或证伪,通过得到的规律还可以起到预测的作用。

医学并不完全符合上述特征。医生需要通过积累的临床经验,结合每个患者的实际情况,来做出相对较优的决策。医学经常会用到一些科学知识、概念、原理和方法,无疑具有科学性,但是医学又不是纯粹、狭义的科学。也就是说,医学是对科学的应用,但是医学比科学本身更复杂。这是为什么?因为医学有的时候会有很多变数,当我们在真正面对一个患者的时候,不能完全照搬教科书去处理。从疾病治疗上看,很多治疗方案要讲究个体化,例如,一个宿舍的同学都患了感冒,可能临床表现各异,治疗措施也就可能截然不同。这一方面涉及医生的经验,越有经验的医生见过的患者越多,他处理起来就更为得心应手,出现错误的机会就更少。但是医生的经验也是一把双刃剑,如果不能够与时俱进,只凭思维定势和老化的知识去处理问题,有时反而效果不好。另外,每个医生的经验是不一样的,具有个人局限性。

另一方面,我们面对的是患者,他是人而不是机器,在临床决策的时候,我们还要考虑患者的意愿,甚至监护人和家属的意愿。所以,现在提出的概念是"医患共同决策"。医生说,"这个方法对你最好,我推荐给你",但是如果患者说"我不接受",这个时候医生就不能够自说自话。医学其实是一个不完美、不完善的学科,我们还有很多未知数,有不确定性、复杂性、多变性。有人说人体是一个黑箱,医学就是在黑箱中探索,我们不知道的东西比知道的东西还要多得多。

现在提倡循证医学。循证医学有 3 个方面的内容。第一个就是最好的证据,这些证据是基于多年来所有医学研究(包括临床研究),按照科学规律总结出来的。我们通过给现有的证据进行分级,越强的证据具有越广泛的普适性,然后可以将它推广到更多的人群。但是哪怕这个方法对 10 000 个人曾经有效,但是它是否对第 10 001 个人有效,我们也没有百分之百的把握。接下来医生的临床经验与患者的参与和合作都在临床决策中发挥作用。

现代高新技术发展迅猛，技术的进步助推了医学的快速发展，但我们也要防止技术崇拜陷阱。很多科技手段都是双刃剑，既可能解决一些问题，又会产生新的问题，还可能对人类造成伤害。医学伦理上有一个原则叫不伤害，所以，我们不能够把所有的希望、所有的期待都寄托在技术上。我们永远要记住，技术不可能解决所有的医学问题，因为医学问题绝不单纯是技术问题。有人说技术发展以后人可以长生不老，会实现永生。即使在技术上能够实现，它又会带来很多恐怖的问题需要解决，如环境的压力、资源的压力、超高龄人口的心理健康问题等。

我再谈谈医学与人类寿命的关系，有很多医学界人士动不动就说我们多么伟大，原来人均寿命只有35岁，现在我们已经把它提高到78岁，这是迷之自信。人均寿命提高了，难道都是医学的功劳吗？食物的供给居功至伟，原来我们是吃不饱饭，现在食物供给这么丰富！营养的均衡，人们保健意识的提高，还有环境的改善、防灾减灾、战争的减少等，都是人均寿命提高的重要保障，所以，不能把人均寿命的提高完全归功于单一医学的贡献。从另一个角度说，医学也不能单纯以延长人类寿命为目标，我们可以延长寿命，但延长到什么时候是一个合适的度？生命的长度重要，还是生命的质量重要？假如说人能够活200岁，但是有120年躺在床上，生活不能自理，浑身插满管子，毫无尊严可言，这种死亡的推迟和所谓的长寿究竟有什么意义？或者说是否能被人们所接受？没有质量的生命长度是不可承受之重。人的属性与其他动物有什么区别？我认为最大的区别就是人的社会属性，正如前面所说，假如说人躺在病床上120年，他失去了作为人的社会属性，不能够享受尊严、自由、快乐，没有健康，生命质量下降，也是十分痛苦的。

我认为人作为最高级别的物种，尊严应该是放在第一位的，以下依次是自由、快乐、健康和长寿。中国人过去经常说"好死不如赖活"，实际上这个观念已经受到冲击。世界上有好几个国家已经实行安乐死合法化。不久前刚刚发生一个案例，一位104岁的澳大利亚科学家，因为在澳大利亚安乐死不合法，他专门坐飞机到瑞士去实施安乐死，而且是完全主动去安乐死，他的生活尚可自理，乘坐飞机都没有问题，但他自己认为活得太长并不快乐，了无生趣。还有一种是老夫老妻不求同年同月同日生，但求同年同月同日死。有很多八九十岁的老年夫妻，他们结婚多年，相约同一时间进行安乐死。其实他们只是身体衰老了，各种脏器的功能下降了，并不是像我们想象的那样已经躺在床上奄奄一息了。他们觉得不枉来过这个世界，到了该走的时候也就不再留恋。假如按照自然规律的话，夫妻俩肯定不可能同赴极乐世界，他们不想留一个人孤独地生活在这个世界上，那就相约一起去面对死亡。这种观念以后可能会被更多的人所接受，就是去追求生命的质量和生命的宽度，而不是单纯地追求生命的长度。

在人类对医学、对自身的认识还很懵懂的时候，那个时候的人也会生病，但是没有科技手段来解决问题，他们是如何治病呢？你们看繁体的医字有两种写法，其中一种写法的下半部分是个"巫"字，说明了医巫同源。那个时候的医生是通过召唤神灵的方式来治病，到底有没有用呢？起码是部分有用。我们刚才说医学不单单是科技问题，也不单单是生物问题,它牵涉精神的问题、心灵的问题。换个角度来看,现代医学在严格意义上说也只是部分有用,当然这个"部分"的范围和程度已经不可同日而语。

之前人们尝试去做一些法事,搞一些有仪式感的活动(可能有人称之为迷信),这都是对人心灵的安慰。医学的发展也是从神灵主义医学模式开始,以后到自然哲学医学模式,再到以科技为推动的生物医学模式,现在大家都知道,要进入生物—心理—社会医学模式。人不是一台机器,更不是一堆零件的组合,他是有精神需求的,他所处的社会环境对他的健康也有影响。所以,现代医学注重心理因素和社会因素。为什么在西方科技很发达的国家宗教仍然盛行呢?因为宗教里面有3个关键词——信、望、爱,信仰(或者信任)、希望和爱的确是对人有帮助的,从免疫学角度来说能够提高人体的免疫水平。医学实验已经证明,如果一个人心里充满了恨和嫉妒,免疫力就会下降。所以,宗教在未来的医学发展中还会扮演一定的角色,也有一定的意义,包括中医的一些理念也会在未来医学中发挥一定的作用。

对于某一个疾病来讲,首先要知道是什么病(WHAT)?下一步是怎么治(HOW)?但是只知道是什么病、该怎么治就能够解决问题吗?这是不够的,因为我们还要探究这个病是怎么发生的、为什么会发生(WHY),这样才有可能从根本上解决问题。举个例子来说,有个患者主诉吃不下饭,这是一个很常见的主诉,大家考虑有哪些病症?比如说一种是机械性食管梗阻,吃不下去,再比如说是他心情不好没有食欲,还有可能是因为其他疾病而不是消化系统本身的疾病,如干燥综合征造成唾液分泌减少,也会引起进食的障碍。只有找到疾病发生的真正原因,才能解决问题。

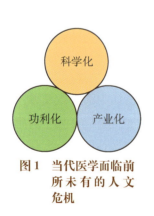

图1 当代医学面临前所未有的人文危机

从更宏观的层面考虑,医学不是纯粹的科学,也不是单纯的技术,它要结合心理、社会因素,所以,人文在医学里面有着非常重要的地位。当代的医学人文危机也经常被诟病,为什么会出现这种问题?就是把医学只单纯看作一个技术活,只要技术好,只要设备先进、药物先进,就能解决任何问题,这是一种非常错误的想法。再一个是产业化,现在经常提产学研结合,从一个方面来讲是好的,过去很多科学家、研究人员在实验室里做了大量的实验,但是没有惠及老百姓的日常生活,这是一种技术和资源的浪费。但是从另一个角度来说,过度的开发和产业化,尤其是资本的功利性和逐利性,会推动过度的开发和技术的滥用(图1)。

很多医学技术并不是不好,而是没有利用好,尤其是高新技术被滥用的情况影响非常恶劣。胡大一教授是著名的心血管内科专家,这么多年来一直都在反对过度滥用冠脉支架。冠心病就是冠状动脉阻塞了,冠状动脉本来是供应心脏本身血液的,冠状动脉狭窄或堵塞以后,心肌的血供就会受到影响,会发生心绞痛、心肌梗死。现在有一个技术叫做冠脉支架置入术,在冠状动脉里放个支架开通血管,这个技术非常好,确实能解决一些患者冠状动脉供血不足的问题,但是同时也伴随产生了一些新的问题。例如,支架本身是外来异物，会造成血小板聚集及血管内皮增生，支架放入一段时间后可能会发生再狭窄。再一个支架置入前，要评估有无侧支循环形成以及心肌有无活性。如果侧支循环有很好的代偿能力，则没有必要放置支架；如果相应部位的心肌已无活性，则开通血管并无实际意义。但是有些医院的适应证把握得并不严格，冠状动脉造影提示有形态学上的冠脉狭窄就放支架，甚至会放好几个。一个支架价格不菲，这里有利益驱动的问题，也有临床诊疗不规范的问题，会给这项好的技术带来负面的影响。如何在现有经济条件下获得更好的临床治疗效果，这个问题值得大家深思。

关于医生与医疗

医生都有一定的专业技术。有人说我是外科医生，我会开刀，就觉得很牛，一刀走遍天下。但开刀开得最好的是否就是最好的外科医生呢？其实并不尽然。假如说一个医生只有专业技术，那和程序员有什么不同？我们要注意一个数据：统计表明，百分之七八十的医疗纠纷并不是技术因素引起的，也就是说，大部分医疗纠纷是因为责任心不够或沟通问题造成的。当然医疗纠纷也并不一定都是医疗事故，假如没有造成不良后果，或者医生没有责任，但是患者要讨个说法，有时候是因为患者不理解、不了解，还有就是社会大环境造成的医闹，就是故意来找麻烦的。很多医疗纠纷是因为患者的感受不好，或者可能是医患沟通出现问题，让患者情绪上有了不满，这些问题往往跟医生的技术没有多大关系。就算大牌专家，也有可能会产生医疗纠纷。

关于医疗是不是服务，也有不同的声音，我一直认为医疗就是一种服务，当然这个服务是有技术含量的专业性的服务。医生要通过他的专业知识，把药品和耗材作为工具来使用，最终解决患者的问题。作为一个医生，作为一个专业技术人员，我们要提供专业化的服务、具有职业精神的服务。如何与患者沟通和交流是非常重要的。为什么有些医生没有患者投诉，患者都出院很多年了，回来还请医生吃饭，逢年过节还发短信问候，这就反映了他的服务做得好，在和患者交往、交流的过程中，通过语言交流、通过沟通、通过陪伴获得了患者的信任。

医生的职责是什么？有人说是救死扶伤，事实上，医生的职责不仅仅是救死扶伤。假如说医生仅仅是救死扶伤的话，那就存在一个悖论：从产出角度来讲，是患者越多越好吗？患者越多越能体现医生的价值吗？我们并不希望这样，我们现在提倡的是端口前移，就是怎样让人少生病、不生病，或者晚生病、生小病，这是更重要的。

现在的医疗支付体系也存在一些问题，实际上是一个诱导消费、鼓励花钱的体系。比如说有很多地方的医保只有住院才能报销，门诊看病不给报销，这时候就会造成小病大看，实际情况患者本来不需要住院。看病难、看病贵，基本上医院都是人满为患，尤其是全民医保覆盖以后，现在医院扩张这么多床位还是不够用，这说明整个医保的设计思路有待重新厘清。以保险公司的机动车第三者责任险为例，其实保险公司不希望客户出险，所以不断地给群众做宣教,怎样安全驾驶,提高人们的安全意识,最终保险公司少花钱,而且要是第一年不出事故,第二年交保费还有优惠。医保系统是否可以借鉴呢？预防工作做得好,生病的人少了,是不是也可以奖励呢？

医生的职责不仅仅是看病,现在提出全方位、全周期的生命健康管理。人从出生到死亡的整个生命周期,医学都要发挥作用。其中包括生得好(优生优育)、活得润(生活质量要好)、老得慢(延缓衰老)、病得晚、死得快(不拖拉,不磨叨)。

有一个现象已经有人注意到了,中国的大街上残疾人不太多见,但中国常年卧床的老人却很多。因为中国对残疾人友好的公共设施相对不健全,大家观察一下大街上的盲道就明白了,限制了很多残疾人参与社会活动,使他们的生活质量下降。民众的死亡观差异导致中国很多常年卧床的老人在痛苦中延命,其实也是没有生活质量的。

前段时间有报道说,内地一批富豪每人花了几十万到某国家去打干细胞,宣传说打了干细胞以后会延长多少年的生命,甚至说多打几次就会长生不老,实际上这个结果没有办法证实。我前两天跟朋友在讨论这件事情的时候说到,假如真有这种技术能让人长生不老,或者说让有钱人花几百万就能够得到永生,那就会出现两个问题。第一,对于买到命的人,他到底对生命怎么认识,最后他会不会坦然地面对死亡,这是一件很难的事情。第二是社会不公和社会分化的问题,假如说让有钱人能够花钱买命,对于非富阶层是不是更大的不公平？如果说最后就那么几个有钱人活在这个世界上,几千年不老,几千年不死,变成老不死的妖怪,其他人则都是到点就走,这是不是一种不公平？我刚才在教室后面看到有一本《人类简史》,顺手翻看了几页,正好看到该书作者也发出这样的疑问,也有这样的担忧。

由于生活方式的改变,现在很多年轻人就已经出现各种不健康的指标。大学生里高血压、高血糖、高血脂、高尿酸已经很多,这不是一个好现象,不符合"病得晚"的标准,同学们也要注意了。

"不惜一切代价抢救生命"的观念是需要三思的。我们说生命无价,但医疗本身是有成本的,可能很多人在感情上接受不了这个事实,但有大数据支撑,比如植物人苏醒过来的概率是很小的。虽然对于一个特定的个体来说,这种决策确实非常困难。如果我们把这个决策放到群体层面来看,大家还是容易理解的。

统计数据显示,80%的医疗费用都花在患者最后一两年甚至几个月,假如一个人一生花的医疗费是20万,那么会有16万都花在生命的最后阶段,前面的几十年其实花得很少。所以,如果死亡过程比较拖拉、比较磨叨的话,会造成很大的社会负担。欧美国家只有20%的人在医院过世,中国可能正好反过来。有很多人临终之前会在重症监护室(ICU)度过,我认为这是对ICU的误解和滥用。ICU应该以收治有望挽救的患者为主,尤其是平时体健却因事故、意外或突发急性病等造成的重症患者,而不是晚期肿瘤患者或多脏器功能衰竭的患者。如果一个医院的ICU病人转归中死亡率太高,要么是技术水平问题,要么是收治适应证没有把握好,把ICU当成临终过渡病房了。如果把这些经费花在疾病预防和早期干预上,那么效果会好得多。这些问题我们都必须从整体、群体层面去考虑，特殊的个案不在此列。

民众教育任重而道远，包括健康观、疾病观、生命观和死亡观的教育。什么是健康？什么是疾病？怎么去面对死亡？生命的意义是什么？当然现在年轻一代已经思想活跃很多，也比较容易接受一些新观点。上次我在复旦大学听到有同学说他已经签了遗体捐赠同意书，总体来说国内民众对这方面的认识还是很有局限的，尤其是和我们医学界之间的认识误差越大，我们沟通起来就越困难，沟通成本就越高。只有当全民意识都提高以后，做医生和做医学科普才会更轻松，因为大家都在同一个频道上讲话。

医学的现实矛盾就是人们对健康的美好追求与医学局限性之间的矛盾。对于整体而言，人不可能长生不死，而且医学发展也不可能解决所有问题。对于个体而言，医学可能会解决一部分人、一段时间内的健康问题，但是并无可能解决所有人的所有问题。医学资源的可及性也是要考虑的，有的人发病是在一个较好的时间，在一个较好的地点，很快就会得到合适的医疗救助，他就会获得不错的预后，但是也有的人发病时间和空间都不好，比如夜间，比如交通不方便的偏僻山区，就是打120有时候也来不及。大城市医疗资源比较丰富，在偏僻的农村或者远郊，尤其是西部地区资源就比较少，地区之间是很难同质化的，即使在城市内部也可能有明显的差异。再有一个是承受力的问题，包括精神上的承受力和经济上的承受力，经济上有国家医保支持，实际上还是纳税人自己的钱，而且医保资金总归是有限的。现在中国的医保资金大概占GDP的4%~5%，有些发达国家在8%~10%，美国是17%，即使美国把17%的GDP投入医疗，它在医疗上也不是尽善尽美，也还有许多问题。

什么是健康？什么是疾病？健康是人类个体在身体、精神、社会等方面处于良好的状态，所谓良好状态就是有序、和谐、协调。我们过去对疾病的认知主要是说形态上有问题或者功能上有问题，实际上并不限于形态和功能，它还包括代谢、情绪和环境的因素，就是代谢的异常、情绪的异常以及与环境之间的不协调都会发生疾病。

人类可以消灭疾病吗？我的回答是："可以，但是要以人类灭绝为代价，疾病总会比人类多活一分钟。"现在大家也知道一个概念叫"带瘤生存"，不是说得了什么肿瘤就惶惶不可终日，有很多人实际上与肿瘤和平共处，对肿瘤不用都去赶尽杀绝、置之死地而后快。最近有研究表明，不适当的化疗或手术可能会促进肿瘤的转移，所以并不是所有肿瘤都一定要彻底根除，如果人体免疫功能正常，与肿瘤形成安全的对峙和妥协的平衡也未尝不是一件好事。在正常情况下，人体基因突变每天都会产生N个癌细胞，但同时也会发生肿瘤凋亡。大家听说过一个故事吧？国学大师文怀沙一度被查出患有恶性肿瘤，他心想反正也没几天活头，就无牵无挂地周游世界。当他周游一年回来再到医院复查，肿瘤没有了。这一方面说明肿瘤的自行凋亡是可能发生的，另一方面也说明乐观的心态、良好的情绪对肿瘤的发生、发展是有重要对抗作用的。文怀沙是1910年出生的，现在已经108岁了。（作者补注：在本讲座1个月后文怀沙于2018年6月23日辞世。）

大家知道现在的很多医学考试是完全按照临床实践的路径来设计的，其中一个规则就是不准回头。普通的考试第一题不会做或者做错了,在做到第 20 题的时候,如果灵光乍现、茅塞顿开,还可以再回头重新做第一题。但是现在很多医学考试是不让回头的,针对一个病例有 10 个连续的问题。第一个问题是对这个患者的诊断是什么?或者说对这个患者还要作什么检查?接着是第二个问题、第三个问题,等你回答第三个问题的时候,如果发现前面的答案错了,你也不能回去重新做,只能一直往下走。这和我们的临床实践工作流程很相似。有些错误难以挽回,一旦选择只能向前。

临床实践里也会有一种特例,就是试验性治疗。有的时候患者感染了,但是搞不清楚感染的病原是什么,就只能进行广谱的抗感染治疗,或者按概率最大的病原去治疗。过段时间看结果,如果患者好转了,那就继续治疗,如果没好转甚至还加重了,那就需要赶快转变思路。

诊疗方案个体化——"性价比"
全局观与整体观——人群获益

图 2 群体与个体

考试和临床实践不同的是,考试往往是有标准答案的,但是真正的临床实践就没有那么简单,从 0 到 1 中间实际上还有很多可能性,有很多灰色地带,并不是非黑即白。

医生很多时候面对的是个体,但是我们也要考虑群体(图 2)。对于个体来说治疗方案个体化、精准医疗实际上是性价比最高的方案。但是假如每个人都按照个体化、精准化诊疗,医疗成本就会变得很高。怎么来平衡呢?

现有的疾病筛查或一些体检项目究竟有没有用?假如说检查了 10 000 个人,其中有 1 000 个人是受益的,那这个项目就非常有价值。如果在 10 000 个人里只有 2 个人受益,另外的 9 998 人是花了不必要的钱甚至还要承受有创伤的检查,这个项目的筛查是否有意义呢?是否符合卫生经济学的要求呢?

另外一个重要的话题是医疗安全和医疗事故,这个话题比较沉重,但也不可回避。在医疗过程中会发生一些意外的事情,本来想做好事,但是可能获得不想看到的结果。比如说本来计划做手术,作为医生总是尝试获得最好的结果,但是在手术过程中可能会发生一些并发症或者意外,如出血、感染、麻醉意外等。所以,我们要对医疗事故、医疗意外有个正确认识,如果刚开始对这个问题没有正确认识的话,你会感觉十分痛苦,遇到事情会有很大的挫败感,甚至会动摇从医的信心。这一定要有充分的思想准备,人非圣贤,也非神仙,从概率论角度有些问题是不可避免的。不是只有年轻医生才会发生,大专家同样也会发生;不是只有中国才会发生,医疗发达的欧美国家也会发生。

关于医学生的学习与成长

刚才谈的都是一些宏观的话题,现在来聊聊医学生的学习与成长。作为医学生,应该怎么去把握生活、怎么去学习技能、怎么去武装自己呢？最重要的就是知识、能力、素质和情感。

学习的目的是为了知识、能力、素质的提高，但是对于医学生应该还要加上一条——情感。我们除了掌握知识、提高能力、养成素质以外，还要培养情感，做一个有态度、有温度的医生。对于医学生而言，素质养成和情感培养比知识与能力更重要，我们面对的是活生生、有感情的同类。人文关怀、隐私保护、医患沟通是医生的重要工作内容，其意义甚至比技术操作更重要。对于医生来说，一个无比重要的技能就是会说话、说好话。从患者的眼光来看，有些专家并不是技术大牛，但是患者喜欢和信任他们，另外一些专家虽然自诩本事很大，但患者却厌恶和排斥他们，就是因为他们不会说话，动辄把天聊死。事实上越是真正的医学大家就越是温和谦逊，越是善解人意，越是悲天悯人。希波克拉底说"语言、药物和手术刀是医生的三大法宝"，语言是排在第一位的。

作为医生还要有自知力和自制力，就是知道你能干什么，不能干什么，哪些时候要适可而止。我有时候会批评那些"用力过猛"的情况，因为我们需要时刻牢记我们的边界在哪里，我们能做到什么地步。另外，作为终身学习的职业，医生需要不断充电，因为每天都有新的概念、新的发展，包括一些医学指南也会经常修订，甚至一些疾病名称、疾病定义、疾病分类都会修改，要持续更新自己的知识体系，才不会被时代抛弃。

现在的临床医生除了治疗患者外，还要学会做医学科普。医生的临床工作只是面对个体的患者，而科普的对象是群体，用大众喜闻乐见的语言和形式把你的所学所思告诉更多的人，传播面更广，影响力更大，其社会效益也更显著。

目前国内大部分医学院还是大教室讲座式授课，效果不佳。尤其是有些同学平时并不花太多时间投入学习，只是在考试前突击，培养的都是短期记忆能力。我们提倡主动式或参与式的学习，如小型研讨会、实践课程等，通过这种学习，能够真正地掌握知识、提高能力、养成素质（图3）。考试得了95分或85分，其间的差距其实并不一定就有那么大。千万不要认为考了高分就万事大吉。

讲座式授课和基于考试的教学方法，在6个月后90%的学习内容从脑海中消失

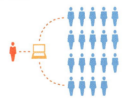

主动式或参与式学习(如小型研讨会等课程)，在结束两年后仍然保留70%的所学内容

图3 提倡主动式或参与式学习

我们过去学习的方法主要是基于记忆，医学生要学习那么多的专业课程，比很多专业都要辛苦，但是我认为大家要学会选择性记忆，减少记忆的负荷，有的东西并不需要死记硬背，理解了就好，要做聪明的医学生。国外很多考试是可以带参考资料的，考试并不是考查记忆能力，分析、判断和决策也就是解决问题的能力比记忆更重要。在医学实践中，医生的分析和判断能力十分重要，尤其是在充分听取患者意见后的最终决策。如果一个

患者问你要不要手术,怎么回答？这其实很复杂,并不像考试那样有标准答案。再比如你和患者说现在可以暂不手术,过一段时间再来复查,那过多长时间来复查？复查几次？这也很复杂。

要学好一门学科,当然需要兴趣驱动,更要有想象力和好奇心,要像海绵吸水一样不断吸收知识。仅仅去学习是不够的,学而不思则罔,在学习过程中一定还要思考,是什么？为什么？怎么做？思考之后还要有行动。医学是实践性学科,光说不练假把式。有的人评价自己是思想的巨人,行动的矮子,这是高抬自己了,其实那根本就不是思想,而是空想。晚上躺在床上的时候描绘了宏大的远景蓝图,第二天早饭吃过后一切照旧,这难道不是空想吗？

这个时代我们更需要学会协作。以前如果一个人手艺好、技术好,他待在家里就可以凭借一己之力做一件大事情,但是现在不行。除了书法、绘画、写小说还可以单兵作战,其他行业基本上都是讲究团队协作与分工,每个人都是团队的一分子。大家注意到没有？现在的学术论文已经很少只有一个单位、一个作者了,很多都是团队做的,甚至是多中心协作完成的。临床医疗现在讲究多学科协作（MDT）,包括现在实验室研究也需要协作,一个实验室因研究方向、人力、物力和其他资源所限,不可能把所有事情都做完。

在这个纷繁的世界,各方面的信息呈指数式增长,信息爆炸,信息过剩,还有很多互相矛盾的信息让人陷入恐慌和焦虑。比如,早上锻炼好还是晚上锻炼好？多吃米好还是多吃面好？吃鸡蛋要不要扔掉蛋黄？喝红酒有害还是有利？生活中时时刻刻都要打起精神,对扑面而来的信息进行筛选和过滤,一不小心就会被带到沟里,要学会选择和培养批判性思维能力,避免这种信息焦虑和选择恐惧。所有的问题看起来都有两面性,站的角度和高度不同,获得的答案可能就大不相同,正所谓"横看成岭侧成峰",我们要透过现象看本质。

只是闷头自己学习也是不行的,还要学会交流和分享。比如,你有一个蛋糕,分给别人一半,你只剩一半,有形的实物分享以后就会减少,但是思想分享以后会产生倍增效应。你有一个思想与别人分享,你并没有任何损失。现在有的团队经常会搞头脑风暴,这个时候会产生很多思想碰撞。这一块国内过去相对比较薄弱,大家不太会分享,包括开学术会议的时候往往以讲为主,缺乏提问、讨论和互动,更别说激烈的辩论和思想交锋。国外在教学过程中鼓励讨论,通过分享和互相提问,有很多创意和点子都是从分享中产生的。尤其是跨界分享,不同专业的人在一起交流,会让人茅塞顿开、豁然开朗,很长时间百思不得其解的问题会迎刃而解,一下子找到解决的思路和方法。

美国是读完4年本科再上医学院,而且其本科阶段所学的专业五花八门。中国是高中毕业就去上医学院,而且由于文理分科,大部分医学生是理科出身。其实最适合学医的是左右脑平衡开发的人,也就是兼具理性和感性思维的人。大家要根据自己的情况补足短板,尤其是理科生要刻意补补人文、艺术、哲学等课程,开阔视野,扩大兴趣。现在有个时髦词语叫"斜杠青年",来源于英文"Slash",指的是选择拥有多重职业和身份的多元生活人群。很多医学大家都是兴趣广泛的多面手。现在的博士一点也不"博",往往只是在一个地方打深井,真正的博士应该是广博的博。

现代社会进入了"VUCA"时代,"VUCA"中的"volatility"是易变性,"uncertainty"是不确定性,"complexity"是复杂性,"ambiguity"是模糊性。其实医学一直都具有 VUCA 的特征,这是一个挑战,也是一个荣耀。

从"做一个专业人"的角度来说,要有技能、技术、技巧和技艺(图4)。技能是会干,技术是干得又好又快,技巧是提升到理论层面,技艺则是出神入化,达到艺术与美的高度。这是不够的,医生更要"做一个有情人",要有情感、情怀、情趣和情调(图5)。对事业、对患者要有情感,对社会、对人类要有大情怀,你要考虑的不只是面前的这个患者,这个患者他是家庭的一分子,这个家庭是社会的一分子,这中间会牵涉很多问题。再有就是情趣,生活中到处都是美,只是缺少发现美的眼睛。有的同学考试分数很高,但在别的方面一点情趣也没有,十分乏味。情调就是心理健康、乐观生活,你自己心理都不健康,又怎么去看患者呢?

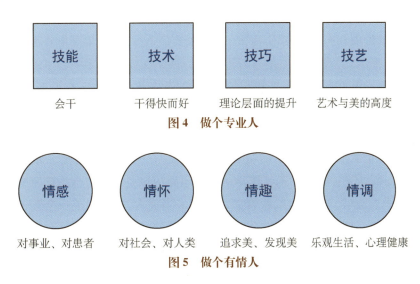

图4　做个专业人

图5　做个有情人

要处理好人际关系,还要是处理好"人机关系"。人际关系有很多种,比如,医患关系是最重要的,还有同行关系、师生关系、上下级关系、医护关系等。有的科室医生与护士之间有矛盾、不和谐、不配合,这样对患者、对工作都不好。情商在这方面就显得十分重要。在互联网、物联网(医联网)、大数据、人工智能时代,我们在人际关系之外,还有一个挑战是"人机关系"。有人担心人工智能"走人类的路,让人类无路可走"。按照发展趋势来看,人工智能未来会在医学上发挥极其重要的作用,会大大减轻医生的工作负荷,会颠覆医生的工作模式,但有一点要明确的是——医生是不可能完全被人工智能所替代的(医生数量的减少倒是有极大的可能)。比如,一个患者曾经住院十几次,而且是住在不同的医院,关于他的病史信息很多,这时候机器可以协助医生更快地理清脉络,避免遗漏重要信息,这就会节省医生大量的时间,帮助医生更高效地工作,但是这并不是替代医生。我的看法是，如果一个事情的解决办法是可以穷尽的，比如下围棋，人工智能是可以战胜人类的；如果一个事情的解决办法不能穷尽，比如看病，人工智能可以作为人类的助手。当下网上购物已经很流行，但是至今为止互联网医疗并没有做出来真正可以落地的东西，这是为什么？因为看病和别的消费确实不是一回事。医生看病在大部分情况下还是需要和患者面对面解决问题，治疗方案因人而异，而且还需要医生、患者以及家属进行沟通，这是人工智能所不能完全胜任的。医学和医生是有温度的，这里的温度不是一个物理学概念，你可以把一个人工智能设备加热到 37 度，但是它不可能具有人的情感。作为医生应该知道怎么去与这些先进的技术合作共处，让这些技术为我所用，既不能迷信，也不能排斥。

在学校期间，医学生并不是学习做（learn to be）一个医者，而是学习如何成为（learn how to be）一个医者。思维比知识更重要，方法比内容更重要，这就是"渔"和"鱼"的关系。

关于医学的走向

关于医学的价值和医生的作用，第一，没有医学是不行的，但是医学并不是万能的；第二，医生不是万能的，但没有医生是万万不行的。医学在社会分工中会永远存在，但医学的光荣使命并不一定都是由医生来执行的，参与医学内部分工的还有很多人，包括预防、科普、护理、康复、医技等，治疗只是其中的一环。从这个角度来说，医生要明确自己的定位，也要清楚自己能力的局限性。

医学的老路是重治轻防，医学的歧途是技术至上。我们既不能走老路，又不能入歧途，那么医学向何处去？我以为未来医学的正确道路应该是：预防与治疗兼顾，技术与人文并重，倡导全人医学、整体医学、整合医学。把人当成人，把人当成一个整体，人不是一台精密的仪器，更不是一堆零件的组合。我们要从预防、保健、诊断、治疗、护理、康复等各个环节进行全盘思考，以相对较小的经济成本获得相对较大的健康效益。还要整合我们可以利用的所有资源为大健康事业所用，包括中西医结合、心理支持甚至宗教的作用等。

西式内科学指出，医者要"博学而人道"，就是在掌握优秀技术的同时，还要有大爱之心、仁爱之心、博爱之心。我要补充的一点是，医者应该"有所为有所不为"，尤其在医患信息不对称的情况下，我们要做到慎独。在我们可以施展技术的时候，我们要尽心去做、全力以赴，但是在我们无能为力的时候，我们要明确自己的行为边界，要与患者及家属进行充分的交流和沟通，要敢于讲实话、善于讲真话。"有时去治愈，常常去帮助，总是去安慰"，特鲁多的墓志铭并没有过时。

对于医学生来说，这是最坏的时代，也是最好的时代。所谓最坏，就是现在的医生工作压力巨大，医患关系紧张，收入与付出不相匹配。但情况正在发生变化，最好的时代正缓步而来，你们年轻一代必定会赶上——自由执业兴起，阳光收入可期，全民关注健康，医者大有用武之地。未来充满机遇与挑战，愿我们不忘初心，砥砺前行。谢谢各位！

关注儿童用药安全,呵护儿童生命健康

马 国

【主讲人简介】 马国,博士,副教授,硕士生导师,复旦大学克卿书院学术导师。主要从事临床药学、药物动力学与分子药剂学研究。近年主持国家自然科学基金面上项目、教育部、上海市卫计委、上海市教委、中国高等教育学会等课题10余项;在国内外知名期刊发表SCI和中文核心论文50篇,荣获国际会议优秀论文一等奖3项,荣获中华医学会、上海市、复旦大学等教学成果奖4项,荣获复旦大学上海医学院优秀教师奖和"一健康基金"优秀教师奖;主编"十三五"规划教材《临床药学导论》,副主编、参编教材专著10部。

【讲座摘要】 儿童是祖国的花朵和人类的未来。儿童健康事关家庭幸福、社会进步和国家发展。然而,当前我国儿童用药现状不容乐观,不合理用药问题层出不穷。许多家长和儿童对儿童药的使用存在错误的观念、行为、习惯和意识。针对当前儿童用药存在的严峻问题,从儿童用药现状、儿童用药常识、儿童用药误区、儿童常见病或常见症状用药、儿童药学服务等方面进行介绍,旨在普及儿童合理用药知识,宣传儿童安全用药理念,提高公众对儿童合理用药的认识,并建议加强儿童药品管理,提升儿童用药质量和水平,促进儿童合理用药,保障儿童用药安全。

儿童用药现状

当前儿童用药面临严峻形势

儿童是国家的希望和人类的未来。联合国颁布的《儿童权利公约》将儿童界定为 18 岁以下（0~17 周岁）的任何人。目前，全世界共有 15 岁以下儿童 18.36 亿，占世界总人口的 27%。据国家统计局统计，2017 年我国 0~14 岁儿童人口为 2.33 亿，占全国总人口的 16.8%。

儿童健康事关家庭幸福、社会进步和国家发展。然而，当前儿童用药存在诸多问题，形势并不容乐观（图 1）。首先表现为儿童专用药品短缺。目前全国的药品生产企业有 8 812 家，其中专门生产儿童用药的企业仅占 0.1%；具有批准文号的药品约为 18 万个，儿童批号仅 3 000 多个，涉及 400 多个品种，占比不到 2%。这对于全国 2.33 亿儿童（12% 的患病率）来说，远远不够。由于儿童专用药少、适宜剂型和规格缺乏、说明书缺少儿童用药信息，有些家长只好通过换算，按照"小儿酌减"的原则，把成人药给孩子使用。长期以来我国儿童用药存在"剂量靠猜、吃药靠掰"的现象，这给儿童生命健康带来潜在危害。当前儿童滥用成人药，错服、误服、漏服药品，用药种类、剂量、时间、方法不合理及配伍不当等问题层出不穷，严重危害儿童生命健康，甚至导致儿童中毒和死亡。

(a) 儿童药品缺乏　　　　　　　(b) 儿童使用成人药

图 1　儿童用药存在诸多问题

（图片来源：百度百科）

儿童药物中毒是全球面临的公共卫生问题。据统计，全球每天有 125 名儿童因药物中毒而死亡。我国每年有 3 万~5 万名儿童因药物中毒送医，约有 7 000 名儿童死于用药不当，造成身体损伤的更是难以计数。我国儿童不合理用药比例高达 32%，每年约有 3 万名儿童因用药不当而陷入无声世界，其中 7 岁以下儿童因抗生素使用不合理造成耳聋的多达 30 万。儿童药物不良反应的发生率约是成人的 2 倍，新生儿药物不良反应的发生率更是高达4倍。公众普遍欠缺儿童用药常识,85%的家长在儿童用药方面存在安全隐患和认识误区。

由全球儿童安全组织、中国药品安全合作联盟等共同发布了《2017中国儿童用药安全现状报告》。数据显示:当前我国儿童用药形势仍然严峻,每年平均有1 500名儿童(0~14岁)因药物中毒而死亡;每5名中毒儿童中有2名是药物中毒;1~4岁是高发人群;81%的药物中毒是儿童主动误服;42%的药物中毒导致中度和重度伤害;86%的儿童药物中毒发生在家中。药物中毒排在前3位的依次是感冒药、精神类药物和降压药。祖辈与父辈对儿童药物中毒的关注度,远低于跌落、交通、触电等带来的伤害。儿童用药安全任重而道远。

为什么儿童药物中毒如此高发?我们先看一组数据:48%的家长将儿童药与成人药混合存放,随意摆放在孩子触手可及的地方;40%的家长承认孩子可拿到药物;31%的家长曾把成人药减量给孩子吃;37%的家长会用普通汤勺给孩子喂药;11%的家长承认将药物放在没有标识或者标识不清的药瓶中;16%的家长会把药说成糖丸,哄骗孩子吃药;15%的祖辈承认在孩子病未好时,有过自行加大药量的行为;14%的祖辈承认因眼神不好给错剂量;42%的家长承认在喂药时,不关心、不关注药物成分;13%的家长从来不避讳孩子吃药;30%的孩子承认自己拿过药,并偷偷尝过。这组数据反映的事实是:许多家长存在错误的用药行为、习惯和意识;家庭用药管理不当是导致儿童药物中毒的主要原因。预防儿童药物中毒已经到了刻不容缓的程度。

儿童用药不当给儿童本人、家庭和社会带来的危害触目惊心。前段时间中央电视台播出的一则关注儿童用药安全的公益短片《五岁聋儿的无声诉说》引发热议。片中的5岁女孩用手语诉说自己因用药不当而致聋的经历。她原是一个发育正常的宝宝,两岁时因发烧用药不当,致使听力越来越弱,最终陷入无声世界。虽然现在她依旧可爱,但再也不能顺畅地说出一句话了。视频里的这个小女孩静静地哭着,看视频的人的心也跟着揪了起来,许多妈妈更是泪崩。视频一经播出,短短一周内播放量就超过1.2亿次。该短片给儿童用药敲响了警钟,引起了社会各界对儿童安全用药的广泛关注。2005年中央电视台春节联欢晚会播出了令人震撼的"千手观音"节目。节目中21位演员都是聋哑人,其中18位是因药物不良反应导致的聋哑,且大多数是小时候用药不当引起的。近期,广东顺德一位妈妈因为晕车,在药店买了一瓶晕车药"苯海拉明"。为防止3岁女儿误服,特意将药物放在一个不醒目的位置。然而不幸的是,药物还是被女儿发现,孩子好奇,以为是糖果,就吃了几粒。这位妈妈发现女儿误食晕车药后,看到未出现不良反应,也就没在意。1小时后这名女童出现抽搐等中毒症状,家长立即送医院救治,经抢救无效死亡。这些案例都警示我们关注儿童用药安全刻不容缓。

即使在医疗发达的美国,每年有超过6万名5岁以下儿童由于误服或过量服用药物而被送去急救中心治疗。令人吃惊的是,95%的病例是由于孩子服药时,家长或监护者没有照看。据报道,99%的幼儿可以在两秒钟内打开普通药瓶。家中药品,无论成人药还是儿童药,均应放置在儿童接触不到的地方,最好准备一个上锁的小药箱或小药柜,并将儿童药与成人药分开存放。由于家中药品存放不当导致儿童误服药品的案例不胜枚举。前不久,一位妈妈将高锰酸钾片随手放在床上,宝宝爬过去拿住药袋后晃动,药片抖落出来,宝宝将散落的一片放入口中。等到妈妈发现时,宝宝的口周围及手部发黑。妈妈立即抠出宝宝口腔内残留的药物并送医院。结果仍导致宝宝口腔黏膜溃烂,治疗 2 周后才康复。还有一例,4 个同学课间休息聚在一起,其中一位同学拿出一个贴有多种维生素的药瓶,拿出维生素与同学分享,每人 3~4 颗。服用不久,4 个孩子均出现头晕、嗜睡、肢体无力、行走不稳等症状。老师发现后立即送医。医生检查发现,她们服用的不是多种维生素片,而是安眠药。经治疗,4 个孩子分别于服药 6~10 小时后意识恢复。由此可见,由于药品存放不当而使儿童误服,可致严重后果,严重的甚至危及生命。

此外,过期药品一定要及时处理,不能作为垃圾直接扔掉。即使过期时间不长,也不能继续使用,最好是交到药品回收点,由专业人员统一处理。据报道,南京秦淮实验小学二年级一位叫丁丁的学生上学路过一个小区附近,在地上捡到了一包安眠药。由于外包糖衣尝起来甜甜的,丁丁以为是糖果,于是到了学校后就与同班同学分吃了。上课时,老师发现有学生老是打瞌睡,查明情况后,校方立刻将误服药的孩子送医救治。这提醒我们,过期药品绝不能乱扔,否则可能引起严重后果。

当前,儿童用药安全已成为全球关注的重大社会热点问题。层出不穷的儿童药害事件说明,药品选购、使用、保管与处理等任何一个环节没有做好,都可能对儿童造成伤害,尤其是对婴幼儿可能带来无法挽回的严重后果。特别是家长和孩子的一些错误用药行为、习惯和意识,给儿童生命健康带来严重威胁。一串串让人忧心的数字,一桩桩悲剧的发生,都警示我们要正视儿童用药安全,加强儿童用药的宣传与教育,从意识和行动上预防儿童药害事故发生。

儿童药品研发与应用管理

多年来,美国食品药品监督管理局(FDA)一直在探索儿童药的开发,期间颁布了一系列法规,对儿童用药进行特殊管理。其政策体现出"胡萝卜加大棒"这种鼓励与要求相结合的策略。

20 世纪 90 年代初,美国市场上只有约 20% 的儿童药品进行过安全性或有效性试验。越来越多的证据显示,儿童对许多药物的反应不同于成人,对儿童药品的研究和评价成为关注的焦点。由于取得儿童药物试验的知情同意被认为存在道德上的限制,针对儿童的临床试验被美国政府和专业机构施以越来越多的障碍,人们也越来越关注该类试验的法律责任。因此,几十年来,美国的大部分儿童药品都未经过美国食品药品监督管理局的审批程序,而是以"标示外使用"的方式进入市场,其给药剂量也是根据成人所用剂量、儿童体重和体表面积加以计算。这些未经儿童临床试验的药品上市后会给儿童生命健康带来潜在的风险和危害。

1994年,美国食品药品监督管理局推出《儿童药品标签使用和剂量推定最终规则》,对儿童药品市场的这种状况加以干预。要求药品制造商对未经安全性和有效性试验的儿童药品,添加儿童药品标签信息。1997年,美国国会通过了《食品药品监督管理局现代化法》,规定给予进行过儿童药品测试的新药6个月的专利权延长期。2002年通过的《最佳儿童药品法案》允许美国食品药品监督管理局要求药品制造商进行由美国国立卫生研究院(NIH)赞助的儿科药品试验。2003年通过的《儿科研究平等法》授权美国食品药品监督管理局批准由药品制造商赞助的儿童药品临床试验作为激励机制和公共基金机制后的补充手段。这些法案从法律层面上为儿童药品研发和应用提供了保障。

我国儿童用药困局存续日久且尚未解决,究其所因,源于儿童专用药品的研发周期长、投入成本高、收入效益低,在投资上没有吸引力,致使药品企业的动力不足,涉足行业的主动性和积极性不高。成人药品"小儿酌减"的使用原则,造成了儿童用药不良反应率居高不下,也造成了大量的药品浪费。由于儿童用药政策的缺失,企业研发儿童专用药品几乎处于停滞状态。特别地,我国在儿童药品研发与应用方面的法律法规还比较少,相关法律保障有待加强。

2003年,国家食品药品监督管理局(CFDA)颁布《药物临床试验质量管理规范》,正式将儿童纳入药物临床试验对象。2013年卫生部医政司发布《中国国家处方集》(化学药品与生物制品卷·儿童卷)。这是第一部由卫生部组织编写的规范儿童临床用药行为、指导和促进儿童临床合理用药的处方集。该处方集为我国儿童用药安全和权益提供了保障。

2011年,国务院通过了《中国儿童发展纲要(2011—2020年)》,为解决儿童用药短缺问题设定了十年目标,鼓励儿童专用药品研发和生产,扩大国家基本药物目录中儿科用药品种和剂型范围,完善儿童用药目录,提出在制定法律法规、政策规划和配置公共资源等方面优先考虑儿童的利益和需求,保障儿童利益最大化。这是国务院第一次提出通过制订法律法规的方法,促进儿童用药上市的建议,也是国家第一次从宏观层面指明儿童用药的发展方向。同年,卫生部发布了《关于加强孕产妇及儿童临床用药管理的通知》,进一步加强儿童临床用药管理,保障儿童临床用药安全。

2014年5月,国家卫生计生委等6部门联合印发《关于保障儿童用药的若干意见》。该文件从鼓励研发创制、加快申报审评、确保生产供应、强化质量监管、推动合理用药、完善体系建设、提升综合能力等环节,对保障儿童用药提出了具体要求,并明确要求各地区、各有关部门做好保障儿童用药工作,促进儿童用药科学合理使用。

2016年1月,国家药品审评中心组织发布《关于临床急需儿童用药申请优先审评审批品种评定基本原则及首批优先审评品种的公告》,对临床急需儿童专用药品予以优先审评。2月,国家食品药品监督管理总局出台《关于解决药品注册申请积压实行优先审评审批的意见》,规定对有明显临床优势的儿童药品予以优先审评。3月,国家食品药品监督管理总局制定了《儿科人群药物临床试验技术指导原则》,进一步规范我国儿科人群药物临床试验,提高研究质量,为我国儿科人群用药的有效性和安全性提供更加充分可靠的数据支持,促进我国儿科药物的研发,满足儿童用药需求。国务院及各部委的系列指导意见,为解决儿童用药临床短缺问题、加快儿童用药研发上市势必发挥巨大的作用。

解决儿童专用药品短缺,实现儿童用药规范管理,保障用药安全,乃至对受药物伤害的儿童提供及时干预和救济等,显然需要通过国家立法加以规范和保障。2018年,《儿童用药保障条例》已提交国务院法制办,有望近期出台。这些相关法规制度从儿童用药注册申请、临床试验、科学规范研制、药品说明书修订等角度,为儿童用药安全性提供一定保障,但是真正做到立法监管儿童用药还有很长的路要走。

儿童用药常识

儿童生理特点

儿童常常被称作"小大人",但在儿童用药方面不能简单将其视为缩小版成人。儿童处于生长发育期,生理功能尚未发育完全,对药物的反应(敏感性和耐受性)和处置(吸收、分布、代谢和排泄)与成人相比有很大差异,且比成人复杂得多(图2)。因此,要根据不同时期儿童生理特点合理选用药物。

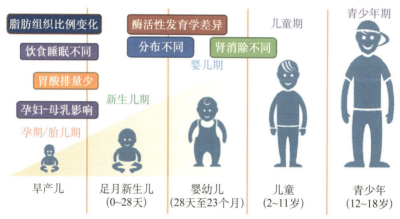

图2 儿童生理变化过程
(图片来源:百度百科)

儿童的药动学特点

随着年龄增长,儿童机体在解剖学和生理学上表现为一系列的连续变化,从而使儿童对药物的处置明显异于成人。常规的用药剂量、用药间隔、用药方法等是根据药物在成人体内的药动学特点制定的。按照成人的方法用药很可能给儿童造成用药伤害。下面我从药物吸收、药物分布、药物代谢、药物排泄 4 个方面，来讲一讲儿童不同时期的药动学特点。

1. 药物吸收

儿童尤其是新生儿和婴儿的胃液 pH 值与成人不同。新生儿胃酸少，酸性药物（如苯巴比妥、苯妥英）的口服生物利用度低，而碱性或酸不稳定药物（如青霉素、氨苄西林、红霉素）的生物利用度高。儿童体表面积相对较大，皮肤角化层薄，药物经皮吸收的能力是成人的 3 倍，故常有儿童尤其是新生儿局部用药中毒的报道。

新生儿可口服给药，一般需用液体制剂。新生儿贲门括约肌较弱，胃容量小，口服药物常因哭闹而吐出，剂量准确性易受影响。胃肠道吸收功能存在较大的个体差异，可使某些药物口服吸收量较成人增加。新生儿胃肠吸收药物较儿童慢，吸收比例不变，血药浓度的峰值较低。肌内注射是新生儿有效的给药途径，但注射容量易受肌肉量少的限制。

婴幼儿吞咽能力较差，吞服药物有一定困难，大多不愿口服药物。因此，应注意喂药剂量的准确性。婴幼儿胃容积较新生儿时期增加，但胃排空时间较新生儿短，药物吸收快于新生儿。学龄前后的儿童肠道相对较长，吸收面积较大，通透性高，易发生药物吸收过量，产生毒副反应。

2. 药物分布

早产儿及足月婴儿体脂含量低，脂溶性药物不能充分与其结合，血中游离药物浓度升高。随着年龄增长，体脂有所增加，婴幼儿时期脂溶性药物分布容积较新生儿时期大。

新生儿膜通透性高，血脑屏障功能低于成人。有些药物（如青霉素）在脑组织和脑脊液中的分布较成人多，可用于小儿脑膜炎的治疗。但应注意的是，大量胆红素易进入脑组织引起核黄疸，如磺胺类药物用于早产儿预防脓毒症时，可出现核黄疸。血脑屏障功能随年龄增长逐渐增高，但婴幼儿血脑屏障功能仍然较差，某些药物可进入脑脊液。此外，新生儿、婴幼儿血浆蛋白含量较低，药物与血浆蛋白的亲和力也低，游离型药物比例增大，药物作用增强，应注意调整给药剂量。

3. 药物代谢

肝脏是人体重要的代谢器官，儿童肝功能发育还不够完善，尤其是混合功能氧化酶（如 CYP450）缺乏，活力比成年人低得多，从而使药物的消除半衰期延长，毒副作用增加。不过新生儿肝脏相对重量高于成人，对药物代谢有利，但药物代谢酶系统尚不成熟，某些酶不稳定或缺失，特别是新生儿早期。与成人相比，新生儿 CYP450 活性较低，使某些药物（如地西泮、苯巴比妥、茶碱等）代谢变慢，半衰期延长。婴幼儿肝药酶基本成熟，活性达到成人水平，但由于婴幼儿肝脏相对重量仍为成人的 2 倍，因此，药物的肝代谢速率高于新生儿和成人，很多以肝代谢为主要消除途径的药物半衰期短于成人。临床给药时应注意调整给药剂量。

4. 药物排泄

肾脏是新生儿排泄药物的主要器官，然而其肾血流量、肾小球滤过率、肾小管分泌能力等均比较低,致使药物排泄时间显著延长。药物有效作用时间延长,可能引起蓄积中毒,应注意减少给药剂量。3个月的婴幼儿肾脏排泄药物的能力仍较弱,6个月后基本达到成人排泄药物的能力,但极易饱和。因此,临床上应根据新生儿的年龄、体重或体表面积确定给药剂量和给药间隔。

儿童的药效学特点

儿童,特别是新生儿、婴幼儿,不仅在药动学方面与成人有很大差别,而且对药物反应也不同于成人,有时甚至出现特殊反应。例如,吗啡易引起新生儿和婴儿呼吸抑制;氯霉素容易使新生儿患"灰婴综合征"。新生儿黄疸是新生儿时期最常见的症状。某些药物可使血中胆红素升高,引起胆红素脑病(核黄疸)。因此,要特别注意所用药物是否有引起或加重黄疸的危险。

新生儿、婴幼儿由于血脑屏障发育尚不完善,通透性较强,有些药物容易进入脑内引起神经毒性,如抗组胺药、氨茶碱、阿托品等可致其昏迷和惊厥。氨基糖苷类抗生素可引起脑神经、耳神经及肾脏损伤,用药不当可引起耳聋。新生儿及婴幼儿体内电解质调节、平衡功能较差,易致脱水和电解质紊乱,对泻下药、利尿药比较敏感,容易出现脱水、酸中毒。因此,不宜轻易给新生儿、婴幼儿使用泻下药。

儿童用药的基本原则

鉴于儿童群体的特殊性,儿童用药必须遵循以下原则:能不用药就不用药,能少用药就不多用,能口服就不肌注,能肌注就不输液。在儿童药物的选择和使用上,要做到安全、有效、经济、依从、规范、适宜和可及。只有遵循这些基本原则,才能保障儿童用药的科学合理。

儿童生病时,家长大多会根据自己或亲友以往的用药经验、医生医嘱、药师交代、药店店员推荐,以及从药品说明书、网络和书籍上查到的信息为孩子选药、用药。在此提醒儿童家长应主要按照医生、药师的专业指导及药品说明书信息进行选药、用药,不要盲信自己或亲友以往的用药经验(有时可能是错的)和药店推荐(有时会有商业目的)。需要指出的是,药品说明书是临床用药最直接、最主要的依据,但往往容易被家长忽视。

儿童药物的合理选用

儿童用药与成人不同,应选择适合于儿童的药物剂型、给药途径和方法,并根据儿童的年龄、体重、体表面积进行给药剂量折算,从而实现儿童疾病的精准药物治疗。

1. 选择合适剂型

儿童常用药物剂型(表1)包括固体剂型(如片剂、胶囊、颗粒剂、栓剂等)、半固体剂型(如软膏、眼膏、凝胶剂等)和液体剂型(如口服液、合剂、糖浆剂、滴眼剂、注射液等)。

表1 儿童常用药物剂型

剂型		用法及用药注意事项
片剂	普通片	直接用水送服,部分也可水化、碾碎
	分散片	既可像普通片一样服,也能用水化后送服,或直接口含
	含片	含在嘴里慢慢化开,不要嚼碎或直接吞下,含服完半小时内尽量不要喝水、吃东西
	咀嚼片	可以当糖嚼着吃,不宜直接吞服
	泡腾片	用适宜的冷水或温水冲配,待药物完全溶解后服用,万万不可粗心地直接放入孩子口中
	缓释片、控释片、肠溶片	通常需整片吞服,不能掰开、嚼碎或研成粉末
胶囊剂	硬胶囊	通常不宜将胶囊拆开服用
	软胶囊	有的软胶囊既可整体吞服,也可剪开后挤出药物滴服
	肠溶胶囊	应整体吞服,不可打开或嚼破
颗粒剂		一般用水冲服(注意分辨是开水、温开水还是凉开水),某些颗粒剂有特殊服法
散剂		分口服和外用,务必看清用法
丸剂		务必看清用量的单位(丸、支、瓶),并非所有看起来是丸状的都是口服
干混悬剂		应用水调化混匀
液体制剂	口服液	直接服用,部分可用水送服
	口服滴剂	滴管量取,直接服用
	混悬液	摇匀后服用
	混悬滴剂	摇匀后用滴管量取

为了解决儿童喂药困难的问题,选择一种儿童容易接受的剂型是很有必要的。这样能在很大程度上提高儿童用药的依从性,降低儿童对药物的排斥心理。例如,尽量选择儿童易于接受的糖浆剂、口服液、合剂、含糖颗粒、混悬剂等口感好的剂型,减少喂药困难。有一种儿童用头孢克洛干混悬剂由于口感好(草莓味),儿童非常容易接受,口服依从性好。在保障安全性的前提下,可采用半衰期相对较长的药物或缓控释制剂,以减少服药次数,改善儿童用药的依从性。一般不推荐给6岁以下儿童直接口服片剂。

一般来说,有小儿剂型(或规格)的药物尽量不要通过使用成人剂型(或规格)分剂量来解决问题。对于没有小儿剂型、必须分剂量的药物,尽量采用口服剂型来分,需要严格按照儿童用量进行准确分割,避免药物过量造成毒性反应或者药量不足影响疗效。

为提高儿童用药的依从性,除了选择合适的剂型外,家长还应注重日常的儿童用药教育,利用演示、示范等多种方法向儿童解释疾病与用药的因果关系,强调服药对疾病治愈的重要性和必要性,通过哄、安慰、鼓励、表扬等方法让儿童服药。

2. 给药途径和方法

给药途径和方法由病情轻重缓急、用药目的、药物性质及患者儿状态决定。正确的给药途径和方法对保证药物的疗效和安全性至关重要。

胃肠道给药是儿童最常用的给药途径。为了儿童服药方便,可将药物制成溶液剂或乳剂,也可将药片研成粉末,混在糖浆、果汁或其他甜香可口的液体中喂服。在特殊情况(如患儿处于昏迷状态或拒绝服药而又无法注射时),可考虑经鼻饲胃管滴入或输入,也可由肛门、直肠灌入。对年长儿童应用胃管输入时,应避免儿童将药物误吸入肺。直肠灌注比肌内注射吸收快,主要用于年长儿童需要迅速控制病情时。婴儿期经直肠灌注药物容易排出,吸收不佳。皮下注射给药可损害周围组织且吸收不良,不适用于新生儿。由于儿童皮肤结构不同于成人,皮肤黏膜用药很容易被吸收,甚至引起中毒,体外用药时尤其应该注意。对一般病症,能口服给药达到治疗目的,就应尽量避免注射给药,以减少患儿的痛苦和负担。慢性病则宜选择口服给药。

3. 给药剂量计算

儿童给药剂量一直是一个复杂的问题。由于儿童年龄、体重逐年增加,用药剂量也要随之发生变化。儿童给药剂量计算方法包括体重法、体表面积法或年龄折算法等。目前多采用前两者,其中根据体表面积计算给药剂量科学性强,适用于各年龄的成年人及儿童,可以按照一个标准给药。

影响儿童用药的主要因素

除患儿因素(如年龄、性别、体重等生理因素,肝、肾功能等病理因素)、药物因素(药物的药动学、药效学性质)和合并用药等因素外,用药的依从性和母亲用药对儿童用药的安全性和有效性也有重要影响。

1. 用药依从性

依从性是药物治疗成功与否的重要因素。如患者不遵医嘱、不按规定用药,则不能达到预期的治疗效果,甚至出现不良反应。儿童不遵医嘱用药的情况比较常见,且形式多样,如拒绝用药、不按时用药、中断用药、用药量不足或过量、用药时间过长、家长忘记或姑息等,均可导致用药依从性差,影响治疗的安全性和有效性。

2. 母亲用药

由于一些药物可通过胎盘屏障及乳汁分泌,因此,妊娠期或哺乳期妇女用药可能对胎儿或新生儿产生影响,引发药物不良反应或药源性疾病。20世纪50年代至60年代初期发生了举世震惊的"反应停事件",就是一个非常典型的案例。反应停(沙利度胺)能够有效阻止女性怀孕早期的呕吐,在德国等国家被批准应用,结果导致有 12 000 余名手脚异常的畸形婴儿——"海豹畸形婴儿"出生,造成现代医学史上的巨大灾难。

儿童安全用药的举措

为确保儿童用药安全,应牢记用药前、用药时、用药后、药品处理儿童合理用药四部曲。

1. 用药前

①确认给予"正确"的药:从正规机构购药,正确选药,对症用药,不给错药。②确认给予"正确"的使用者:仔细阅读药品说明书,看清有无儿童用药禁忌(表2);不擅自将成人药给儿童服用。

2. 用药时

①确认给予"正确"的剂量:按医嘱或药品说明书给药,使用配置的剂量器,个随意加减药量,不多服或漏服药。②确认给予"正确"的时间:按照医嘱或药品说明书规定的给药时间和间隔给药。③确认给予"正确"的用法:按医嘱或药品说明书规定的用法用药。

3. 用药后

①确认药品已安全储存(高而远)。②药品存放正确(如避光、阴凉、冷藏储存等)。

4. 药品处理

①确认儿童不能打开药品包装。②过期药品放置到药品回收处。

表 2　儿童禁用或慎用药物

儿童禁用或慎用药物		禁　　忌	原　　因
氨基糖苷类	庆大霉素、卡那霉素、阿米卡星、链霉素、小诺霉素、新霉素	6岁以下儿童禁用,6岁以上慎用	耳霉性,肾毒性
大环内酯类	红霉素	2个月以内尽可能避免使用,2个月以上慎用或医生密切监护使用	肝毒性
喹诺酮类	诺氟沙星、氧氟沙星、环丙沙星、莫西沙星、左氧氟沙星	18岁下儿童不宜使用	骨组织损伤
	阿司匹林及其复方制剂	3个月以下儿童,有水痘或流感样病状的儿童、青少年禁用	毒性反应,瑞氏综合征(不停呕吐、腹泻、疲倦、精神欠佳、不安、过度亢奋、神志不清、惊厥或癫痫,甚至昏迷)

续 表

儿童禁用或慎用药物		禁 忌	原 因
非甾体抗炎药	萘普生、双氯芬酸、尼美舒利、美洛昔康、吡罗昔康	2岁以下儿童禁用萘普生,12岁以下儿童禁用尼美舒利,14岁以下儿童禁用双氯芬酸,15岁以下儿童禁用美洛昔康,儿童禁用吡罗昔康	肾损害,胃肠出血,心血管事件
抗组胺药	氯苯那敏、苯海拉明、赛庚啶、酮替芬	国内新生儿和早产儿禁用,国外2岁以下儿童避免使用	抑制中枢,胃肠功能紊乱
	阿苯达唑(史克肠虫清)	2岁以下儿童禁用	脑炎综合征,急性脱髓鞘脑炎
抗寄生虫药	左旋咪唑	儿童禁用	迟发性脑病
	噻咪啶	1岁以下儿童禁用	肝毒性,神经肌肉毒性

儿童用药误区

儿童用药安全调查

《2016年儿童用药安全调查报告白皮书》显示,84.9%的家长给孩子用药时存在安全隐患。27.4%的家长表示因为担心医嘱用量不够或太多,会自行调整给药剂量;72.5%的家长存在给孩子擅自停药的行为;超过三成的家长会擅自给孩子联合用药;19.8%的家长会将药溶于牛奶、糖水、饮料和粥汤等给孩子服用;42.7%的家长会根据自己或亲友的经验给孩子选药、用药。

家长对儿童药的概念理解比较模糊。有61.5%的家长认同"药名上有小儿"字样的药是儿童药。有50.6%的家长认同"儿科医生处方的药就是儿童药",有41.0%的家长认同"说明书适用人群有写儿童的就是儿童药",还有39.0%的家长认同"说明书用法用量有写儿童的就是儿童药"。同时,家长对儿童药判断、用药剂量、喂药方式等方面存在困惑,超过一半家长有1~3种困惑。

中央电视台纪录片《见证》播出了一例由泡腾片引发的悲剧。孩子(18个月)发高烧,孩子母亲带着孩子去医院输液,医生给孩子开了两盒药配合着吃,其中有一盒是泡腾片,包装盒上写着"口服",另一盒柴黄颗粒,标签上写着"冲服"。孩子母亲可能是心急,没有看说明,直接拿出一片泡腾片让孩子吃下,然后让孩子喝了点水。过了10秒钟时间,孩子四肢发抖、咳嗽、呼吸急促、面部发青,送抢救室也没有救过来,一个美丽的小生命就因为一片药结束了。悲剧产生的客观原因是泡腾片直接口服,在喉咙溶解、吸水膨胀,并产生大量气泡（二氧化碳），导致幼儿缺氧窒息死亡。事实上，泡腾片是严禁直接口服或含服的，应用适量冷（温）水浸泡，待药片完全溶解后方可服用，现泡现喝，不宜久放。在这个案例中，悲剧的产生与孩子母亲不看药品说明书、用药方法错误，以及药师用法标注不清、未做用药注意事项交代有直接关系。

还有另一个案例是某患儿有咳嗽症状数日，家中老人根据民间配方，摘取家门口草药——曼陀罗果实水煮后给患儿食服，结果导致患儿神志不清、入院治疗。经检查，医生发现老人给孩子的药物剂量过大，导致孩子曼陀罗中毒。这个案例提示家长不能随便给孩子服用民间配方。另有一个两岁大的孩子，因腹泻家长自行给予成人用止泻药（地芬诺酯），患儿腹泻略减轻，但患儿逐渐昏睡、昏迷。最终通过输液促进毒物排泄并用纳洛酮解毒，患儿 2 小时后意识恢复。持续应用纳洛酮和输液 1 天后，患儿精神恢复正常。这说明成人药不可擅自给儿童服用。

之所以出现上述错误的用药行为、习惯和意识，究其原因，一是家长缺乏儿童安全用药常识；二是家长对儿童安全用药不重视，选药、用药马虎大意。

常见儿童用药误区

1. 药物滥用误区

误区 1：滥用抗菌药

滥用抗生素的情况有无需抗菌治疗时使用抗菌药、需用 A 抗生素时使用了 B 抗生素、不必要联合用药时使用了多个抗菌药等，常常是导致疗效差或无效、耐药、肠道菌群失调引起腹泻，最严重的后果是产生超级细菌。特别是婴幼儿出现感冒、发烧、腹泻等症状，不可盲目使用抗菌药，应当在有明确感染指征时选择合适的抗菌药物治疗。现在一些家长一看到孩子感冒，就会给他们使用抗菌药，觉得这样起效快、疗效好。滥用比较多的抗菌药包括头孢类、青霉素类、喹诺酮类、大环内酯类等。其实感冒绝大多数是由病毒引起，应用抗菌药通常无效。例如，6 个月到 2 岁的婴儿在每年 8～11 月，常因轮状病毒引起腹泻，这种病毒服用抗菌药根本无效。感冒伴有发热、痰黄、白细胞增多等症状，才需要考虑选用阿莫西林、阿奇霉素等抗菌药。有些家长急于见效，用药一两天见病情无改善便频频换药，殊不知抗菌药物滥用，会导致耐药菌株的二重感染，甚至损害肝、肾等器官。

误区 2：滥用抗感冒药

现在很多家长不根据感冒症状给孩子对症用药，而是把一两种感冒药视为常备药，不管是什么症状的感冒都来使用。要不就是重复用药，一次给孩子同时服下很多种药品，药品的重复应用致使剂量加大。

误区 3：滥用退热药

有些家长认为，孩子发热吃退热药就能好，因此动不动就给孩子吃退热药。儿童发热应查明原因再进行治疗。小儿发热原因很多，常见有感冒、扁桃体炎、肺炎等。如果乱吃退热药，容易掩盖病情，不利于诊断和治疗，甚至可能会导致因用药不当而造成脏器受损。

一般而言,儿童发热体温低于38.5℃,如果精神状态良好,建议物理降温。在进行了物理降温却体温不降或者升高至38.5℃以上,或者有明显怕冷、寒颤或者头痛、关节痛时,建议服用药物进行退热。有些家长选用的退热药往往是错误的,如选用不良反应严重的安乃近或含有非那西丁、氨基比林的复方制剂。儿童应选择安全性较高的布洛芬、对乙酰氨基酚等非处方药。有些父母为了让孩子尽快退热,几种退热药一起用。殊不知不同药名、成分相似的药品重复使用,会使剂量加倍,进而导致体温骤降、虚脱等严重不良反应。

误区4:滥用激素

现在很多基层医疗机构,特别是一些地方的卫生院,以"三素一汤"(激素、抗生素、维生素、输液)作为治疗儿童发烧之"宝",很多家长也认同这种观点,这是非常错误的。长期大剂量的使用糖皮质激素(如可的松、泼尼松、地塞米松等)能够抑制生长激素的分泌,影响小儿的生长发育,甚至造成更严重的感染。一般来说,糖皮质激素应用时,应有中毒症状明显伴有感染性休克、呼吸衰竭等适应证,还需要与足量抗生素同用。雄激素(如甲睾酮、丙酸睾酮)长期应用会使骨骼提早闭合,雌激素大量应用会导致女童早熟。除非患有原发性儿童性激素缺乏症,一般禁用此类药物。

误区5:滥用维生素和微量元素

很多家长认为,维生素及微量元素是营养品,可以多多益善,其实此类药应用过多也会产生严重不良反应。例如,非处方药规定维生素A每天不能超过4 000~6 000单位,过量可出现胃肠道反应、头痛等中毒症状;锌在血液中的浓度超过15毫克/升时,会损害巨噬细胞;大剂量钙剂会造成骨骼过早钙化,影响身高正常生长。

误区6:滥用中药

许多家长都认为中药比西药副作用小,殊不知中药滥用同样会影响儿童健康。很多家长都认为中药副作用小,愿意给孩子吃中药。例如,孩子一感冒,千篇一律地用小儿感冒颗粒等中成药。其实根据中医理论,感冒分为风寒感冒、风热感冒、暑湿感冒,不同症状应选用不同中成药。儿童常用的中成药多为清热解毒类,这类药物中含有鞣质、生物碱、挥发油及苷类等成分,不利于肝肾功能尚未发育完全的儿童健康。例如,六神丸中含蟾酥,可引起恶心、呕吐;长期服用牛黄解毒片,可致白细胞减少等。

2. 儿童外用药误区

误区1:大量高浓度酒精擦浴

小儿高热用大量高浓度酒精擦浴,可致酒精吸收中毒,引起呼吸困难、昏迷。

误区2:新生儿使用胶布或硬膏剂

1个月内新生儿忌用胶布或硬膏剂敷贴在皮肤上,这样做容易引起接触性皮炎。

误区3:大面积或高浓度涂药

局部涂药面积不宜过大,浓度不宜过高。例如,硼酸只可小面积湿敷,在大面积皮肤病使用时,可通过创面吸收发生急性中毒,甚至引起循环衰竭而休克。

误区 4：使用刺激性强的药物进行皮肤消毒

小儿皮肤消毒时，一般不宜使用刺激性强的药物（如水杨酸、碘酒等）。如病情需要使用，应从低浓度开始。一旦出现刺激症状（如起疱、脱皮等），应即刻停止使用。

3. 用药方式误区

误区 1：服药加糖

糖中含有一些矿物质，可与药物中的蛋白质起化学反应，在胃中产生浑浊沉淀，降低药物疗效。

误区 2：乱用饮料送药

喂儿童吃药确实是件麻烦事，尤其是很多药物比较苦。于是家长就想出办法，不用白开水服药，而是让孩子喝饮料（如果汁、牛奶或茶水）送药，这是非常错误的。一些饮料中可能含铁、钙等元素，会与中药发生沉淀影响药效；果汁中含有的酸性物质可中和碱性药物影响药效；牛奶中所含蛋白质、脂肪酸可在药物表面形成薄膜，影响机体的吸收；茶叶中含有的鞣质能与蛋白质、生物碱或金属盐类药物发生相互作用影响药效。

误区 3：剥去胶囊服药

胶囊具有掩盖药物不良嗅味、提高药物稳定性、定时定位释放药物等作用。剥去胶囊后服用药粉，不仅会影响药物的稳定性，而且药粉会加重消化道不良反应，因此，不建议剥去胶囊直接服药粉。

误区 4：强行喂药或静睡时给药

有些儿童对吃药非常抗拒，父母使尽办法也无法让孩子乖乖吃药，无奈之下只好抱住孩子、捏住其鼻子强行喂药。孩子一边反抗，一边被药水呛到咳嗽不止，喂药现场变成了鬼哭狼嚎的战场。请注意：在儿童的哭闹中强行喂药，易使药物呛入气管，轻则引起呼吸道炎症，重则造成窒息危及生命。喂药之前尽量跟孩子多沟通，让其知道吃药很快就会好。另外，有些家长会趁孩子静睡时给药，药物突然刺激舌、喉等部位的神经，可反射引起喉部痉挛，也是不可取的。

误区 5：滥用输液

长期以来，临床上存在滥用静脉输液的现象。一些家长为了追求疗效，经常要求医生采用静脉输液治疗，结果导致静脉输液不良反应发生率较高，给患儿带来不必要的痛苦。因此，应坚持能口服不肌注、能肌注不输液的原则。

4. 其他用药误区

误区 1：小儿用成人药

很多家长在孩子得病时用成人药治疗，觉得只要剂量减少一些就可以了。其实大人与儿童不仅体重不一样，病理、生理也有差别，肝肾功能、排泄、代谢也都不同。像去痛片、感冒通、氧氟沙星、安乃近、复方甘草片均不能给小儿服用，尤其是一些大人应用的缓释、控释片，更不应分割开给小儿应用。

误区 2：剂量不准确

由于市场上许多药物缺乏儿童剂型，很多处方药说明书都写有"儿童酌减"等字样，造成家长给孩子吃药很随意，给药剂量不准确。

误区 3：不合理的药物联用

很多家长不明白药物联用会发生相互作用，在家给孩子同时服用药物，如阿司匹林和红霉素、红霉素和开瑞坦、吗丁啉和颠茄、乳酶生和整肠生与抗生素等。而这些药物如果同时服用，会发生不良药物相互作用。

儿童用药时一定要遵医嘱，看清药品说明书，慎重使用，提高警惕，避免误区。为了保障儿童安全用药，应给予适宜的儿童药物，注意给药剂量、给药时间、给药途径、给药方法、给药疗程，并了解用药禁忌及用药注意事项。

儿童常见病、常见症状用药

发热

在儿科门诊发热患儿占很大比例。这是因为儿童尤其是新生儿、婴儿体温受外界因素影响较大，如环境温度过高、穿衣服过多、哭闹以后、各种原因导致的脱水等，均可以导致儿童体温升高。此外，各种感染性疾病，如上呼吸道感染、肺炎、肠炎、麻疹、水痘等也会引起发热。若儿童持续性高热，建议采用退热药。

常用退热药有对乙酰氨基酚（泰诺林）和布洛芬（美林），前者适用于 3 个月以上的婴儿，后者则适用于 6 个月以上的婴儿。如果用一种退热药有效，就尽量只用一种。在单独使用一种不见效的情况下再交替使用，这是因为单一用药引起过敏的概率相对较低，对肝肾功能的损害也小。目前不推荐对乙酰氨基酚联合布洛芬用于儿童退热，也不推荐对乙酰氨基酚与布洛芬交替用于儿童退热。应在使用药物的同时进行物理降温，可将患儿衣物打开，进行 30~40℃温水浴，多喝温开水，清淡饮食，室内温度控制在 25℃，家长保持平静、勿惊慌。

曾有家长在孩子发烧时用工业酒精擦拭致使儿童中毒身亡的案例。在工厂上班的爸爸听说酒精可以降温，便从工厂拿来一瓶工业酒精，将约 1 000 毫升的工业酒精擦拭孩子，擦后不久孩子便不省人事，送至医院抢救无效。采用酒精进行物理降温时，一定要注意避开禁忌部位（心前区、腹部），擦拭后 30 分钟复测体温，同时做到足部保暖。

一般的退热原则是先治疗原发病，再物理降温，若物理降温效果不理想，最后再药物降温。在进行物理降温时，要注意湿敷而不能使用冰袋，不能用酒精擦浴，多给孩子喝水，少穿衣服，不捂被子，保证排便，可以洗温水澡。药物降温时药物的选择至关重要，可选用对乙酰氨基酚、布洛芬等退热药。

由于引起儿童发热的原因很多，家长不能盲目采用物理降温或药物退热的方法，当儿童持续性发热或体温过高时应前往医院进行治疗。

感冒

感冒是儿童最常见的疾病,病毒是常见病原体。感冒病毒可以通过直接接触到污染的鼻腔分泌物、吸入感染者咳嗽或打喷嚏而播散到空气中的颗粒污染物而得以传播。感冒患者通常在感染1~2天内开始表现出喉痛、鼻塞、流涕及打喷嚏,2~4天后达到高峰。感冒症状的时间进程随病毒类型不同而有别,可伴有咳嗽、后鼻道分泌物下滴、流泪、低热、寒颤、轻度酸痛、周身不适、瞌睡及头痛。咳嗽还会导致患儿食欲减退和呕吐。感冒患者体温通常不高于38.5℃,感冒患儿的鼻分泌物在疾病最初2天表现为量大、稀薄而清亮,随后变得浓稠浑浊,呈黄色或绿色。随着疾病的消退,鼻分泌物变成水样。感冒严重可能引发鼻窦炎、中耳炎、气管或支气管炎、肺炎等。

感冒往往伴随着发热症状。儿童能使用的退烧药有两类:对乙酰氨基酚(泰诺林、必理通、百服宁)和布洛芬(美林)。二者用于退热连续使用均不能超过3天,用于止痛均不能超过5天。3~6个月婴儿可以使用对乙酰氨基酚,但剂量过大可引起肝脏损害;布洛芬的最小适用年龄为6个月,6个月以下患儿不建议使用;3个月以下的宝宝,需要在医生的指导下用药。家长千万记住,不能用大人的"退烧神药"给孩子服用,尤其是安乃近、阿司匹林等。

感冒用药的注意事项如下:

(1) 感冒多是由病毒引起的,用抗生素治疗通常是不合适的。因为用抗生素治疗,对感冒症状及临床结局没有任何影响,且易引起耐药和其他不良反应。注意浓稠变色的鼻分泌物不是抗菌治疗的指征,除非症状持续超过14天,提示有继发细菌感染。

(2) 有哮喘和溃疡病的儿童慎用阿司匹林,因易引起阿司匹林哮喘和加重溃疡,同时警惕瑞氏综合征的发生。

(3) 有心脏病、糖尿病、高血压的儿童慎用含伪麻黄碱成分的制剂。

(4) 对咳嗽痰多的儿童要注意祛痰、化痰,慎用右美沙芬等止咳药。

(5) 3岁以下的儿童因肝肾功能发育不全而应慎用阿司匹林等退热药。

(6) 因许多感冒药组方成分相似,应避免重复使用,以免因药物过量而引起毒副作用。

(7) 注意药物间的相互作用。例如,正使用双香豆素类抗凝药的患者,应避免使用含阿司匹林的感冒药,否则可引起出血;正使用镇静催眠药的患者,若使用含抗组胺药的感冒药,可加强中枢抑制作用,镇静催眠药应减量。

(8) 警惕有些药物的过敏休克反应,如复方阿司匹林、柴胡注射液等。

腹泻

腹泻在儿童中的发病率很高,是儿童健康的杀手。据报道,5岁以下儿童腹泻的年发病率平均为1.9~2.01次/人,6个月至2岁婴幼儿高发,1岁以下发病率约为50%。日常生活中引起儿童腹泻的病因较多，可分为非感染性因素和感染性因素。非感染性因素常有喂养不当、生理性腹泻、物理因素刺激、消化道外的全身性疾病；感染性因素有细菌感染、病毒感染和肠道菌群紊乱。

儿童腹泻治疗的关键和基础就是补充水和电解质。首先采用补液治疗的方式预防和纠正脱水，可以口服补液盐补液和静脉补液。脱水情况改善后可以继续进食。之后再对肠道进行调理，可以服用一些抗分泌药物、中药、蒙脱石制剂等肠黏膜保护剂、补锌制剂、益生菌制剂等微生态制剂、抗菌药等。

降低儿童腹泻发生率，首先应注意饮食卫生，预防病从口入，保持室内良好的空气流通，减少病毒感染的机会。家长应多组织孩子参加户外体格锻炼，增强体质，教育孩子饭前便后一定要洗手。腹泻作为5岁以下儿童死亡率第二高的疾病，需要家长和医护专业人员的共同努力，以降低其发生率和致死率。

过敏

过敏是人体接触某些外来物质后产生的过激反应。这些外来物质被称为过敏原，常见过敏原有花粉、柳絮、宠物、霉菌、尘螨、药物以及某些食物，如牛奶、鸡蛋、大豆、小麦、花生、鱼虾、坚果等。接触这些过敏原后，人往往会出现皮疹、瘙痒、皮肤红肿、流泪、眼部分泌物增多、打喷嚏、流鼻涕、鼻塞、咳嗽等，严重的甚至出现休克。

儿童过敏性疾病日益增多，症状愈为严重，世界范围内早期、有效预防儿童过敏性疾病成为迫切需要。有研究表明，某些过敏性疾病并非各自独立存在，婴儿或儿童早期出现的某种变态反应症状常预示未来其他过敏性疾病的发生。因此，儿童过敏应该引起重视。

当儿童过敏出现湿疹症状时，常用外用药物涂抹于湿疹处，例如，使用糖皮质激素类的药物，如丁酰氢化可的松乳膏（1天2～4次）、布地奈德乳膏（1天3次）、莫米松乳膏（1天1次），用这些药物适量涂抹，局部发挥作用，副作用较小。也可以使用炉甘石洗剂止痒消炎，用前摇匀（1天3次）。

若儿童患有过敏性鼻炎，不停打喷嚏、鼻塞、流鼻涕，首先应该做的就是让儿童回避过敏原，然后采用一些药物进行治疗。常用药物有包括：①糖皮质激素类（如莫米松、丙酸氟替卡松、布地奈德、曲安奈德等鼻用一线药物），鼻用或口服至少4周；②抗组胺药（如鼻用的氮卓斯汀、左卡巴斯汀和口服的西替利嗪、左西替利嗪、氯雷他定等），治疗量程不少于2周；③抗白三烯类药物（如孟鲁司特钠）、鼻减充血剂（如羟甲唑啉类、赛洛唑啉类儿童制剂），连续应用不超过7天。

另一种儿童常见的过敏症状就是哮喘。空气中漂浮的污染物，如可吸入性粉尘微粒、汽车尾气、工业排放废气及家庭燃气废气等，能够刺激呼吸道黏膜，加重过敏性鼻炎和支气管哮喘患者原本存在的气道高反应性，是哮喘的重要诱发因素。此外，被动吸烟同样是儿童哮喘的重要危险因素，哮喘患儿长期暴露于香烟烟雾中，会导致哮喘的发生次数增加和程度加重。当儿童确诊为哮喘后，常使用哮喘控制类药物和缓解类药物进行治疗。哮喘控制类药物需要每日用药并长期使用,通过控制炎症达到控制哮喘的目的。例如,吸入糖皮质激素布地奈德,用药后需漱口;使用长效 β2 受体激动剂(如沙美特罗、福莫特罗);还可以使用糖皮质激素/长效 β2 受体激动剂联合用药(如沙美特罗替卡松);使用抗白三烯药物(如孟鲁司特钠)。哮喘缓解类药物则要按需使用,用于快速解除支气管痉挛、缓解症状。常用药物有速效 β2 受体激动剂(如特布他林),是一种首选吸入型哮喘缓解类药物;全身性糖皮质激素(如泼尼松、甲泼尼龙),是哮喘重度发作时的一线用药;短效抗胆碱能药物(如异丙托溴铵、茶碱),但通常不作为首选。

此外,很多家长担心吸入激素治疗哮喘会影响孩子的发育,恰恰相反,对于支气管哮喘的患儿,吸入激素是最安全、最直接的治疗方法。吸入性的糖皮质激素可以直接进入气道、迅速发挥作用,并且由于用量较少,全身副反应较轻,同时这种药物使用时无需特殊的吸入技巧,安全可靠。

在生活中家长要留心儿童与常见过敏原的接触,以及出现的易让人忽视的症状,如咳嗽、鼻塞、打喷嚏、眼部分泌物增多等。此外,还应保持居住环境清洁干净,勤换洗被套、床单、衣物,勤晒被褥枕芯;家里尽量不养宠物,不用地毯及毛绒玩具;室内禁烟;不用香水及香薰等气味浓烈的刺激物;清洁地板、家具时用湿毛巾,尽量用吸尘器代替扫帚。

儿童药学服务

儿童药害事件的发生,与家长存在的错误用药行为、习惯和意识有很大关系。除此之外,也与医务人员,特别是药师对家长和儿童进行儿童合理用药宣传、教育、指导和监护不足有很大关系。

医务人员应深入了解和掌握儿童用药的相关知识和发展趋势,积极开展儿童合理用药宣传,为患儿家长提供药物咨询服务,并在院内外开展儿童用药的知识培训或讲座,提供优质的儿童用药咨询、教育、指导和监护等药学服务(图3),多渠道让患儿及其家长了解怎样做到科学、合理用药。例如,加强儿童用药监管,加强儿童用药立法,制定科学规范的儿童用药指南,撑起儿童安全用药保护伞;加强合理用药宣传,提高全社会对儿童安全用药的认识;加强儿童用药教育和指导,发挥药师作用,提供儿童药学服务;引导家长和儿童形成科学的用药观念、行为、习惯和意识;使用为儿童量身定制的专用药;严格遵照医生医嘱用药;严格遵照药师指导用药;用药前仔细阅读药品说明书;用药前仔细阅读袋标示;查阅药品的有效期等。

特别地,应充分发挥临床药师的专业技术特长,使其在儿童用药监护中发挥重要作用。

(1)临床药师可通过深入临床,开设药师门诊,开展

图3 儿童药学服务

药学查房、药学会诊、治疗药物监测等形式多样的服务工作,协助医生制定个体化给药方案,提高儿童药物治疗的质量,提升儿童合理用药水平。

(2) 临床药师通过对患儿父母进行用药知识的宣教,可更好地指导和促进患儿父母对患儿疾病状况及治疗效果、不良反应的观察,使其认识到遵医嘱服药的重要性,提高儿童用药的安全性、有效性、经济性、依从性、适宜性、规范性和可及性。

(3) 临床药师通过与医护人员和患儿父母的直接交流和有效沟通,可提供儿童用药的最新信息及合理化用药建议,提升儿童药学服务的质量和水平。

总之,儿童用药安全问题已经成为危害儿童生命健康的重要因素。希望社会各界共同努力,让儿童用药安全宣传走进更多的社区和家庭,普及儿童合理用药知识,提高公众对儿童合理用药的认识,提升公众的科学素养,引导家长、儿童形成安全用药的行为、习惯和意识,加强儿童药品管理,积极开展儿童用药咨询、用药教育、用药指导和用药监护,为儿童提供优质、安全、个性化的药学服务,提升儿童用药质量和水平,促进儿童合理用药,最大限度地保障儿童用药安全,维护儿童健康权益,满足不断增长的儿童健康服务需求,为儿童生命健康保驾护航!

致谢:感谢复旦大学药学院研究生刘玉萍和复旦大学附属儿科医院黄怡蝶主管药师对本文所做的贡献。

东方之道与西方理论

国际政治学视野中的传统思想

陈玉聃

【主讲人简介】 陈玉聃,复旦大学国际关系与公共事务学院国际政治系副教授。2009 年在复旦大学获得博士学位。曾在美国加州大学伯克利分校、瑞典隆德大学、德国波鸿鲁尔大学访问研究。主要研究领域为国际政治思想史(古希腊、文艺复兴、中西比较)和国际关系的文化透视(音乐、文学、武术、饮食)。出版专著《人性、战争与正义:从国际关系思想史角度对修昔底德的研究》、译著《马基雅维里与文艺复兴》,在国内外学术期刊发表论文数十篇。获得第三届上海高校青年教师教学竞赛社科组特等奖、第四届全国高校青年教师教学竞赛文科组二等奖。

【讲座摘要】 介绍国际政治研究的历史、现实及其困境,通过对老子《道德经》的解读,探讨将老子思想引入国际政治理论并推动其发展的可能性。

非常感谢诸位,今天细雨绵绵,大家还过来,而下雨的春季一般来说特别容易散发思古之幽情,与今天的主题或许也相宜。当然,这个题目或许过于宏大,尤其是主持人说,希望大家能从我的讲座当中寻找答案,这让人未免有些惶恐。严谨的社会科学学者通常不愿轻易地给出一个答案,尤其是不愿轻易地给出如此宏大题目的答案。其实,这并非我一开始定下的主题,原本的题目较为简单,是老子的世界政治之道,或者说作为一个国际政治学者对老子的解读。但在3 108教室这个有着宏大历史的空间,经与主办方沟通之后,我只能勉为其难谈谈东方传统、西方传统这样的宏大主题,但还是希望在我一篇关于老子的文章基础上做一些引申。同时,大家可以看到,讲座的副标题是"国际政治学视野中的传统思想",因为我毕竟是一个国际政治学者,而我对中国传统和西方传统的考察,也是基于我对国际政治理论的长久兴趣。在这个宏大的主题下,我想与大家探讨的是,在国际政治理论的发展及其困境之中,为什么我们会关注——也应该去关注——传统的思想,而对传统思想的这种思想史上的关注,又和国际政治学者对于古代思想一些既有的挖掘方式有何不同。以上是关于这次讲座的一些背景介绍。

以"东方之道与西方理论"为题,或许可以体现出一种张力,而有张力的题目一般来说会比较让人感兴趣一点。此处所有的是二重的张力,第一重就是传统与现代之间的一种张力,这不仅仅是指东方传统(如儒家、释家、道家等)与现代社会之间的张力,也是西方传统(如古希腊或者古罗马的思想)与当代之间存在的张力。还有一重张力则很明显,是东方与西方之间的张力。这两种张力背后,其实也有一个很有意思的主题,也是我个人一直以来的一个想法:东方和西方的古代思想之间是有很多可以互相通约的地方,在很大程度上我们现在碰到的问题——比如说国际关系理论在近20年的发展瓶颈——或许可以从东方和西方共通的传统思想中获得解决的思路,或者说这正是对抗国际政治理论中所蕴含的现代性危机的一种重要资源。

从学科自身而言,不论称之为"国际关系"还是"国际政治",与现代性有着天然的联系。一方面,我们学科本身就是现代的产物,一般认为,它的产生是在100年前,即1919年第一次世界大战结束之后。另一方面,"inter-national"这个词本身也承载了一些非常现代的内容。毫无疑问,这是一个复合词,"inter"加上"national",即"国家之间",尤其重要的是,这个"national"还不是我们一般意义上的国家,它本指西方近代才产生的"nation-state"。也就是说,首先有"nation-state",即民族国家,才有近代意义上所谓的国家和国家间的关系。这就是为什么在正统的国际关系理论当中国际关系的历史其实只有400年,它是从1648年"30年战争"结束以后签订《威斯特伐利亚条约》算起的,从彼时到现在,我们当代的这种国际体系也往往被称作威斯特伐利亚体系。《威斯特伐利亚条约》的重要之处众所周知:它奠定了主权国家的观念,使国家间关系真正走出中世纪。

30年战争在很大程度上是一个宗教战争,而《威斯特伐利亚条约》规定了一个重要的原则就是教随国定,也就是说,在一定的领土范围当中国家是超越宗教的存在。我们知道,在中世纪宗教是超越国家的存在。在《威斯特伐利亚条约》之后,国家至少在法理上拥有了真正意义上的主权，也就是国家之上没有更高的政治实体，这是国际政治中现代性的开端。我们没有一个世界性的超越国家的宗教，也没有一个世界政府的存在，民族国家就是最高的政治实体。具有明确的领土边界、以主权为标志的民族国家是当代最重要的国际政治行为体，也正是在"nation-state"的基础上才有了"inter-national"这样一个概念。这个词其实产生得很晚，它的发明者和我们国际政治学者没什么关系，因为那个时候还没有学科意义上的国际政治学者。它的发明者是著名的英国功利主义哲学家杰里米·边沁，他在18世纪末发明了这个词。当时这个词与现在我们对"inter-national"的印象，尤其国人对"inter-national"的理解还稍微有点不一样，他是在国际法的背景下发明国际这样一个概念的。原来的国际法叫做"law of nations"，边沁认为其含义模糊，所以想用"inter-national"这个词取而代之。

不管在实践上，还是在理念上，"inter-national"这个词都非常现代，而且我们至今也没有超越民族国家体系。同时，国际政治理论中的"理论"这个词也是非常现代的，从某种意义上来讲是非常西方的。什么叫做理论？尤其是什么叫做国际关系理论？我们国际关系学科在文理二分中叫做文科，但是再细分的话是属于社会科学，社会科学处在人文学科和自然科学之间。什么叫做社会科学？这是个常常引起争议的问题。国际关系这个学科中的学者现在往往倾向于科学化，不仅是社会科学化，甚至是自然科学化，尤其在美国，如果不懂定量研究的方法，可能就无法发表文章。对于"国际关系理论"这个概念，一些经典的界定，其实也是非常近代科学式的或者说西方化的。例如，在国际关系理论教科书中，大家可以看到这样一些来自各家的说法：理论是"对现象系统的反映，旨在说明这些现象，并显示它们是如何相互密切联系的"；是"一系列相互关联的假设、定义、法则、观点和原理"，等等。而其中最经典的一个界定，出自新现实主义国际关系理论大师华尔兹的《国际政治理论》一书："规律指出因果关系，理论则是对规律的解释。"

由此而言，国际关系理论虽很复杂，但其实质又很简单，就是要发现因果关系、解释规律。具体来说，这种近代科学意义上的理论，又包括以下几个层次：本体论、认知论和方法论。首先，本体论就意味着要去认识事物背后的规律或者说因果关系，要找到事物的核心要素或者说变量。国际政治理论假设的核心要素无非是最经典的权力。权力这个概念既相当模糊，又非常有用。现实主义国际政治理论宗师摩根索在其皇皇巨著《国家间政治》中，开宗明义，提出政治根植于人性，其亘古不变的法则是对权力的追求。另一个主要的国际政治理论流派新自由主义，则以利益为核心，把国家等同于或者说近乎等同于一个公司，从微观经济学的经济人角度来理解国家。在以上两种主流理论的基本假设中，国家或者追求权力，或者追求利益，或者兼而有之，权和利这两者构成其本体论的核心。

其次是认知论，即探讨知识是怎么产生的。我们有没有可能去认识世界？对于西方当代的国际政治理论来说，很显然，我们可以有效地认知世界，甚至可以有效地解剖世界，如医生对自己的对象进行解剖一样。这种认知论背后是人类思想的一种自信，也可以说是一种自大。摩根索对此有一段很有意思的话："（现代的）西方人自吞下知识果后，就热切渴望着突破自身的局限、超越自我，渴望着成为像神灵一样的存在。另一方面，他又不能逃脱自我，永远注定要有所渴望而终不可得。他在无法满足的渴望和无法逃避的本性之间悬荡，经历着内心的愿望与实际境遇之间的落差，这是他个人的、完全属于凡人的悲剧。"此种悲剧的表现形式之一就是浮士德式的对知识的寻求。主流的当代西方国际政治理论正具有这种现代的悲剧性，即对知识的无止境追求，以及对掌握规律和获得知识的自信。

再次是方法论，这对如今的国际政治理论学者来说是越来越重要的一个科目，国内高校包括复旦在内也越来越重视方法论方面的教学和研究。社会科学方法论无疑是极为重要的。相对前面所说的本体论和认知论，方法论侧重的是如何获取知识，如何寻找国际政治背后的那些规律，并对因果关系加以解释。它根植于近代以来的科学观念：作为主体的研究者，可以通过科学的方法认识和掌握作为客体的现实世界。于是在国际政治中，依靠正确的科学研究方法，权力运作、利益机制乃至文化认同，都可以被研究者揭示。当然，社会科学的研究方法又可以细分为定性和定量方法。

这是当代西方国际政治理论的概况，我们可以发现它和中国的传统思想存在着不少不兼容的地方，我们传统的对国家进行的思考、对世界或者说对天下的思考，似乎看起来相差甚远。中国现在强大了，很自然会有这样一种要求：我们必须要在世界上发出自己的声音，提供自己的理念和理论。我们常常听到中国学派、中国气象、中国风格、中国道路等概念，所以问题就来了，在国际政治研究中，怎么体现中国道路、中国特色？当然有几种不同的方法。比如说现在研究很多的是马克思主义国际政治理论。另外还有一种不难想到的方式，就是从我们自己的传统之中去寻找资源。因为数千年来中国思想家多如牛毛，学说无比丰富，随意采撷少许就可以"安装"在国际关系学说中。但问题就在于，源自西方世界的国际政治理论何以兼容中国的传统思想，或者说如何去把我们的传统思想与西方理论有机结合，而非生硬组合？

目前，学术界已经做出了不少探索，也有了不同的途径，其中也不免有一些理念之争。中国传统思想与当代国际政治理论之间的关系，这就是我今天这个讲座主题的宏观背景。一个核心的问题在于，究竟是用中国的传统思想来改造西方理论，还是用西方理论来改造中国的传统思想。我在讲座上推荐的阎学通老师的《中国先秦国家间政治思想选读》，就是一种较为主流的做法，打个也许不太恰当的比方，这譬如"以六经注我"的方式，也就是说，我们以西方近代的科学理论为"体"，通过这套基本的框架去找寻和比较中国传统的思想。阎老师的这部著作自然是非常值得赞赏的开拓性工作，但又总令人感觉意犹未尽，整套的理论基础和思维框架似乎仍是来自现代的国际政治理论，只不过嵌入了一些中国传统思想的因素，并没有动摇理论的根本。

在政策领域中我们也会常见一种类似的倾向，即中国传统的思想被当作外交上的一种"术"。例如，用一些经典的名言说明自己的外交政策或理念，但这种做法往往就将传统的思想仅仅当作一种争夺话语权的工具，是手中挥舞的"利剑"，而没有把它真正当成一种灵魂，没有把它当成一种"道"。

反过来，我们可以想一想，是否我们中国的思想——按照冯友兰著名的"照着讲与接着讲"之说——有着自身一种独特的脉络和发展的轨迹，可以在新的时代焕发出生机？有没有可能我们在西方理论遇到瓶颈的时候，反而通过中国的思想传统设立新的理论方向？

所以，我期望的是我们的传统思想能和西方当代理论做平等意义上的对话，提供一种不同的本体论、一种不同的认知论、一种不同的方法论，从而体现出一种不同的意义。

我个人对老子比较感兴趣，所以今天讲的主要就是老子的思想，这也只是一个小小的尝试。其实一开始书院找我的时候，想让我讲一下纵横家与中国的外交，我说纵横家我理解不深入。我想书院找我讲纵横家与外交的初衷可能是我前述的"术"这个角度，觉得纵横家的思想对当代中国的外交政策是否有借鉴作用。但是因为我本人是做理论的，我对理论上的发展和借鉴更感兴趣。

正好在前年的时候，有一本西方学者主编的文集，探讨历史上的思想大师对国际政治的看法，主要是依照西方的传统，从荷马、柏拉图，一直写到当代的涂尔干、德里达等人。主编想再找中国学者写一下孔子和孙子的思想，我觉得西方人已经对他们有了一定的了解，于是就提议写老子，因为从理论的角度，他可能对国际政治研究更有启发。今天讲座中我对老子的一些粗浅理解也是围绕着这篇文章展开的。大家若有兴趣，不妨读一下这本文集，它的写法在国际政治学术著作中是独一无二的，不能说绝后，但肯定是空前的。它是用对话体写成的，而且是虚构的对话体。原本有一个国际政治研究网站，叫做"Theory Talks"，每一期都采访一位当代著名国际政治理论家，网站上都是一篇篇研究对话，包括我们中国的学者阎学通和秦亚青老师也被采访。后来网站编辑又有了一个想法，能否不仅仅采访活人，也采访过去的大师？所以就有了这本书，对历史上的大思想家关于当代政治的看法进行"访谈"。

在我的这篇文章中，虚构的背景是当时老子要骑青牛出函谷关，本来也没有准备留下什么，后来函谷关守官尹喜请他写一些东西，才有了这样一篇《道德经》。到了临别的时候两个人有一番对话，我那篇文章的题目就叫做"Lao Zi：Dao of International Politics"——老子的国际政治之"道"。

讲到老子，我们首先提到的肯定就是"道"，但是道这个东西是很难讲清楚的，因为《老子》开篇就是所谓"道可道，非常道"。道这个东西到底意味着什么？或者说对于我们国际政治来说意味着什么？当然我们知道，"道"这个词有点像希腊思想中"logos"这个概念，它们都有两种含义：其一是语言、言、言说，其二是终极的一种道理、法则。当然，道或许还能指涉伦理意义上的"道德"。

在论及世界政治的时候，我们往往有一种儒家式的抱负，如《左传》中所言，要立德，立功，立言。比如在当前的中国外交中，说立德，便是确立一种国际规则或者国际规范；立功，便是要成就伟业，实现中华民族的伟大复兴；立言，就涉及现在常被提到的国际话语权。立德，立功，立言，这样就能成就不朽。在更普遍的层面上，民族国家其实本身就暗含着成就不朽这样一种抱负。因为民族国家的产生,在某种程度上是取代或者说起到了中世纪宗教的作用,因为宗教让人能够把有限的生命与无限、永恒相连接,而民族国家也是把人的有限的生命,通过融入民族国家共同体之中,导向无限和永恒,所以,它起到了类似于宗教的作用,可以寄托人"永垂不朽"的希望。

从老子的角度来说,他恐怕并不认为他的道完全是这样一种东西,他也并不认为国家或者说个人所追求的是一种以不朽为目标的立德、立功、立言。他的一个核心判断我们都知道:圣人之道,为而不争。对于个人是这样,其实对于国家也是这样,国家是要有作为的,但是不要去过多的争。而且国家之争是什么?争其实是国际政治之中,至少是当代国际政治之中非常基础性的观念。刚才已经提到,权力和利益是国际政治研究中最核心的概念,而权力和利益——尤其是权力——往往围绕着"争"展开。儒家尚且有"君子之争",但是老子的核心思想恰恰是不争,这是非常有意思的。

老子还有一句话也相当值得咀嚼:为无为,则无不治,这句话如果在外国人看起来是要头昏脑涨的。什么叫做"为无为"?到底是为,还是不为?这是一个很绕脑子的问题,这也是老子高明的地方,众所周知这是一种辩证法。为无为,则无不治,而我们当代的国际政治是怎样的呢?强调的很显然是要有所作为,我们知道邓小平的名言"韬光养晦",也不该忘记后面还有半句,就是"有所作为"。当代的国际政治或者说国家始终强调"为",但问题是这个为的结果如何?我们假设老子看了今天的国际政治,他也许会觉得为的结果并不是那么好,甚至很多问题恰恰就是刻意有所作为才做出来的。用上海话开玩笑地说,就是"作"出来的这个问题。国家的"作为"是什么?也许要做大国,要争夺霸权、争夺权力;也许从更为无私的角度,要进行积极的国际治理。但问题在于,很多问题恰恰是积极的治理所带来的,更不消说争权夺利。比如自然环境所涉及的生态、资源问题以及更多人类共同面对的全球性问题,往往都是我们积极治理世界、改变地球的结果。当然这里我也必须指出,老子说的话并不一定都是对的,只不过我们可以从中找出与西方理论颇为不同的地方,拓宽思维,以作参照。

我们可以具体来看一下国际政治尤其是西方国际政治中传统的"作为"——或者说要保持国际和平,促进国际发展——有哪几种基本的方式。第一种是最为经典的方式,也有学者认为是国际政治学唯一的原创性理论,是均势(即权力、实力的均衡)。均势其实不难理解。比如说我们这里有一位同学个子特别大,力量特别强,我打不过,怎么办呢?再找几个和我一样弱小的同学来,合在一起就可以和他相抗衡,这就是权力的均衡。在国际政治中,就是几个国家联合起来共同对付另一个或者几个国家。比如历史上时常可见的两极关系,论权力双方往往不完全均等,那么要维持和平怎么办呢?比如说我比对方的实力弱一点的时候,面对着可能的威胁,我就要找一群小国增强我这边的砝码,形成均势。这被很多学者认为是国际政治中最重要的理念之一,也是维护国际和平的重要法宝。一般认为自1815年拿破仑战争结束之时的维也纳会议直至1914年第一次世界大战爆发之间的100年,欧洲有着百年和谐期,因为除了克里米亚战争、普法战争之外,并没有爆发全欧洲性的、大部分国家都卷入的战争，大国势力的均衡便是其缘由。这种均势当然是"有所作为"，而且是需要极高智力、极费心血的一种精巧作为。19 世纪的均势大师公认有两人，一是奥地利的梅特涅，一是普鲁士和后来德意志帝国的俾斯麦。中国人民的老朋友基辛格博士对他们就非常佩服，有着深入的研究。在 20 世纪 70 年代，基辛格为什么要力促尼克松和中国建交？这也是一种均势的构建，因为当时的美国相对于苏联，实力此消彼长，所以需要超越意识形态分歧，与中国走近。均势这种积极的作为虽然有着重要的意义，但就 19 世纪的欧洲来看，却至少存在两个问题：其一，它并不能够确保永久和平，百年之后便发生了空前的第一次世界大战；其二，均势虽然保证了大国和大国之间的实力平衡，背后却是一部小国的血泪史，因为追求均势，便往往需要牺牲小国的利益对大国进行补偿。所以，这种"治"或者"有为"实质上存在着巨大的缺陷。

第二种方式是集体安全机制。现在最具有普遍性的集体安全机制是联合国，其前身是第一次世界大战之后建立的国际联盟。中国人对国际联盟的印象往往不是太好，大家都记得历史书上提到的李顿调查团，其报告中国和日本都难以接受，对中国伸张正义、维护主权实际上没有起到任何作用。在国际关系的历史上，国际联盟最后的命运是非常悲惨的，它并没有完成自己应有的工作，或者说没有实现"初心"。尽管"一战"后第一流的思想家和政治家们耗费极大的心智和精力去建造了国际联盟，但是它并没有如预想中那样保证和平。用一句耳熟能详的话来说，国际联盟只带来了 20 年的整军备战，因为 1919 年之后过了 20 年，第二次世界大战又爆发了。美国政治学家盖迪斯有一篇著名的文章《长和平》，其中就提到，"一战"之后依靠理性和智识构建的国际安全体系并没能带来长久的和平，相反，"二战"之后看似危险的两极对峙却使世界大战未能再次爆发。其中，美苏双方都拥有的核武器是一个重要因素。两个超级大国并不是出于主观动机刻意要确保和平，而是因为核武器的巨大破坏力，在美苏之间形成了所谓的相互确保摧毁（MAD）态势，任何一方主动出击，自然有毁灭对方的能力，却也会在对方的报复性打击之下毁灭，所以谁都不敢先动手。这是一种无为，看上去没有进行积极的国际和平治理，反而达到了有治。

讲到这里，很多人会想到一个很流行的词，叫做负责任的大国。因为讲无为的话，好像作为大国就不用负责任。可能偏向儒家的人会想到，儒家讲的是仁义，而老子和儒家之间似乎是有矛盾的，因为老子讲"绝圣弃智、绝仁弃义"。对这句话的真伪目前也有争议，暂且不论。从儒家的角度来说，我们强调要有仁义，有一种更加积极的状态，为天下承担起责任来。尤其在当下，中国外交中对"义"字越发强调。外交部长王毅就曾经写过一篇重要的文章，标题叫做"坚持正确义利观，积极发挥负责任大国作用"。但就老子而言，恐怕他首要强调的是避免刻意的作为，所谓"将欲取天下而为之，吾见其不得已。天下神器，不可为也，不可执也。为者败之。执者失之"。

比如说中国能否取代美国、在多长时间内会取代美国，这些问题现在不乏争论。从另一个角度想，中国取代了美国之后对中国是不是真的有好处？美国当然不想被中国所取代,不想让中国成为新的领导者。美国本身要维护这个霸权也要付出巨大的成本。大家都知道一个经济学概念,叫做布雷顿森林体系,它成立于"二战"结束之时,对战后世界经济尤其是西方经济的稳定起到了重要作用。布雷顿森林体系其本质并不复杂,即美元和黄金挂钩,其他国家货币和美元挂钩,实行一种固定的汇率制。但是这样一种体系需要美国付出巨大的代价,所以在美国有一种理论叫做霸权稳定论,强调霸权国要提供公共产品,让其他国家搭便车,以此维持国际体系。20世纪70年代经济危机之后,美国国力不济,布雷顿森林体系不得不瓦解,美元和黄金脱钩,黄金非货币化,其他国家汇率和美元脱钩,形成浮动汇率制。所以,要成为领导者,执天下神器,做负责任的大国,这种责任或者说仁义并不轻松,往往会"执者失之"。

当然,这并不是说不要仁义、不要做负责任的大国。如前所述,老子强调的是不刻意而为之,若是以"天下神器"为己任,积极主动地去做国际贡献、进行国际治理,恐怕他会不以为然。老子有句名言"上善若水",水不是刻意地让自己爬到高处或者主动寻求把自己通过一个压水器压到高处去灌溉田野,它只是很自然地跑到农地当中。水善利万物而不争,处众人之所恶,故几于道。

所以,我想老子若来解读国际政治,他对大国的界定应当就是上善若水。就此而言,无为和为其实是一致的,两者看似对立,但又有一个共同的对立面,即刻意有为。不论是做一个大国,还是运作一个国际机制,往往刻意为之带来的损害比不去做更大。我经常提到钱钟书先生在《写在人生边上》里一段很有意思的话:"世界上的大罪恶,大残忍——没有比残忍更大的罪恶了——大多是真有道德理想的人干的。"这不妨可以看作一种对于有为无为之间辩证关系的印证,放在国际关系当中也成立。比如说国家若要追求宏大的道德理想,热切地实践自身责任,尤其是自以为的意识形态上的责任,或许更多地会带来灾难。比如在茉莉花革命和各种颜色革命背后,我们都看到美国的影子。刻意去追求有为,对大国自己不利,对他国不利,对整个国际体系也不利。

当然也有人会继续追问,一个国家难道真的在国际体系当中可以"不争"吗?国际关系理论的奠基之作《国家间政治》,其副标题就是"权力斗争与和平",有的版本译作"争强权、求和平"。至少在正统的国际政治理论,尤其是最大理论流派之一的现实主义中,"struggle for power"是出自人之本性,也是出自国家自身的一种需要。古希腊政治家、史学家修昔底德被认为是"国际政治思想之父",在他笔下,国家有3种动机,人也有3种动机。为什么雅典在波斯战争之后要成为一个大国甚至是一个帝国,按照书中雅典人的说法,这不是我们自己刻意想要为之,而是因为每个国家都受到3种动机的驱使,即恐惧、荣誉和利益。在国际政治的历史中,我们总可以发现类似的动机。比如说恐惧,国家总是为自身的安全而忧虑,中国总有人觉得帝国主义亡我之心不死,美国总有人觉得俄罗斯和中国是危险的敌人,欧洲总有人觉得伊斯兰世界是很大的威胁,等等。国家总是生活在恐惧当中,因而试图追求权力,觉得权力越多就越安全。同时,国家也始终在追求荣誉和地位。在各种有关外交的正式或非正式评论中,我们常能听到一个词"扬眉吐气":有了航空母舰,扬眉吐气;卫星上天,扬眉吐气;月球车登月,扬眉吐气,等等。对利益的追求则更加普遍。荣誉、恐惧和利益这些都离不开"争",不论是学者还是普通人,往往都认为国家不免要通过斗争和竞争这样的"争"(而不是"不争"),才能够获得安全、地位、尊严和利益。

老子的观点很有意思,你去争的越多,越要耗费代价守着这些东西;费尽心机去争夺利益、争夺荣誉,去降低自己的恐惧,却往往适得其反,因为"天之道损有余而补不足"。其实西方人也有类似的思想,如前述修昔底德的《伯罗奔尼撒战争史》中,雅典使者认为自己的国家受到 3 种动机的左右,所以不得不去接受这样一个帝国——其中包括对于波斯人的恐惧,对带领希腊人战胜波斯人之荣誉的渴望,以及对利益的追求;但最终发现由此产生了新的恐惧:如果不能够勉力——甚至通过极残酷的方式——去维持这个帝国、压制盟邦,雅典就会衰亡。即使如此,雅典追求霸权、试图摆脱恐惧、想要追逐荣誉和利益,最终的结果仍是自己的战败,从此一蹶不振。所以,整部《伯罗奔尼撒战争史》并不像很多国际政治学者认为的那样,是现实主义的代表之作,我们可以发现它其实是一部悲剧。雅典人不断地在追求权力、荣誉和利益,但这种追求并没有带来善果,反而是"损有余而补不足",追求得越多,就越难掌握,爬得越高,摔得越重。

在国际政治的历史和现实中,往往可以发现国家对于力量的一种崇拜——或者从性别研究的角度而言,对于男性特征的一种崇拜。比如一提到军事演习,媒体上往往会说这是"秀肌肉"。肌肉代表着力量,不论是国家还是个人,缺乏力量、没有肌肉当然不行的。现在人们在健身房锻炼增肌,肌肉练得越多,似乎就越有力量、越有安全感。但是我们知道有些健美运动员身体是有问题的,因为要追求肌肉的维度,有时不免会使用类固醇等有伤身体的药品。国家其实也有着类似的行为,国家为了追求"肌肉"、追求实力,却穷兵黩武,最后不是有益于国家,而是损害自身。对于力量的崇拜和自信,会使国家在追求和证明自己强大的道路上忘乎所以,在古典政治哲学中称为"hubris",即狂暴、僭越、自大、失智。老子所讲的恰恰是大国从一开始就要有所警惕,所谓"大国者下流",即要像水一样往低处流,应始终保持谦逊。我经常把老子这一观念与修昔底德笔下的雅典帝国作比较。众所周知,在伯罗奔尼撒战争中,雅典人最丧失理智的一次行动就是西西里远征。西西里远征是对于力量的一种无限崇拜,它集中了雅典历史上最大、最宏伟的一支军队,甚至有无数商人、艺人、工匠自发跟着,好像去参加嘉年华一样,如此无限的自我膨胀,导致的是悲剧性的结果。也许修昔底德的本意和老子一样,借此悲剧强调"大国者下流……大者宜为下",尤其是在崛起的时候千万不要忘记自省和冷静。"认识你自己",这在西方传统和中国传统中都是被反复强调的一点。

前面讲"为"和"无为"的时候,提到过老子一句很有意思的话:"天下神器,不可为也,不可执也。为者败之。执者失之。"对力量的崇拜、对权力的追求,即便在千辛万苦之后使国家走上巅峰,也往往难以维持下去,强大的帝国在巅峰之后往往就一蹶不振。公元前 5 世纪的雅典是这样,蒙古帝国是这样,亚历山大帝国是这样,甚至大唐帝国也可算在其中。在追求权力的道路上什么时候适可而止? 当然有人会说,大国不争还可以理解,毕竟

"大国者下流"。那么小国呢?小国不争不自强也许就被消灭了。不管在西方,还是在中国,很多人在讨论国际政治时都会引用修昔底德著作中的一句话:"强者可以为所欲为,弱者只能默默忍受"。对于我们中国人来说,还有一个意思相近但更为流行的说法:"落后就要挨打"。对于小国来说,老子会如何理解?从我们通常的认知而言,小国面对着强国,在国际政治的丛林中,似乎只得不断地追求权力、自强不息。我觉得老子的思想很有意思,他不是说小国要毫无斗志、屈服投降,他所说的"无为"也并非是一种消极的观点。老子说"无为",经常用女性或者"雌"来做比喻,这倒不是说老子是女性主义者,而是说他强调柔弱的东西也许生命力更强。比如女性的平均寿命比男性更长,虽然男性在力量方面更加强大。这和老子对"水"这一意向的偏爱是一致的——《红楼梦》中贾宝玉也说女儿是水做的骨肉——"天下莫柔弱于水,而攻坚强者莫之能胜",这是一种辩证的观点。

诸位可能会问,有没有如此的例子:一个国家要追求权力、争做强国的时候于自身不利,安于做小国却反而有益。这里有一个值得讨论的案例,就是近代的瑞典。我们现在对瑞典有着怎样的印象?大约人们普遍觉得,瑞典幸福指数高、福利好,所以,如今欧洲的难民不少也都以瑞典为最佳目的地。但是在近代早期,瑞典曾经参与过欧洲的争霸战。在奠定现代国际体系基本原则的欧洲 30 年战争(1618—1648 年)中,瑞典曾经是左右战局的参与者。当时的瑞典国王古斯塔夫二世被称作"北方雄狮",他锐意改革军制、励精图治,使瑞典一跃成为欧洲军事强国,并统帅军队加入 30 年战争,屡次战胜以神圣罗马帝国为首的天主教同盟军队,拯救了战争前期濒临崩溃的新教联盟。然而在 1632 年的吕岑会战中,古斯塔夫二世虽然指挥新教军队获得了胜利,自己却中弹身亡。出师虽捷身却死,对国家也好,对个人也好,是幸还是不幸?半个多世纪之后,在 17 世纪末,瑞典又出现了一位同样著名的君主查理十二世,具有极高的军事才华和战争热情,戎马一生,与丹麦、挪威、波兰、俄罗斯国等交战多年,纵横北欧、东欧,难逢敌手,但在深入俄罗斯境内作战时战败而归,为了弥补自己对俄战争的损失,转而进攻挪威,在几乎获得压倒性胜利之时不幸战死。瑞典从此离开欧洲强国之列,彻底退出争霸战争。

在瑞典历史上最强盛的两个时期,武功最强大的两位君主都英年早逝,在国力、军力尤盛之时战死沙场。经过这两次霸权战争,瑞典自此之后就开始安心做中等国家。30 年战争和北方大战使瑞典失去了最伟大的两个国王和称霸的最好时机,让它甘于留在北欧,没有像法国、德国、俄罗斯这样成为世界性强国,但也没有像它们这样在近代史上遭遇这样多的灾难,现在瑞典国民的幸福指数还是要高于曾经的欧洲霸主和世界霸主。

对瑞典的案例,不同的人当然可以有不同的解读。但读到 17 世纪这两段历史的时候,我就很自然地想起了老子的这句话:"勇于敢则杀,勇于不敢则活;此两者,或利或害,天之所恶,孰知其故?"国家就一定要做大做强,一定要参与争霸,一定要实现权力变迁吗?恐怕未必如此。从瑞典近代史的前后对比,恐怕可以让我们更好地理解老子的名言:"弱者道之用。"

从更深刻的一个层面来说,我们对于民族国家的界定,或者说我们对于国家的身份认同,又往往离不开国家历史上的对外战争。比如,就民族国家作为"想象共同体"之"想象"的重要方式国歌而言,中国的国歌《义勇军进行曲》和抗日战争相关,美国的国歌《星光闪耀的旗帜》和1812—1814年的第二次美英战争相关,法国的国歌《马赛曲》和法国大革命之后抵抗外来干涉的战争相关。不仅国歌如此,对国家的认知,也总是与国家最伟大、最辉煌的历史时刻相连,后者往往是关键对外战争的胜利。蒙古人崇拜成吉思汗,马其顿人崇拜亚历山大,中国人言必称秦皇汉武、唐宗宋祖,因为他们都是国家和民族武功之盛的象征。甚至在日常生活中,很多人爱国的标志就是"犯我强汉者,虽远必诛",觉得这是中国人霸气的体现。更进一步说,如果国家特别是近代国家在本体上就与战争不可分割,那么在国家政治中是否就是"力量即正义"? 国家的正义是什么? 事实上,在当代的国际政治研究中,个人伦理与国家伦理往往被认为是相悖的。比如就个人而言,大家从小都学孔融让梨的故事,我的东西与别人分享,这叫做正义;国家自然不行,哪怕一寸领土出让,这都是被永久钉在耻辱柱上的汉奸行径。国家的正义是非常独特的,在某种程度上,不是国家服从正义,而是国家就往往被认为是正义的标准,且此种正义通常以利益为指向。简单地说,符合国家利益就是正义,有违国家利益就是不义。而利益的获得和维护又往往离不开战争手段,所以,虽然人们总是讴歌和平,却又在内心深处认同战争在某种程度上的正义性。

　　对于正义、战争和国家利益,老子也有一些很有意思的观点。他提到带利剑、财货有余之人——虽然不是直接与国际政治相关,不过恰巧就是武力和利益这两个重要的意象——给出的判断却是"是谓盗夸,非道也哉"。那么在国际政治中,他会怎样看待武器精良、财富有余的国家呢? 再进一步,他对战争的看法也写得非常有意味:"兵者不祥之器,非君子之器,不得已而用之。"我们知道有一个尚存争议的说法:"武"这个字,就是由止戈两者构成的,所谓"止戈为武"。这种说法不论在字源上是否正确,至少也体现了中国人的一种传统观念:武是武力的运用,但武力的运动恰恰是要终结武力。"兵者不祥之器,非君子之器",老子又并不是反对一切战争,不然这段话他本没有必要写。如前所述,战争对于国家而言是必须的,老子强调这是"不得已而用之",所以要"恬淡为上",因为战争毕竟本质上是破坏性的暴力活动,即使不得不打,也需胜而不美。如果打胜了,觉得很骄傲、很自豪,以此炫耀,那么老子就觉得这是以杀人为乐:"胜而不美,而美之者,是乐杀人。"接下来的一句话很关键:"夫乐杀人者,则不可得志于天下。"而且后面还有很有意思的说法:我们讲打了胜仗应该怎么样呢? "以丧礼处之"。西方人的传统我们都知道,打了胜仗,那是国家的荣光和将领的荣光,往往要举行凯旋仪式、建凯旋门。古罗马是这样,直至拿破仑还都有这个传统。但是老子恰恰相反,认为打了胜仗就应该垂头丧气的,因为胜利越大,往往杀伤越多,"杀人者众,以哀悲泣之,战胜以丧礼处之",这才是君子和天下之主的样子。这种情怀和杜甫著名的《前出塞》是一致的。我们都熟知其中的"挽弓当挽强,用箭当用长;射人先射马,擒贼先擒王",听起来好像作者是在鼓吹军功,豪气万丈,其实后面几句更值得玩味:"杀人亦有限,列国自有疆;苟能制侵陵,岂在多杀伤。"恰可与"兵者不祥之器,非君子之器,不得已而用之"相印证。

接下来我想谈一些与学科和学术本身更相关的内容。首先是一个学科本体论的问题,即实然与应然之对立。承认社会的现状,这是实然;建立更加美好的社会,这是应然。近代的政治科学,尤其是近代的国际政治理论,其成熟就是以区分实然和应然为标志。在"一战"之后政治家和思想家们构想并建立了国际联盟,"理想主义"风行一时——虽然两次大战之间所谓的"理想主义"者们从未承认过这一标签。"二战"前后,为国际政治理论奠基的现实主义大师们说,之前的国际关系研究错在哪里?为什么没有阻止第二次世界大战的爆发?问题就在于我们错把实然当作应然,过多地注意我们应该怎么做,而没有重视无政府状态的国际社会中权力斗争的本质性,也就是说,"一战"之后的"理想主义"学派从人性之善、伦理道德之重要、国际社会之进步出发寻求和平的实现,这是南辕北辙,因为他们没有认识到国际政治中最关键的要素是权力。由此可见,国际政治研究应注重实然而非应然,这几乎成为学科的基本共识。

但是实然与应然真能截然区分吗?以老子为例,他可能会认为,实然和应然之间也许并不存在着本质的对立,应然本身蕴含着实然(或者说一种实际性),而实然本身也蕴含着应然,翻译成西方的话语,大约就是黑格尔的那句名言:"现实的就是合理的,合理的就是现实的。"我们来看一下老子是怎么说的。他有一个著名的"小国寡民"论,这是实然,还是应然?恐怕很难做这样的区分。如果做一个类比,这有点像柏拉图对理想城邦的论述,其实柏拉图自己应该也不会相信,严格意义上的理想城邦真能实现。但是这并不重要,因为这种理想是理念——古希腊语中的"idea"——理念在人世中虽不可达到,但理念与现实之间并不是截然对立的,现实是理念的模仿或者摹本。老子大概也是这样,我觉得他也并不会认为小国寡民的世界真能实现,这是一种理念——或者从更现实的角度而言,用韦伯的概念来讲,是理想型。重要的是让现实作为某种意义上的一种摹本,而不是真的要实现一个小国寡民的乌托邦。这和老子的核心概念"道"也是相通的。这种道不仅仅是一种天道,也是人道,天与人是有着对应关系的,自然并不是像现代人认为的那样,是完全客观的,自然可以说是实然的,也可以说应然的,它所对应的是人的本真。一个充满了权力斗争的"现实"世界,一个与"应然"无涉的世界,是真实的还是虚妄的?

其次是认知论的角度。近代以来,西方科学的基本取向是认识自然规律,认识人类社会的规律。但是东方人尤其是老子,可能觉得要彻底认识和阐释根本性的问题是不可能的,所谓"道可道,非常道"。这和前述西方国际政治学对理论的认知——规律指出因果关系、理论解释规律——是截然不同的。能用"言"讲清楚的,就不是根本性的道理。老子还说到"夷希微"三者:视而不见,名曰夷;听之不闻,名曰希;搏之不得,名曰微。此三者不可致诘,也就是说,没法追究到底。但从近代科学的角度,恰恰是要追问万物本质,所以这是相当不一样的认知论。对于老子来说,本原是无法真正追问下去的,人的认识的能力是有限的,所以,人不可完全清楚地——至少不能完全清楚地通过理性和分析——来认识这个世界,换句话说,人对自然和社会都要保持一种敬畏之心,知道人类认知的局限性。这恐怕也是老子对当代国际政治学者的一点启示。

　　从学科角度而言，目前有不少学者提出要建立国际关系研究的"中国学派"，但中国学派到底意味着什么？其根基在哪里？比如一些中国学者在国际学界具有相当高的知名度，以社会科学的方法做国际政治研究，做得比西方学者更为出色、更加科学，但他们恐怕很难被称作——也不愿被称作——"中国学派"，因为他们做的是一种好的社会科学的研究，而科学只分对和错、先进和落后，是不分国界的。我个人对"中国学派"的构建并没有太大的热情，但如果要有中国学派的话，我想就不能沿着社会科学的路子，不然至多只是西体中用而已。之前我在一篇文章中写过一段话，在此与诸位分享：

　　西方近代的学术主要是科学发展的结果，所以，若是以社会科学为准绳，国际政治学之中国学派的构建大约并无可能，因为我们总要在西方学术的基本框架中发展，即使归纳整理中国传统思想，也只不过是在科学标准之下进行剪裁，或可锦上添花，却非自成一家。不过，最近一个多世纪以来，西方学界也在反思自己的学术传统——尤其是实证科学的独大；为此，西方哲学家中有不少人（如海德格尔等）对中国传统思想表现出浓厚的兴趣。因而，真正以传统思想为根底的中国学派若有可能存在，或许最容易切入的正是国际政治的思想史和文化、审美路径，而非科学路径，这也恰能与国际政治的科学路径相映成趣，共同为学术发展奠定基础。

　　恰好，中国哲学和美学的重要来源就是老庄，就此而言，也许老子的思想比儒家的传统是更好的一种方式，能让中国学派独树一帜、自成一家。

　　最后想分享一段《道德经》中我觉得对国际关系的学者和学生最重要、也最有气魄的话："以身观身，以家观家，以乡观乡，以邦观邦，以天下观天下。"现在对于天下的论著其实有很多，当然很多研究还比较空洞，也有不少的争议，我推荐大家去看葛兆光老师的文章《对"天下"的想象——一个乌托邦想象背后的政治、思想与学术》。从一种理念的角度，"以天下观天下"却是对当前国际政治理论的有益补充，因为后者在本质上没有超过国家这个层次，在国际是一个失范的或者说很少有规则可言的社会。西方学者对国际政治的研究，可以说是以邦或者以国来观天下。我们能不能超越这个层次，"以天下观天下"？其实已经有人做出这方面的尝试，比如一位美籍华裔学者凌焕铭（L. H. M. Ling）最近出版了一部著作《世界政治之道》，用道家思想研究国际政治，她在这里刻意不用"国际政治"而用"世界政治"，因为她觉得道家给我们的启示是要超越国家和国家之间的关系，而上升到一种世界主义的层次。作为中国的学者，能否更为深入地将老子的思想引入国际政治研究，形成东方与西方、传统与现代的对话？这是我尤为感兴趣的。

谈谈"成于乐"

张汝伦

【主讲人简介】 张汝伦,复旦大学特聘教授,博士生导师,历任哲学学院中国哲学教研室主任,上海市中西哲学和文化比较学会副会长,中国哲学史学会理事。2004年起享受国务院特殊津贴。主要著作有《现代中国思想研究》《德国哲学十论》《现代西方哲学十五讲》《二十世纪德国哲学》《现代西方哲学纲要》《我们需要什么样的文明》等,主要译著有《政治中的理性主义》《论历史及其他论文》等。在核心期刊发表学术论文、学术随笔数百篇。被评为"复旦大学教学名师"和"研究生心目中的好导师"。

【讲座摘要】 乐在中国古代思想文化中具有突出的地位,受到人们广泛的重视。中国古人从宇宙论和形而上学的角度理解乐之本原与义理,从文明教化和理想政治的目的理解乐的作用。因此,乐并不纯粹是主观的产物,而是有客观真理的根据。中国人并不因此否认乐的审美意义与娱乐功能,但无论如何,乐不是现代意义上的单纯"艺术",而是人格养成的必要途径。

众所周知,中国传统文化常常被人叫做"礼乐文化"。"文化"一词来自《易经》"观乎人文,以化成天下"之句。中国人对文化的理解简单说来就是以人文教养来培养人的高尚人格和精神品性。所谓"礼乐文化",也就是明确表明,在这种以培养人格、造就文明社会为目的的文化中,礼乐起着核心的与基本的作用。"礼乐造士"的传统,就是这种文化的具体体现,而孔子"兴于《诗》,立于礼,成于乐"的教导,则表达了士君子人格养成的3个阶段或3个必由的途径。

虽然孔子在这里将诗、礼、乐三者分开来讲,其实这三者在古代往往是结合在一起的。诗是要吟唱的,而礼则将诗、音乐、舞蹈熔于一炉;乐本身就是礼的一部分,又往往和诗不可分。尽管如此,这三者仍然还是有区别的,就对人的教化作用而言,乐显然更为细腻、深入和全面,它无孔不入,无时不在,故人格之完成必在乐。这一点在《乐记》中说得很清楚:"君子之于乐,以暇豫之时养和平之气,所以防间断之弊,密涵养之功也。此成之所以得于乐也。"

孔子本人对于音乐极度重视,他既对音乐有很高的鉴赏能力,又有出众的音乐才能,这在《论语》和其他古籍中都有不少记载。《史记·孔子世家》中写道:"孔子学鼓琴于师襄,十日不进。师襄子曰,可以进矣。孔子曰,丘已习其曲矣,未得其数也。有间曰,已习其数,可以益矣。孔子曰,丘未得其志也。有间曰,已习其志,可以益矣。有间,有所穆然而深思焉,有所怡然高望而远志焉。曰,丘得其为人,黯然而黑,几然而长,眼如望羊,如王四国,非文王其谁能为此也。"

从这段记载可以看出,孔子对于音乐绝不满足于技术方面,而是追求音乐所表现的精神内容和人格志向。孔子也将自己的人格精神融入他的音乐活动中:"子击磬于卫,有荷蒉而过门者曰:有心哉,击磬乎!"(《论语·宪问》)孔子喜欢唱歌,听到别人唱得动听,孔子会要求唱者重唱一遍,自己随之加入合唱行列:"子与人歌而善,必使反之,而后和之。"

孔子以诗书礼乐教人,本身有极高的音乐修养(图1)。《论语》中记载了许多他关于音乐的言论,例如,"子在齐闻韶,三月不知肉味,曰:不图为乐至于斯也。""子曰:关雎

(a) 孔子对音乐有很高的鉴赏能力和出众的音乐才能

(b) 孔子以诗书礼乐教人

图1 孔子与音乐

乐而不淫,哀而不伤。""子语鲁太师乐曰:乐其可知也。始作,翕如也。从之,纯如也,皦如也,绎如也,以成。""子曰:师挚之始,关雎之乱,洋洋乎盈耳哉。"孔子不仅欣赏和演奏音乐,而且对音乐作了一番重要的整理工作,他说:"吾自卫返鲁,然后乐正,雅颂各得其所"。《史记·孔子世家》中写道:"三百五篇,孔子皆弦歌之,以求合韶、武、雅、颂之音,礼乐自此可以得而述。"这是使诗与乐得到了它们原有的配合、统一。

图 2　音乐在中国几乎与文明同时出现

在西方文化中,与其他艺术门类相比,音乐发展得极迟。西方音乐史著作对文艺复兴之前的描述往往一笔带过,篇幅很少,即使在文艺复兴时期,音乐与雕塑、绘画、建筑、文学等艺术相比,也微不足道。普契尼曾说:"和各种艺术相比,音乐艺术只不过是举步维艰、摇摆不定的小孩罢了。"而中国则不然,中国古代在一般制度尚未完备的情况下,音乐就已受到极大的重视。音乐在中国几乎与文明同时出现(图2)。

根据古书记载,黄帝使伶伦斩竹作笛;颛顼好风声,"乃令龙作乐,效八风之音,命之曰《承云》"。舜帝曾弹五弦之琴,歌南风之诗。歌词只有两句:"南风之熏兮,可以解吾民之愠。南风之时兮,可以阜吾民之财。"曲调也只有五音,听起来非常庄严。《周礼·春官》上记载:"钥章,掌土鼓、豳钥。中春,昼击土鼓。吹豳诗,以逆暑。中秋夜迎寒,亦如之。凡国祈年于田祖,钥《豳雅》,击田鼓以乐田畯。国忌蜡,则钥《豳颂》,击土鼓以息老物。"这一章说的是在古代古人生活与音乐的关系:在仲春的白天,人们敲打土鼓,吹奏豳诗,用这种方法迎接夏天的到来。到了仲秋夜晚,他们也利用同样的方式迎接冬天。这种做法显然与阴阳的观念有关,人们认为夏季暑气属阳,所以祭祀在白天举行;冬季寒气属阴,所以仪式在夜间举行。此外,向田祖(农事之神,神农氏)祈求丰年,也要吹奏豳雅,伴奏土鼓,以娱乐教导农业的始祖。十二月蚕祭之时,祭者要吹奏《豳颂》,敲击同样的土鼓,以息田夫万物。

音乐虽然起于民间,却盛于朝堂。《庄子》书上说:"黄帝张咸池之乐于洞庭之野,……奏以阴阳之和,烛以日月之明。"如果说这可能还是传说的话,那么,《礼记·明堂位篇》上"升歌《清庙》,下管《象》。朱干玉戚,冕而舞《大武》;皮弁素积,裼而舞《大夏》"的描写,就很可能是事实了。《礼记·明堂位篇》这段话描写的就是朝堂上歌舞的盛况:乐工登上庙堂,歌咏周颂。堂下罗列管乐器,吹奏《象》曲。国君左手持朱红的盾牌,右手执玉饰的大斧,穿上天子穿的衮冕,跳着象征武王伐纣的《大武》之舞。还有人头戴皮弁,身穿丝制素衣,露出裼衣,大跳象征文治功成的《大夏》舞。《周礼·大司乐》则记载了祭祀天地的音乐:"乃奏黄钟,歌大吕,舞云门,以祀天地。乃奏太簇,歌应钟,舞咸池,以祭地祇。"

正因为音乐在古代中国具有重要的地位和作用,所以,在古代中国它被纳入国家体制。《尚书·舜典》上即有舜任命夔为乐官的记载。夔是中国古代有名的音乐家,据说有一次他演奏石磬,结果野兽都跑来舞蹈。乐官的主要职责是教育和教化。《周礼·大司乐》也有这样的说法:"大司乐掌成均('成均'意为'成调',后来演化为指'学校')之法,以治建国之学政,而合国之子弟焉。凡有道有德者使教焉;死则以为乐祖,祭于瞽宗。以乐德教国子中和祗庸孝友。以乐语教国子兴道讽喻言语。以乐舞教国子舞云门、大卷、大咸、大磬、大夏、大濩、大武……"这足以证明,中国人对乐的重视和乐在中国的发达是由于人们首先看到了它的教化功能。

由于乐教重要,涉及面广,所以,当时主管音乐的官职十分繁杂。据《周礼》的说法,共有如下 19 种官职:乐师、大胥、小胥、大师、小师、瞽矇、视瞭、典同、磬师、钟师、笙师、镈师、韎师、旄人、钥师、鞮鞻(di lou)氏、典庸器、司干。《周礼》对此 19 种官职的职能都有详细描述:乐师,掌国学之政,以教国子小舞……教乐仪。大胥,掌学士之版,以待致诸子。小胥,掌学士之征令而比之……。大师,掌六律六同,以合阴阳之声……教六诗……执同律以听军声而诏吉凶。小师,掌教鼓鼗、柷、敔、埙、箫、管、弦、歌……掌六乐声音之节,与其和。瞽矇,……讽诵诗,世奠系,鼓琴瑟。视瞭,掌凡乐事,播鼗,击颂磬笙磬……。……磬师,掌教击磬,击编钟。钟师,掌管击钟、镈作为奏乐之节。笙师,掌教竽、笙、埙、钥、箫、篪、篴、笛、管、舂牍、应、雅。镈师,掌金奏之鼓。韎师,掌教韎乐。祭祀,则帅其属而舞之。旄人,掌教舞散乐、舞夷乐。钥师,掌教国子舞羽钥。钥章,掌土鼓豳钥。鞮鞻氏,掌四夷之乐,与其声歌。典庸器,掌藏乐器庸器。司干,掌舞器。从这些繁复的官职及其各自的职能我们不难想见,当时音乐活动的规模有多庞大和复杂。不仅如此,我们从中也可以了解到,当时的乐制无所不包,它包含了教育、阴阳之声、军声、六诗、舞等。

音乐之所以在中华文明一开始就受到我们祖先如此的重视,当然不是偶然的。

乐之所以在中国古代从一开始就成为教化的核心,当然首先与它自身的特点有关。舜已看到音乐的基本特征:"诗言志,歌永言,声依永,律和声;八音克谐,无相夺伦;神人以和。"正因为音乐有这样和谐美好的特征,所以古人相信,受了音乐的熏陶之后,人就会变得纯洁高尚。《乐记》上说先王之所以立乐,是要"不使放心邪气得接焉。"朱熹在《四书集注》中解释"成于乐"也是认为:"乐有五声十二律,更唱迭和,以为歌舞。八音之节,可以养人之性情,而荡涤其邪秽,消融其渣滓,故学者之终,所以至于仁精义熟而和顺于道德者,必与此而得之,是学之成也。"

此外,乐与礼其实是二而一的关系,也是音乐成为教化核心的一个原因。关于乐与礼的关系,《乐记》上有这样精要的表述:"乐者,天地之和也;礼者,天地之序也。和,故万物皆化;序,故群物皆别。"这表明礼乐从根本上说表达的是宇宙和人类社会的各种关系和秩序的规范,它们自然对于人性和人心有调节与引导的作用:"礼节民心,乐和民声。"礼从外部规范,乐从内部感发。从外规范,就懂得约束自己;从内感发,则培养出个体的胸襟气象。"礼以道其志,乐以和其声。""知乐则几于礼矣!礼乐皆得,谓之有德。"个人的教化就是社会的教化,有教养的人才能构成一个和谐的社会。因此,个人教养与社会教化是同一件事。中国古人对音乐的重视也表现在乐在古代的六经中占有一席之地,可惜《乐经》后来失传了。

孔子之所以重视音乐，视音乐为成人之关键，还在于音乐是真善美的统一。《乐记》上说："凡音者，生于人心者也。乐者，通伦理者也。"音乐从根本上说，出于人的至诚，不诚无乐。音乐无伪："德者情之端也。乐者德之华也。金石丝竹，乐之器也。诗言其志也；歌咏其声也；舞动其容也。三者本与心然后乐器从之。是故情深而文明，气盛而化神；和顺积中，而英华发外，唯乐不可以为伪。"因此，音乐也最能反映世界的真相："是故治世之音安以乐，其政和；乱世之音怨以怒，其政乖；亡国之音哀以思，其民困。"

古人并不否认音乐有娱乐的功能，但他们更多地是把音乐视为一种促进个人成德与社会和谐的创制。乐之德在和。《白虎通·礼乐篇》引孔子的话说："子曰：乐在宗庙之中，上下同听之，则莫不和敬。族长乡里之中，长幼同听之，则莫不和顺。在闺门之内，父子兄弟同听之，则莫不和亲。故乐者所以崇和顺，比物饰节。节文奏合以成文，所以合父子君臣，附亲万民也。是先王立乐之意。"当然，这只是儒家对乐之精神一种主观的理想化的阐释，但乐本身的确有感人的特征，儒家认为可以利用音乐的这种特征来教化人心，移风易俗，"其感人深，其移风易俗。故先王导之以礼乐而民和睦"。当然，乐要能移风易俗，还得本身不是靡靡之音，而是正声。

移风易俗，自然是"通伦理者也"，乐因此与善有关。唐代薛易简在《琴诀》中说："琴之为乐，可以观风教，可以摄心魄，可以辨喜怒，可以悦情思，可以静神虑，可以壮胆勇，可以绝尘俗，可以格鬼神，此琴之为善者也。"

音乐之美就更没有问题，《左传·襄公二十九年》记载，吴公子季札观周乐，听了不少乐，不断发出"美哉，美哉"的赞叹。"尽善尽美"这个成语出于孔子对韶乐的感受。相传韶乐是舜帝命夔制定的朝廷音乐："帝舜有虞氏元年，帝即位居冀，作大韶之乐。"它包含9个乐章，演奏时天子诸侯汇聚一堂，堂上石磬、琴瑟合奏，配以歌声；堂下并列笛、鼓、笙钟等。击柷表示乐曲开始；擽敔表示乐曲终了。笙的形状如鸟，钟的装饰如兽，这就表明禽兽仿佛也来参与。最后据说连凤凰都会飞来，一起共舞。韶乐带来的就是这样美好的场面。

古人主张寓教于乐，但不是说教，而是通过润物细无声般的潜移默化来化人。古代乐曲中最为尊贵的琴（嵇康曾说"众器之中，琴德最优"）的制作，就以绝美的形式体现了中国人的宇宙观、哲学和价值理想（图3）。桓谭在他的《新论·琴道》中说："昔神农氏继宓羲而王天下，上观法于天，下取法于地，近取诸身，远取诸物，于是削桐为琴，绳丝为弦，以通神明之德，合天地之和焉。"琴身是削峄阳之桐制成，它使用的弦取之于压桑，按位镂之以丽水之金；弦卷据说是用昆山之玉制造的。琴的形状虽然成于某人之手，但它的声音却被说成是太古之音。它的长度是三尺六寸六分，象征一年三百六十六日；广六寸，象征六合；弦五音，象征五行；腰中四寸，象

图3　古琴

征四时。上圆而廉,象天之圆,下方而平,乃取象于地。按位十三,乃意指一年十二个月,再加上闰月之谓。琴整体的造型被视为法象于凤凰。凤凰是南方的灵鸟,传说它是音乐之神。至于弹琴的左右五指,则被视为象征日、月、风、云、山、水等。再说制琴的桐材吧!它自身就含阴阳。它长期被太阳照射的一面为阳,日荫处为阴。据说将桐材置于水上,则浮上水面者为阳面,沉入水中者为阴面。君子应该通过乐器,深究其中的微旨奥义。

琴在中国古代文化中是君子的象征(图4)。恒谭写道:"琴之言禁也。君子守以自禁也。大声不震哗而流漫,细声不湮灭而不闻。八音广博,琴德最优。古者圣贤玩琴以养心。夫遭遇异时,穷则独善其身,而不失其操,故谓之操。操以鸿雁之音。达则兼善天下,无不通畅,故谓之畅。"琴的审美功能是"御邪僻,防心淫,以修身理性,反其天真也"。

图4　琴是君子的象征

乐教或成于乐对音乐的实践者(演奏者和欣赏者)都有德性的要求。拿琴来说,鼓琴者必须超然物外,"无丝竹之乱耳,无案牍之劳形"(刘禹锡:《陋室铭》),"入耳淡无味,惬心潜有情。自弄还自罢,亦不要人听",才能沉浸于行云流水般的天籁之中。演奏者和欣赏者都应该追求"味外之旨、韵外之致、弦外之音","但识琴中趣,何劳弦上音"。"伯牙善鼓琴,钟子期善听。伯牙古琴,志在高山,钟子期曰:'善哉!峨峨兮若泰山。'志在流水,钟子期曰:'善哉,洋洋兮若江河!'"音乐的最高境界是使人物我为一,与宇宙万物融为一体。

现代某些所谓乐迷对用各种高科技设备获得声音的细微差别津津乐道,而古人却把"无声之乐"作为最高的追求。"圣人之作乐,将以顺天地之体,成万物之性"(阮籍《乐论》),其中当然包括成德成人。比起某些音调、乐音来说,当然自我灵魂的提升和纯净更为重要。古人听乐也不是斤斤计较于某个音是高是低,是快是慢。"客心洗流水,余响入霜钟",这是李白《听蜀僧濬弹琴》一诗中的名句,可见古人听乐在意的是内心的熏陶与涤荡,是人格的完善,而非纯粹音响。

图5　蔡元培大力提倡以美育代宗教

俱往矣,今天似乎很少有人会在意"成于乐"。乐的主要功能是娱乐,甚至是商业,而不是教化。人们普遍接受了真善美并非一事的错误看法,认为美无关是非善恶,却可以和利益多寡相连。蔡元培当年大力提倡以美育代宗教,是明确看到了审美的教化功能(图5)。但后来在现代的教育体制中,审美教育却日益缺失,这就使得我们的教育失去了一个非常重要的内容领域和实施途径。没有受过审美教育的学生,其思想眼界、人生境界、人格修养会有程度不等的损失。

对于古人来说，未受礼乐熏陶者就是野人（野蛮之人）和小人。君子人格必是礼乐教化的造就，而非片面追求知识技能所致，"行有余力，则以学文"，已经把先后次序和轻重缓急说得很清楚了。

其实，我们对"成于乐"的理解还可以更进一步，把"成于乐"之"乐"理解为审美教育。审美教育不但有助于高尚人格（君子人格）的养成，而且有助于人的精神能力全面发展。我们今天的教育过多地注重知性的发展，而基本忽略了对学生感受性和创造力的培养。这样培养出来的学生充其量是个亦步亦趋的人，而不可能是创造性人才。满足于接受流行的对世界与人生的理解，对世界和人生缺乏自己的见解和感受。只会模仿，不会独创。北大考试院院长说，他在提前招生面试时请学生反问考官问题，竟然无人能问，说明这种情况已经严重到何等地步。

审美教育缺席的一个严重后果是，学生智商得到发展而情商却未能开发，使得许多人言语乏味、举止呆板。感性与理性两个方面失衡，最终是人格发展失衡。审美教育首先培养我们对世界的感受性。席勒在《审美教育书简》中说："感受性越是得到多方面的培育，它越是灵活，给现象提供的面越多，人也就越能把握世界，越能在他自身内发展天禀；人格越是有力和深沉，理性获得的自由越多，人也就越能理解世界，越能在他自身之外创造形式。"音乐由于其多样化的表现手段和丰富的蕴涵，特别能够培养人的感受性。"不图为乐之至于斯也"，是孔子在听了韶乐后发出的由衷感叹，是说没想到乐能将我们带到从前根本无法想象的地方。通过音乐我们可以突破寻常思维的逻辑，重新发现我们自己和世界。乐让我们的世界变得美好，让我们的人格无限丰满，让我们的想象充沛而有活力。

古代的乐教主要着眼于感化人心、陶冶品格，因为乐具有成德成人之功。乐教也可以不仅仅停留在德育上，它可以开拓我们的心智和思路，有其他事物无法取代的作用。创造性思维在于突破知性思维的陈规和逻辑，充分发挥人的想象力，调动人的一切德性和能力。司马迁在《史记》对此已有开创性的论述："音乐者，所以动荡血脉、通流精神而和正心也。故宫动脾而和正圣，商动肺而和正义，角动肝而和正仁，徵动心而和正礼，羽动肾而和正智。"音乐沟通联结人心和人身、价值和德性，它是我们通向世界的一条特殊通道。音乐给我们提供理性和感性，是其他表现形式无法提供的感受和洞见。

言盈天下

近代中国文化自信重建中的墨学复兴

何爱国

【主讲人简介】 何爱国，复旦大学历史学系副教授。教育部人文社会科学重点研究基地复旦大学中外现代化进程研究中心研究员，中国未来研究会现代化研究分会理事。华东师范大学历史学博士，复旦大学历史学博士后。专著有《现代性的本土回响：近代中国杨墨思潮研究》《中国现代化思想史论》《当代中国现代化的理论与实践》《中国式现代化：小康理论及其指标体系研究》等。

【讲座摘要】 近代中国传统文化既失落又复兴。中国人对传统文化既不自信，又不得不自信。文化失落与文化复兴、文化自信与文化不自信纠结在一起，成为近代中国特有的历史现象。传统文化失落与文化不自信源于知识界把中国贫穷落后、被动挨打的根源归罪于传统文化的专制性、封建性与迷信，而传统文化的复兴与文化自信则源于知识界把民族国家建设的根基立足于文化认同之上。墨学复兴，既是中国传统文化失落与文化不自信的开始，亦是中国传统文化复兴与文化自信重建的开始。这源于近代知识界认为墨学与西学结缘会通，又是中国传统文化的重要资源。西学的本土化与中国传统文化的现代化，均以墨学复兴为重要载体。

近代中国文化自信与不自信的纠结及其原因

近代中国在国家富强与民族国家建设的双重压力下,我们对中国传统文化采取了一种矛盾的心态,那就是文化自信与文化不自信纠结在一起,在不同的时期,知识界时而以文化自信为主,时而以文化不自信为主;对同一个知识人,在不同的时期也是这样,时而以文化自信为主,时而以文化不自信为主。甚至在同一时期的知识界与同一知识人身上也存在文化自信与不自信的纠结,往往在民族国家建设方面要求维护文化自信,而在国家富强方面又带有文化不自信。

所谓文化自信,是对处身其中的母体文化主要采取欣赏、温情、敬意、传承、发展、弘扬的态度,把这种文化视为活的生命,视为一个民族的精神标识、精神血脉、精神纽带与精神支柱,视为现代民族与国家建设的必需品与营养品。文化自信是一种文化主体意识,也是一种文化反省与文化自觉意识。文化自信不仅看到一种文化主体的缺陷,更看重这种文化主体的优点,并不摧毁这种母体文化,认为所谓文化创新就是在原有母体文化基础上的传承与发展。

所谓文化不自信,是一种对处身其中的母体文化主要采取怀疑、批判、否定、破坏、摧毁的态度,把这种文化视为应该送进博物馆的东西,认为是"文化木乃伊",没有任何生机,也没有任何价值和意义,无关乎民族与国家的人文建设、道德建设、价值体系建设、信仰建设、精神文明建设,新的文化建设可以凭空创造或者从外部移植。文化不自信者只看到文化主体的惰性与缺陷,抹杀其优长与生机,其所谓文化创新不过是文化移植与文化模仿,而非文化吸收与文化消化。

近代中国存在文化自信与文化不自信的纠结,大约始于1894—1895年甲午战争的失败。此前我们还不存在这种纠结,我们对中国的文化价值并不怀疑、否定。甲午战争失败后,国人开始对自己的文化进行激烈的怀疑与批判,首先是对古文经学与上古历史的怀疑批判,目的是颠覆传统的意识形态,建立适合维新变法的新的意识形态。引入西方传来的进化论与自由民主学说,重新解释今文经学,传统的今文经学其实也受到怀疑与批判。由此开启了对中国传统文化,包括制度文化与价值文化全面的怀疑批判,要求来一个全面的变化。1898年,戊戌维新时期,康有为在《上清帝第六书》中明确提出,"全变则强,小变仍亡"。易鼐在他的《中国宜以弱为强说》中也主张"一切制度悉从泰西"。义和团运动失败之后,国人的文化自信在一段时间完全失去,西化成为一时选择,直到第一次世界大战爆发之后西方文化价值形象有所损伤才有所恢复,但文化不自信仍然是主流。孙中山在《民权主义演讲》第五讲指出:"庚子年的义和团,是中国人的最后自信思想和最后自信能力去同欧美的新文化相抵抗","从那次义和团失败以后,中国一般有思想的人,便知道要中国强盛,要中国能够昭雪北京城下之盟的那种大耻辱,事事便非仿效外国不可。不但是物质科学要学外国,就是一切政治社会上的事都要学外国。所以经过义和团之后,中国人的自信力便完全失去,崇拜外国的心理便是一天高过一天"。1918年新文化运动中,陈独秀也主张"一切都应该采用西洋的新法子"。傅斯年谓:"西土学术胜,而中国学术败矣。"在20世纪20年代的整理国故运动之中,钱玄同主张"将帝国的一切扔下毛厕"。在20世纪30年代初期,胡适主张"必须承认我们自己百事不如人"。大概在1931年"九一八"事变之后,国人才逐渐认识到文化自信的重要性,认为文化不自信无以产生民族认同感以团结抗战。

近代中国之所以自甲午战争之后会出现文化不自信这一历史现象,就是因为近代中国知识界很多人认为中国贫穷落后、被动挨打之根源在于中国传统文化的专制性、封建性与迷信,缺乏自由、民主与科学。但近代中国又迫切需要文化自信,因为建立现代民族、现代国家迫切需要文化凝聚与文化认同。近代中国文化自信与文化不自信纠结在一起,是因为近代中国知识界很多人认为中国要实现自由民主富强的目标,必须破坏消灭具有阻碍中国实现自由民主富强的中国传统义化,而要建立现代中国民族、现代中国国家又必须传承发展中国传统文化。近代中国知识界文化自信与不自信纠结的深层次原因,就在于渴望自由民主富强与建立现代民族国家的矛盾。破除近代中国以来形成的这种文化自信与不自信的纠结,就要破除把中国的贫穷落后归罪于中国传统文化的专制性、封建性与迷信的误区,积极推动中国优秀传统文化的传承与发展。

墨学复兴与近代中国的文化自信的重建

近代中国墨学复兴,不是空穴来风,不是个别人的推动,也不是对西学的牵强附会,而是近代社会的迫切需求。近代中国一再战败,国家民族危机越来越严重,西方列强对中国的危害越来越大,以敌为师,是近代中国不得已而为之的选择。西学以极为强势的侵略姿态进入中国,既激起了中国文化主流的一再排斥和强力排斥,也激活了中国文化全部的能量,使得昔日存在过辉煌而后又长期沉潜的一股与西学相似的能量得以集中爆发,这就是曾经"言盈天下"的墨学得以复活的重要历史机遇。墨学复兴,既是中国失去文化自信力的开始(墨学被视为中国自己的西学),也是中国重建文化自信力的开始(墨学被视为中国传统文化的优秀部分)。但是,墨学的自我牺牲品格与大无畏的救世精神,意味着墨学将在近代中国再造辉煌。

近代中国墨学复兴始于第一次鸦片战争之后,但那只是墨学科技复兴的开始。第二次鸦片战争之后,墨学的宗教性也得以复兴。甲午战争之后,墨学的政治性进一步被解读。墨学的真正复兴却是在八国联军侵华战争之后,那是墨学全面复兴的时代,也是墨学逐渐凌驾于儒学之上的时代。《民报》评选的世界四大伟人,有墨子而没有孔子,就是明证。进入民国以来,墨学复兴更是如火如荼。1922年章太炎在《〈墨子间诂笺〉序》中指出:"民国既兴,学者好治九流之学,其于墨氏尤重,至欲驾之孔、老之上。"栾调甫在《二十年来之墨学》一文里也认为:"独至晚近二十年中,(《墨子》一书)家传户诵,几如往日之读经。"墨子更是被抬到"东方救主"的高位,声称"惟墨学可以救中国"。1922 年 4 月 27 日王桐龄在《儒墨之异同》"跋"中言:"就目前形势而论,墨子学说之传播力,正如日出东方,光焰万丈,有普照全世界之观矣。"

近代中国墨学之所以强劲复兴,首先是因为墨学与西学的结缘会通。第一次鸦片战争之后,我们开始了向西方学习的潮流,此后随着中国一再战败,这股向西方学习的潮流愈来愈强劲。但是,西学在中国传播既需要合法性,亦需要本土化。西学墨源说与西教墨源说,为西学在中国传播提供了合法性支持,同时也提供了西学本土化的适宜土壤,西学可以通过与墨学的会通化与一体化,获得本土扎根、本土形式与本土认同,而墨学也可以借助西学得以现代化,得以被重新理解,进而适宜新的社会环境。更何况墨学是中国最重要的传统文化资源之一,在战国时期曾经显赫一时,在秦汉以后虽然长期沉寂,但并未消亡,而是在中国的民间传统与道教传统之中得以传承,同时也被儒家吸收。近代中国自甲午战争之后,中国虽然进入文化不自信的时代,但也是最需要文化自信的时代,我们对儒学充满了文化不自信,而墨学替代儒学成为中国人重新确立文化自信的资源。

墨学复兴在某种意义上体现了近代中国人的文化不自信。近代中国有一股强劲的向西方学习的思潮,为了让这股思潮予以合法化认同,不少人把西学视为墨学的西方版,如西学墨源说、西教墨源说,或者把墨学视为西方文化的中国版,如古学复兴说。近代中国一些学者认为西方富强源于其有文艺复兴运动,中国要富强也必须有中国的文艺复兴运动,墨学复兴运动为中国的文艺复兴运动中最重要的部分。墨学复兴在某种意义上也体现了近代中国人的文化自信。近代知识界不少人认为墨学在秦汉以后并未消亡,而是向西传播(王闿运《墨子注》:"南方之墨,由南洋而越海岛,故墨学被于海西。"),成为现代西学源头。西方现代性并非突然产生,而是由墨学发展而来,西方现代性就潜藏于墨学之中。中国现代化发展无需断裂自己的传统文化,而是应该传承发展自己的传统文化,墨学就是中国传统文化的优秀部分,是中国现代化的优秀基因。

近代中国启蒙运动中的墨学复兴

启蒙是近代中国特定历史背景下的一种文化现象,指的是以源于西方的现代性思想文化来破除中国传统思想文化的禁锢,进而实现思想文化的解放。近代中国启蒙运动中,墨学复兴主要是源于西方的现代性精神文化的本土化,同时也是力图从本土的思想文化经验之中自然而然地引发现代性转型与创新。墨学复兴在近代中国启蒙运动中不是可有可无的东西,而是发挥着重要的作用。一方面,墨学复兴接应了源于西方的现代性思想文化,使之得以在中国扎下根来,并通过与墨学的融合得以实现本土化的流播与创新;另一方面,从墨学这个中国本土的思想文化资源母体出发,通过吸收消化西学,能够寻找适合中国自己的文化经验与现实需求的现代性精神,作为推进中国现代化的精神支柱与精神动力。墨学复兴是近代中国重建文化自信的有益尝试,为近代中国文化建设、信仰建设、价值体系建设、道德建设、精神文明建设发挥了重要作用,对于今日中国文化建设、信仰建设、价值体系建设、道德建设、精神文明建设仍然具有一定的借鉴作用。

近代的文化启蒙是从科学技术启蒙开始的,而科技启蒙带来了墨学复兴。传统中国对科技之学虽然也很重视,但并没有提到第一生产力的高度,也没有作为独立的学科来研究,而是在道器体系的框架之中置于从属的部分,是小器,而非大道。第一次鸦片战争以后,中国首先向西方的科技之学学习,开始了近代意义的科学技术启蒙与墨学复兴。知识界以西学的科技部分来认识墨学之中的墨经部分,认为西学的科技部分源于墨子,科技之学不再是奇技淫巧,而是富强之道,是地道的中国之学。晚清时期以这种眼光去看待墨学盛行一时。"道咸以降,西学东来。声光化电,皆为时务。学人微古,经传蔑如。墨子书多论光重几何之理,足以颉颃西学。此其由微而著者。"如邹伯奇《学计一得》谓:"西学源于墨子。"张自牧《瀛海论》谓:"今天下竞谈西学矣,蒙以为非西学也。"黄遵宪《日本杂事诗》言:"不知尽是东来法,欲废儒术读墨经。"觉佛《墨翟之学说》谓:"机器之新发明家,当推墨子为第一人也。"梁启超在《墨子之论理学》更是认为,墨子是"东方之培根","全世界论理学一大祖师"。

近代基督教进入中国,在一定程度上也具有启蒙的色彩,中国宗教被认为是低级的多神教,基督教则被视为高级的一神教。同时,基督教在中国兴办文化教育事业,也积极参与启蒙活动。经过新教化运动改造的基督教更被中国知识界视为西方富强的重要根源之一。第一次鸦片战争之后,我们对基督教伦理并不认同,对儒家伦理仍然高度认同。第二次鸦片战争之后,随着基督教在中国的合法化与更广泛传播,中国开始认识到西方基督教的价值,中国的知识界开始以墨学的眼光看待基督教,也以基督教的眼光来重新认识墨学,墨学的宗教性得到强调,并被认为具有基督教一样的教义、性质与功能。如张自牧《蠡测卮言》谓:"耶稣……其教以熙熙为仁,颇得墨氏之道。"黎庶昌《拙尊园丛稿·读墨子》谓:"今泰西各国耶稣天主教盛行尊天、明鬼、兼爱、尚同,其术确然本诸墨子。"宋育仁谓基督教"爱人如己","则是墨氏兼爱尚同、佛氏平等之义"。薛福成《出使英法义比四国日记》谓"泰西耶稣之教,其原盖出于墨子,虽体用不无异同,而大旨实最相近",其《庸盦笔记》之《江南某生神游兜率天宫》更是以文学的方式表达:"此墨子,即耶稣所居也。"梁启超在《子墨子学说》中认为,墨子与耶稣都是"平等无差别之爱普及于一切人类"。其《墨子学案》谓:"就坚苦实行这方面看来,墨子真是极像基督,若有人把他钉十字架,他一定含笑不悔。"孙中山也认为:"墨子所讲的'兼爱',与耶稣所讲的'博爱'是一样的。"

墨学也进入了近代中国政治启蒙的视野之中。第二次鸦片战争之后,中国开始了自由民主启蒙,甲午战争之后,这种启蒙更加普及,而到了辛亥革命期间,这种启蒙则广泛开展。墨子的"尚同""君臣萌通约"等思想被解读为具有社会契约色彩的自由民主思想。如黄遵宪《日本国志·学术志》谓:"泰西之学,其源盖出于墨子。其谓人人有自主之权,则《墨子》之'尚同'也。"邓云昭《墨经止文解义》谓:"国有大政,庶人与议,'尚同'也。"皮嘉祐《平等说》谓:"墨子之兼爱尚同也,佛法之平等也,泰西之人人有自主权利,爱汝邻如己,而倡为君民一体也,名不同而旨则一也。"梁启超《子墨子学说》谓:"墨子之政术,民约论之政术也。泰西民约主义,起于霍布士(今译"霍布斯"),盛于陆克(今译"洛克"),而大成于卢梭。墨子之说,则视霍布士为优,而精密不逮陆卢二氏。"其他如薛福成、谭嗣同、严复、吴汝纶、王桐龄等皆认为墨子有自由民主思想。

在近代中国的启蒙运动中,最重要的当属进化论启蒙,进化论带来了中国人关于社会发展阶段、社会革命、社会理想、民族主义、国家主义、阶级斗争、国际关系等一系列观念的革命。甲午战争之后,中国开始了进化论启蒙,而墨子的"非命论"也被诠释为进化论的先驱。觉佛《墨翟之学说》谓:"物竞天择,优胜劣汰,欧西新发明之天演学理,墨氏其有先见之明与?"梁启超《子墨子学说》谓墨子"非命","此其实行力所以至强而莫能御也","救时最适之良药也"。梁启超激烈批判"命定论"对中国社会进化的危害,"命之一语,其斫腐我中国之人心者,数千年于兹矣","人人安于命而弛于力,则世界之进化,终不可期",寄希望墨子"非命说"之复兴,"墨子非命,真千古之雄识哉","安得起墨子于九原化一一身"。其《墨子学案》亦言:"我国几千年的社会,实在被这种'命定主义'阻却无限的进化,墨子大声疾呼排斥他,真是思想界一线曙光。"

自由、平等、博爱是西方启蒙的核心观念。甲午战争之后,特别是八国联军侵华战争之后,自由、平等、博爱的宣传盛极一时。同时,受西方如火如荼的社会主义运动影响,社会主义启蒙也得以倡导。墨子被宣传为平等、博爱、社会主义之世界第一人。皮嘉祐有《平等说》,侯声有《博爱主义》,均大力阐发墨子的平等博爱思想。孙中山谓:"古时最讲爱字的莫过于墨子。"张之锐《新考证墨经注》更是称墨子为"古今第一博爱者"。在清末民初,平等博爱的阐释往往与无政府主义、社会主义的阐释交融在一起,如觉佛《墨翟之学说》谓:"兼爱主义者,社会主义也。"鞠普《〈礼运〉大同释义》谓"墨言兼爱","与夫今之无政府党、社会党,皆大同主义也"。梁启超《子墨子学说》谓"墨子之生计学,以劳力为生产独一无二之要素,其根本观念,与今世社会主义派所持殆全合","墨子之政术,非国家主义,而世界主义、社会主义也"。其《墨子学案》谓:"兼相爱是托尔斯泰的利他主义,交相利是科尔璞特金(今译"克鲁泡特金")的互助主义。"梁启超不仅把马克思墨子化,谓"墨子又是个大马克思。马克思的共产主义,是在'唯物观'的基础上建设出来,墨子的'唯物观'比马克思还要极端","马克思一派说,资本家的享用,都是从掠夺而来,这种立论根据,和二千年前的墨子正同","墨子是主张劳作神圣的人",梁启超还把墨子平等博爱理想与苏俄社会主义的制度实践联为一体,"现在俄国劳农政府治下的经济组织,很有几分实行墨子的理想","墨子的新社会,可谓之平等而不自由的社会,揣想起来,和现在俄国的劳农政府,很有点相同"。

近代中国革命运动中的墨学复兴

墨学为什么与近代中国革命紧密地关联在一起?因为他是近代中国革命者建构革命

精神、传播革命思想、树立革命自信的一个极为重要的精神资源。在近代中国革命运动中，墨学复兴主要是墨子与墨家学派人格精神的复活，如墨学能够提供大无畏的积极进取精神、大公无私的利他主义精神、勇与奉献的自我牺牲精神、平等博爱的人道主义精神和代表广大劳苦大众利益的社会主义精神，以之为近代中国革命提供强大的精神动力与精神支柱。不仅如此，先秦墨家具有最深沉的博爱、最刻苦（节俭）的生活、最勤奋（努力）的工作、最严明的法治（纪律）、最无私的奉献、最坚决的捍卫和平、最平等的社会组织等特点。这一点不仅吸引历代的下层社会的人民，使墨家思想长期传承发展于社会底层之中，潜移默化地影响中华民族的性格与精神，更吸引着身处国家民族苦难之中又深受自由、平等、博爱、社会主义理想熏陶的近代中国革命志士，墨家思想在近代革命志士中的流行是文化自信与革命自信结合的产物，也是西方革命文化中国化的必然要求。

戊戌维新，就其政治目标与思想文化取向而言，可以说是一场名副其实的革命。维新时期的这些革命家，对儒家古义经学、上古历史、老学、荀学、秦始皇以来的专制政治发起了猛烈的攻击，其精神支柱在一定程度上可以说是墨家精神。梁启超在《亡友夏穗卿先生》中谈到自己取名"任公"与"兼士"的原因："我是心醉墨学的人，所以自己号称'任公'，又自命'兼士'。""兼爱"与"任侠"就是梁启超的革命精神。谭嗣同在《仁学》中也鲜明地表达了自己要以墨子与墨家精神为榜样的大无畏革命精神，"私怀墨子摩顶放踵之志"，"惟兼爱一语为能超出体魄之上而独任灵魂，墨学中之最合以太者也"。谭嗣同在《论今日西学与中国古学》中还认为，墨子不仅具有革命精神，还具有科学精神，"任侠而兼格致，则有墨子之类"。梁启超的《西学书目表后序》明确表示："当知墨子之学当复兴。"即使是致力于从学术角度研究墨子之学的孙诒让，也在其代表作《墨子间诂》中大力表彰墨子的救世精神，墨子"用心笃厚，勇于振世救敝"，"劳身苦志以振世之急，权略足以持危应变而脱屣利禄不以累其心，所学尤该综道艺，洞究象数之微。其于战国诸子，有吴起、商君之才而济以仁厚，节操似鲁连而近实亦过之"。《墨子间诂》进一步刺激了梁启超的墨学兴趣，其《中国近三百年学术史》言："我生平治墨学及读周秦诸子之兴味，皆由此书导之。"

辛亥革命时期，革命者热衷于建设革命道德与新的国民性，墨子的道德与精神得到普遍认同与提倡。栾调甫在《二十年来之墨学》中指出："光宣之交，博爱之教，逻辑之学，大张于世。"《民报》创刊号列墨子为世界四大伟人之一，称墨子为"世界第一平等博爱主义大家"。《新世纪》第24期《好古》指出，当时有一种思潮谓"大同博爱主义兴，则墨子为首倡矣"。孙中山《民族主义第六讲》谓："古时最讲爱字的莫过于墨子。"觉佛《墨翟之学说》更是高度评价墨家大公无私、自我牺牲的救世精神，"发明社会学，养成一种仗义敢死、摩顶放踵以利同胞之精神热力"，推崇墨学为唯一的革命救国之学，"墨子之学说，在我国今日，岂非起死回生之妙药哉"！章太炎《论诸子学》也大力表彰墨子道德："其道德，则非孔、老所敢窥视也。"视为建设"革命道德"之良药之一。梁启超《子墨子学说》更是充满激情地对墨子道德进行了无以复加的表彰，"墨子为中国独一无二之实行家"，"呜呼，千古之大实行家,孰有如子墨子者耶！孰有如子墨子者耶！"梁启超在这一时期痴迷于墨子救国救民精神的宣传,大声疾呼:"今欲救之,厥惟墨学。"其《中国之武士道》谓:"墨子,圣人也,其教泽远矣！救世之患,急人之难。"

新文化运动时期,在打倒"孔家店"与道教的呼声中,"墨家店"被提到一个新的高度。易白沙《述墨》谓:"周秦诸子之学,差可益于国人而无余毒者,殆莫如子墨子矣。"其《孔子平议上》谓:"墨家赴汤蹈火,死不旋踵。"李杰谓:"古人学说之最合于现代者,莫庄、墨若。墨子兼爱,适合于近世所谓社会主义,而为大同之基础。"陈独秀《敬告青年》谓:"吾愿青年之为孔、墨。"这里的"孔、墨",陈独秀主要指的是墨子。其《答俞颂华》亦言:"设全中国自秦汉以来,或墨教不废,或百家并立而竞进,则晚周即当欧洲之希腊,吾国历史必与已成者不同。"陈独秀推崇墨子、庄子与许行为中国的3位伟人。其《答李杰》言:"墨氏兼爱,庄子在宥,许行并耕,三者诚人类最高之理想。"有人期待陈独秀成为当时的墨子。胡适当时也发动了"一项小小的革命",那就是"墨子,与孔子并列"。这一时期梁启超《墨子学案》亦大力表彰墨子精神为构成中华民族的核心精神之一,其《第二自序》言,"墨学之精神,深入人心,至今不坠,因以形成吾民族特性之一","我族能继继绳绳与天地长久,未始不赖是也"。梁启超强调:"墨教之根本义,在肯牺牲自己。""论到人格,墨子真算千古的大实行家,不惟在中国无人能比,求诸世界也是少见。"其《先秦政治思想史》更是高度表彰墨子:"古今中外哲人中,同情心之厚、义务观念之强、牺牲精神之富,基督而外,墨子而已。"

在新民主主义革命时期,中国共产党人对墨子的革命精神也是不遗余力地倡导。1918年8月21日,蔡和森写给毛泽东的书信谓墨子的理论与马列主义近似,"近来俄之列宁颇能行之,弟愿则而效之"。唐铎回忆其"有时也讲老子、庄子,但他最信仰墨子的学说"。1939年2月1日,毛泽东写给陈伯达的回信中赞赏陈伯达的著作《墨子哲学思想》,"看了,这是你的一大功劳,在中国找出赫拉克利特来了","题目似改为'古代辩证唯物论大家——墨子的哲学思想'或'墨子的唯物哲学'较好"。可知毛泽东视墨子为"古代辩证唯物论大家"和"中国的赫拉克利特"。1939年4月24日,毛泽东在抗日军政大学召开的生产运动初步总结大会上的即席演讲中谈到:"还有一个墨子,也是一个劳动者,他不做官,但他是比孔子更高明的圣人。孔子不耕地,墨子自己动手做桌子椅子。"毛泽东在此重点表彰了墨子的劳动精神。陈伯达在《墨子新论》中把中国共产党人视为"墨子精神的继承者","真正能够继承其言行最优美的传统的后代"。郭沫若在《十批判书·孔墨的批判》中指出,当时党内有一种说法,"墨子是奴隶解放者,是农工革命的先驱,是古代的布尔什维克","墨子是人民的朋友","事事为民利着想","墨子是'最民主',是'布尔什维克'"。范文澜《中国通史简编·墨子及墨家》谓墨子"代表下层社会农工奴隶要求改善自己的社会地位","始终是为庶民利益着想的"。吕振羽《中国政治思想史·作为农民阶级政治学说的墨子》更是对墨子的精神遗产作了全面总结与高度评价,"墨子的思想,给中国民族留下了唯物主义、社会主义、民主主义思想的传统,值得批判地继承","墨子信徒那种对信仰的坚定性、对团体的严格纪律性以及'自苦为极'不惜牺牲自己一切为革命斗争的实践精神,以后都长留在中国农民阶级和中国民族的血液中,是中国民族的优良传统"。可以说当时的共产党人是自觉以墨子精神来构建中国的革命文化、革命道德、革命精神。在整个近代中国革命中,来自西方与俄国的革命精神,通过墨子精神得以中国化,得以具有感召力,得以深入人心,得以成为近代中国革命家强大的精神动力与精神支柱。

文创与休闲先驱

论 17 世纪的文化巨匠李渔

杨光辉

【主讲人简介】 杨光辉，复旦大学图书馆副馆长、研究馆员，复旦大学中华古籍保护研究院常务副院长、学术委员会委员、院务委员会委员，教育部图书情报专业教学指导委员会委员、中国索引学会常务副理事长兼秘书长。主要论著有《理学文化视野中的宋代理学诗》《〈皇明史㮣堂先生遗稿〉版本考》《萨都剌生平及著作实证研究》《陶宗仪集》《中国历代园林图文精选》。研究方向为古籍保护、藏书史、宋元明清文学与文献研究。

【讲座摘要】 本文结合 17 世纪文化巨匠李渔创作的历史文化背景，从文创与休闲结合的角度，从 3 个方面展开论述：一是号称"鼎足三梦"——庄生蝴蝶梦、邯郸黄粱梦、黄鹤楼梦的分析；二是从喜剧娱生、小说乐生、休闲养生来具体论述李渔的创作谋生与休闲养生理念与实践；三是从李渔的海外影响力看李渔的世界文明史地位。

李渔(1611—1680年),原名仙侣,字谪凡,号天徒,后改名渔,字笠鸿,号笠翁,笠道人,湖上笠翁。祖籍浙江兰溪,生于雉皋(今江苏如皋),为参加科举考试(似今日之高考移民),回乡入金华府学。明清移代之后,李渔绝意仕进,以创作谋生,成为中国历史上第一位真正靠"写作谋生"的畅销书作家;创建"芥子园"、半亩园、层园等,成为中国"文人园林"走向成熟的标志;芥子园里设立的出版机构——翼圣堂、芥子园以及《芥子园画传》《闲情偶寄》等文创产品(图1),使之成为开创文化产业及休闲娱乐业的第一人。

(a) 浙江兰溪芥子园　　　　　　　　(b) 芥子园

图1　李渔创建的芥子园

不过,尽管李渔在小说、戏曲、音韵、史学、园林、饮食、服饰、养生、医药、教学、出版等诸方面取得了卓越的成就,然而,其文学作品长期被视为不登大雅之堂的粗俗之作,在得到海外广泛认可的同时,亦不为中国正统文人所重视。又因政治上的原因(写作揭露满清剃发残酷的诗歌,请后被视作"二臣"的钱谦益等人评点自己的著作),其作品《一家言》长期被列入禁书"全毁书目"行列,一直受到冷遇。即使今日,亦有人鄙抑其人格,认为与汤显祖有"云泥之别"。

正如李渔《示儿辈》词所倡导的"莫道班门难弄斧,正是雷门堪击鼓",从对孩子的教育中,彰显了他的创新意识,并成为创作"一家言"的精神支柱(图2)。正是《风筝误》中宣扬的"一夫不笑是吾忧"的娱乐世人的理想追求,使其成为中国文学史上第一个、也是唯一专门从事喜剧创作的作家。他亦曾拒绝时任宰相魏裔介要其改编《北西厢》的建议,彰显了独立的人格力量。其作品通晓易懂,雅俗共赏,遍行民间,并流传日本、欧美等国,是"中国最卓越的喜剧大师",堪与法国的喜剧大师莫里哀相媲美。

作为明末清初具有世界意义的杰出文化名人,李渔的价值迄今尚未被很好揭示。今天,我们应该重新审视这位中国乃至世界史上的文化巨人,其代表作《闲情偶寄》是世界上提倡休闲创新文化最早的巨著,其创新精神对今天的中国具有现实的意义。

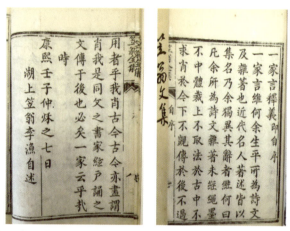

图 2　复旦大学图书馆/中华古籍保护研究院藏清《一家言》刻本

关于"鼎足三梦"

中国历史上涉及许多写梦的作品,最著名的应是先秦庄子的"蝴蝶梦"、唐代沈既济(约750—约797年)《枕中记》所记的"黄粱美梦"或"邯郸梦",两者与李渔的"黄鹤楼"被誉作"鼎足三梦"。李渔多次访问武汉的黄鹤楼,并题联云:

仙家自昔好楼居,吾料乘黄鹤者,去而必返;
诗客生前多羽化,焉知赋白云者,非即其人。

(此予题黄鹤楼之联也)

另作《登楼》和《别楼》诗云:

十年心醉此楼名,今日登临体较轻。
目眺神仙追去鹤,酒浇鹦鹉吊狂生。
莫嗟老大无休息,还喜中原少战争。
试倚危栏听逝水,至今犹作鼓鼙声。

(此予"登黄鹤楼"诗也)

往返于斯一载周,客游不壮壮仙游。
凭虚也当骑黄鹤,贳醉无惭典黑裘。
壁上新诗终漫灭,石头锦字易沉浮。
临行莫惜重登览,知复何年上此楼?

(此予"别黄鹤楼"诗也)

别楼 6 年后,创作堪与庄子蝴蝶梦、邯郸黄粱梦齐名的"黄鹤楼梦",其《梦饮黄鹤楼记》云:

> 一楼耳,既联之,复诗之,又复诗之,亦可谓眷恋之深而周旋无不至矣。乃既去而梦,觉而复为之记,无乃钟情过笃,物而不化,犯吾家老子之忌乎?曰:不然。物不足以泥人,其所以泥之者,必有物外之物,是以系人思后之思。……予往来其间,尽叨国士之知,饮酒赋诗无旷日,又多在黄鹤楼上,醉即枕藉乎其中。……即以当时乘黄鹤者处此,亦必去而复来、来而未肯复去,矧我辈为情之所钟者乎?是以既去而梦,梦而不得不为之记也。
>
> 自壬子(1672 年)至今(1678 年),更六年所,梦返是楼者,奚止数四?然皆模棱仿佛,梦中所言,醒莫能记,是恍兮惚兮之梦,非俨然宛然凿凿然,是梦非梦之梦也。曩时梦中所遇,无非旧好,然所厚诸公,或在或不在,惟枭宪高公则无往非遇,盖高公友予更密,故念念及之。语云:"日之所思,夜之所梦"。即此可见梦非梦也,思也,思物非思物,思物外之物也。其理既明,请述梦境。
>
> 是岁(1678 年)七夕前一夜,梦予仍客汉阳,诸公折柬来招。问宴集之所,则以黄鹤楼对。时予在子湘太守署中,闻呼而往,至则诸公皆在座矣。高执予手询曰:"乔美人无恙乎?"乔即予之雪儿,能歌善病,殁于汉阳,予作《断肠诗》二十首悼之人也。予对曰:"死矣!"言讫痛哭,诸公皆叹息,高独厉声曰:"汝诗有云:丈夫亦有泪,但不洒儿女。胡为自谬其言,先罚一巨觥!"予不能辨,高亦不果罚。剧饮逾时,忽飘风大作,继以雷电。凭槛而视,估客有覆舟于江者,疾声厉呼,闻者心恻。少迟,见一物自怒涛中腾跃而起,色赤有光,犯楼直入,几抵乎座。诸公目之为龙,予曰:龙有角,而此独无,殆蛟也。座有一客,似经识面而不记姓名,欲乘此以去。予急止之,客曰:有极不平事,欲诣上界叩阍,位高难达,非乘此不可。言毕遽去。予错愕久之,谓诸公曰:昔人乘黄鹤而升天,此公御赤蛟而诣阙,岂赤蛟即黄鹤之幻形乎?复饮逾时,未见移席,忽更其所,变高楼为平地矣。藉草而坐,面江而饮。予询诸公曰:此何地邪?诸公不答,一客笑而言曰:子负诗名已久,来楚又非一日,坐鹦鹉洲而不识其处,不几为祢正平笑乎?彼土累累,即其墓也。予惭谢不已,谛视其人,即乘蛟以去者。夫此一客也,先何为遽去,今胡以忽来?予与诸公皆莫之诘,且若未尝有其事者,此则梦境之常,无足怪矣。至此遂觉。
>
> (《笠翁一家言文集》卷二)

李渔作为"为情之所钟者",对于红颜薄命、殁于武汉的知己乔姬始终难忘,其梦饮黄鹤楼,系题联、作诗后又一次动情,自称"可谓眷恋之深而周旋无不至矣",实则为怀念亲人乔姬而作,除了悼亡诗、乔王两姬合传纪念外,李渔"七夕"前夕所记之梦,实乃中国传统的情爱梦。故当时著名学者毛椎黄(1620—1688 年)评《梦饮黄鹤楼记》云:

> 笠翁梦亦不凡,蝴蝶耶,邯郸耶？鼎足不朽。

如果说庄生"蝴蝶梦"书写的是先秦国人的"人生哲学命题",卢生"邯郸黄粱梦"书写的是唐代以来现实人生中升官发财的"政治经济命题",李笠翁的"黄鹤楼梦"书写的却是富有现代性的平凡生活中的"家庭爱情命题",故被毛稚黄合称为鼎足不朽的"三梦",实在值得后人细细品味。

创作谋生与休闲养生

喜剧娱生——《风筝误》与"风筝文化"

1.《风筝误》及其传播

《风筝误》是李渔最著名的戏剧作品,其尾声云:

> 传奇原为消愁设,费尽杖头歌一阕。
> 何事将钱买哭声,反令变喜成悲咽。
> 唯我填词不卖愁,一夫不笑是吾忧。
> 举世尽成弥勒佛,度人秃笔始堪投。

"唯我填词不卖愁,一夫不笑是吾忧"是李渔一生的追求,亦是其喜剧精神的宣言。《风筝误》以构思精巧、情节新奇闻名于世。其主要故事情节如下：詹烈侯有梅、柳二妾（各有一女）,两人争风吃醋、向来不和。詹奉命出征西蜀蛮族,为免二妾争吵,赴任前将宅分两院,中隔高墙。并以二女婚事托戚天衮。二女与戚公子及养子韩生因"风筝题诗"产生一系列误会。《惊丑》一出,韩生得识爱娟"庐山真面目",惊悔莫及,得出求偶"三不可"原则：

> 一不可听风闻的言语；
> 二不可信流传的笔札；
> 三不可拘泥要娶阀阅名门。

剧中每个人、每件事及各人前后所说,既有"埋伏",又有"照应",做到了《闲情偶寄》中关于戏曲创作的"密针线"原则。明代以来,传奇情节结构多用双线发展法,往往头绪多、结构散,使观众应接不暇,连汤显祖《牡丹亭》也难免俗。而《风筝误》却无一多余人,无一多余事。虽也设主线、副线,但剧中人、事皆涉主角,都与"风筝误"的误会相关,体现《闲情偶寄》中"立主脑"的原则。故朴斋主人《风筝误》总评云,传奇应"扫除一切窠臼,向从来作者搜寻不到处,另辟一境",以期"奇之极,新之至";又云:"讵知家常事中,尽有绝好戏文,未经做到",而剧中"所谓事者,皆理之极乎;新者,皆事之常有"。故"甫经脱稿,即传遍域中"(朴斋主人《风筝误·诧美》眉批)。《风筝误》的情节是一般作者"搜寻不到"的"家常事",既出人意料,却又合乎人情物理,虽新奇而不荒诞(《牡丹亭》杜丽娘死而复生的故事未免荒诞不经)。

《风筝误》传奇为中国十大古典喜剧之一,改编成昆曲亦脍炙人口,演绎至今。梅兰芳《凤还巢》即脱胎于昆曲《风筝误》。根据《风筝误》改编的电视剧有《爱情宝典》之《风筝误》,可谓影响深远。

2. 风筝文化——"人间无复埋忧地　题向风筝寄与天"

《风筝误》题诗:"谩道风流拟谪仙,伤心徒赋《四愁》篇。未经春色过眉际,但觉秋声到耳边。好梦阿谁堪入梦?欲眠竟夕又忘眠。**人间无复埋忧地,题向风筝寄与天。**"李渔的这句"幸有风筝为折柬,寄愁天上何难?"充分体现了国人对"风筝"的期盼。中国是风筝(纸鸢)的发明国(纸张的发明与普及对风筝的传播具有极其重要的影响),南方称"鹞",北方称"鸢"。关于风筝的故事流传有序:

(1) 纸鸢系战国鲁班发明,"飞天木鸢"即纸鸢前身。[唐]余知古《渚宫旧事》卷二:鲁班"尝为木鸢,乘之以窥宋城"(四库全书本)。又[战国]韩非《韩非子》卷十一:"墨子为木鸢,三年而成,飞一日而败。弟子曰:先生之巧,至能使木鸢飞。"(四部丛刊影印清影宋钞校本)

(2) 秦末楚汉相争,韩信将笛管缚于"纸鸢",笛管迎风,发声如筝,故称"风筝"。风筝发出"护汉,护汉"声,加上楚兵所唱楚歌,吹散西楚霸王项羽兵。民间另一传说,韩信制大纸鸢,让萧何吹箫升空。

(3) [南北朝]庾信《哀江南赋》:"烽随星落,书逐鸢飞。"注云:"侯景传云:太清三年三月朔,城内以景违盟,举烽鼓噪。又曰,贼围台城,中外隔绝。有羊车儿献计,作纸鸢,系以长绳,藏敕于中。简文出太极殿前,因北风而放,冀得书达。群贼骇之,谓是厌胜之术,又射下之,其危急如此。又按《独异志》云,侯景围台城,远不通问。简文作纸鸢,飞空告急于外。侯景谋臣王伟谓景曰,此纸鸢所至,即以事达外,令左右善射者射之乃堕。皆化为鸟,飞入云中,不知所往。……墨子作木鸢,飞三日不集。淮南子曰,公输班为木鸢而飞之。论衡曰,鲁班刻木为飞鸢,飞三日不下。"(《庾子山集注》卷二,[清]倪璠注,四库全书本)

(4) 唐诗人唐采《纸鸢赋》:"代有游童,乐事末工。饰素纸以成鸟,像飞鸢之戾空;翻分度将振沙之鹭,杳兮空先渐陆之鸿。抑之则有限,纵之则无穷,动息乎丝纶之际,行藏乎掌握之中。"([清]董诰《全唐文》卷九百五十三,清嘉庆内府刻本)唐代诗人高骈《风筝》诗:"夜静弦声响碧空,宫商信任往来风。依稀似曲才堪听,又被风吹别调中。"([五代]韦縠《才调集》卷七,四部丛刊影印清钱曾述古堂影宋钞本)

(5) [宋]陆游《观村童戏溪上》:"雨余溪水掠堤平,闲看村童谢晚晴。竹马踉蹡冲淖去,纸鸢跋扈挟风鸣。三冬暂就儒生学,千耦还从父老耕。识字粗堪供赋役,不须辛苦慕公卿。"(《剑南诗稿》卷一,清文渊阁四库全书补配清文津阁四库全书本)[宋]周密《武林旧事》卷三:"(西湖断)桥上少年郎竞纵纸鸢,以相勾牵剪截,以线绝者为负,此虽小技,亦有专门。"(民国景明宝颜堂秘籍本)[宋]张择端《清明上河图》、[宋]苏汉臣《长春百子图》俱有放风筝情境。

(6)[明]徐渭《风鸢图》:"江北江南低鹞齐,线长线短迥高低。春风自古无凭据,一伍骑夫弄笛儿。"(《徐文长文集》卷十二题画绝句,明刻本)[明]陈沂《询刍录·风筝》:"五代李邺于宫中作'纸鸢',引线乘风为戏。后于鸢首以竹为笛,使风入竹,声如筝鸣,故名风筝。"([清]吴士玉《骈字类编》卷八,四库全书本)

(7)[清]高鼎《村居》:"草长莺飞二月天,拂堤杨柳醉春烟。儿童散学归来早,忙趁东风放纸鸢。"清女诗人陈长生《春是信笔》诗:"软红无数落成泥,庭前催春绿渐齐。窗外忽传鹦鹉语,风筝吹落屋檐西。"又一女诗人骆绮兰《春闺》诗:"春寒料峭乍晴时,睡起纱窗日影移。何处风筝吹断线?吹来落在杏花枝。"

(8)关于《红楼梦》中"风筝放飞晦气"。《红楼梦》第七十回"林黛玉重建桃花社　史湘云偶填柳絮词":

> 只听窗外竹子上一声响,恰似窗屉子倒了一般,众人吓了一跳。丫鬟们出去瞧时,帘外丫鬟嚷道:"一个大蝴蝶风筝挂在竹梢上了。"众丫鬟笑道:"好一个齐整风筝!不知是谁家放的,断了线,咱们拿下他来。"宝玉等听了,也都出来看时,宝玉笑道:"我认得这风筝。这是大老爷那院里嫣红姑娘放的,拿下来给他送过去罢。"紫鹃笑道:"难道天下没有一样的风筝,单他有这个不成?二爷亦太死心眼儿了。我不管,我且拿起来。"探春笑道:"紫鹃也学小器了。你们一般有,这会子拾人走了的,也不怕嫌个忌讳。"黛玉笑道:"可是呢(知道是谁放晦气的,快掉出去罢。——程甲本无)把咱们的拿出来,咱们也放放晦气。"紫鹃听了,赶着命小丫头们将这风筝送出与园门上值日的婆子去了,倘有人来找,好与他们去的。
>
> 宝玉细看了一回,只见这美人(风筝)做的十分精致。心中欢喜,便命叫放起来。此时探春的也取了来了,翠墨带着几个小丫头子们在那边山坡上已放了起来。宝琴叫丫头放起一个大蝙蝠来。宝钗也(高兴,也取了一个来,却是)放起个一连七个大雁来。
>
> 独有宝玉的美人再放不起来。宝玉说丫头们不会放,自己放了半天,只起房高便落下来了。急得宝玉头上的汗都出来了,众人又笑。宝玉恨的掷在地下,指着风筝说:"若不是个美人,我一顿脚踩个稀烂。"
>
> 黛玉笑道:"那是顶线不好,拿去叫人换好了就好放了,再取一个来放罢。"
>
> 宝玉一面使人拿去打顶线,一面又取一个来放。大家都仰面而看,天上这几个风筝都起在半空中去了。

文中不仅展示了林黛玉精通玩风筝的另一面性格,此情景亦可成为推究《红楼梦》真实作者的一个侧面,通过分析李渔《风筝误》及其他的创作与生平经历,有可能就是《红楼梦》的创始作者,后来经曹雪芹、高鹗修改增删而成全书。

(9)现代鲁迅先生1925年写的散文《风筝》(收入《野草》),回忆他小时对小弟喜爱风筝的"虐杀",提出"游戏是儿童最正当的行为,玩具是儿童的天使"的儿童教育思想。

(10)1984年始办的潍坊国际风筝在每年4月20—25日举行。2006年5月20日,潍坊风筝制作技艺被列入第一批国家级非物质文化遗产名录。

可以说风筝是我国重要的传统文化符号之一,李渔的喜剧《风筝误》可以说已成为中国文学史上最重要的关于风筝的文学作品,值得治文学史和文化史的学者更多关注。

小说乐生——《夏宜楼》与科学小说

清顺治八年(1651年),李渔在杭州西子湖畔完成话本小说集《十二楼》(可与《红楼梦》金陵十二钗设计作比较研究)。《十二楼》又名《觉世明言》,共十二卷,每卷含独立情节的故事,每个故事都有一座楼阁。人物命运和情节展开皆与楼阁相关。12个故事出自李渔自己的精心构思与创作,绝少引用别人的小说素材(图3)。

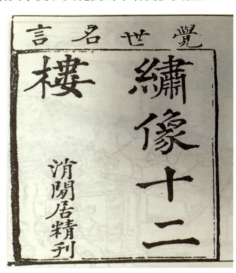

图3 清消闲居刻本《十二楼》

其中的《夏宜楼》称得上是真正意义的科学小说。孙楷第云:"望远镜明季已入中国,但以此器入小说,笠翁算是第一次了。"《夏宜楼》描绘荷花亦特别精妙,值得探讨。

1. 荷花与中国文化

《夏宜楼》第一回 "浴荷池女伴肆顽皮 慕花容仙郎驰远目":

(1)两村姐妹一般娇,同住溪边隔小桥。相约采莲期早至,来迟罚取荡轻桡。
(2)采莲欲去又逡巡,无语低头各祷神。折得并头应嫁早,不知佳兆属何人。
(3)不识谁家女少年,半途来搭采莲船。荡舟懒用些须力,才到攀花却占先。
(4)采莲只唱采莲词,莫向同侪浪语私。岸上有人闲处立,看花更看采花儿。
(5)人在花中不觉香,离花香气远相将。从中悟得勾郎法,只许郎看不近郎。
(6)姊妹朝来唤采菓,新妆草草欠舒徐。云鬟摇动浑松却,归去重教阿母梳。

6首绝句题作《采莲歌》,为李渔儿时所,原共10首,去其四,6首写入小说。

凡作采莲诗者,都是借花以咏闺情,再没有一首说着男子。又是借题以咏美人,并没有一句说着丑妇。可见荷花不比别样,只该是妇人采,不该用男子摘;只该入美人之手,不该近丑妇之身。

世间可爱的花卉不知几千百种,独有荷花一件,更比诸卉不同:

不但多色,又且多姿;不但有香,又且有韵;不但娱神悦目,到后来变作莲藕,又能解渴充饥。古人说她是"花之君子",我又替她别取一号,叫做"花之美人"。

这一种美人,不但在偎红倚翠、握雨携云的时节方才用得她着,竟是个荆钗裙布之妻,箕帚苹蘩之妇,既可生男育女,又能宜室宜家。

自少至老,没有一日空闲、一时懒惰。开花放蕊的时节,是她当令之秋,那些好处都不消说得,只说她前乎此者与后乎此者。

自从出水之际,就能点缀绿波,雅称"荷钱"之号。

未经发蕊之先,便可饮漱清香,无愧"碧筒"之誉。

花瓣一落,早露莲房。荷叶虽枯,犹能适用。这些妙处,虽是她的绪余,却也可矜可贵。比不得寻常花卉,不到开放之际,毫不觉其可亲;一到花残絮舞之后,就把她当了弃物。古人云:"弄花一年,看花十日。"

想到此处,都有些打算不来。独有种荷栽藕,是桩极讨便宜之事,所以将她比做美人。我往时讲一句笑话,人人都道可传,如今说来请教看官,且看是与不是:

但凡戏耍亵狎之中,都要带些正经,方才可久。尽有戏耍亵狎之中,做出正经事业来者。

就如男子与妇人交媾,原不叫做正经,为什么千古相传,做了一件不朽之事?只因在戏耍亵狎里面,生得儿子出来,绵百世之宗祧,存两人之血脉,岂不是戏耍而有益于正,亵狎而无叛于经者乎!因说荷花,偶然及此,幸勿怪其饶舌。

如今叙说一篇奇话,因为从采莲而起,所以就把采莲一事做了引头,省得在树外寻根,到这移花接木的去处,两边合不着榫也。

上述构成李渔对荷花文化的阐述,并结合"正经事业"进行论述。荷花是中国文化的象征之一,宋周敦颐《爱莲说》与李渔《夏宜楼》对荷花的描绘具有异曲同工之妙。《夏宜楼》集中体现了李渔对荷花的理解与赞美,而当时新出现的高科技产品"千里镜"更成为了小说的"主角"。

2. 千里镜与科学小说

《夏宜楼》描绘"千里镜"云:

所谓千里镜者,即嵌于管之两头,取以视远,无遐不到。"千里"二字,虽属过称,未必果能由吴视越,坐秦观楚。然试千百里之内,便自不觉其诬。至于十数里之中,千百步之外,取以观人鉴物,不但不觉其远,较对面相视者,便觉分明。真可宝也。

另外还介绍了显微镜、焚香镜（即放大镜）、端容镜（即镜子）、取火镜（即凸透镜）、千里镜等。

> 以上诸镜，皆西洋国所产。二百年以前，不过贡使携来，偶尔一见，不易得也。自明朝至今，彼国之中有出类拔萃之士，不为员幅所限，偶来设教于中土，自能制造，取以赠人。故凡探奇好事者，皆得而有之。诸公欲广其传，常授人以制造之法。
>
> 然而此种聪明，中国不如外国，得其传者甚少。数年以来，独有武陵诸曦庵讳□者，系笔墨中知名之士，果能得其真传。所作显微、焚香、端容、取火及千里诸镜，皆不类寻常，与西洋上著者无异，而近视、远视诸眼镜更佳，得者皆珍为异宝。

短篇小说《夏宜楼》不仅详细介绍了望远镜的结构、观察物体效果，同时将相关的光学仪器逐一叙述，说明其由来与用途，目的在于对读者进行"科普"，所以，《夏宜楼》可以说是真正意义上的科学小说，是中国古典小说中最早涉及望远镜的一篇，并成为传播光学知识的科普先驱。

之后千里镜在中国传播显得曲折而艰辛，清代曾国藩在咸丰十一年（1861年）12月21日的日记中记载：

> 冯竹渔自广东购寄千里镜二具，在楼上试验，果为精绝，看半里许之人物如在户庭咫尺之间。
>
> 其铜铁、树木等，一经洋人琢磨成器，遂亦精曜夺目。因思天下凡物加倍磨治，皆能变换本质，别生精彩，何况人之于学？但能日新又新，百倍其功，一何患不变化气质，超凡入圣？余志学有年，而因循悠忽，回思十五年前之志识，今依然故我也，为之悚惕无已。

在曾国藩眼里，千里镜没有成为洋务运动的科学知识组成部分，而只是"变换本质"，让人"变化气质，超凡入圣"，可见现代科技传入古老的农业文明有多艰难。

3. 休闲养生——《闲情偶寄》与日常生活创新

《闲情偶寄》是李渔最重要的著作，内容包含戏曲理论、饮食、营造、园艺、养生等。在中国传统文化中享有很高声誉，被誉为中国古代生活艺术大全。清康熙十年（1671年），《笠翁秘书第一种》即《闲情偶寄》（又称《笠翁偶集》）正式问世（图4）。

尤侗（1618—1704年）评《闲情偶寄》：

> 所著《闲情偶寄》若干卷，用狡狯伎俩，作游戏神通。入公子行以当场，现美人身而说法。洎乎平章土木，勾当烟花，哺啜之事亦复可观，屐履之间皆得其任。虽才人三昧，笔补天工，而镂空绘影，索隐钓奇，窃恐犯造物之忌矣。

乃笠翁不徒托诸空言,遂已演为本事。家居长干,山楼水阁,药栏花砌,辄引人着胜地。薄游吴市,集名优数辈,度其梨园法曲,红弦翠袖,烛影参差,望者疑为神仙中人。若是乎笠翁之才,造物不惟不忌,而且惜其劳、美其报焉。人生百年,为乐苦不足也,笠翁何以得此于天哉!

《闲情偶寄》是李渔一生艺术、生活经验总结,是中国乃至世界的第一部倡导休闲与创新文化的巨著。李渔自称此书有"四期三戒"。

"四期":一期点缀太平,二期崇尚俭朴,三期规正风俗,四期警惕人心。
"三戒":一戒剽窃陈言,二戒网罗旧集,三戒支离补凑。

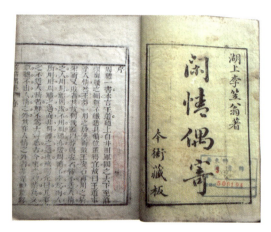

(a) 华东师范大学图书馆藏本　　　　　　(b) 浙江图书馆藏本

图 4　《闲情偶寄》

书中所谈的娱乐养生之道和美化生活之法,结合抒情和说理,全景式地提供了17世纪中国人的日常生活和世俗风情图景:从亭台楼阁、门窗布局、界壁分隔,到花草虫鱼、鼎铛玉石的摆设;从妇女的妆阁、修容、首饰、脂粉点染到穷人与富人的颐养之方等,无不涉猎,表现了作者广泛的艺术领悟力和无限的生活情趣。

民国时期林语堂在《人生的乐趣》中曾指出:

我们只有知道一个国家人民生活的乐趣,才会真正了解这个国家,正如我们只有知道一个人怎样利用闲暇时光,才会真正了解这个人一样。只有当一个人歇下他手头不得不干的事情,开始做他所喜欢做的事情时,他的个性才会显露出来。只有当社会与公务的压力消失,金钱、名誉和野心的刺激离去,精神可以随心所欲地游荡之时,我们才会看到一个内在的人,看到他真正的自我。……
生活是艰苦的,政治是肮脏的,商业是卑鄙的,因而,通过一个人的社会生活状况去判断一个人,通常是不公平的。

我认为玩耍时的中国人要比干正经事情时的中国人可爱得多。中国人在政治上是荒谬的,在社会上是幼稚的,但他们在闲暇时却是最聪明、最理智的。

在李笠翁的著作中,有一个重要部分专门研究生活的乐趣,是中国人生活艺术的袖珍指南,从住宅与庭园、屋内装饰、界壁分隔,到妇女的梳妆、美容、施粉黛、烹调的艺术和美食的导引,富人穷人寻求乐趣的方法,一年四季消愁解闷的途径,性生活的节制,疾病的防治,最后是从感觉上把药物分成三类:"本性酷好之药"、"其人急需之药"和"一生钟爱之药"。这一章包含了比医科大学的药学课程更多的用药知识。这个享乐主义的戏剧家和伟大的喜剧诗人,写出了自己心中之言。

当时的陈独秀则在《文学革命论》中提出:

推倒雕琢的阿谀的贵族文学,建设平易的抒情的国民文学;推倒陈腐的铺张的古典文学,建设新鲜的立诚的写实文学;推倒迂晦的艰涩的山林文学,建设明了通俗的社会文学。

可以说,李渔的文学就是"平易的抒情的平民文学,新鲜的立诚的写实文学,明了通俗的社会文学",符合近代文学革命的理想。正如林语堂所说,李渔"专门研究生活的乐趣,是中国人生活艺术的袖珍指南",符合当代的创造发现、休闲养生的价值取向。这与李渔所处改朝换代期间的生活不可分:

追忆明朝失政以后,大清革命之先,予绝意浮名,不干寸禄,山居避乱,反以无事为荣。夏不调客,亦无客至,匪止头巾不设,并衫履而废之。或裸处乱荷之中,妻孥觅之不得;或偃卧长松之下,猿鹤过而不知。洗砚石于飞泉,试茗奴以积雪;欲食瓜而瓜生户外,思啖果而果落树头。可谓极人世之奇闻,擅有生之至乐者矣。后此则徙居城市,酬应日纷,虽无利欲熏人,亦觉浮名致累。计我一生,得享列仙之福者,仅有三年。

(《闲情偶寄》卷六)

可以说"绝意浮名,不干寸禄,山居避乱"的生活给李渔带来乱世的特殊体验,并为其以后的创作谋生打下坚实的基础。正如其描绘"墙壁公道"云:

峻宇雕墙,家徒壁立,昔人贫富,皆于墙壁间辨之。故富人润屋,贫士结庐,皆自墙壁始。墙壁者,内外攸分而人我相半者也。俗云:"一家筑墙,两家好看。"居室器物之有公道者,惟墙壁一种,其馀一切皆为我之学也。然国之宜固者城池,城池固而国始固;家之宜坚者墙壁,墙壁坚而家始坚。

其实为人即是为己，人能以治墙壁之一念治其身心，则无往而不利矣。

人笑予止务闲情，不喜谈禅讲学，故偶为是说以解嘲，未审有当于理学名贤及善知识否也。

（《闲情偶寄》第四《居室部·墙壁》）

"其实为人即是为己，人能以治墙壁之一念治其身心，则无往而不利矣。"这是李渔从生活实践中悟出的"为人为己"的生活哲理。他又在《印板活用》中提到：

离家后记起一事，靠东一带墙垣，单薄之甚，此穿窬捷径也。又兼奴辈善睡，欲其为司夜之犬，难矣！为今之计，欲尽立木栅，则数间之屋，非十余金之费不能。米盐莫支，何从办此？不若以生平所著之书之印板，连架移入其地，使之贴墙，可抵一层夹壁，贼遇此物，无不远之若浼(měi)。以书籍梨枣等物，皆致贫之具，出门求财者，以不见为祥。且蓄此之家，其无厚积可知，与藏布帛菽粟者反也（"也"《李渔全集》第一卷186页作"之"）。见信即移，勿俟来日。"

（《笠翁一家言文集》卷三《尺牍》《粤游家报》）

将印书板片贴墙作夹壁、杜绝贼人，是其物尽其才的理念与生活经验的活用。

关于饮食，李渔更有独特的视角与看法。李渔云："吾辑《饮馔》一卷，后肉食而首蔬菜，一以崇俭，一以复古；至重宰割而惜生命，又其念兹在兹，而不忍或忘者矣。"尤其是对嗜好的杨梅，李渔更有切身的体会。其"杨家果疗疾——本性酷好之物可以当药"云：

庚午（1630年）之岁，疫疠盛行，一门之内，无不呻吟，而惟予独甚。时当夏五，应荐杨梅，而予之嗜此，较前人之癖菖蒲、羊枣诸物，殆有甚焉，每食必过一斗。因讯妻孥曰：「此果曾入市否？」

妻孥知其既有而未敢遽进，使人密讯于医。医者曰：「其性极热，适与症反。无论多食，即一二枚亦可丧命。」家人识其不可，而恐予固索，遂诡词以应，谓此时未得，越数日或可致之。讵料予宅邻街，卖花售果之声时时达于户内，忽有大声疾呼而过予门者，知其为杨家果也。予始穷诘家人，彼以医士之言对。予曰：「碌碌巫咸，彼乌知此？急为购之！」及其既得，才一沁齿而满胸之郁结俱开，咽入腹中，则五脏皆和，四体尽适，不知前病为何物矣。家人睹此，知医言不验，亦听其食而不禁，病遂以此得瘥。

由是观之，无病不可医，无物不可当药。但须以渐尝试，由少而多，视其可进而进之，始不以身为孤注。

李渔生于医学之家，对药材性质有基本了解，对人体需求有深切体会，故能提出"本性酷好之物可以当药"的观点，并谨慎地表示"须以渐尝试，由少而多，视其可进而进之，始不以身为孤注"。

总之,《闲情偶寄》对日常生活的诗化描绘,对休闲文化的倡导影响,使之成为最能代表中国文化的著作之一。正如南开大学著名文史研究专家陈洪先生在与中华古籍保护研究院院长杨玉良院士关于《闲情偶寄》的一次对话中所说,"李渔是一位在无趣的时代寻找生活乐趣的人"。

李渔在海外的影响

李渔的作品很早就传播到海外,日本长崎港江户时代的《商舶载来书目》记载:元禄年间(1688—1703年)从清国舶来《连城璧》,"全集十二回,《外编》六卷",并附小字注:"右小说正集十二回,外编六卷。"

1931年,孙楷第赴日本东京访书,日本尊经阁藏有清初精刊的《无声戏》十二回本,与中国所有《无声戏合集》的标目联对,次第皆异,极为珍贵。孙楷第归国时取道大连,在大连满铁图书馆见到日本人的古抄本《连城璧》,其正集与外编共收16集,为目前存世最全的版本。在日时,孙楷第还和神田喜一郎、长泽规矩也两位日本教授在尊经阁中发现了中国的康熙间刊印、伪斋主人作序的李渔小说集《无声戏》(即《连城璧》)。

当代西方最权威的中国古典文学研究家、美国哈佛大学教授韩南(Patrick Hanan)先生著有《创造李渔》(*The Invention of Li Yu*)。我在翻译该书时,与他书信往来多次。他在给我的一封信中说:

Dear Mr. Yang,
Here is the preface with some changes.
Some time ago you asked me my opinion about the title. I think "创造李渔" would probably be the best.
I will do my best to find illustrations.
Best wishes,
Patrick Hanan

信中谈及书名翻译、《序言》改动以及提供书中插图相关事宜。译文加上写作《创造李渔》的时间主要是在1981—1987年,资料收录到1988年,韩南对未能用上新发现的材料表示遗憾,体现了一位学者的情怀。后来他将原文中的引文出处(系根据台湾马汉茂编辑出版的影印本)改为大陆出版的整理本,目的就是方便大陆读者。

其他研究李渔的学者尚有:日本庆应义塾大学的冈晴夫教授,复旦大学章培恒教授的博士浦部依子女史,法国马赛大学的皮埃尔教授,德国汉堡大学的马汉茂、傅敏怡教授,美国的 Henry Eric P. 教授,俄罗斯莫斯科大学的华克生教授等。

李渔唯一的一篇文言小说《秦淮健儿传》，翻译成英文为"The Strong Kid of the Chin-huai Region"。有人从英文再将其翻译回中文时，译作"金华地区的坚强孩子"，将"秦淮"（李渔曾经在此地旁边筑芥子园）当作"金华"（李渔的家乡），无疑南辕北辙，与孟子翻译成"孟修斯"、蒋介石（ChiangKai-shek）翻译成"常凯申"类似，也说明对李渔的研究亟待加强。

最后就以李渔题家乡兰溪"且停亭"对联作结：

名乎利乎，道路奔波休碌碌；来者往者，溪山清静且停停。

总之，李渔给我们带来了17世纪中国人的创造意志及其典雅的休闲养生生活画卷，其独立思考（曾云：予独谓"二十一史"，大半皆传疑之书也）能力、自成"一家言"的敢于"雷门击鼓"的创新精神，其宣扬的休闲养生的生活情趣和美学理念，其"芥子园"式的人与环境和谐共处的造园理念，以及"一夫不笑是吾忧"的娱乐世人的理想追求，无疑具有普世价值，值得后人纪念。

奋斗、机遇、物理

郝柏林

【主讲人简介】 郝柏林(1934年6月26日—2018年3月7日),理论物理学家。1959年毕业于乌克兰哈尔科夫大学,1961—1963年在莫斯科大学和苏联科学院物理问题研究所作研究生。1980年当选为中国科学院学部委员(院士)。1995年当选为第三世界科学院院士。1978年参与建立理论物理研究所并在该所工作27年,曾任研究员、所长。主要从事固体理论、计算物理、统计物理、混沌理论等方面的研究,并取得多项重要成果。1997年转入理论生命科学,主要从事水稻和细菌基因组研究。2005年在复旦大学建立理论生命科学研究中心。曾两次获得国家自然科学奖二等奖,一次获得国家科学技术进步奖二等奖。

【讲座摘要】 一个人的人生百年相对于国家、民族的历史文化语言,每个人是快变量,而历史文化是慢变量,语言是慢变量。每个人真正想明白,就会抓紧时间。

一个人经受过挫折是一种有益的经历，至少再发生某种问题的时候会更坚强，而不是一打就趴下。

机遇是不可强求的，不依赖于自己。但是不管自身环境顺利与否，永远不要停止奋斗。只要有准备，在机遇出现的时候才能够抓住。

快变量和慢变量

我今天给同学们讲点我年轻时的故事。我先要说点一般的概念，就是快变量和慢变量。任何随时间变化的系统，都可以叫做动力系统。复杂的系统，可以用很多变量描写。粗略地说，这些变量可以分为慢变量和快变量。慢变量对时间的导数比较小；如果它变化非常慢，导数就很小；它不变了，导数就为零。所以，慢变量的极限情况是不随时间变化，不随时间变化的量就不是变量，而叫参数。一个系统里有些参数可以调，给一个参数，观察系统的行为，过一会儿变一个参数。所以，实际上参数也是一种变量，只是变得很慢。在这个意义上讲，参数和变量并没有太大差别。这么粗略地分成两组变量以后，我们可以观察到：快变量受慢变量控制。参数很明显，参数调了，行为就跟着变化。所以，系统受参数控制。这是一个很普遍的现象。在计算数学里有套方法叫绝热消去法，就是把快变量消去，让快变量的导数都等于零，这样方程就不再是微分方程了。把它当超越方程解出来，将解代到前面那个方程组里，方程组就变小了。

德国一位教授赫尔曼·哈肯提倡"Synergetics"，中文叫协同学。20世纪80年代国内也很热，翻译了一些外版书。其实其中的内容并不特别新，就是有一些统计、复杂系统、非线性系统的行为，他把这些共同的东西总结到一块儿。他把慢变量控制快变量叫做奴役原理，说的是快变量受慢变量"奴役"。我今天提到这件事情，是希望大家从这个角度想一下人生。一个人，人生百年，相对于国家、民族的历史文化语言，每个人是快变量，而历史文化是慢变量，语言是慢变量。一个小孩哪怕长大了以后是语言学家、语言大师，他也不可能创造一种语言，他还得用他在摇篮里学会的这个民族流传下来的语言讲话，进行创造。自古至今世界上流传下来不少千古名句、名篇佳作，也可以造出一些新字。说到新字，我们现在使用的女字边的"她"，就是语言大师刘半农新造的。刘半农可以造一个字，但是他没办法改变整个中文。所以说语言是慢变量。

认识到什么是慢变量，对于人生思考很多问题非常重要。因为慢变量是你改变不了的，父母把你生在当今这个时代，你才可以到这样的学校里学习，有这样的环境。我和你们同样岁数的时候，就是另外一种命运。这对大家考虑我们的社会现象也很重要。我知道年轻人对周围很多事情是不满意的，只有存在不满意，人类才有进步，才能创造出新东西。但是这时候你就得分析，什么东西是历史文化长时间留下来的，你在短时间内改变不了。但是你得明白，你的贡献多了以后，加起来虽然是有限数，但是有限数也是可以起作用的，也不能消极。我们常说时间过得快、过得慢，大家的估计并不同。我们搞物理的人测量时都有单位,测量时间快慢用的单位可以是年龄。比方说你是个五六岁的小孩,那个时候你看中学生一个个都挺大的,心里会想自己什么时候才能熬到中学;到了大学以后,你会觉得大学 4 年过得很快;到了我这个岁数,时间过得快得不得了,即使我能够活 100 岁,我也已经过了 3/4 强、剩下不到 1/4 了,我就有一种紧迫感。而你们现在可以玩,可以浪费点时间,这个紧迫感就不一样。大家想一想这件事情,真正想明白了,大概就会抓紧时间,因为你是快变量,你不抓紧时间的话,你的事情就做得少了。

15 岁加入新民主主义青年团

我是个积极分子,什么事情都积极。1949 年我 14 岁时北平(现在叫北京)解放。1 月 31 日在西直门换岗,解放军入城,我们就积极欢迎解放军。5 月 4 日,中国新民主主义青年团第二次全国代表大会胜利闭幕,通过了新团章。刘少奇在天安门检阅北京青年,那时的天安门广场比现在小多了。那天下着小雨,我们在广场唱"解放区的天是明朗的天",一面下着雨,一边唱明朗的天。团章登在报纸上,我看了觉得很好,就想去入团。我知道我们中学后面有一排平房,有一个地方挂着"新民主主义青年团河北省立中学团总支部"的牌子,我就到团总支去。值班的是一位比我高 3 个年级的高二的同学崔自铎,现在他是中央党校已经退休的哲学教授,我跟这位学长一辈子保持着联系。那时他问我:"你想要入团,谁是介绍人呢?"我压根不知道入团还要介绍人,连这个都不明白我就去了。显然,团组织注意到我这个积极分子。1949 年的暑假是北京解放以后的第一个暑假,团组织为年轻人组织了很多活动。初中学生有一个"暑期青年学园",就是把邻近几个中学的学生组织到一起,找一个方位适中的中学校园,大家到那儿去从事各种暑期活动。他们叫我办壁报,因为我在学校里办过壁报,我办壁报是自发的。北京市是和平解放的,国民党、三青团都还来得及做一些工作。而且刚解放的时候,共产党也没有公开,大家都知道,北京的共产党组织真正公开是在 1949 年 7 月 1 日。在这之前我们知道有一些人是共产党员,但也有很多共产党员没有把身份亮出来,学校里的情况也比较乱。很多壁报社是共产党支持的,但也有些是三青团做后台的。我们的壁报社叫"学爬",壁报报头画了个小孩在学爬,那是我的一位会画画的同学画的。"学爬"的意思是说解放了,很多东西我们要学,要像小孩一样从学爬学起。后来党组织调查了我们的壁报社,发现我们没有什么背景,就让我去办壁报。我工作很积极,后来在东四区委入团,由清华大学进城做工作的一个地下党员、北京女二中的一个学生干部这两人介绍我入团。

开学之前我的团关系从东四区委转回学校。回到学校以后的第一件事情是建立少先队,发展少先队员。少先队是后建立的。2009 年 10 月庆祝少先队建立 60 周年。我记得我们发展最早的 4 个队员开联欢会,大家一起唱歌。后来我还做过学生会工作。那时候学生会要竞选,要演说,通过竞选加入学生会组织。我在河北高中做学生会主席的时候,是有学生会党组织支持的,因为那时候的学生会工作十分重要。学生会要做很多现在是大人在做的事，结果就会"因公旷课"，这个"因公旷课"因为很合理，所以老师也不管。我创下了一个记录，一个星期我曾经旷课 40 个小时，压根没时间上课。我的很多伙伴也是这样，功课学得很糟糕，结果就出了问题。我的初中化学考了 59 分，那时是百分制的。卷子发下来，每道题都有分数，那些分数加在一块儿，总分也才 59 分，可是卷子上写着"75"。我很诚实，就跟老师讲。我的化学老师叫张铭德，是留日的学生。我说："张老师，你算错了，我的成绩只有 59 分。"张老师接过我手中的考卷，在教室前那么一抖，说："郝柏林挺积极的，大家说给他 75 分行不行？"大伙一起哄说"行"，我就这么拿了个 75 分。这件事情对我的影响很大。我明白了，老师们对我们这些积极的学生干部不大敢管，但是我们也不太自觉。我觉得来当学生，就要把功课学好，就要努力。从此之后我就注意缺了的功课要及时补上，不能随意旷课，老师布置的习题都要完成。我们住在学校里，到了 10 点钟到处熄灯，没地方可以念书。我们学生会有一个事情，伙食工作是我们自己办的，伙委会也归学生会管。伙委会办公室可以昼夜开灯，因为要算账，我就这样躲在学生会把功课补上，尽量学好。

伙食工作其实原来也是大人管着的。这时已经进入高中，那时候有一个反贪污、反浪费的"三反五反"运动，一下把我们的总务主任抓了，说是"抓出个贪污大老虎"。学生会调一个高二的同学来兼总务主任，课都不上了。这个同学的总务主任当得很不错，后来他到苏联去，回来在北师大做教授。伙委会原来也是大人在管，后来我们干脆接过来由学生自己组织伙食团，伙食一下子就好了。可见年轻人有很多本领、很大能量，要让他们做事。老师和辅导员要学会当后台，出主意，许多事情让学生自己去组织，自己去做，有可能比你自己辛辛苦苦要做得好。现在我们的教育是有问题的，这个问题我说不清在哪里。但是现在家长、学生和老师三头受罪，这里有某种死循环，这是高考等因素造成的，大概要等到我们国家发展到上大学已经变成是件普通的事情，这个问题才可能最终得到解决。

18 岁加入中国共产党

我努力学习，但当时并没有很明确的目的，并没有想为了上大学。我初中毕业考高中，功课还是不错的。当时北京最好的中学是男四中（现在是市立四中，男女合校）、师大男附中（现在也合校了，仍然是最好的学校），还有一个河北高中，简称"冀高"。这 3 个学校当时是北京最好的中学。各个学校自己招生，前两个学校的入学考试我都考了第一名，在河北高中我考了第四名，明显排在我前面的是 3 个"能人"。我最后上了河北高中，因为这个学校有比我强的人，这对我有好处。上高中时，我们有些同学"摽着劲儿"比了 3 年。不过说起来，这个比不大对称，我当时兼任了很多社会工作，有的人什么社会工作也没有。

当时考进河北高中以后，考大学根本没问题。好大学就是北大、清华、北航、北医这 4 个学校。高中入学考试时有一道初中物理题，说一个人照平面镜要看到自己的全身，这个镜子最短得有多大的长度。大家知道标准答案是身高的一半。我在答这道题的时候，标准答案我当然能答出来。但是我后来想了想，如果这面镜子不平行着放，把它斜过来一点，这个镜子就可以短一点。所以，我在这道题目后面就开始发挥，我说镜子平行放置的话最短长度是身高的一半，如果允许把镜子斜过来，可以比一半还短。老师看了卷子之后批阅："此生有替考可能，口试时注意。"我怎么会知道这个批阅呢？本来我们是不可能看到卷子的，后来高三劳动时要到仓库领废纸，领出来的正是我们那一年入学考试的试卷，大家都忙着找自己的试卷，我找到后作为档案自己保存，一直保存到"文化大革命"。在我们进入高中之后，同学们就开始分化了，努力念书的同学连团都不入。当时有个说法叫"冀高不入团，入团上师专"。什么是师专？河北省的教育比南方落后多了，大家看看这些老院士、老学部委员尽是来自江浙一带，没有几个北方的。那个时候在北方做县官的都是来自南方，还带着绍兴师爷。南方有些县里都有大学，苏州就有东吴大学。现在台湾台北的东吴大学，和苏州大学"是一家"。现在苏州大学的校园里还留着一个老校门，用来纪念东吴大学。但北方可不是这样。解放的时候河北省有130个县，但是大概只有30几个县有中学，很多县连中学都没有，更不要提大学。要发展教育、培养教师，就找我们这些基础好的、归河北省管的高中，在学校里建立师范班，这就是师专。那个时候同学中也有不少人不大愿意上师范，党员、团员就被整班调到师范班。有一个学生党员说他不去师范班，结果第二天就贴出布告开除党籍。我们这些在学校里做学生干部的，我已经入团，那个时候还在争取入党，根本没想将来要考大学。我们的出路或者是留在学校工作，或者是调出去当干部。我的学长王蒙，就是后来当过文化部长的作家王蒙，我们是同一个学校的，他比我高两个年级，我上高一，他上高三。当时他高三还没上完，东四区委组织部一个电话就把他调走了，他把铺盖卷一卷，就到组织部当干部去了。这个现象当时非常普遍，因为那个时候的高中生党员已经是高级知识分子。我们都有这类准备，说不定哪天来个电话就把我们调走。

1953年：第一个五年计划的第一年

1953年我高中毕业。1953年非常特别，我永远忘不了1953年。1953年是我国第一个五年计划的第一年。1952年年底上级发了一个通知说："近查乱调学生党员的情况过于严重，今后没有组织部门批准，不许乱调学生党员。"我们毕业班4个班的18名党员全部被送入高考考场，这时大家的差别就显现出来了。我的那些没有努力念书的同学也都考上大学，因为当时考大学比较容易，大学的招生总人数要超过高中的毕业生总人数。国家刚解放，急着要把大学办起来，所以把一些解放军战士、读过小学、还没有读过初中的学生，都调出来上工农速成中学，用一两年时间教一些知识，然后调出来考大学。年轻的干部动员他们考大学，所以考大学并不太难，但还要看成绩好坏。考得不好的话，虽说上不了好大学，但反正有大学可上。我从小就想学物理，而且想学理论物理，自己也说不明白理论物理是什么，我填报的志愿是北大物理系、北大数学系、北大哲学系。哲学是自然哲学,我心里想它还是跟物理有点关系。发榜的时候没有我,不过我们已经接到通知,要我们到北京俄语专修学校二部(简称为"俄专")报到。对当时的年轻人来说,这是最好的出路,我们是准备到苏联去留学,这是留苏预备部。

那个时候出国可不是自己能够安排的,光有本事不行,一定要组织挑选到你,而且你的功课也得可以。显然我们考得还不错,被录取到俄专。我就转关系上俄专,这个关系是通过中共中央组织部转去的,因为要从中学转到东四区委,再转到北京市委。俄专当时是中共中央机关的一部分,归中共中央马列主义编译局管。编译局的局长叫师哲,就是周恩来总理参加解决印度支那问题的日内瓦谈判时,在那里协助周恩来、会好几国语言的师哲,他是俄专当时的校长。大家可能知道杜勒斯在一次日内瓦谈判时,拒绝跟周恩来握手。发生这件事情时,莫洛托夫马上把师哲请来,莫洛托夫当时是主席,他请师哲协助他主持会议。转关系要通过组织部,我到中共中央组织部去过一次,就是这次去转关系。有许多东西我是到了俄专之后才第一次听说,比如广播说"17级以上干部开会",我们这些之前是中学生的人根本不知道什么干部级别,但是我们中间很多调干生本来就是 14 级、17 级的干部,有时候他们要专门开会。我原来学英语,在俄专学了 9 个月俄语,从俄文字母学起,然后直接到苏联听课。

那时还有 3 个月的"忠诚老实运动",就是出国审查。在忠诚老实运动中,个人交代与组织调查相结合。学生回家要问父母,家里有什么人是"杀、关、管、逃"的。"杀"就是被镇压;"关"就是关在监狱里;"管"是在街道上、村子里被管制劳动;"逃"就是逃到海外,其中包括港、澳、台。家里要有这样的情况,就得老实向组织交代。我们那时出国审查非常严格,有一些人没有通过审查。现在回想起来,没有通过审查的人也没有受到歧视,他们耽误了 1 年学俄语的时间,虽然没有出国,但是基本想上哪个大学自己可以挑,基本上都上了国内的好大学了。后来国家发生的由于出身等因素个人受到歧视,都发生在 1957 年以后,在解放初期还没有这个问题。

出国专业分配:乱点鸳鸯谱

出国后需要分配所学的专业。之前我们填过表,我的志愿当然还是物理。出国专业分配,可以说是"乱点鸳鸯谱"。给我分配的是"煤矿工业的经济和组织"。那时刚解放,给我们分配专业的教育部干部认为,我们国家刚开始建设,这个工业、那个工业当然都需要。有一些专业他们知道不能乱点:跳舞的,唱歌的,弹钢琴的,原来干这个的,出国后还是干这个。后来到了香港的钢琴家刘诗昆当时是跟我们一块儿出国的,他出国前就弹钢琴,到苏联还是弹钢琴。这个"乱点鸳鸯谱"还真点出一些鸳鸯来。有个姑娘想学化学,结果分配的专业是"有色冶金工业的经济和组织",这是苏联的术语,黑色是钢铁,所有其他金属是有色的。"有色"金属里藏着很重要的放射性元素铀,中苏在 20 世纪 50 年代曾经在新疆搞过联合有色金属开发公司,其实就是苏联人来抢采我们的铀矿。中国与苏联"联合"

开发,可是当时我们有多少技术,开发的产品到了哪里,结果可想而知。后来,旅顺和大连的联合有色金属开发被收回,在新疆合办的联合有色金属公司也被停办,这是中苏关系公开破裂之前的事情,当时苏联已经很不高兴了。我说"乱点鸳鸯谱",是因为这位姑娘当时跟我在一个学校,以后我们一辈子在一块,她就是我的妻子张淑誉(图1)。

图1　郝柏林和张淑誉1956年夏摄于列宁之路集体农庄

1954年8月,经过11个昼夜的火车颠簸,我们1 500名留苏学生到达莫斯科,由苏联教育部和中国大使馆的工作人员分派到各地的学校上学。因为我原来是学生党员、学生干部,他们给我一份14人名单,还有介绍信和火车票,让我带这14人到哈尔科夫。哈尔科夫在"二战"以前是乌克兰的首都,是一个工业城市。我们去的是哈尔科夫的工程经济学院,苏联学生并不喜欢这个学院,有一个俄文词"тряпка"是中文"抹布"的意思,苏联人把这个工程经济学院叫"抹布学校",所设的专业叫"抹布专业"。我们就去学这个"抹布专业",没有一个中国同学喜欢。但是当时我们在分配专业之前听了报告,表态要服从组织分配,国家需要什么,我们就学什么。但是到了苏联很多人心里还是很不舒服。

1954年深秋,我自己在学校外树下的长椅子上坐下来,召开了一次一个人的"政治局会议"。你们可能不知道,这是个典故,你们要去读《钢铁是怎样炼成的》才会知道这个典故。书中的保尔·柯察金在苏俄内战时期与白匪打仗时受了重伤,战友们都以为他牺牲了,结果他回到了老家,在母亲的关照下恢复了健康,又回去重新当了工人。这个时候他的一些伙伴已经在乌克兰共青团中央做领导职务。有一天保尔在海边的长椅子上坐下来,召开了"政治局会议",决定自己将来应当怎么办。我们那时候都读过《钢铁是怎样炼成的》,所以我就学样召开一个"政治局会议"。这个"政治局会议"的"重要决议"就是物理学不成了。我还有学数学的兴趣,所以就决定要自学数学。为了不受批评,我还不能表现出来。尽管我不喜欢学经济,还是要把经济方面的课都学好,就是在数学和经济两条战线上奋斗,"革命加拼命"。"革命加拼命"要有个前提,就是身体得比较好,要不然拼命是拼不起的。我在苏联自学数学,完全没有未来更多的目的,只是作为一种业余爱好。

意外机遇：1956年夏天转学

1956年夏天突然有一个可以转学的机会。我们那时的留学生，不管是不是党员，都是按照党组织编起来，一个城市有总支，每个学校有支部。我在总支做总支委员，书记比我的年龄要大，来自东北工学院，东北工学院现在是东北大学的一部分。我一辈子都感谢这位书记，前几年我们取得了联系。他了解我的内心痛苦，1956年暑假他到莫斯科去开总支书记会议之前跟我说："你给使馆写个报告，我给你带去。"他与很多书记的做法不同，很多书记要做思想工作，让你别闹专业思想，根本不会给你带转学报告。结果这位书记显然带去了我的报告，而且说了好话，回来时他传达了使馆的指示，要我就地转学。哈尔科夫有所国立大学，当时在物理方面排名苏联的老三或者老四，老大在莫斯科，老二在列宁格勒，老三和老四应当是第比利斯大学（低温物理很强）和哈尔科夫大学。工程经济学院的老师一听说我可以到哈尔科夫大学，他们也挺高兴。我当时的数学老师卡佳·萨福琴科不比我们大几岁，她后来嫁给我们班上的塔拉索夫。塔拉索夫参加过"二战"，是进入我国东北的苏联红军。我们参加了他们的婚礼。我90年代到苏联时，塔拉索夫已经因心脏病去世，但是卡佳还在，我们见了面。那个时候就是卡佳带我到哈尔科夫大学去找物理数学系主任转学。

I·M·栗弗席兹教授的面试

物理数学系主任一听工程经济学院来人要学物理，还要学理论物理，他做不了决定，就打电话把理论物理教研室主任叫来，这个教研室的主任I·M·栗弗席兹（1960年当选苏联科学院通讯院士，1970年当选院士）是E·M·栗弗席兹（1976年当选苏联科学院通讯院士，1981年当选院士）的弟弟。学物理的人都知道《理论物理学教程》，教程共10卷，涵盖了近代理论物理学从微观到宏观的全部分支。这部著作是朗道和他的学生E·M·栗弗席兹撰写的。哥哥跟朗道工作了一辈子，与朗道一起完成的《理论物理学教程》当然有他的贡献。弟弟离朗道比较远，但是独立成长，在1960年就当选苏联科学院的通讯院士，1970年当选为院士，而哥哥当通讯院士和院士的时间都比弟弟晚。

栗弗席兹先跟我谈话，那时我的俄文已经不错，我跟他谈了一番，他听完后说："你的理论方面完全清楚，现在要看一看你的实际方面。"他拿出一张白纸，写下这个积分让我计算：

$$\int_{-\infty}^{\infty} e^{-x^2} \, dx = ?$$

这个积分是定积分，没有原函数，不可能写出原函数代入上限、下限求解，需要使用技巧计算求解。技巧对了题目很简单,技巧不对根本没辙。我很快把它做出来了。

栗弗席兹又写了第二道题,求解线性常微分方程组

$$a_{i1}\frac{\mathrm{d}x_1}{\mathrm{d}t}+a_{i2}\frac{\mathrm{d}x_2}{\mathrm{d}t}+\cdots+a_{ij}\frac{\mathrm{d}x_j}{\mathrm{d}t}+\cdots+a_{iN}\frac{\mathrm{d}x_N}{\mathrm{d}t}=b_i \quad (i,j=1,2,\cdots,N)$$

第二道题足够难,这是一个一般形式的线性常微分方程组,它的系数是 a_{i1}, a_{i2}, a_{i3}, …, a_{iN}, x_1 到 x_N 都要对时间 t 微分,方程式右边是 b_i,也是 N 个常数。

我在工程经济学院时参加过政治经济学和理论力学两个课外研究小组。参加政治经济学小组时我写了一篇论文,获得了哈尔科夫共青团市委的奖励,奖了我 76 卢布。76 卢布在当时是什么概念?那时我们留学生本科生一个月的助学金是 50 卢布,研究生是 70 卢布,所以我拿到的奖金比研究生一个月的助学金还要多一点。我用这笔奖金买了 6 本物理、数学书,有些书一直跟我到现在。

理论力学小组的老师教过我们拉普拉斯变换。解上面的线性常微分方程,第一步就是做拉普拉斯变换。做完拉普拉斯变换,它就变成代数方程,不再是微分方程。如果那些系数具体一点,可以把它因式分解,变成好多括号连乘,可以继续往前走几步,再做反拉普拉斯变换,求解方程组解。但是栗弗席兹给我的是一般形式,做完变换就前进不了了。栗弗席兹一看我在做拉普拉斯变换,就让我停止解方程。他又出了四五个题目,我都做出来了。他把我带到系主任办公室,说:"这个学生知道的数学比物理系三年级学生要多一点,可以把他收下来。"什么是机遇,什么是奋斗?这里发生的事情当然是机遇,但是如果我平常没有自学数学,没有通过栗弗席兹这几道题目的考试,那我不会被哈尔科夫大学收下,还得回到工程经济学院,即使有了机遇也抓不住。

后来我才知道,批准我转学这件事情也是个特别的机遇。这是因为国家理解到像撒胡椒面一样地给学生分配专业并不好,决定要调整已经在苏联的留学生的专业,这个通知已经到了使馆。1956 年使馆已经接到通知,1957 年才能正式开始实行。所以,使馆绝不会平白无故地批准一个本科生的转学报告,正是因为有中央通知精神,他们作为个例特批了两个人的转学申请报告。那一年有两个人转学物理,除了我之外另外一个人是陈春先。《物理》2009 年第 11 期上有我写的《怀念陈春先》一文,他 70 岁刚过就去世了。1980 年 10 月,中国科学院物理研究所研究员陈春先率先下海,创办了第一家民营企业,这件事情到现在大家仍然会提及。我们两个人当时并不认识,但是我们两个人同时被使馆批准转学物理,他转到莫斯科大学,我转到哈尔科夫大学。我们的合作是以后的事情。

1957—1958 年在苏联

我的转学并不那么顺利。我本来想转到三年级,但学校不同意,因为要补考所有没有学过的物理、数学课程,还要在物理系补做初级物理实验和中级物理实验,于是我就去上

二年级,使馆也同意我上二年级。但是我仍然想按照1959年毕业回国的计划,想把剩下两年的课程并在一年里上完,而不是按照使馆批准的1960年回国。这就不得不提到苏联的教育制度,现在我不知道是不是还是如此,当时是一个学生如果觉得对这个老师的这门课程都了解,可以选择不听课,可以在开学时给老师打电话:"这门课程讲的东西我都知道,麻烦您给我举行考试!"苏联的考试都是口试,老师和你约个时间,通常是到他的办公室去,老师口试你一些问题,他给你打分数,如果通过口试的话,这门课就结束了,就可以不听课。我拼命地准备考试,这些准备是在我的女朋友全力以赴的后勤支持之下进行的。开学之后,我连着考掉13门课,是因为我要把3个学期的课集中在1个学期里结束,要和别的同学一样留出完整的1个学期做毕业论文。

永远不知道的论文题目

哈尔科夫大学是五年制,需要有毕业论文。我的毕业论文分给了我的小导师Mark Ya. Azbel 指导。Azbel 可是系里当时非常牛的一个年轻人,他只比我大5岁。按照苏联的制度,研究生毕业以后的学位用英文说就是"Candidate of Science",中文译为"副博士",现在一般承认它和美国的"Ph. D."相当。得到这个学位就可以在大学获得职位,几年后可以当副教授、教授。在欧洲还有一个国家博士的学位,国家博士就高得多了。很多教授都不是国家博士,白发苍苍了,还在那儿写自己的国家博士论文。我们这个年轻的Azbel,他不光拿到Candidate,连国家博士也都拿到手。那时候他在系里是个盛气凌人、非常厉害的人,系里让他指导我的毕业论文写作。Mark 是凭着 Azbel-Kaner 金属中的回旋共振实验和理论拿到国家博士学位的。

回旋共振,就是加上一个磁场后,电子会围着磁场转圈;如果再加上一个射频的场,比如微波,正好频率与它共振,就会发生共振吸收,一般情况下,共振吸收可以测量出来。决定回旋共振频率的是电子的质量。但是对于半导体和金属来说,这个质量不是真正的质量,是与声子(也就是与整个晶格)骨架作用以后的有效质量。为了半导体的发展,需要知道载流子的质量。半导体里的载流子有电子,有空穴,费米表面比较怪,比如,锗、硅都有一段费米表面有点像个枕头,就是凹进去的。凹进去的曲率都是负的,因此有人想利用这一点来造出负质量放大器。在半导体器件理论里,有一种负质量放大器就是利用这个曲率。二阶曲率就是有效质量,可以用回旋共振测量。这件事情做得比较成功的是Dresselhaus夫妇二人。他们两人在20世纪50年代发表了一篇关于半导体回旋共振的论文,是那个时期搞半导体的人需要仔细研究的。Mildred S. Dresselhaus 夫人更加厉害,她是美国物理学界强人之一,做过美国物理学会的主席,是美国最强的麻省理工学院材料实验室的头儿。但是回旋共振能不能在金属里做就不简单了。金属有一个效应叫趋肤效应,就是电磁波进入金属要衰减,所以只能进入金属表面薄薄的一层。电子在旋转时跟电磁场根本没办法碰上、没办法作用,所以说在金属里能不能做回旋共振是个问题,一般认为做不了,但是又有必要论证。哈尔科夫大学研究固体理论的学者在 50 年代有一个重要贡献,就是关于金属费米面的理论。电子能级填充满了以后最后的那个面叫费米表面,它在动量空间是个几何表面。如果是自由电子,它就是个球。但是在固体、在金属里,它可能有各种各样的形状。比如金属铜的费米表面基本上是个球,但由于铜是面心立方,在每一个大的表面处会长出一根管儿,这根管儿跟下一个布里渊区连接起来,形成一个复连通的、各个方面连起来的架子。你要测量它的电子,就要加上磁场,所加磁场不同,给出的形状不同,有效质量也不同,如果能够测量回旋共振会很好。要想在金属里测量回旋共振没有办法,Azbel 想了个简单的办法,他说不是有趋肤效应吗?在金属上只有很薄一层可以有电磁波进去,那么在平行于表面方向加上恒定磁场,我现在把手臂放平、伸直,沿着我的手臂平行加上恒定磁场以后,电子就这么在垂直于我手臂的平面上旋转。一批电子每转一圈回到趋肤层一次,在这里就可以同与电子运动垂直的恒定磁场作用,就可以被加速,这是一个真正的单缝回旋加速器。真正加速粒子用的回旋加速器一般是双缝的。Azbel 想出了这个主意,从事实验物理的人就真按照这个主意把实验做了出来。这还不够,Azbel 是个理论家,他把理论也验证了。这个理论不是太简单,我要把这个理论给大家说一下。

在正常趋肤效应中,趋肤深度 δ 比较大,电子的平均自由程 l 比较小($l \ll \delta$)。在趋肤层里电子运动时要碰撞很多次,这样的物理作用是局部的,就是电子不可能记住比较远处的电场。电子走着走着就发生碰撞。局部作用的现象由微分方程描述,描写正常趋肤效应的是微分方程。在电动力学中这是一个习题,大家可以自己去算一下趋肤深度。如果把这个不等式改为 ($l \gg \delta$),金属的平均自由程可以特别长,趋肤深度比较短,这个时候的效应就很不一样。电子走很长的距离都没有碰撞,它可以把这里的场的效应通过它的运动带过去,整个场的作用都得加起来。用场论的语言说是有个传播子,用数学描述的话是有一个积分求和,相应的方程就变成微分积分方程。它不是简单的微分方程,是又带积分、又带微分的方程。这样的方程解起来不是很容易,Azbel 用数学方法解决了这个问题,同时获得了国家博士学位。我接到系里的安排后,打电话给 Azbel,我告诉他系里让他做我的小老师指导毕业论文。他说他知道,我问他什么时候可以见面,他说不必见面,让我先读几篇文章,读完以后他再找我。他在电话里告诉我那几篇文章的题目,都是这一派学者关于表面理论的文章。

我在读文章的过程中,读到他的合作者 Kaganov 和 Slezov 的文章,是计算表面问题、红外波段金属性质等。对微分积分方程,他们想了一个迭代的方法去求解。有一个小参数,得到零级解以后代进去再求下一级。这类非线性方程都可以用迭代法求解。我读这篇文章时仔细抠它,一抠就抠出问题来,发现只有零级近似的解才满足边界条件,高级近似的解不满足边界条件,方程的解其实有问题。能够发现问题对做学问很重要,发现问题之后还要想办法解决问题。我得想办法,使得在做迭代时每一级都可以满足边界条件。我把这个办法想出来,把整个问题重新演算了一次。然后我就打电话给 Azbel,约定时间见面。他说:"对一个本科生,这些内容写毕业论文就够了,你把它写一写当论文吧。"我到头来也不知道他想给我的毕业论文什么题目,就是读了几篇文章,找了个问题自己解完。Azbel 又把一个研究生叫来,他让我把怎么做迭代、每一级的解都满足边界条件的方法告诉那个研究生,要他用这个办法去解决他的具体问题,也是属于红外波段的问题。我的大学毕业论文这项工作最终导致两篇文章的发表,一篇文章完全是我的工作,后来用中文发表在《物理学报》上,题目是"金属在红外波段的表面阻抗和穿透系数"(《物理学报》,17(1961):453—464)。由于电子的平均自由程很长,可以把电磁场带入金属深处,一个薄的金属片因此可以在红外波段变得比较透明,我的工作计算了这个效应的穿透系数。那个研究生打头的文章后来用俄文写作,发表在苏联的《固体物理》(1963),当时这份期刊的每一期都由美国物理学会翻成英文。我也是这篇文章的作者之一,主要是因为那个研究生使用了我的解方程方法,物理计算我并没有参与。

高分子半导体大会战

我们回国后到了物理研究所,当时我的身份是国家科委预留的实习生,准备两年以后派到苏联再做研究生。所里很认真地为我配了业务导师和政治导师。业务导师是资深院士李荫远先生。政治导师是物理所理论研究室的支部书记陈咸亨先生。我就要准备实习了,却没有实习成,参加了高分子半导体大会战。

1959 年 12 月在北京召开了全国固体物理会议,这次会议第一次设立理论组,主持人是王竹溪老先生,理论组还有黄昆、谢希德等人。开会期间,新华社报道苏联科学家研制出高分子半导体,性能比锗、硅好,成本价格也很便宜。我们国家有国家科委和国防科委两个科委,当时两个科委的主任都是聂荣臻元帅。聂帅的气魄让我们非常佩服。聂帅说:"我这一生带了一支带枪的军队,我的余生要带出一支科学的军队来。"他真是很努力地带出一支科学的军队,做出来战略武器"两弹一星"。聂帅看到报纸后马上打电话给张劲夫,张劲夫当时是科学院的副院长、党组书记,院长郭沫若是历史学家、诗人,科学院具体由张劲夫负责。聂帅打电话给他:"高分子半导体怎么回事?我们会做不会做?"张劲夫马上到会场来找我们这些人,物理所在会场里开个小会,就决定把我、陈春先这些人调出去,从会场上了吉普车直奔化学所,因为研究高分子半导体肯定得有化学所的人。我就这样进入高分子半导体大会战。这个大会战是绝密级的,我们在实验室里夜以继日地干。我们在实验室里迎接了 1960 年 1 月 1 日,到了 6 月 6、7 日,我们真把高分子半导体做出来了。

科学院党组给我们下达命令,让我们做出一个全高分子半导体收音机,重点是需要用半导体做出能够检波的二极管、能够放大的三极管。二极管检波其实不难做,难的是三极管的放大效应。大家知道发明半导体三极管是拿了诺贝尔奖的。我们当时是年轻人,有年长的两位王先生,我们叫大王先生、小王先生,他们就是王守武和王守觉兄弟,两人现在都是资深院士。弟弟王守觉现在已经 80 多岁了,他是个非常手巧的实验家,居然就做出放大效应。我先来讲一点半导体。这种高分子半导体依靠共轭双键系统，与苯环差不多，画苯环时一个单键一个双键、一个单键一个双键，单键双键画在哪儿都可以。泡利有个"共振论"说两种键在共振状态都有。要做成高分子半导体，就得想办法做比较长的共轭双键的链，这种链长了以后，首先就开始有颜色，链更长了以后颜色变深，直至最后变黑。整个材料开始还比较柔软，后来就会变硬，变得根本不溶解。在它变得还不长、还不黑的时候，用有机溶剂溶解，把它变成像浆糊一样很黏的东西。然后拿两个扁的夹纸的夹子，从里面夹出一条，夹住以后上面挂着，底下挂把锁往下拉，硬拉成一个膜。拉的过程中间加热烘烤。在这个过程里，它逐渐聚合、逐渐变长，颜色不断变深，最后变黑，变成一个很脆的膜。这种东西再放在烤箱里烤。当时我们在烤箱里挂了好多这种东西，用不同的温度"炒菜"，试验各种方案。有时弄不好，一烤箱都烧了，整个样品就没了。我们在做膜的过程中发现了一个效应，就是如果去量这个东西的电阻，拿欧姆表的两个表头，夹着这个膜测量时，通过手的压力变化，可以看到欧姆表跑了好几个数量级，王守觉就利用这个压阻效应实现放大。他用电磁机制，把一根针接触到膜上，然后控制沿着膜的电流，把信号调到针头，就可以在实验室里听到中央人民广播电台广播，可惜只能听两三分钟，那根针就把膜扎穿了。扎穿以后，就得由王守觉亲自动手微调这个设备，找到另外一个点接着再听。

我们刚做出来高分子半导体的时候，郭沫若就开始请客，那时四川饭店还在绒线胡同。郭老一桌一桌地给我们研制有机半导体的有功人员敬酒。国家科委召开了全国绝密级的香山材料会议，由刘西尧主持。刘西尧是国防科委和国家科委的副主任，是我们国家搞武器时在前线的指挥者之一。他主持这个会议，让我代表物理所报告高分子半导体工作。我们的党委书记指示："你那个报告要做得非常科学，有图表，有公式，要什么有什么，要让听众十分满意，要使他们一无所获。"当时一个单位搞了点什么新鲜东西，各个单位互相保密，生怕别人摸到窍门。

《物理学报》两篇论文的创新点

我们几个刚大学毕业的学生还想做点事儿，开始研究高分子半导体理论，把共轭双链拿来计算能带结构。怎么做呢？如果要计算苯环，量子化学有现成的方法 Hueckel 近似，陈式刚想了个主意，把周期场与 Hueckel 近似结合起来，这样计算了 17 种高分子的能带结构。这里有些发现很有意义，我给大家介绍一下。固体能带理论中，电子在运动，能量有一段允许、一段不允许，就是有能带。如果这个系统是一维的，能带理论有一个结论：带顶跟带底状态密度有奇异性。这个奇异性是个无穷的尖儿，但是可以积分。

先说布里渊区中间的极值。布里渊区是做了傅立叶变换以后 k 空间的基本单元。能带有顶有底，就是在能量高的地方、能量低的地方有能带极值。如果是一维的系统，能带极值只能发生在中心和边缘，在中间的地方出不了能带极值。派尔斯有一本《固体量子理论》,这本书在50年代初出版了第二版,第二版加上一个注,说能带极值只能发生在中心和边缘。有一个人写信给派尔斯,说这种提法不对,在有些情况下能带极值可以发生在(中心和边缘的)中间。这个写信的人叫肖特基,有一种二极管叫肖特基二极管,就是这个肖特基发明的。肖特基说派尔斯的结论不完全准确,如果把一些三维原子排成一维,就可能在能带中间出现极值。

我们在做高分子计算的时候,引入了一个量,叫做连通度。什么是连通度? 对于一个高分子链,如果用剪子把一处绞断,连通度为1;如果它像梯子一样,把它绞断至少要剪两下,那么它的连通度为2。我跟陈式刚在工作中发现这种一维体系,如果连通度为 N,那么在中心跟边缘之间最多可以出 $N-1$ 个极值。因此,派尔斯最早讨论 $N=1$,中间的能带极值等于0个,但如果要讨论别的,就可能有极值。派尔斯跟理论物理所还有关系,是因为我们建所的老所长彭桓武。彭桓武院士已经过世了,他是"两弹一星"23位功臣名单上的最后一个,因为他的姓氏笔画最多。"二战"结束时彭先生正在英国,派尔斯曾给他一个职位,希望他到自己手下工作。彭先生没有接受,而是回国了,1947年底他从英国回国时只有32岁。

彭桓武、钱三强、王淦昌早在共和国刚一成立的时候就讨论,"原子弹这个东西我们早晚得搞,我们得做准备",他们一开始就在培养人才。彭桓武招的第一个研究生叫黄祖洽,后来让他研究中子输运。黄祖洽是我国中子输运跟反应堆理论的大专家,他写的专著有《输运理论》和《核反应堆动力学基础》。彭桓武的第二个研究生叫周光召,大家知道他后来是科学院院长。他们都是彭桓武招来为了将来做武器而准备的。到了50年代中期,中央真正决定要搞武器。这几位先生已经把研究室一级的中层干部都准备好了,同时带起来一批更年轻的人,开始做武器工作。派尔斯在90年代初到北京来开世界和平的相关会议,他提出要见彭桓武。那时我正在理论所做所长,于是我来安排这件事,两位老先生见面时我也在场。我就趁这个机会跟派尔斯讲能带极值,告诉他连通度为 N 的话,中间最多有 $N-1$ 个极值。派尔斯告诉我说,现在已经知道更多的情况。如果不仅考虑最近邻相互作用,还有次近邻相互作用,就有可能出现别的极值。我们研究固体物理的人知道,总的相互作用要沿着最近邻加起来,写个大"Σ",底下往往就写"n. n.",就是"nearest neighbor";如果考虑次近邻的,就写"n. n. n.",是"next nearest neighbor"的意思。派尔斯告诉我们的就是要讨论"n. n. n."的情况。

我后来注意到,有一些半导体上面的导带和底下的价带接起来时,变成能隙为零的半导体。能隙为零的半导体,可能有一些特别的性质。比如,要想计算一个金属的比热,怎么算呢? 需要写出分布函数,分布函数是费米分布,是一种像台阶一样的分布,它随温度虽然在变,但是在室温相当于很低的温度,是很陡的一个台阶。把一些函数写上,乘上分布函数,这个分布函数也不太好积分。需要用分部积分,分部积分以后这个分布函数变成它的导数。大家知道一个台阶的导数是 δ 函数,这样积分就可积了。所以,在计算金属比热的时候,先把式子写出来,然后别直接积分,而是做分部积分;用 δ 函数计算出结果,这个时候分布函数、δ 函数正好落在费米表面,就是填充最高的地方。在半导体中,如果导带下来了,价带上去了,贴起来时费米面就在这儿,带底和带顶都有奇异性,奇异性和 δ 函数合在一起,奇异性碰上奇异性,这个技术就用不了。因此,需要从左面仔细积分,再从右面仔细积分。

我明白后发表了两篇文章,把这些结果写进文中,一篇的题目叫"能隙为零的半导体的热力学性质"。那时我们还没读过研究生,实际上是研究所里还没转正的实习员。我工作两年之后,所里给我转正,没转正以前我拿 53 元,转正以后拿 56 元。对于选择了把研究做自己终身方向的人,一定要有发现问题、思考问题的习惯,想出问题,还要想办法解决,解决以后还要想办法把结果公布出去,我把它叫做发表欲。发表欲不是坏东西,但是千万别抄袭别人,抄袭别人是很糟糕的。自己做出结果,觉得已经把它完全想清楚,已经再提不出问题,就应当投稿,去跟审稿人"打架"。越好的期刊,审稿越严格。第一次投稿就成功是很不容易的。投稿被打回来,审稿人提了一堆气死人的意见,但是还要再想、再学,这就是改稿,这样做真正会使你进步。我们做科学研究工作到了最后阶段,把文章发表出来,也是工作的一部分。要学会写文章,学会跟审稿人互动,最后把写的文章正式发表。在这个互动中,要舍得删去不伤筋动骨、次要的东西。审稿人有什么不满意的东西,暂且不说,但是想守住的主要的东西一定要坚持住。有的时候审稿人说为什么不引用什么文章,没准就是他的文章,无伤大雅的话就引用它算了。在整个研究过程中,包括最后怎么写文章、怎么投稿,都要锻炼一番。我们这些年轻人那时就有这种愿望,总要憋着劲做点事情,做完工作就去投文章,没别处可投,就投《物理学报》。我们投了《物理学报》以后,审稿人说这篇文章不错,建议送到《中国科学》。那个时候我的英文水平勉强能读,根本写不了,所以我写了一篇俄文的文章发表在《中国科学》上。

没有完成的研究生阶段

1961 年,我正研究高分子半导体,学了很多高分子物理、高分子化学。国家科委要我们到魏公村报到,这时俄语学院已经成为语言学院的一部分,准备再让我们到苏联读研究生。当时的 150 人在魏公村报到的时候只剩下 15 人,因为很多专业苏联不接受或者中国不派遣。理论物理还可以去。有了这个机会,我就冲着朗道而去。朗道应当说是苏联在 20 世纪最强的理论物理学家,他是 1962 年的诺贝尔物理学奖获得者。既然有机会到苏联去做研究生,而且学习理论物理,我自然就希望能够跟朗道工作。苏联的研究所和中国科学院的研究所不大一样,它不能直接招生,这些人都得在学校里兼职教授,然后招在学校的学生做他的研究生,朗道也是这样,他在莫斯科大学授课。我在 10 月 30 日到了莫斯科大学,在此前我找到系里的秘书,查工作表看朗道哪天讲大课。朗道在讲大课的时候,秘书就带着我在外面等他在课间休息时和他面谈。那时我的俄文已经没问题。我就说想给朗道做研究生,朗道说:"您知道我是不接受没有通过理论物理最低标准的学生的。"朗道有一套理论物理最低标准,这套标准由 10 门考试组成。在 10 门考试中,两门是高等数学,一门相当于数学分析,一门相当于数学物理方程,还有 8 门是理论物理。这 8 门理论物理,包括他现在的 10 卷"圣经"都已经出版,就是《理论物理学教程》。有人把这个理论物理最低标准叫做"朗道势垒",很多人都穿不过。对苏联的好学生来说,"朗道势垒"不是问题,因为他们在大学本科上学时就开始考试,等他当研究生的时候,这 10 门考试都考完了,朗道就可以接收考完的人做学生。朗道有个本子,谁最后通过全部考试,他就把谁的名字记在那里。本子上记录名字、哪一年通过考试,然后什么时候你拿到他的"Candidate"(俄文是"кандидат"),他就在后头写个"K",什么时候你拿到国家博士,他最后写个"D"。朗道的本子上一共有 43 个名字。我有一篇文章发表在《物理》上,名字叫"朗道百年",我专门在 2008 年朗道 100 岁,也是他逝世 40 年的时候写了这篇文章。这篇文章的附录列上了 43 个人的名字,还补注了这 43 个人后来有哪些人当选苏联科学院的院士或者某个加盟共和国的院士。按照当时的统计 43 人中大概有 18 人当选了院士,拿诺贝尔奖的有朗道和另外一个人,他就是我后面会提到的 Abrikosov。

头一门考试就是朗道亲自来考我。我第一次和朗道面谈的时候,他说:"我担心你会落入Actually很被动的局面。"我说:"我试着从这个局面里闯出来。"我们双方使用的语气都很坚决。朗道说:"好吧,那您就试试吧!"他把家里的电话写给我,说:"你什么时候准备要考了,你打电话给我。"我不敢拖很长时间,因为我知道在我之前有几个中国同学参加过考试,没有一个人真正通过*,朗道的 43 人名单里没有中国人的名字。我准备后就打电话给朗道,他让我 11 月 11 日参加考试。当天我赶到苏联科学院物理问题研究所,就是卡皮查当所长的那个所,朗道是研究所的理论室主任。他让我坐在他的椅子上,然后拿出一张白纸,画了个不定积分让我做,他就到办公室外面和人家聊天,过一会儿他回来从肩膀后面看看我做得怎么样,只要看我走上正轨,他就说够了,再画个东西让我来做。

事先我跟苏联同学打听过,参加朗道的考试,有一个谁说"再见"的问题。如果你哪道题憋住了,做不出来,你就得跟他客气地说"再见",同时请求有机会能够再考。一般朗道给你一次到两次考试机会,如果第二次你还是考试通不过的话,根本就别再试了。所以,你要通过朗道的考试,每门考试只有那么一两次机会。另外一种情况是他说"再见",这是个好兆头,就是在他给你出了几道题以后,他觉得够了,就要对你说"再见"了。我就出现了这种情况,他走到屋子一角,拿出几张纸递给我,然后跟我说"再见"。这几张纸里有一张就印着他的 10 门考试都由谁负责考试,那个时候已经不是他亲自考 10 门,他只亲自考第一门和最后一门。第一门是高等数学,最后一门是量子场论,中间的几门考试朗道已经分配给他过去的徒弟,这些徒弟基本上也都是教授级人物,也在那个研究所工作。8 门考试是由哪些人考试、由谁负责、考什么、联系人的电话都印在上面。你什么时候准备好考试,你自己安排先考什么、再考什么,你就打电话。另外那几张纸上写着的是准备考试时

---

* 此说法不准确,其实 1957 年曾有一位中国学生通过了朗道的全部考试,但朗道没有接收他做研究生,详见刘寄星,"怀念卓益忠同志",《物理》,46(11)(2017):764—766。

哪本《理论物理学教程》中哪些章节可以不读，因为他大概觉得这本书里有些东西虽然写了，但是作为基本训练可以不考。

不幸的是，1962年初在一次车祸里朗道失去工作能力，并且再也没有恢复。朗道是苏联的国宝，请了各国名医、用了各种办法，希望让朗道恢复健康，但只是做到把一个撞碎了的人重新拼起来。当时朗道伤得非常重，他坐在小汽车的后座上，冬天在结冰的道路上爬坡，一辆卡车从后头撞上小汽车，撞后伤得最重的偏偏就是他。

这个之后诺贝尔奖委员会抓紧机会赶紧给朗道颁诺贝尔奖。朗道的成绩应该获得诺贝尔奖，如果朗道没有得诺贝尔奖实在是一种遗憾，他的贡献已达到那个水平。诺贝尔奖委员会在那一年就给朗道发了奖，但是他已经不能亲自去领，是瑞典驻莫斯科大使到病房里去，把诺贝尔奖的这些证件颁给了他。所以，我以后的考试都是由别人考，最后一门改成 A. A. Abrikosov（2003年诺贝尔物理学奖获得者）来考。考完以后我就向 Abrikosov 提出能不能和他一起工作，Abrikosov 同意了。我们一起做了一件事。苏联的学校有一些形式上的规定，一个研究生在答辩之前要通过3门正式考试（就是副博士考试），要国家委员会来考。必须有几个人组成国家委员会，大家都要签名，必须把这个签了名的国家委员会考试成绩单（上面写着问了哪些问题、回答得怎么样、最后给出的分数，所有的委员签字）送到系里，才能参加答辩。朗道根本不管这个茬，他就要考他那10门，还都是口试，什么记录都没有，他认为你通过了就结束了，没通过就再来考试。

等我都考完了，Abrikosov 给我拿出这些空表格来，说我们来填写国家委员会的决议。他问我："你还记得哪几门考试问了你什么吗？"我那时候年轻，都还记得。我就挑我答得好的、顺利的，跟他说了几个。然后我们就在那里填写问了什么问题、怎么回答的，基本上都是我自己写的。Abrikosov 说："请谁来做国家委员会的委员呢？"他想了想，那天办公室谁来上班，就填了几个名字。他走了一趟回来，字也都签好了。我给 Abrikosov 看了我那篇俄文文章的抽印本。Abrikosov 第二次见我时就跟我说："看来你这个人不怕化学。"因为那篇文章里写了很多高分子化学式。"让我们开始研究生物膜吧"，他提出这个建议。说起来这是个非常好的建议，如果能够从1962年就开始做生物膜的研究，也许到现在能做出很重要的成果。那个时候搞理论物理的人还没有几个人去考虑膜的问题。Abrikosov 告诉我，朗道最初是不懂量子场论的，但是重整化热闹起来以后他很感兴趣，就让哈拉特尼科夫和 Abrikosov 两个大弟子去研究场论，后来他们联名发表了一些文章。Abrikosov 对我说："我去找一下科学院里搞膜的人，让他们给你介绍一些文章和书，你去读，读了以后给我讲，我们就这样去研究生物膜。"

这个问题就不那么简单了，我们出去研究什么方向是国家规定了的。我的研究方向是固体电子理论，他让我去研究生物膜，我心里虽然很愿意研究，但是由于组织纪律性我得请示领导。我就写了报告给使馆，使馆给留学生党委的批复说坚持国内分配的方向，我就不得不去跟 Abrikosov 撒谎，说："我对生物膜没有兴趣，我更感兴趣的是量子场论方法在统计物理中的应用。"那时候他那本新书刚出版，他说："研究膜未必就用不上场论吧！"

不过他还是同意:"那好吧,那你去研究一下高压状态的一些天体内部的物质状态。"Abrikosov那个时候正在研究这类问题,后来还做过一段时间的苏联科学院高压物理研究所所长。我就跟他去学习。

中苏关系越来越紧张,1962年发生了中印边界自卫反击战,苏联完全站在印度一方。苏共中央宣传员到莫斯科大学来给学生做报告,说中华人民共和国成立的时候中国政府根本不知道自己的边界在哪里。我坐在礼堂里听到这里再也忍不住,我就从椅子上跳起来跟他开始辩论。不过我可以告诉大家,这个辩论是中共中央宣传员跟苏共中央宣传员的辩论。解放后不久,中共中央通过建立宣传网的决议,这是学习苏联的办法。宣传员不一定是党员,我是作为积极的学生干部被吸收为第一批中共中央宣传员。我在北京市地安门的店员工人中做过宣传工作。

图2这张相片来自2008年俄罗斯科学院《自然》杂志纪念朗道诞生100周年的那一期的。从前排右起,第二位就是朗道;第一位是跟他一块写书的E·M·栗弗席兹,这是他一辈子的搭档;第三位是哈拉特尼科夫,是他早期的学生,后来创办了朗道理论物理所,任第一届所长;第四位就是Abrikosov,他现在在美国化工实验室工作,2003年获得诺贝尔奖,其实他的II类超导体的理论工作在50年代已经基本完成。

图2 朗道(前排右起第二位)和他的同事们

(图片来源:2008年俄罗斯科学院《自然》杂志纪念朗道诞生100周年的一期)

"乙项任务"的外围计算

1963年暑假国家把我们从莫斯科调回,实际上是到国内接受"反修"教育。我在苏联一共待了一年半时间,我提出不再回苏联,那个时候我们对有没有学位也不太有兴趣,我回到物理所接着去工作。我的研究生没有做完,说我是博士生导师,可我自己就没有博士头衔,我的最高学历是大学毕业,我就是学士。

我留在国内之后很快接了个任务,这个任务叫做"乙项任务"。"甲项"是原子弹,"乙项"是氢弹。我的任务不是很核心的部分,因为我们不在九院九所。九院九所是搞武器的理论部门,彭桓武、周光召、苏肇冰他们都在那里。我们当时物理所是做外围工作的。做氢弹要用到氘化锂,要计算氘化锂的状态方程。状态方程有一个参数是比热,在高温高压下没有办法测量比热,所以要用理论方法进行计算。在高温高压下,氘化锂基本上可以转入金属状态,它有电子比热,这些贡献很小,基本上可以忽略不计。但是那些搞武器的做基本理论计算原子弹、氢弹的人,他们不大放心,还是要请人把它计算出来,看看它到底有多大,这个任务交到了物理所。我们非常高兴地把这个任务接下来,组织了任务组开始计算。现在我可以告诉大家的是,这个计算是我们国家用电子计算机第一次计算固体能带结构,此前没有人做过。计算是由我、于渌和九院九所派来的两人进行的。我们计算时所有的参数都是氢化锂的,九院九所的两个人把所有的程序学好,回去以后改成氘化锂的参数计算,这是为了保密安全。不过计算没有太多差别,氢化锂和氘化锂就是一点参数的变化。想起来物理研究所开始用计算机算是最早的。要给大家形容一下当时的计算机,它是我们国家自己造的 104 机,它有 4 000 多个真空管。这台计算机有一个指标叫做平均无故障时间。没有一个程序员知道这台计算机机器是否能够连续工作 4 小时以上,电子管的寿命一般是几千小时,4 000 根真空管能够有 4 个小时连续工作就很不错了。电子管浮点运算每秒钟 1 万次,现在已经是万万亿次这一级的运算,所以当时的计算速度也很慢。

但是我要告诉大家,我们国家的原子弹就是在 104 机上计算的。等我们计算氢弹的时候,已经有了 109 丙机,那个机器比 104 机大若干倍,但还是不能跟美国比。中国人有中国人的办法,中国人的办法是蚂蚁啃骨头,就是用人工的办法把一些东西抢回来。我们当时写程序,都是机器指令,完全就是 0101。0101 写起来太复杂,你要用 8 进制或 16 进制。16 进制是用 1 到 9 表示"1~9",用 A 到 F 这 6 个字母分别表示"10~15"。我们穿孔以后,在纸带上都能认识。4 个黑点就是"F",也就是 15。我们的程序都得按照这样写,地址也是这样来写。所以,一条指令用什么要精打细敲。如果遇见乘 2,左移一位就是乘 2;左移指令快多了,而乘法慢多了。遇见除法,如果是除以 2,就右移一位。用移位代替乘除法,我们非常讲究这一点。因为这个机器全部内存一共是 2 048 个字。每个字的字长是 39 位(bit,2 进制的位);前头有个奇偶位,如果把奇偶位加上就是 40 位,40 位就是 5 个字节(byte)。整个机器的储存是 10 kB。你们想一下,10 kB 中要存程序,还要存数据,整个计算就在 10 kB 中进行。当时还没有磁盘,有两个磁鼓频繁跳动,工作时一会儿跟 A 鼓交换,一会儿跟 B 鼓交换,这就是记录现场(转储),英文叫"dump"。一个人上机,没有操作系统,上机器时自己拨好启始地址开始计算工作。调程序可以申请机时,申请不能超过 10 分钟,最多允许申请 3 次调程序的时间。如果 3 次通不过,先要写检讨,然后才能再给你机时,现在的机时对大家来说几乎无所谓。在那个时代,我说是中国科学工作者的英雄时代,但绝对不是黄金时代。科研人员肚子吃不饱,半夜里爬起来上机器。我们就是在这样的条件下做了很多事情,靠手编程序精打细算地把速度提高几倍,跟美国人比的差别只小一点。如果美国人看到我们当时用这个机器这样写程序工作的话,他们根本不可能做成。

1964年10月16日发生了3件大事:第一件大事是中国爆炸了第一枚原子弹,第二件大事是赫鲁晓夫被他的同事赶下台;第三件大事是我被派去搞"四清"。

"325工程"

1964年到农村"四清",这一次是去教育农民;几年以后我们再去农村,是接受再教育。因为大跃进、人民公社把小的合作社变成中型,变成大型人民公社。有些地方把家里的灶砸掉,大家都到食堂吃饭,账什么全乱了,整个需要清理。所以,清经济、清政治、清组织、清思想,这就是搞"四清"。当时派了很多干部,包括科学院的工作人员去搞"四清"。

"四清"回来以后我马上参加一件事,我把这件事告诉大家。1965年底周恩来总理批准在三线建立我国的技术物理实验中心,投资7500万,实际价值比现在7.5亿还要多,人员编制3000人,设低温技术、超导、固体能谱、高压、磁学、强磁场等6个部。中国科学院张劲夫把技术物理实验中心完全交给年轻人,负责人是孟宪振,比我大3岁,还有一位负责人管惟炎后来做了科大的校长。他们两位主要负责人当时也就三十四五岁,他们接受任务后带着一批像我们这样30岁左右的年轻人工作。

我们选点选在汉中,位于陕西南部略阳以东的山里。当年司马懿中了诸葛亮的空城计,决定要退兵30里安营扎寨,我们选的点就在他们安营扎寨北面的山沟里。选点以后我们爬到山顶,观察周围的情况,从上面看大致的结构,选的点是否会受泥石流威胁。带着我们去的人是孟宪振。《物理》杂志上有我们纪念他的一篇文章"怀念优秀的青年物理学家孟宪振"。孟宪振站在山上说:"我今天不光选好了点,我给自己找到了归宿,我死了以后你们把我埋在这里。"不过他这个豪言没有能够实现。很快,几个月以后,"文革"中他自杀身亡。他一辈子太顺利,三十几岁整个没遭受过挫折,他非常受重视。他的父亲叫孟昭英,是清华大学有名的"右派六教授"之一,钱伟长也是其中之一。但他并没有因为这个受到影响,物理研究所照样重视他。他到苏联去拿了个副博士回来,马上连升三级。"文革"初期,拿我现在的理解,所党委把他当靶子交给群众批。所以他首当其冲,后来挺不住,自杀了,非常可惜。我想他如果一直工作下来的话,1980年选学部委员,首先会有他,还轮不到我们。

到了"文革"中间,所党委挨批摇摇欲坠的时候,所党委开了个秘密会,做了个秘密决定,要成立一个任务组叫"6405任务组",指定我去组织这个队伍。

现在可以告诉大家什么叫"640任务",这就是我们国家的战略反导弹系统研制任务。美国的战略反导弹体系在国会里吵来吵去吵了很多年。毛泽东主席在1964年就下定决心要搞,他对钱学森说:"找一批人有饭吃,让他们每天研究,几年干不出来,十几年最终总

图3　郝柏林（前排左一）1965年参加白果工作队检查组

是要干出来的。"这个反导弹系统任务是"640任务"，下面分了"6401"～"6405"，其中"6405任务"是它的基础部分。基础物理有实验，也有理论。"6405任务"的实验工作一部分到了物理研究所。在现在已经盖楼的地方修过很长的一个氢气炮做这种实验。然后让我去组织理论组，研究导弹再入物理学、真假弹头识别。那个时候导弹载荷有限，一下子冒出的3个弹头中一个是真的，另外两个是假的。现在的导弹载荷很大，冒出的十几个弹头可以都是真的，奔向各自的目标。所以，现在反导弹战略已经与当时不同。弹头再入大气时会穿过大气层，在导弹表面形成一个等离子鞘层，通讯暂时中断，所以要做一些理论分析。我就组织理论组队伍研究这些内容。不过很快迎来了造反派夺权，把我撵出去了。

"1019任务"

1969年10月19日，周恩来总理跟中央文化革命小组召开广播通讯系统的战备检查会。这时因为中苏之间发生了珍宝岛边境冲突，全国备战。周恩来检查工作时，广播通讯系统反应，天线太大，不好隐蔽，所以在这个战备检查会上做了一个决定，搞一个怎么把天线变小的会战。由总参、通信兵部牵头，集中全国的力量，组织8个任务组，其中有两个任务组跟物理研究所有关系，一个是"超导天线"，一个是"套介质天线"。那个时候我还在"胰岛素晶体结构分析组"帮忙，一听说有这样的事情到了物理研究所，我主动去找军代表，说："我愿意组织一些人来计算天线。"军代表同意了。

计算天线，而且要设计天线的振子。天线的特性要从远场看，至少几个波长之外，用场强一量，才知道天线的效率和特性。但是，天线的尺寸是近距离决定的，这个计算就从比波长小得多的距离，计算到若干个波长的距离，两头都要照顾到。这是一个技术困难，就是要从小尺度到大尺度。我们把空间做了一次尺度变换，把小的尺度拉大，把大的尺度缩小，等于用两段直线中间连起来，是双曲线的一支，要恰当地选择一支把尺度拉得比较匀。交给我们的任务是计算中波广播天线。中波广播天线是一根很高的杆子，立在这儿，这个金属架子就是天线振子，它待在一个陶瓷坛子上，隔离开，底下靠着大地，就是一个镜面，在镜面里反射了另外一个半波振子，这样才有一对振子，所以真正的广播天线就是半个。天线尺寸一般都是半波长或者 1/4 波长。计算电磁场，电场有 3 个分量，磁场也有 3 个分量，如果有轴对称，6 个电磁场分量里还剩几个？这可以是研究生入学考试的一道题目。你得知道轴对称是什么样，如果有一个振子，电流是在轴上，一定有电场 E 的 z 分量，还有一个电分量沿着柱坐标的径向；沿着大拇指方向变化的电场，有一个围着它水平旋转的磁场；有在水平面上转的磁场，就有在垂直面上转的电场，电场、磁场互相交替。实际上麦克斯韦方程的推导就是套着流体力学推出来的。

计算遇到的困难是索末菲边界条件。索末菲是德国的理论物理学家。不少拿过诺贝尔物理学奖、对量子力学创建有功劳的人，都是索末菲的学生。那个时代有人惋惜，为什么没有给索末菲颁发诺贝尔奖。他写了很多部大书，教了很多好学生，其中包括泡利。什么是索末菲边界条件？如果要计算天线的辐射场，如果是解析算，这些方程式虽然看着复杂，但它是线性的，会有两个解，一个解是从中间往外走，还有一个解从外向里汇聚。要做解析解，就要把往外走的挑出来，而不要选往里来的。但是如果要在计算机上做数值解，就要想一想，怎么让计算机只取流出向外走的解，而不要往里的解。还有一个比这个简单的问题。在零到无穷的半无穷区间来解一个常微分方程，无穷远点加一个边界条件叫有界边条件，就是说在无穷远点解别趋近无穷。做解析解可以写出来两个解，一个向上，一个向下，留下向下的解。数值解怎么办呢？波动方程是二阶方程，它的边界条件涉及远处的函数该怎么写、一阶导数该怎么写，比较复杂。这些事情一开始就把我们憋住了。我们任务组里有数学所的一位女同志，她的丈夫也搞计算数学，他给我们带来一个好主意。他说你们不要用波动方程，应当回到原始的麦克斯韦方程，那是一阶的，是双曲型的；波动方程是二阶的，是椭圆型的。真正解数值解时，这两个方程是不同的。

拉普拉斯方程 $\Delta\phi=0$ 的解是调和函数，给出二维的边界条件，可以求数值解，基本上就是把一圈加起来，再往中间放。但是如果换成亥姆霍兹方程 $(\Delta+k^2)\phi=0$，这个方程是从波动方程来的，代入一个行波解以后得出 k 或是 k^2。各种各样的数值近似解法大致相同：一开始要把方程右边的零初步等于零条件什么，然后把 $(\Delta+k^2)$ 这个算子搬到右边得到一个逆算子,把逆算子展开,使计算能一级一级地近似。但是,要把$(\Delta+k^2)$算子变成逆算子,会遇见一个根本性困难,就是量的本征值是负的,跟正的k^2遇上后变成逆算子,就会翻到分母上,早晚会遇上奇异性。所以,解这个方程的数值方法很容易发散,最后回到一阶方程,这个问题就没有了。在无穷远点可以加"零条件",可以加全吸收条件(也就是无反射条件),相当于在微波暗室里做实验。在远处可以加零条件,也可以加完全吸收条件。整个计算模拟天线的辐射,从给天线刚馈上电,到辐射场逐渐形成,然后达到定态。实际上是亥姆霍兹方程的解,可以从双曲型麦克斯韦方程逼近求解。

1971年9月13日林彪的座机在蒙古温都尔汗折戟沉沙。林彪出了问题之后,我们的小天线任务变得没人管了。于是,大家安心地研究。直到1974年,我们把实验做了,把理论和实验对比也做了,之后我写了一个关题报告给物理所,算是结束了这个任务。关于这个任务的详情,我和崔俊芝同志在中华人民共和国成立60周年时,写过一篇题为"'1019任务'四十年"的文章,登在《物理》杂志2009年第10期,有兴趣的同学可以去看。

东北电网和本钢轧机项目

在"文化大革命"期间我做过东北电网的计算。东北电网计算,从数学上讲,是广义逆矩阵的求逆。大家可能都知道方阵求逆。不光是方阵,长方矩阵也可以有逆,这叫广义逆。广义逆不只是数学,在物理中也有。一个电网有很多种方式给电压,有很多种方式给电流。如果可以给定一个参考电压、各点对这个参考电压的电位差,就可以给定两点之间的电位差。有各种不同的电压给法,电流也有很多给法:可以给每一支路的电流,可以给每个环里的环流等。阻抗和导纳互成逆矩阵,这种逆矩阵是长方阵的逆矩阵,一般在计算数学里叫广义逆矩阵。我意识到这个算法实际上是广义的矩阵的算法。我后来在写《FORTRAN程序设计》一书时,我写入广义逆矩阵的算法,就是从这个课题里悟出来的。

第二个问题是计算电网的潮流分布。什么是潮流分布?发电厂有很多用户,要把能量尽可能百分之百地送给用户,就会有$\cos\varphi$问题。φ是电流电压之间的相位差,交流电有相位的问题。电网里的绝大多数用户是电感性用户,因为发电机、电动机都是带线圈的、带电感的,所以在发电厂里往往要配备很大的电容器组,把它们倒在电网上来抵消电感性,使$\cos\varphi$尽量接近1。这就是$\cos\varphi$的计算。

武钢从国外进口了一台170厘米轧机,其实这是一大串机器,开头的是开坯机,大约80厘米粗的钢锭来了以后,把它压小接着往下送。本钢的170厘米轧机是我们国家自己按照武钢的机器,照猫画虎制造的。当时这台机器只要一开,整个本溪市家家户户的电灯都要闪动一下,启动负荷非常大。计算170厘米轧机的冲击负荷,遇见的是代数方程与微分方程的混合方程,其中的数学结构叫矩阵束。说起来很简单,A和B是两个矩阵,如果写成$(A+\lambda B)$就是一对矩阵,是一个矩阵束。在这个问题中遇见矩阵束,A可以是奇异的,B可以是奇异的,但是$(A+\lambda B)$不一定是奇异的。科罗内克在19世纪建立了矩阵束理论,我们解决这些问题就用了矩阵束理论。

三维 Ising 模型的严格解

统计物理里有一个 Ising 模型。一维的严格解是 Ising 在 1925 年给出的。二维的严格解是 1943 年昂萨格的杰作。三维的严格解到今天还没有。"文化大革命"期间我在家里试着解三维 Ising 模型。求解三维 Ising 模型的人很多,但多数人一无所获。我没有完全"输光",找到了一个封闭近似解,提出了一个三维格子上的无规行走条件:它的转移概率是用四元数表达。四元数是虚数的一种推广,虚数的单位是 i,$i^2=-1$。四元数的单位是 i、j、k,而且 $i^2=j^2=k^2=-1$。但是 $ij=k$,就是循环。我用四元数做转移概率的无规行走问题,最后把它计算出来。有一天我从晚上一直算到第二天天亮,当得到那个封闭的表达时我特别高兴,以为自己把三维 Ising 模型的解写出来了。几天以后我就知道不对,我得到的只是一个封闭近似解,它的里面有一个相变点,但不是我要的结果。这也算是个不错的结果,哪一天不知谁能够把这个模型真解了,我做的事情就没有意义了。

在 10 年"文革"中间,我多多少少还是做了一些事情,1978 年物理研究所把陈春先、我和章综破格从助理研究员提拔为研究员。

1980 年 11 月增选学部委员时,我又被选上了。我要特别说一下我对这件事情的感想。当时我的文章并不多,大概只有 22 篇文章,而且可能都不是 SCI 文章。那时候很少在国外发表文章,就是用外文也只能发表在《中国科学》上。老的学部委员中没有一个人真正是我的老师,因为我是半路出家,在苏联从经济转学物理。我特别要感谢我们老一辈的物理学家:施汝为是磁学家;陆学善是晶体学家;钱三强是核物理学家;彭桓武我前面已经提到;王竹溪是我国统计物理的祖师爷;吴有训做过中央大学、南京大学的校长和科学院副院长;钱临照是金属物理专家;严济慈后来做过人大副委员长;还有马大猷。这些人我倒是在各种场合、在过去的工作里和他们接触过,他们可能认识我。这些老先生们没有门户之见,我不是他们

图 4 晚年的郝柏林和张淑誉

之中任何一个人的学生。王竹溪先生带出好多做统计物理的教授。他在做《中国大百科全书》第一版物理卷的主编时,有一个 5 000 字的长条叫"统计物理",王先生找我来写。当时我很高兴,认真地写了"统计物理"条。所以,我特别感谢这些老先生没有门户之见,没有管这个人是不是我的学生。

到现在已经又是 30 年,这 30 年间我打了两场阵地战。第一场阵地战是从 1980 年到

1998年,非线性科学的一部分是混沌动力学,中间比较特别的部分是符号动力学。在这段时期我写了《从抛物线谈起:混沌动力学引论》和《实用符号动力学》两本书,其中第二本是跟郑伟谋合作的。第二场阵地战就是从1997年夏天到今天,在这14年里我的研究方向转向理论生命科学,转向基因组学。只有这两场"战斗",是我自己主动的选择和决定。

  我最后想强调:这些机遇是不可强求的,不依赖于自己。但是不管你的环境顺利或不顺利,永远不要停止奋斗,只要有准备,当机遇出现的时候你才能抓住。我有一个喜欢的口号是"先投入真正的战斗",不要在战斗之前掂量这个东西写不写得出文章,意义是不是不大,而是主要去想一想,你有几件事情可以做,在这几件事情中可以挑出你有兴趣的、有把握的、意义大一点的。我要告诉大家,实际上"先投入真正的战斗"是拿破仑的口号。

  我就讲到这里,谢谢大家。

  本文由周鲁卫整理文字、刘寄星审核修改;本文编辑有删节,关于郝柏林院士的奋斗史以及当时的时代背景,请参阅刘寄星、郑伟谋编《挑灯看剑集——贺郝柏林院士八十华诞》(科学出版社,2014年)下篇第1章到第10章。

如何轻松学习做科研

从"纳米催化与未来能源"谈起

赵东元

【主讲人简介】 赵东元,复旦大学化学系教授、博士生导师,复旦大学先进材料实验室主任。主要从事孔材料合成、结构和在催化、电池、生物、水处理等能源方向应用的研究工作。发明了20余种以复旦大学命名的介孔材料;提出了单元分步组装机理,将无机介孔材料的合成扩展到有机组成体系;提出了"酸碱对""界面组装路线",合成了一系列新型多功能有序介孔材料。

2000年被聘为教育部"长江学者奖励计划"特聘教授,同年获得国家杰出青年科学基金资助;2004年获国家自然科学二等奖;2005年作为学术带头人获得国家自然科学基金委员会创新研究群体基金;2006年入选"新世纪百千万人才工程"国家级人选;2007年当选为中国科学院院士;2008年获国际介观结构材料协会IMMA成就奖;2009年获何梁何利科学进步奖;2010年当选为第三世界科学院院士;2017年获得第一届中国分子筛成就奖、中国化学会-化学贡献奖。

【讲座摘要】 能源与人类生活息息相关,但国家现在面临着资源短缺的重大问题。催化材料的发明和使用极大地提高了能源的利用效率,为人类社会创造了巨大财富。能源高效利用的核心就是创造新材料,开发新技术,改变未来能源。未来能源的核心是化学问题,是技术问题,也是经济问题。

如何做科研?就是围绕人类社会的变革、重大问题、重大需求,围绕国家经济发展中的重大需求、重大过程、重大技术,利用所学知识,开展重大基础、应用基础研究,创造新的知识、新的规律、新的技术,带来新的过程、新的变革,造福人类社会。我们做科学研究尤其是基础研究,出成果是一个方面,但最主要的也是对学生的培养。

今天,一方面我想和大家探讨关于未来的能源问题。可能在座的有些同学经常听广播,目前有各式各样的能源,如可燃冰等,这些能源确实非常重要、值得关注。所以,我想从化学的角度来和大家探讨能源问题;另一方面,我也想与大家交流如何做科研,介绍一下我们是怎么做科研的。我知道在座的同学有很多都是本科生,我也教本科生一年级的"普通化学",所以,也想跟大家特别是本科生说说应该怎么学习。

那么现在我就先以纳米催化、未来能源做个引子,跟大家一起交流。正如我刚才所说,能源非常重要,跟我们整个人类生活息息相关。大伙都知道其实能源种类的分布非常广,但是煤、天然气、石油却占了非常大的比例。总体来讲,化石能源是现代社会的主体能源(占80%以上)。追溯到上古时代,人类就开始使用木柴,人类区别于其他物种最大的、一个非常明显的标志就是人类可以使用能源,能够控制能源,如火的发现。因为有了火,人类与其他动物就区分开了。人类可以利用火来创造一些新的东西——比如加工食物,或者利用火来不受其他动物的威胁。任何一种动物都怕火,但只有人类可以驾驭它。过去人们使用的煤炭、石油、天然气这些能源是非常少的。到了现代,我们除了这样一个主体能源之外,还可以把它们转化成更洁净、更方便传输的电能。我们用的手机需要电能,也需要微波传递能量和信息,这些都是能量的传递形式。所以,我相信未来的能源是多样化的,任何一个转化过程都与这些能源息息相关。

现在人类社会的主体能源还是化石能源。在国际能源分布中,天然气占20%多,石油占30%多,煤也是20%多,而其他能源,如核能、水力发电等仅占非常小的一部分。所以,超过80%的能源都是来自化石能源,它是主体能源。我们国家的能源分布与国际能源分布有所不同。我国是一个煤炭大国,煤炭占的比例非常高,可能超过60%。对国际上任何一个国家来讲,化石能源的比例都超过80%。随着人类现代生活的不断发展,能源需求不断增加,化石能源在整个储存-供给-再生的过程不断地下降。人们根据理想情况,或者通过理论计算,按照有机碳循环的模型计算得出一条曲线,人类的需求可以根据这条曲线来预测。其中和实际情况有一个很大的差值,可能就需要我们通过一些新的技术开发能源,而非依赖于化石能源来弥补这个差值。有哲学家宣传,呼吁大家以后不要过这样的现代化生活,即通过降低需求来弥补能源缺口。我们可以一起探讨如何弥补这一需求。大家都知道,中东一直战火纷飞,各方都是为了石油——中东供给的石油占整个世界能源供给的30%,石油的重要性不言而喻。和世界水平相比较,我们国家的整个人均占有能源比例非常低,即人均的能源持有量非常低下。虽然毛泽东主席以前说过我们中国是"地大物博人口众多",人口众多是对的,地大物博可能谈不上。我们的"物博"如果按人均是非常少的。我们现在在大量地进口天然气和石油,煤炭稍微好一点,但是也低于整个世界的平均值。整体来讲,我国是一个"缺油少气"的国家。中国进口化石能源的比例非常高,原油进口已经超过了50%,现在预测已经超过了60%。在这60%中,仅有10%来自其他地方,剩下的50%都是来自中东地区。如此高的原油进口量,随之带来的是很高的原油安全性隐患。人们多年来的用油需求如此之大,倘若某天中东卡住了原油运输道路——无论是阿拉伯半岛还是整个中东地区，原油运输都要经过苏伊士运河这个非常狭窄的地方（仅能通过两艘轮船），此外还要经过马六甲海峡——我们就被卡住了原油的来源。考虑到我国的总需求以及目前全国4.2亿吨的原油加工能力——这样的一个数字更是需要数目巨大的原油进口来支持，所以安全隐患非常严重。

此外，我们国家真的面临一个很大的问题：整个国家资源短缺，不仅人口众多，将来农村也会进入现代化，每一个家庭像美国一样有车，更加"吃油"，随之而来的是日益严重的环境污染。因为煤炭的燃烧，使得温室气体（如二氧化碳），包括相关的一些低碳化合物的大量排放，带来了很多道义上的问题。虽然说在哥本哈根会议上，我们提出了很多节能减排的项目，温家宝总理也提出了很多呼吁国民减排的措施，但减排就带来了能源使用的降低，随之也会带来现代化水平、整个工业发展的降速，这也是值得考虑的问题。原油还是非常重要的物质，在座的学化学的同学可能都知道，碳和氢可以形成烃类碳氢化合物，遇见氧可以燃烧，变成水和二氧化碳，这就是能源的释放。原油就是一类长链的烃，包括一些烯烃等各式各样烃类的混合物，俗称黑色的"金子"。这样的混合物拥有不同的沸点以及长短不同的碳链，我们可以将其分成汽油、柴油包括机油这样一些种类。汽油是碳6到碳8，通常在加油站使用。柴油是碳14到碳18，它的燃烧值更高，所以马力更大，货运车一般都是柴油车。那么，如何通过原油来炼制成这样一些我们所需要的汽柴油、机油、航空用油呢？以前的方法很简单，人们就选择蒸馏，因为每个长短不同链段的烷烃化合物的沸点不同，可以用蒸馏分馏，但这种方法来炼制其他用油的效率很低——比如一吨原油只能炼500公斤。但如果化学家通过化学手段，借助一些催化剂引入催化过程，把原油的长链烷烃都打断，变成我们需要的汽柴油，那么效率就可以大大地提高。自1900年到20世纪20年代，石油开始真正地通过催化来炼制，一吨原油可以炼900公斤，甚至更多，极大提高了产量和效率。所以说石油化工"生命"的心脏，就是催化剂。利用它们把原油高效、高选择性地炼制成我们所需要的汽柴油。催化剂就是我们创造出的一些材料，催化剂有大有小，根据装置不同，催化剂的颗粒可以大也可以小，被用于不同的催化过程。在电子显微镜照片中，催化剂里边有包括含纤维状等各式各样的颗粒。这个过程为什么叫催化呢？因为它是通过化学反应并利用刚才看到的这些小的颗粒——我们称作纳米颗粒，来把长链的烷烃变成短链炼制而成，或者是选择性地产生我们需要的汽柴油，整个化学反应过程就是一个催化过程。所以，催化是化学中一个非常重要的学科，也是物理化学一个非常重要的分支。对于任何一个化学反应，比如说氮和氢的反应，从热力学角度来分析，其自由能是降低的，所以是可以自发进行的化学反应。但是这一反应过程非常慢，一定要在高温高压、有催化剂的作用下进行，催化剂可以加快它的反应速度，并且90%的化学反应都或多或少地需要催化剂来控制。我们知道合成氨的反应需要，一氧化碳的氧化反应也一样需要。一氧化碳氧化这个反应看上去非常简单，一氧化碳加氧生成二氧化碳，煤气中毒后要到氧含量很高的地方缓解中毒，是因为到空气新鲜、氧含量高的地方，就可以加速这样的氧化反应，缓解一氧化碳中毒。现在我们可以通过一些贵金属催化剂，把汽车尾气当中或者是其他地方排出的有毒的一氧化碳气体,通过催化过程快速地转化成二氧化碳气体。同样这个过程也可以反过来利用,但是这个反应也是非常不容易的,我们现在还在研究利用催化剂或者利用其他方式将二氧化碳转化成一氧化碳来缓解由二氧化碳造成的温室效应。二氧化碳和一氧化碳虽然都是氧化物,但是性质是完全不同的。二氧化碳非常稳定,有两个双键;一氧化碳具有三键,并且容易生成反馈键,这很容易使一氧化碳发生一系列的反应,在化学上就"活"了,可以发生很多变化。整个催化过程,其实就是克服这样一个活化能的过程。对于合成氨的反应,其实它是(虽然说热力学是允许的)放热的一个反应,但是要经过一个中间体,然后才能释放出来。所以说要克服活化能之后才能做到。那么催化剂的作用是什么呢?催化剂就是降低这个活化能,通过两步来进行,就不需要克服这么高的能垒,这样整个化学反应的速率就会增加,反应的温度可以降低。一般的化学反应需要很高、很苛刻的条件——高温高压。我们可以通过非常简单的催化作用加快化学反应的过程,不改变整个化学平衡,不改变热力学,而是改变了反应动力学。催化剂参与整个的过程,但是反应前后催化剂的性质又不变。可以用这样一个简单的比喻:我们登山虽然最终要达到山顶,但是途中要经过一个山坡,这个山坡才是控制整个路径的关键,可能会非常难爬,但是爬上去之后就会非常快。现在就可以用两个小山坡——可以通过包括光在内的各式各样的催化剂形成两个坡,来加快整个过程。通过催化剂,我们可以快速、高选择性地将原油转化成所需要的汽柴油等产品。简单地看整个催化的基本原理,就是这样一个动力学过程,它克服活化能形成这样一个过渡态,再慢慢地转化成最终产物。通过催化剂的改变,也就是说,通过表面的改变,来使整个化学反应的过程、中间态和过渡态发生变化,加速整个化学反应的进程。这个理论我就不去细细讲了,也就是说,是一个活化能的过程。提炼石油的过程,就是由于催化剂的使用,才使得原油产率大大地增长,提高了几倍的效率,整个石油化工产业在世界范围内开始大规模出现。可以看到现在世界五百强公司大部分是石油化工公司,每年光卖石油炼制类的催化剂,就能有几千亿美金。虽说催化剂在反应前后不变,但有一些也要更新,因此催化剂带来的效益难以估量。

人们认识催化是从合成氨开始的。其实古代的人们早就利用这样的一些东西,包括酿酒。我们都知道通过生物发酵过程产生乙醇,这种发酵就产生了酶,当时我们把催化剂叫做触酶,现在台湾还是这样的叫法。催化其实给社会带来了非常大的效益,单就合成氨这一项,即铁的催化剂的发现,就促进了整个化肥工业的飞速发展,才造就今天粮食供给的充足。由此看来合成氨获得诺贝尔奖是当之无愧的。还有一个例子,乙烯、丙烯也是石油炼制的产品,可以通过齐格勒-纳塔催化剂,形成各式各样的聚丙烯、聚乙烯。我们现在用的塑料瓶,还有各式各样的塑料拎兜,全都是聚乙烯的。聚乙烯的性能也是随着分子量的不同而完全不一样的。聚丙烯的性能就更加不一样,聚丙烯的瓶子耐高温、耐腐蚀。这个发明带来了非常大的价值,因此,德国化学家卡尔·齐格勒和意大利化学家居里奥·纳塔于1963年获得了诺贝尔化学奖。这两种催化剂都是德国马普所的成果,马普所现在之所以有那么多的经费,全部是来自专利技术转让,通过基础研究然后转化成工业成果。其实催化当中还有很多,刚才讲的石油就是使用分子筛做催化剂。最早的炼油是通过蒸馏,现在如果去大庆或者其他油田,旁边还有很多"油耗子"。这些"油耗子"在输油管道上插管把油接到家里,然后通过蒸锅就能蒸出油来,只是效率非常低。最早使用的催化剂是一些酸性白土,到了20年代、30年代,人们发现了沸石分子筛,是硅铝酸盐的一类,也是多孔性材料,产生了一次革命,使石油的转化效率和选择性大大增加。当年就节省了80亿美金,要知道这是30年代的80亿美金。

当年节约80亿美金的这个过程为人类使用原油提供了基础,也使原油到目前为止还能源源不断地为我们提供汽柴油。因为分子筛是多孔的,一个长链烷烃经过带有强酸性的硅铝酸盐孔道,就会把碳氢化合物的碳链打碎,变成小的分子,这就是整个炼制过程,我们称为催化裂化。当然,催化还有很多案例与我们的生活息息相关,包括人体中各式各样的酶,每一种酶对应一个过程,或者是生物过程,或者是化学过程,有非常高的选择性。刚才讲到的催化剂,它的作用是加速反应过程,并且高选择性地产生一种生物体所需要的东西。大家都知道喝酒喝的是乙醇,每个人体内都有一种酶叫做乙醇脱氢酶可以将乙醇脱氢变成乙醛,还有一种乙醛脱氢酶可以进一步将乙醛脱氢变成乙酸,一个人能不能喝酒就取决于乙醇脱氢酶和乙醛脱氢酶。别看乙醇氧化脱氢这个反应很简单,其实在化学过程当中是很难的,但是在生物体系当中就能够非常高选择性地变成乙醛,这个酶每个人都有,乙醇氧化成乙醛就会使人呕吐、使人兴奋。刚才讲催化是化学中非常重要的一门学科,与此相关的诺贝尔奖获奖非常多,包括与固体的表面相关的,这位诺奖得主 Ertl 是我们包信和校长的老师,他一直致力于催化或者表面科学的研究。为什么刚才说因为催化剂是要改变整个化学过程的,也就是说,原来无论是在液相(即溶液当中)进行反应,还是在气相进行反应,现在都变成在固体表面进行反应,先吸附在最表面,不断地反应,这个过程都跟固体的表面有非常大的关系,表面科学就是试图模拟这样的化学过程,模拟要了解的整个催化反应过程。为了使整个催化过程的催化效率更高,科研工作者就开始研究纳米催化。纳米科学最早是在催化当中怎样把一个活性组分(包括贵金属)高度地分散开,然后做成非常好的一个催化剂,纳米其实是一个尺度的概念,它是 10^{-9} 米。如果把贵金属全部分解成这么小的单位,就能发挥最高的效率,催化剂效率高,整个反应的效率就非常高。这就是我们讲的纳米催化,人们通过各式各样的方法把催化剂的活性组分变成纳米尺寸。比如一个碳60分子,也就只有零点几个纳米,1纳米在原子世界已经很大了,人们试图在这个尺度上去理解整个催化过程。现在人们把碳管做成纳米颗粒,尽可能地来研究整个的效用和过程,所以,纳米催化就是人们想把活性组分高度地分散在一个宏观的体系上,来做成高效的催化剂。包信和院士他们把甲烷、天然气在无氧的情况下,利用单原子的铁,直接去掉甲烷上的氢进行耦合,变成碳碳键,这是非常大的一个突破、非常好的一个过程。大家学过化学,碳是 sp^3 杂化,与氢形成四面体——甲烷分子,这就是天然气。由于分子的对称性,甲烷气体的碳氢键非常强,非常难活化,所以甲烷的利用到现在也主要是燃烧,如果甲烷能变成乙烯这类的化学品,那是非常有用的。他们就把单原子铁高度分散在一个载体上,铁是活性中心,当天然气碰到铁之后,它就被夺去一个氢,然后再出来生成碳碳键,形成碳 2 以上的一些化学品,这是非常好的新反应。目前,我们都可以从电镜上看到像铂这样的物质单原子地分散在整个氧化铁的周围。我就是做多孔材料,因为整个催化过程需要一个高的比表面,把载体或者铂金属分散开,这样整个催化过程就都是在界面或者表面上进行。如果带有孔,孔就相当于一个反应器,在这个反应器里边可以进行一些化学反应,可以利用它的孔径的大小,来高度选择性地生成一些新的产物,我们把它叫做分子筛,像筛子一样可以筛分分子,我们就是创造这些材料的。我不完全是搞催化,只是创造催化剂。介孔材料是一类孔径在 2~50 nm 的多孔材料,它的孔径非常大,已经到了纳米的尺度。这是介孔材料的电镜照片,可以看到孔非常有序地排列,一个孔在 10 纳米左右。介孔材料具有非常高的比表面、非常大的孔体积,在很多催化过程中,尤其是对重油的裂化,更大的这种碳氢烃类分子的裂化,都具有非常重要的作用。我们模拟蜜蜂窝创造的介孔氧化铝也是一个非常好的载体。我们发展了很多新的合成方法来合成一些全新的化合物。我们可以做成非常好的介孔单晶,沸石这些硅铝酸盐也可以做成介孔沸石,石墨烯也可以做成类似的多孔或介孔材料。这类材料在电子器件、能源、催化很多方面都有应用,甚至因为孔径大可以做药物传递,因此也可以做很多医学方面的应用。所以,我们的中心就是创造这样的新材料。

我给大家举几个例子,讲讲怎么来做这样的材料。其中一种材料是我们在做基础研究的时候,完全就是异想天开,前人做了介孔无机固体碳,我们就想能不能通过商品化的原料来创造一些有机高分子、创造一些碳。怎么来创造介孔碳呢?那就用简单的化学知识。我们知道浓硫酸可以脱水,把葡萄糖倒进浓硫酸可以通过脱水直接将葡萄糖碳化,碳化后的葡萄糖体积不断地膨胀。浓硫酸灼烧皮肤就是这样的原理,硫酸会强烈脱水,变成一水合硫酸。我们就利用这个反应,整个化学过程就是蔗糖和浓硫酸的反应。可以先做成介孔的氧化硅,我们叫做硬模板。把蔗糖灌到这个孔道里面,量不用很多。有了这个之后,再倒入浓硫酸,在这样一个孔道里面进行化学反应,蔗糖就会脱水变成碳,造成一个很大的微孔,它的体积会增加 5 倍以上,然后填满这个孔道。再用氢氟酸除去氧化硅,就得到了介孔碳,因为这个介孔碳是惰性的,所以不会与氢氟酸反应。然而这个过程也还有问题,这种氧化硅也需要模板,再把氧化硅溶掉才能做成介孔碳。我们就想能不能直接合成有机的介孔材料,用低廉的商品化化学原料来做这些高分子产品。这就是我自己想出来的,然后我就付诸实践,就去吉林大学找了一个学高分子的博士研究生孟岩同学,她是吉林大学高分子专业毕业,我就把她招为我的博士生,她在博士毕业以后去了上海高等研究院,现在是科技发展部副处长。虽然她在博士期间只发表了两篇论文,但是她也获得了百篇优秀论文的提名,因为这项工作完全是全新的、具有挑战性的。我们就先查文献,看看做高分子的人是怎么做这种多孔高分子的,他们利用聚苯乙烯-聚乳酸嵌段聚合物。聚乳酸有羧酸,两个片段的差别非常大,熔化之后就会出现两相,一个是蓝色区域,一个是绿色区域,就变成介观结构,自然地就要这样排列,这叫自组装排列。这样一个酯类羧酸根可以用酸和碱水解,把这个除掉之后就生成了孔。其实除掉这个以后,就把共价键打开,不管怎样都会造成蓝色区域结构塌陷,因为在蓝色区域中,聚苯乙烯面与面之间是范德华力,没有任何连接,就是悬在那里。所以,做高分子的人要加很多的交联剂。大伙都知道"哥俩好"胶水、AB 胶等,都是要加很多交联剂才能做成的。为什么氧化硅可以用来合成这个介孔材料,就是氧化硅的硅是 sp^3 杂化,亲氧元素可以形成四面体。这个四面体可以对顶点连接,我们叫做骨架结构。有机化合物也有这样的结构。苯酚就可以和甲醛发生酚醛缩合反应形成酚醛树脂,这是一个非常古老的高分子,最早的高分子聚合就是指这个,是一个热固型的。在碱性条件下带负电,就发生亲核进攻,可以通过反应变成酚醛树脂,就是电木。我们就拿苯酚在碱性条件下和甲醛相互作用,产生这样一个酚羟基,它的邻对位都是活性位,间位不反应,就产生了一个中间体。这个中间体带有很多羟基,这些羟基就可以和表面活性剂 PEO-PPO-PEO 带氧的高分子发生氢键作用,自组装在一起,形成非常好的有机-有机排列。形成这个排列之后,因为这是热固型高分子,加热后它又可以聚合,脱羟基就变成三维的网络结构。利用这样的方法,我们第一次做成酚醛树脂的介孔高分子,这是我们最早做的。然后再经过碳化,就变成了介孔碳。孟岩同学首先发明了介孔高分子、介孔碳,她之前也是经过很多曲折的探索,整整做了 4 年多时间,最后才得到这个成果。后来我们发表了一篇通讯、一篇全文。我们可以通过 X 光证明确实产生了这样的有序结构,通过电镜可以看到酚醛树脂本来的致密结构被做成全部带孔的松散结构。电镜照片中白的地方全是孔,这是我们第一次得到的介孔高分子。这个高分子一经碳化,在无氧条件下,1 400℃时就完全变成介孔碳,现在已经可以烧到 2 000℃,结构还要好。碳非常稳定,这是无定型的碳,不是石墨化的碳,有了这些,我们就可以重复多次大量地做,现在已经可以工业化生产。

我们还有一些研究,是做壳-核结构的东西。我们知道地球里面蕴藏了无数的宝藏,整个是一体的,但是地球具有壳核结构。球体是自然界的一个完美形状,它具有最大的体积、最小的比表面,可以把多种功能集成在一起,并且活性可以最大化。因为比表面最小,所以材料是最节约的。所以我们就在想,能不能把介孔材料做成壳核结构?这是我们发明的一种方法,把一个四氧化三铁球加上表面活性剂,再加上硅源,利用很简单的弱碱做催化剂进行涂抹的方法做成一个非常好的、内层包裹氧化铁的壳核结构的介孔材料。核里边有四氧化三铁,是带有磁性的,整个材料可以用磁铁吸起来。我们在这样一个十六烷基三甲基溴化铵表面活性剂,加入氨水、乙醇、硅源搅拌。把四氧化三铁放在里面,就可以得到非常有序的材料,甚至可以控制整个材料的厚度。以上这些都是基础研究,虽然可以做到非常好的控制但又有什么用呢?我们就想把它应用到真正的催化过程中。我们回到前面讲的石油的整个炼制开采过程。随着黏度不同、沸点不同、密度不同,整个石油分布也不同。上边采出来的油非常轻,随着石油开采越来越多,下层会越来越重,原油就越来越重,也就是说,分子越来越大,就需要一个非常大的孔径的东西作为催化剂,现有的催化剂已经不能满足这个过程。我们就想能不能利用介孔材料来把重油裂化。以前重油都只能用来烧或者发电，我们能不能把它直接转化为汽柴油？刚才看到的这种介孔材料，骨架是无定型的，孔径非常大，但是表面酸性很弱。我们就想能不能做成壳核结构，可以把重油吸附到壳层里，变成中间体，然后进入里层酸性更强的沸石分子筛里，再裂解一次，就变成高质量的汽柴油。这样的话，如果催化剂的寿命能够提高一倍，对整个石油工业也是一场大的变革。我们现在还用类似的思路做渣油加氢裂化。外层可以吸附重金属等杂质，来提高催化剂效率。如果能够做到，我相信这又是石油化工的一场革命。这是一个非常大的、世界性的难题。我相信这些技术的开发，都是为了未来能源的改变。

纳米的催化会改变未来能源的分布。未来能源的核心，我想是化学问题、是经济问题，为什么这么说？整个能源的生成就是一个化学变化，化学键的打破或生成，就是一个能源的变化，所以化学是能源的核心。那为什么又是一个经济问题？我们身边的所有物体，可以说都是能源。人要能驾驭这个能源，就是最经济的使用。如果驾驭不了，就都是没用的。比如，如果太阳能你驾驭不了，就没用。你要想合理地利用太阳能，但成本非常高、非常难。所以能源问题又是一个经济问题。刚刚讲的二氧化碳温室过程、水的裂解，在化学上并不难，但是要经济、便宜地做到却非常难。

能源这个全球大问题，需要一系列的技术、一系列的变革、一系列的新能源，但最主要的还是化石能源的有效利用。化石能源的比例一定是逐渐减少的，但是在未来几百年内，化石能源的主要地位不会改变，其他的能源现在还只是处于婴儿期。在座的同学每一位都是祖国的未来，也许你的一项新技术，就能改变祖国的未来，就能改变能源的格局。如果可以用太阳能，太阳能一天照射的量就够用一年，但是没有这个技术，我们就不能利用。我们来看10年整个能源变化的统计数据。可以看到，石油几乎没什么变化，煤炭稍有降低，天然气有所增加。化石能源整体还在80%或85%以上。这是10年的统计结果，或许再过10年仍不会改变很多，我们将长时间对化石能源有所依赖。任何化石能源，如石油、煤炭的转换，每一个技术革命，对整个能源都是变革性的改进。对化石能源的依赖是必然的，并且我们要经济、清洁地使用。

煤炭、甲烷、石油是三大化学能源，这里最主要的还是碳氢的化学组成，碳氢的循环非常重要。怎样才能高效地转化碳氢？有人说：碳的化学是"上帝"的化学，可以创造千千百百的含碳物质。我们燃烧化学能源，释放出二氧化碳，这些二氧化碳通过动植物吸收，再变成动植物尸体，然后再回来形成循环。人类大量使用碳基化石能源，必然会改变这种碳氢循环平衡。对这样一个平衡，我们就需要特殊的技术来改变。第一个过程就是怎样利用原油，原油的开采决定了很多事。现在关于原油的起源有多种说法：第一种是动植物尸体最后变成原油，这是有机起源学说；还有一种是无机学说，就像人类起源是先有机变成人类生命，还是无机变成人类生命，有很多人说无机可以变成人类生命，碳酸钙里面有碳，水里面有氢，在特殊条件下，照样叫以形成生命。所以，现在越来越多的人接受无机学说，就是无机的东西在高温高压下、在地底下形成石油，不是靠动植物尸体来产生的。

无机学说认为,地底下的石油,只要保持高温高压就不断地冒出新的石油,就算我们开采得比较快,地底下这些石油仍旧在照常生成。你们之前肯定也听说过可燃冰,可燃冰早就被发现,它是一种天然气(甲烷)的水合物。在低温下,天然气和水就能形成这种水合物,可以变成像冰状的固体,是一种晶体。大家知道山洞里有很多天然气,这些天然气可以转化成可燃冰,所以找到可燃冰不难,但怎么开采是一个大问题。因为如果开采的成本太高,那就不适用。中国在试验进行开采,要是开采不好,就会造成海底的可燃冰跑出来造成事故;要是开采不经济,那还不如利用石油。化石能源还是主体。我们国家在青海有400万吨合成器转换油装置,通过煤和水蒸气转换,变成一氧化碳和氢气,变成水煤气,然后通过费托合成转化成汽柴油。这个方法是国际上一些没油的国家都在做的化工过程,中国的煤变油技术现在是世界领先的,整个反应过程最后可以变成日常需要的东西。即使这项技术领先,但造价还是远高于通过石油得到的汽油。只有当石油价格涨到100美元一桶,这项煤变油的技术才有经济优势。我们现在需要这项技术,是因为用煤炭资源会造成严重的环境污染。如果用的是氢,最后变成水,这个过程会变得很清洁,所以整个循环非常重要。我们通过技术可以把一些物质,如生活废料、地沟油综合利用,而且有些技术开发已经达到工业生产的水平,但问题是这些技术的成本太高,包括地沟油、玉米杆的收集成本太高,所以这些转化利用技术并不经济。人们慢慢地在改变自己的生活,现在上海已经在实行干垃圾、湿垃圾分类。如果要是分好类,收集起来会非常便宜,塑料马上就可以用来利用去做油品,地沟油收集起来把它变成汽柴油太容易了。要回到餐桌也不是难事。对干垃圾和湿垃圾进行简单的垃圾分类,可以节省原材料,可以废物利用,可以保护环境。发达国家都非常重视垃圾分类问题。

  大家一定要注意二氧化碳的光合作用过程。转化二氧化碳肯定是用外来的能量,现在用的最多的就是太阳光。用化学能,如用金属镁来转化二氧化碳也不难,金属镁可以在二氧化碳里燃烧。但是要用外来的能量把二氧化碳转换成人们可用的物质,这是非常难的。二氧化碳的产出,二氧化碳的转化,达到二氧化碳的平衡,这是非常难的。比如,美国加州大学伯克利分校的华人教授杨培东,就探索二氧化碳的转化创新研究。他模拟叶绿素的合成过程,已经可以将二氧化碳转换成C4的化合物,这是一个非常难的过程。目前这只是基础研究,一旦有所突破,会让人类对碳的利用和保持碳平衡都有非常大的用处。有时候我也在幻想,以前石油化工过程需要这么大的反应装置,现在我们要是能够完全把固体催化剂变成液体催化剂,那就好了!固体不容易变形,而液体很容易变形,大家都知道液体金属很容易加工。物质有3种物态,每种物态都各有好处,固态长程有序,液态短程有序,但可流动、可加工的性能非常好,将来催化剂做成液态的,就可以改变石油加工的过程。介孔气溶胶,完全可以用来隔热。底层可以高达1 000 ℃,上层却只有30 ℃,因为隔热性能好,有这些孔之后,完全可以把热的气体固定下来,没有气体对流。原来加工油品、生产汽柴油,是要将原油加热成气体,通过催化剂床层。如果直接把催化剂做成液体催化剂,就可以直接将液体催化剂往石油里加,这样就可以直接将液体原油在液相直接催化变成液态汽柴油,那整个石油化工过程全部都改变了,效率将大大提高。我们现在正在做这样的液体催化剂。

我们在做的介孔液体可以做成印刷电路板,由于时间关系我就不展开说了。我们可以做的东西很多,有些现在已经成吨级地生产。所以,整个催化的过程,是一个复杂的过程,如一些新型能源的利用、二氧化碳的转化等,我觉得这些都是未来科学家需要探索的东西。未来能源是多样化的。例如,我们的手机都没办法统一,我们的电源插座世界上有很多种,将来人的个体思维更加独特,个性化将是人类社会发展的趋势,现在越来越处于这种个体化的发展。将来的能源也是一样,但是能源的平衡、循环、利用是非常大的一个过程。化学或者催化化学,是整个过程的基础,是非常重要的。

下面我给大家讲讲学习方法。我们做科研、出成果是一个目的,最主要的是对学生的培养过程。大学教授的职责就是创造知识,然后传授这些知识。我一直坚持给本科生上"普通化学"课。在座的大多数都是本科生,我觉得大学4年绝不能像在中学一样学习,只是被动地被灌输知识,最主要的是要学会自学。考试当然很重要,掌握知识也很重要,最最重要的是要创造知识,并且将知识运用到实际过程中、用到社会实践中,为推动社会发展做出贡献。如果每个人都能把自己的工作做好,社会能不进步吗?一定先把自己的工作做好。

我们要形成一个团队进行科学研究。形成科研团队非常重要,有的是一个老师带一些研究生,这也是一个团队。还可以一个导师下面有一些兴趣相同的年轻老师,这些老师有不同的分工,进行合作。因为任何一个科研项目都很大,涉及的知识越来越多。我们经常说样样通,样样松。如果一个人要真的在科学研究方面有所建树,一定要有专攻。在整个科研过程中,我们带研究生绝对与给本科生讲大课的教学方法不同。

带研究生完全就是个体化教学过程。我给本科生讲大课"普通化学",所传授的知识都是几百年来积累的知识。带领研究生从事基础研究过程,我们是创造新知识的过程,我们当然能改变教学内容,每个研究内容、每个教学过程都是全新的。我们对研究生的培养是绝对不同的,是一个个体化的教学培养过程。所以很多本科生都喜欢进我的课题组、实验室,参与科学研究。他们经常问我:"赵老师,你做的课题太好了、太前沿了,我能到你的实验室来吗?"我说可以,之后问他们:"你知道到我的实验室学习的前提是什么吗?"

第一个前提就是你得有时间来做科研。你的学习好与不好,不是我最关心的问题。能够进入复旦大学,素质都是合格的,聪明程度足够了。关键是你要能把握你自己,要有自学能力。在大学里学知识,一定是自学掌握的知识。学会了自学,才会有后面高水平的科研。要有比较充足的业余时间,你就可以来我的实验室参与科学研究。这是第一个前提。

第二个前提就是你要从内心喜欢科研,并有志于将来从事科学研究的职业。进课题组参与科研,是个体化的教育过程。你说我将来想当官,那你进我的实验室就错了。这点非常重要!你看在我们系里有很多教授团结在一起申请项目,一起做课题,我们的很多大项目都是一起来做。让每个学生充分发挥潜力，参加大项目的基础研究。每个学生都有无穷的潜力，因为他有足够的时间，可以挑灯夜战。很多同学玩游戏很有兴趣，能够把玩游戏的兴趣转移到对科研的兴趣上，我相信一定会做得非常好。我觉得最主要的还是靠个人，在大学里学习完全是自发的，要有主动学习的兴趣和动力。

搞科研悟性也很重要。灌输知识是一方面，自己能从这些知识中悟出自己理解的道理，这点是非常重要的。基础研究不保密，发表的论文都是为了给别人看。每个搞自然科学研究的人都会看《自然》这本刊物。为什么科研有人搞得好、有人搞不好？那就是悟性，就是对要学习的东西理解得要深。打个比方，世界上很多人可以看到一篇相同的论文，但是对它的理解、对它的悟性完全不一样，完全依赖于个人的基础。有的人可以看透其实质，理解极深，获得知识用于再创造；有的人只能理解一些皮毛，如同没有看过这篇论文一样，没有获得任何帮助，根本没有掌握其中真正的知识。所以，本科生不单单要会考试，而是自己要根据科研去掌握知识、学会自学，要知道自己学的知识才是真正的知识，才是可以用到的知识。复旦有这么好的教学条件，同学们一定要珍惜！我们当时上学的条件多艰苦，天热冒着汗也得读书学习。

另一个我想说的就是"读"。要广泛地"读"书，要广泛地涉猎知识，打好基础。这是我培养研究生的体会。

还有一个是"查"，要真正去查资料，提出自己的思想，这也是做科研的真正乐趣所在。一定要跟别人不一样，一定要做出别出心裁的东西。每个行业要真正创新真的不容易。

最后一个是要"练"。中国的中学和大学对这一点关注比较少，在国外肯定要你自己写一些东西，一定要练习表达，因为知识要传播、要表达。一个学生离开学校的时候，要做到有思维的能力，还要有分析问题、解决问题的能力。这 8 个字谈起来很容易，真正地做到其实很难。

我已经有 3 名博士生获得了全国百篇优秀博士论文，还有 3 个提名奖。刚才讲到的孟岩同学就是其中一个。很多同学愿意来我的组里学习，我也接受很多交换学生。在座的同学都知道，田博之是我们学校有史以来、现在还是唯一的一个硕士期间获得博士学位的同学，现在他是芝加哥大学的教授。我非常肯定地说，他是纳米生物的新星，最近发表了包括 *Science*、*Nature* 在内的很多、很好的文章。这个同学很聪明，我相信在座跟他一样聪明的学生也有很多。田博之非常勤劳，每个节假日都在工作。他参加过全国化学竞赛，化学基础扎实，再加上足够聪明又勤劳。当时杨福家校长是我们学校的学位委员会主任，认真地审读田博之同学的论文，认为他的硕士论文达到了博士水平。你们可以在网上下载田博之的博士论文，他在我的实验室发表了 7 篇论文，这 7 篇论文放在一起，就是一篇很好的硕士论文。他把这些重新打乱、归纳出真正的论文，用什么元素、怎么来做这样的介孔材料。学术委员会成员读完之后非常感动，破格给他博士学位，这是整个学术委员会的意见。

高峰同学的博士论文获得全国百篇优秀博士论文提名奖，现在他在南京大学材料系工作,是个非常好的教授。他在我这里5年时间共发表15篇论文,他有自己独特的思想。范杰同学的博士论文是全国百篇优秀博士论文,他现在在浙江大学工作,也是全国优秀青年基金获得者。刚开始范杰到组里,他一说话别人都笑话他说不到点子上,很多都是大白话,不会说科学用语,但是范杰不以为耻,笑话就笑话,我不懂我就问。但是他进步非常快,5年下来拿到全国优秀博士。所以说学习基础不是问题,问题是怎么端正态度、抓紧时间学习。余承忠博士原来是上海医科大学的教师,现在在昆士兰大学。他是我的第一个博士生。我那个时候成天跟他们打成一片,一起在国权路"年年红"饭店吃饭。90年代的100元钱,可以吃喝得非常开心。他做得非常好。最近博士毕业的李伟同学硕士毕业于黑龙江大学,刚开始他经历很多波折,后来在我的组里发表了11篇文章,5年的工作里有4篇文章发在化学顶级刊物,无论在哪里都是非常出色的博士论文。他去国外待两年又回到复旦,现在我们组工作,成为非常年轻的教授。还有方寅同学非常专研,5年一共发表6篇论文,全是发表在顶级刊物上的,文章引用率非常高。他的工作非常集中,而且他做得也非常出色,方寅同学我觉得是一个非常突出的例子。还有孔彪同学,他还没拿到学位的时候就已经入选成为"青年千人计划",非常优秀,现在也在复旦大学工作。李晓民同学,是河南大学化学系毕业的,3年博士期间在课题组共发表10篇高水平的论文,非常出色。所以,在课题组里,有导师指导,还有自己努力,就能成为优秀的科研工作者。

最后,我希望在座的同学通过讲座,能够对于化学、对于科学、对于科研、怎么来做、怎么创新、怎么自学、怎么有自己的思想,都有深入的思考。这是我觉得最主要的。我就讲这些,谢谢大家。

问 答 环 节

学　生:因为我是大一学生,对于这些还不是特别了解。老师在刚才的讲授中提到过关于催化的问题,我就想问一下,目前怎样能够找到一种催化剂?我感觉催化剂还只是实验科学,需要通过实验积累经验。

赵东元:现在我们讲的这些都是跟固体相关的。各式各样的液体催化剂或者说是均相,我们叫做均相催化。现在的催化剂制备,确确实实因为采用不同的化学反应,整个过程是完全不同的。并且有些催化还要在高温高压下,真正对催化机理的理解还需要探索。现在的催化剂设备有一些是设计的,比如在石油化工中我们也设计一些。但是实验经验更多。我们说"炒"催化剂,也就是说不断尝试。比如,这么一个分子筛催化,活性组分是金属铂,那么到底多少铂含量是最好的、铂在哪个位置?这些还是需要实验的。化学是实验科学,对于已知的催化剂还需要很多研究,但是一旦理解我们现在的手段,应该慢慢会发现很多的催化剂。

学　生:我就是想了解它有没有一个原理呢?

赵东元:原理是有的。一个是改变整个活化能的过程,所以,催化剂的过程就是活化能的工程。想要改变活化能的过程,就是催化过程。其实整个催化,我们讲多相催化,经过5步。首先化学反应的物质要扩散,要吸附到催化剂的固体表面,然后两个分子在固体表面发生化学反应,产物再从催化剂表面脱附出来,最后再扩散出来。在这5步过程中,每一步都可能成为控制步骤,整个化学过程确实非常复杂。

学　生:赵老师好!之前山东大学出了长江学者因为贪污50万被查处的事件,系里也有老师一直在说,有机会多出国去读书,身边很多优秀的同学也都是一心想往国外去,所以我请问一下赵老师,您怎么看待国内的科研现状?

赵东元:这个问题很尖锐。我觉得这件事只是一个人的个人行为。国外教师主要是靠制度约束,造成不可能贪污的环境。中国的科技绝对是发展的。复旦大学化学系的研究水平,超过了很多世界名校,我们不敢说是世界上最好的学校,但二流是绝对没有问题的。

学　生:现在大学招人和国家计划资源都明显偏向海归。

赵东元:你说的也是一个现象。比如,"青年千人计划"是有要求的,我刚才介绍的李伟只去了国外两年,"青年千人计划"要求在国外经历3年,他就不能申请。我们的国家还处于发展中国家,我们要不断发展就要吸引国外人才为国家效力,必须出台这样的政策。现在国内也推出"优青",和青年千人是一样的待遇。

学　生:我们现在还没进课题组,在进课题组之前,我们要做什么准备吗?

赵东元:首先你要有课余时间,学生学习是最主要的,大学期间知识的积累和增长是最重要的。如果你学习都很费力,就先别准备进实验室了,先把这一关过去。如果你没有什么问题,学有余力,有充足的业余时间,又对科研有兴趣,那我建议你就可以进某一个课题组。加入课题组学习与上课学习的差异非常大,在你的年级里是横向比较的学习,在课题组环境完全不同,是纵向比较,教授、博士生、硕士生、高年级同学都比你强,所以它是纵向的,知识也是纵向化的。你去了之后要从头开始学,慢慢地融入。第二种准备是准备把知识用起来。不仅在科研上用到化学知识,在日常生活中也有很多化学知识可以利用起来。要学会问问题,要问为什么会这样、我该怎么做,在平时养成创新的习惯。

用基因拨开早期历史的迷雾

李 辉

【主讲人简介】 李辉,复旦大学生命科学学院教授,现代人类学教育部重点实验室主任,大同中华民族寻根工程研究院院长,中国人类学民族学研究会理事,中国人类学学会理事,上海人类学学会常务副会长,亚洲人文与自然研究院副院长。主要研究方向为人类生物学、历史人类学、语言人类学等。发表论文 200 多篇。出版《Y 染色体与东亚族群演化》《来自猩猩的你》《傷傣话——世界上元音最多的语言》《复旦校园植物图志》和 *Languages and Genes in NW China* 等科技著作,《岭南民族源流史》等史学著作,《道德经古本合订》《茶道经》等哲学著作,翻译过《夏娃的七个女儿》《我的美丽基因组》等科学名著,著有诗集《自由而无用的灵魂》《皎皎明月光》《谷雨》《紫晨词》《茶多语》等,译有诗集《德州菩提集》。

【讲座摘要】 我们今天研究历史,是用学科融合的手段去研究历史,从遗传学、历史学、社会文化的角度去发现证据。我们的历史人类学是通过基因考古获得实证,以验证文本的方式讲述历史故事。研究历史,有的时候关键是家族史、血缘史,讲座将用曹操祖辈、曹操家族的基因研究为例,说明基于遗传学的历史研究是怎样开展的。此外,我们通过 Y 染色体谱系树揭示人类起源过程,从基因就能看清人类走出非洲的足迹,探究农业起源与民族的聚合形成过程,以及中华民族融合统一的历史。如《左传》所云,"国之大事,在祀与戎",把"国之大事"做好,是我们的责任,也是中华民族团结非常重要的信仰基础。

历史研究需要学科融合

判断观点正确与否,要看的是证据,在证据面前不管讲什么都没用,只要与证据不符合的大家就不会相信,别管它是谁讲的。大师讲的就是真理吗?不一定。这就是文科和理科之间的思维差异,这些差异实际上是由学科本身的方法论造成的,我们现在提倡的学科交叉融合的理念,就是要解决这种方法论存在的根本性缺陷。复旦提倡通识教育,文科的学生要多学点理科的东西,理科的学生要多学点文科的东西。这样,理科的学生会更加宽广,文科的学生也会更加深厚。这就是我们提倡的复旦人的素质、通识教育的目标。我们有一颗理科的机芯,但是有文科的情怀。我们要达到博学,方能笃志,方能切问,方能近思,这些都能做到,才是真正的复旦人。

我们今天研究历史,不是课本上研究的历史,而是用学科融合的手段去研究历史。我们研究历史不是从书本上看到东西,而是从各种各样的材料中看到证据。这些证据至少包括3个领域。所以,复旦文科资深教授姚大力先生就提出,研究历史学要有3个窗口:既有遗传学的从基因角度研究的窗口,又有考古学的从化石角度和挖掘的文物角度研究的窗口,也有从社会学、文化的角度研究的窗口。因为人的历史是复杂的,人的历史有很多维度的问题需要解决。

我们既要解决个体之间有什么关系,也要解决群体之间有什么关系,这个是可以通过基因来分析的。父子之间是不是有亲子关系,做一下基因检测就知道了,对不对?你不可能说去查一下他们的族谱,或者是从社会学的方法,在村子里发一下问卷,有多少人同意他们是父子,这不是大笑话吗?也不可能看他们像不像来判断是不是父子,这也是笑话。肯定是看基因学的证据。

我们研究历史要落到实处,解决时空上的问题。遗传问题是时间问题,两个人之间差开多少年、多少代;还有空间问题,这个家族从哪里迁到哪里,在哪里落过脚,在迁徙过程中走过哪些路径。这些是要通过考古学解决的。但是知道了这些,还没解决所有问题,我们还要问一问为什么。这些家庭、这些族群为什么迁徙?为什么的问题有时就很复杂了,只从基因研究不能解决这个问题。基因研究只能告诉我们,不同群体间有没有关系。全世界的人,当然也包括中国,都是从非洲走出来的,这从基因就能看清楚。但要知道是从非洲什么地方走出来的,就只能看化石了。考古结果发现现代人走出非洲后,在西班牙没有留下化石痕迹,只有以色列有。所以现代人是通过以色列走出非洲的。

人类为什么要走出非洲呢?非洲到处有兽群,角马、斑马等大兽群都是成千上万头的。在亚洲打猎,要跑很远才能碰到野兽,在非洲不会饿死啊!人为什么要往外走呢?这里就有很多社会心理学的、宗教的或者是早期自然环境的影响,这些学科要综合在一起才能解决人类历史的问题。特别是有了文化以后,宗教就变得非常重要。有些迁徙难以理解,比如,乌拉尔人和汉族的基因非常接近,是从汉族祖先群体中分出来的一个小分支,现在的芬兰人、爱沙尼亚人都是乌拉尔人。从历史语言学研究发现,乌拉尔语系(如芬兰语)很多字词的韵母和汉语的对应关系非常明确。汉语里读"分"的,在芬兰语里读"para",汉语读"ben"的,他们读"bara",全部都对应。他们为什么从中国跑到环境严酷的北冰洋沿岸?我们研究发现,就是宗教的原因。他们信仰太阳神,认为太阳神住在众星环绕的北极,所以一路向北到了那里。他们的这个信仰中国人已经不信了,而他们还继续信,中国早期的这些神灵节日他们还在过。后来宗教最重要的节日被基督教变成了全世界的节日圣诞节。中国早期过年是冬至过年,后来改了几次正朔(过年的日期)。周代之前是冬至过年,冬至以后的第三天是帝鵔(音俊)的生日,大家都要庆祝帝鵔的生日,帝鵔的小儿子就是圣诞老人,他给大家派发礼物。但是帝鵔在基督教里什么人物都不是,他是北欧神话里的人物,实际上更早是从中国过去的。"帝鵔"这个词在古汉语中跟北欧的"奥丁"是相近的读音和会意。"奥"在古汉语中是"王"的读音,"丁"就是"鵔"的近音。所以,圣诞节是我们的"传统"节日。文化很重要,研究文化才能知道迁徙事件发生的原因。很多在西方流行的节日,其实都是从东方传过去的,比如复活节,小兔子和彩蛋都和嫦娥奔月有关。复活节是春分之后的第一个月圆之夜,后来基督教又加上一条,复活节是春分后第一个月圆之夜后的第一个星期天。秋分之后的第一个月圆之夜是中秋节,春分之后的第一个月圆之夜也很重要,它们都是东方传到西方的。

历史人类学

历史问题非常有趣,我们的研究方法叫历史人类学。去年 12 月《科学》专门做了一个关于我的长篇报道,是关于我的研究成果、研究经历,还把我的大照片贴在封面上。他们认为我们这个学科开创了新的领域,解决了新的问题。这个学科就是历史人类学,它有新的研究范式,跟传统的历史学、人类学都不相同。

传统的历史学是从文本出发的,历史学系的老师对历史文献很熟悉。不同文献讲同一个历史事件还不一样,到底哪种讲法是对的?如何进行分辨?历史学有什么方法?就是通过分析历史事件的历史逻辑来判断哪一个的可能性更大。但是,这种逻辑有时是有风险的,因为有些人做事情就是不合逻辑,传统历史学研究很多是依赖于权威学者主观判断的水准。一个年轻人刚入行,看了几本零星的书,他的判断力就差些。一些老学者看过许多别人没有看过的资料,他的判断能力就强,或者他的思维水平就高。这就是为什么文科生要信老师。但是,哪怕是权威,他对事件判断的准确度能够达到百分之多少?这很难量化。真的进行量化,我觉得不一定达到 80%。对于理科研究来说,95% 都还不一定满足,因为还有 5% 可能不对!显著性要求在 95% 以上,还不一定满足我们的胃口,我们有时要求 99% 甚至 99.999% 的可靠性,否则都是有风险的。所以,自然科学的研究在精度上面有优势。

传统的自然科学在人类学研究方面也有问题,就在于它在语境上太生硬了,经常讲出来一段"密码",你们听都听不懂,也不让你们听懂。比如,基因型是 O3α 型,这种型上面的 M117 位点上面有突变,然后如何变异,请问你听得懂吗?这种描述脱离了常用语境,虽然试图讲历史,但是没有真正讲历史。它创造了一堆生硬的新名词,比如,人类学研究把人分成东亚人种、南亚人种、北亚人种,北亚人种是某一年代开始混合形成的,多少万年前后有竞争。这些东西我们听着很陌生,北亚人种是什么?怎么从民族分辨谁是北亚人种?不知道!

考古学也是一样的。大家以为考古学是文科吗?不是的!考古学是工科。建筑学的造房子是往上造,考古学是往下挖,还要求挖得规规矩矩,每个地层都要分得很清楚,还要画图纸,特别讲究技术,完全是工科的事情。至于挖出来的东西是什么,解决什么问题,很难说清楚,这也不是工科要解决的问题。考古学家认为做好工科的事情就行了,文科的问题交给文科去解决。考古学的传统也遇到跟工科一样的问题,就是没有在传统语境中研究问题。一个考古文化挖出来以后,大部分考古工作者并不管这个考古文化与其他的考古文化有什么关系,也不去考虑这是不是一个大类型中的小类型。他们往往就根据发现这个村子的名字,或者这个小镇的名字、这个地方的地名,给这个文化命名。比如,仰韶文化是在仰韶村发现的,它经历了几千年,影响了中原很大范围,还涉及周边地区,甚至到了甘肃最西北的地方。那些地方都曾经发现有和仰韶文化类似的文化类型。那么大的一个时期,那么大的一个范围,它应该是一个朝代一个邦国。那么,它到底是哪个朝代的,它的首领是谁,他们的族群是什么,他们的生活方式是怎么样的?这些问题考古学都没有回答。就好比仰韶文化——这个新命名的名词,脱离了传统的轨迹,没有解决问题,反而制造了问题。大家到博物馆去参观时,博物馆的标牌上经常会这样写着,这个是"马家窑文化彩陶双耳罐"。你能从中得到什么有用的信息吗?双耳罐?谁不知道它是两个耳朵啊?彩陶我也看得出来,它是用彩色颜料画的,画上去的黑的、红的,谁都知道那是彩陶。如果一个标签的唯一意义就是"马家窑文化",那是不够的,不是考古专业的人根本不懂什么马家窑文化。如果我告诉你们,马家窑文化是轩辕黄帝把炎帝取代了以后,炎帝部族迁到西边甘肃、青海一带以后形成的文化,你就明白了。这是在历史语境下讲历史问题,而不仅仅是在考古平台上讲问题。所以,在草创的时期,考古学这个学科体系因为还未能系统整合数据,留下的临时传统就是把信息碎片化,这些信息往往是无用的,反而会带来麻烦。我们不是说知识越多越不好,知识多,还需要串起来,博学得到的东西还要切问,还要近思,还要把它们全部串成一条线。我们要求的是道,是规律,不是零碎的知识。"为学日益,为道日损。"这个"道"里面的规律,一定要把它简化、简化、再简化。

历史人类学,是从文本出发讲传统的历史遗迹,讲的还是大家听过的历史故事。但是,我们通过基因、考古获得实证,可以把历史上经历过的事研究得更切实一点,然后再讲一个新的文本。这个文本大家能够听得懂,不是一串莫名其妙的代码,而是利用各种证据整合出来、更可靠的历史。这就是历史人类学的新研究范式。

我们研究历史,最关键的就是实证,实证中最关键的就是基因。我们要把很多考古问题、历史问题转化为遗传学问题,就可以用基因去解决。经常有人说,你们用基因研究出来的东西也不可靠啊,有的人做的基因发现表明这个群体和那个群体近,有的人做的基因发现表明这个群体和另外一个群体近,你们自己都有矛盾。基因这个命题太大了,研究基因就能解决历史研究的问题吗? 不是的。

我们的基因组有 23 对染色体,还有一个线粒体,里面有 31 个碱基对,这样一个庞大的基因组有大约 80% 与老鼠是相同的,大约 98% 与猩猩是相同的。这个基因组里并不是所有的片段都有作用,有的片段就决定长两只眼睛、一个鼻子,与老鼠是相同的片段,你拿这种片段去研究人和人之间的关系有用吗?当然没有用啊。有的片段在人和人之间不同,但是它决定了你是不是抗冻,这种基因拿来研究人和人之间的关系有用吗? 也没有用。跑到广东去,这个基因完全相同,和属于哪个民族没有关系;跑到长城以北,这个抗冻基因也完全相同。根据纬度、温度来划型的这种基因,完全是适应气候的,如果拿它来做一个分析,结果发现,中国人是有南北差异的,以长江为边界,我们看早期的一些人类遗传学论文都是这样的。中国人分南北人群,长江以南是南方人群,长江以北是北方人群,这种划分有什么意义呢?我们研究历史,关键在于选择什么样的基因,这些基因片段不能受环境的影响,而是要直接与我们族群迁徙的历史完全对应起来,这样才能解决历史问题。而且这些片段还应该整段整段地传下来,最好和家族相关。

我们研究历史,有的时候关键是研究家族史。一个关键人物,他的一个决定,或者决定了一个家族的兴衰。有的时候皇家的兴衰就是一个国家的兴衰。基因组里不同片段的传递模式是不同的。常染色体是双系遗传的,每个人的染色体都有一对,一条来自父亲,一条来自母亲,传下去的时候同样的区段会随机地进行交换,这叫做基因重组,然后形成一条重新组合成的染色体,再传给后代。每次传下去的时候会进行随机交换,传到最后,每个人染色体上所有的部分都是来自所有祖先。祖先们的信息都在上面,只是不同的片段而已。如果研究常染色体,追溯到一定的悠久程度、一定的历史时期,当时所有的人都会跟你有共性,因为你的常染色体是由很多祖先的片段拼起来的。你的父母一辈 2 个人,你的祖父母一辈 4 个人,你的曾祖父母一辈就是 8 个人,往上就无限地散发开来,到了一定的历史时期,所有的人都是你的祖先。如果所有祖先都和所有后代有关系,又有什么意义呢?答案就没有边界了,没有边界的问题是没有意义的。我们研究历史追溯不了关键问题、关键祖先,追溯不到祖先从哪里来,这就是没有意义的研究,只是一个好玩的现象。

我们发现有一个染色体和其他染色体是不同的,就是父系遗传的 Y 染色体,这是性染色体,只有男性才有。女性的染色体是 XX,男性的染色体是 XY,男性只有一条 Y 染色体,它肯定来自父亲,你父亲的 Y 染色体肯定来自你爷爷,就是这一条一直传下来,是你们家的"传家宝",绝对丢不了。这条染色体是有性别特征的。除了少部分人是过继的,或者是被收养的,或者是其他各种无法描述的情况造成的,Y 染色体与姓氏会对不上,但大部分都是对得上的。所以,这条染色体就是用来研究家族史、研究大量历史最重要的手段。有人说,女性的染色体就不能用来研究历史吗? 母系遗传线粒体,每个人都有。每个人的线粒体只能来自母亲,父亲的线粒体是传不到后代中去,因为男性的线粒体集中在精子尾部,在精子的头部是没有的,而卵子受精时,精子尾部是要"丢"掉的。我们可以通过线粒体追溯到你的母亲的母亲的母亲,这是你的外婆的外婆传给你的。但是研究历史用不着这些信息。你外婆的外婆姓什么,你知道吗?你感兴趣吗?不感兴趣啊,因为跟你们家的文化没关系,跟传承没关系,跟社会没关系。出于社会学的原因,我们没有研究母系这一块。母系信息在总的方面、在大的区域差异上是有意义的,但是在整个民族内部的区域研究中没有差异。我发现,民族之间的交流,女性交流很广泛,男性交流就很少,因为大量的历史系都是父系社会,普遍性的母系社会到目前为止完全没法证明,还只是个假说,从考古方面从来没有发现过母系社会的证据。通过父系遗传的 Y 染色体,我们可以一直追溯到你的家族的祖先的祖先的祖先,追溯到与你同姓的那个家族的上几代祖先。你们家跟那个同姓的另外一家有没有关系,或者跟异姓的人家说不定有关系,都可以很容易地检测出来。

曹操的基因

下面我们用曹操本人、曹操家族的基因研究来做个例子,说明基于遗传学的历史研究是怎样开展的。曹操是 1800 年前三国时期的人物,曹操家族的结构似乎很有问题。曹操的爷爷是个太监,那么,曹操的父亲是从哪里来的?曹操的父亲肯定是养子。曹操的敌人对这个养子的故事就做过各式各样的发挥。袁绍跟曹操小时候好得很,但是真打起来的时候,却对曹操说:"你这家伙,你爸是乞丐携养的,我是四世三公,你有什么资格跟我争夺天下?"东吴孙权更过分,专门搜集曹操的花边新闻,编成合集取名《曹瞒传》,说:"曹操啊,你爸是夏侯家过继来的,所以,你们家和这个夏侯家是兄弟关系,现在你的女儿嫁给夏侯家的儿子,夏侯家的女儿嫁给你家儿子,这是乱伦啊,禽兽不如。"这个故事很火爆,这本书流传得很广。曹操怎么辩驳都没用,老百姓不爱听,我们从来没看到过史书里有曹操出来辟谣的事儿。

但是,《三国志》里根本没记曹操父亲是夏侯家过继来的这件事情。曹操家族家大业大,曹操的爷爷做了中常侍,就是一人之下、万人之上的官员,像他这样的家业怎么可能传给一个外人呢?不合理。而且对于贵族阶级来说,你从外姓过继过来,这是丢人的事情。曹操的爷爷有兄弟 4 人,他一个人做太监,他的几个弟兄没做太监啊,弟兄还有孩子呢。曹操爷爷的兄弟都是做大官的,怎么可能没孩子,他用得着从外姓过继吗?为了弄清真相,我们可以把这个历史学问题转换成亲子鉴定的遗传学问题。

我们首先要找曹操的后代,然后要跟曹操的祖先做一个对比。这两边一对上,问题就解决了,曹操本来就是老曹家的。我们把全国的曹姓做了一个筛选,做了 Y 染色体的测试,结果发现全国的曹姓有各种各样的 Y 染色体,没有一致的。从全国 70 多家曹姓当中,我们又找到家谱上有文献记载他们是曹操后代的这 9 家人家,结果这 9 家人的 Y 染色体有 8 家是相同的,都是 O2－F1462 这个类型,而且这个类型很罕见,连 1% 都不到。这说明他们8家真的是一家。我们又去曹操爷爷这一辈的墓葬里找来骨头,来鉴定其中的Y染色体。曹操的父亲一辈和祖父一辈都埋在他们的老家安徽亳州,我们去找的时候,当地考古所都很高兴,但说到骨头,他们却说都没了。原来那是20世纪70年代挖的,那时对保护古迹不够重视,而且挖出来的时候都烂了。考古队员说:"当时我们挖墓的时候,看到墓葬很漂亮,直到现在都还在博物馆保存着,但是封土就扔在边上了,这个骨头也跟封土扔在一起,骨头渣子都没保存。"封土去哪儿了呢?他们说,当地老百姓一看这些土挖出来很好,就拿去填猪圈了。有位老先生当时是队长,回想起当年挖曹操爷爷的弟弟的墓时,看到墓主的两颗牙,亮晶晶的特别好,就留了下来,心想以后科学发达了说不定还有用。那两颗牙就用信封装着,放在库房的考古材料里,他翻了半天,发现了30多年前放的这个信封。倒出来一看,两颗牙还是亮晶晶的。我们拿到实验室,在牙齿上钻一个小洞,把骨粉掏出来,做骨粉里的基因测试,发现他的Y染色体果然是O2-F1462这个类型,跟曹操的后代一模一样。

我们也做夏侯家的基因比对,他们的基因完全不是这个类型(是O1类型,不是O2类型),两者相差很远。这说明曹操后代跟曹操爷爷辈是一样的,曹操的父亲不是夏侯家过继来的,还是老曹家人,这才合理嘛!所以,历史问题的悬案通过遗传学这种自然科学手段解决,这是遗传学的一个案例。

这个问题解决了曹家人的历史遗留问题,曹操的后代可高兴了。一般来说,出了5代就不算亲戚了,他们不管,1800之后,还是亲戚。一大家子每年轮庄,选一家共同祭祖开会,大家的亲戚关系好得不得了,在经济上也互相帮助、互通有无,非常和谐。

Y谱系树:揭示人类起源过程

全国的家谱如果都连起来,那事情就好办了。警察最高兴看到的就是通过家谱,谁犯了事儿都逃不掉,一下子就能追根溯源地找到你。

通过Y染色体,可以一路往历史深处推,推到很深很远。我们全世界的男人都可以挂在一棵Y染色体的谱系树上(图1),它就成了全世界的主干树,全世界的人都挂在一棵树上面,最远的两个人的时间差距就是20多万年,但是那个最远分出来的A00型非常罕见,只发现于喀麦隆西部宙巴族的一个小山村,这是孑遗类型。上面的这些ABCD编号是主干编号,A型下面可以无限分下去,分亚型分到最后,每个人都是一种类型。这里是主干第一阶层的编号,"国际Y染色体命名委员会"命名的这个体系。很有意思的是,每一种编号就对应一个地区的人,长相比较特别的,我们把这种外形特征明显差异的群叫做"地理种"。生物学上的分类概念是界、门、纲、目、科、属、种,种就是物种,物种下面再分亚种,亚种里面再分地理种。物种是有生殖隔离的,就是通婚了以后没有有效后代的,因为染色体数目不同;亚种是通婚以后后代存活率显著下降,基因位置差异太大是有问题的,但还是能够产生有效的后代;地理种之间通婚没有问题,但是长得明显不一样。所以,我

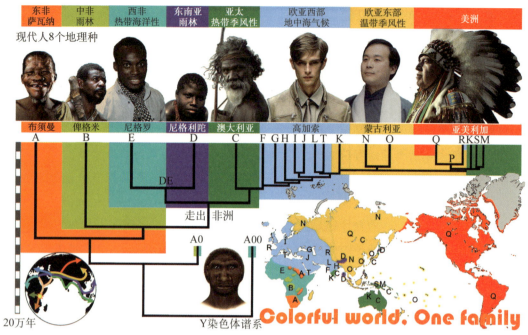

图 1　揭示人类起源过程的 Y 染色体谱系树

们现代人是智人这个物种下面的一个亚种,尼安德特人(以下简称"尼人")、丹人这些都是其他的亚种,但是已经灭绝了,他们在我们的基因里面留下了一点点的比例,非洲以外的所有人基因组里都有约 2% 的尼人成分,因为他们跟我们是亚种差异可以交流。这个概念在中国一些其他人类学研究单位是不被认同的,他们认为尼人跟北京猿人更为接近,而我们跟他们更远一点,他们称为"古老型人类"等,我们认为这种说法完全没有科学逻辑。

我们现代人的地理种在全世界一共是 8 个。人种这种概念在西方是不许讲的,被认为是政治错误的概念。但我们觉得科学就是科学,现象就是现象,我们还是要勇敢地讲真话。只有真正搞清楚人种的真相,才能有效地反对种族主义。至于地理种之间谁是优等、谁是劣等,这是绝对没有的事情。每个地理种都是为了适应环境,长期以来身体发生了变化,基因发生了变化,这些变化可能很小、很细微,但在外形上体现为很明显的差异,其实在基因组里可能只是一个位点的差异。黄种人里这个 NO 大类就是从白种人 F 这个大类里分出来的,两个分支没多少差别,它们主要的 Y 染色体基因差异就是一个点。而黄种人外形特征形成的主要变化在常染色体基因上也只有一个点,就是外胚层发育调控的基因上的一个点,就是这一个点的变化就使得整个身体形态产生了变化,头发变黑了、变直了,脸变宽了,皮肤变黄了、变薄了,毛孔变细了,汗孔变多了,人的皮肤变通透了、细腻了……所有这些特征全都是由于一个基因的变化,就是这个变化使我们更加适应东方湿润的气候。在湿热的气候环境,散热很难,我们需要通过主动排汗来散热,所以特别能出汗;西方人的生活环境是地中海气候,特别干燥,所以皮肤要厚、要保湿,汗孔很少,而且都是裹在底下的,所以毛很多、很粗,毛发遍布全身,因为他们要适应干燥的地中海气候。人种差异没有什么好不好，适应就是好。地理种都是适应环境产生的，与人种的优劣和进化程度都没关系，我们20万年前全都是一家人，有的甚至更近，比如，白种人和黄种人的分化没有超过4万年。

走出非洲

现代人是20万年前起源于非洲、在东非大裂谷里生成的。7万年前开始向四周扩散，走出非洲。

走出非洲的原因不是《人类简史》里讲的。《人类简史》是一本伪科学书，它是一个传统的信仰犹太教的历史学家写的书，根本没有科学依据。他在书里是把假设当作证据、当作结论来写。他说人类走出非洲是因为基因突变，现代人智商水平提高，所以能战胜非洲之外的人——尼人，所以成功地走出非洲；这种尝试早就有了，但是之前不成功的原因是智商还不够。我们研究了已知所有与智商相关的基因，发现没有一个基因突变发生在7万年前，要么是在20万年前就变好的，要么是在1万年内新出现突变的，因为1万年内我们的社会生活发生了较大变化，根本就没有7万年前的。7万年前现代人走出非洲是因为气候原因，在7万4千年前发生了一场大灾难——多峇（音巴）巨灾。苏门答腊岛上有一座很大的火山叫做多峇火山，这座火山那次大爆发的当量有多大呢？大家知道维苏威火山爆发把庞贝城盖住了，威力很大。多峇火山当时爆发的威力是900多个维苏威火山爆发的当量，它把整个山都抛到天上还不够，还把下面整个比山还大的基盘都抛到天上，整个地球被笼上烟层。太阳光晒不到地面，就进入了极寒的时期，而且火山爆发出来的毒气到处都是，很多动物就灭绝了。地球进入了一个很严酷的冰期，人类也几乎灭绝了。东亚丹人这个亚种几乎都没了，只有在青藏高原边缘的河谷里面留了一小点。尼人本来生活在西亚和欧洲，到处都是，这时欧洲的尼人全死了，西亚的尼人也死得差不多了，只有在高加索山区的山谷里留了一点。山谷是个避难所。多峇巨灾时，现代人留在东非大裂谷，从现代人口学来计算，留下1 000多个现代人，非洲气候好，恢复起来快，人口增长快，增长的人口迅速向四周扩散，走出东非大裂谷，走出非洲。走出非洲大约是在7万年前，他们不知道这个地方是哪里，也不管是不是非洲，这个地方没有人，地盘空着，就开始扩散到那里。因为这个原因，现代人就散到世界各地。4万多年前尼人重新起来，跟着现代人一起进入欧洲的时候，他们在人口上已经没有办法与现代人对抗。所以，现代人走出非洲是气候原因，是环境原因，是大环境的变化造成的。《人类简史》这本书虽然很畅销，但里面是有错误的。还有一本畅销书《水知道答案》，它是世界第一大伪科学书，伪科学迎合读者口味，当然畅销。

中国人的早期历史，肯定是在3万年之内形成的。因为黄种人这个地理种在历史轨迹上不会超过3万年，而且进入中国可能3万年还不到，大概只有两万多年。从南方进入云南，随着冰川的消退，又从云南渐渐向北方、向全国扩散。我们的研究历史要用这个时间尺度去讲。我们考古的时候发现,东亚很早就出现了人的活动迹象,因为早期来的还有其他的人种。

图2中那根绿色的线条,早期就在东亚的沿海地区全部扩散开来,紫色的线条也是,东南亚地区的这些人与我们不同。绿色线条是澳大利亚人种,不要以为澳大利亚人种就是澳大利亚人,在北海道也有澳大利亚人种。北海道现在的阿依努人就是澳大利亚人种,他们和澳大利亚人种形态完全相同,只是肤色不同,因为他们靠近北极,紫外线少,人就变白,而澳大利亚人皮肤比较深。但是两者头骨的形状、基因的类型非常接近。然后是4万年前来的这一波黑种人(紫色线条),比我们来得还要早。他们进入丛林以后就变得越来越矮,叫尼格利陀人。他们曾经在东南亚,在青藏高原。唐朝的高官大户中流行蓄奴,"新罗婢昆仑奴"(昆仑奴)就是那些黑人奴仆,当时是从东南亚抢过来的,只有很有钱、等第极高的人家才用得起昆仑奴。到了新石器时代很晚的时期,还能看到各种人种在中国考古遗址里出现。比如,5 000多年前广西南宁凌屋遗址就看到了各种人种。如果从正面看的话,人种之间的差异很大,一眼就能看出来。澳大利亚人种的眉骨很突出,鼻根很凹进,颚部是拱起的,脸的凹凸感很强。各个人种眼眶形状也不一样:棕色人种是长方形的;白种人是斜方形的,往外斜;黑种人是正圆形的,如青藏高原挖掘出来早期的头骨全是圆形的,跟黄种人差距很大;黄种人在差不多两万年前出现,是平直脸,鼻子这个地方都是平的,没有什么凹凸,从正面看的话,眼睛就是卵圆形的。在中国台湾早期的遗址中,包括一直到5 000年前,卑南遗址出土的头骨眼眶都是很圆的。新疆西部靠近喀什于阗遗址的头骨,完全是黄种人的特征。所以,新疆自古以来住的是谁呢?唐朝时回鹘是帮着中央政府平叛才进入新疆的,新疆自古以来是汉家故地,不能颠倒黑白,汉族才是更早进去的新疆土著啊!白种人来得就很晚了,他们是4 000年之内才来的。白种人的长相与黄种人不同,从侧面看,眉骨凸起,鼻梁凹陷,从头骨上一眼就能看出来。在4 000年之内别的人种陆陆续续从西方、从中亚到来。这些人群特别是黄种人来了以后,渐渐地就演化成不同的民族。

图2　现代人走出非洲的轨迹

东亚语系族群

　　民族这个概念比较复杂,它更多是从政治角度,根据政策需要、心理认同、复杂社会关系来划分。这个划分对科学研究的难度就很大,因为社会主观属性很强。我们研究民族的时候更多从语言学角度去看,一般讲不同语言的算不同民族,算不同族群。语言和生物学一样是有体系的,生物学分界、门、纲、目、科、属、种,语言学有语系、语族、语支、语种。语系就相当于目的概念,明显有亲缘关系的是语系,有同源词。生物学中同一个目也是有亲缘关系的,比如,灵长目的都是猴子。这个关系很明确,比如汉藏语系,它们是同源的。语族则更近一步,相当于科的概念,里面的语种明显很相似。就比如日耳曼语族,英语和德语都是日耳曼语族的,相互之间非常接近。语支相当于属的概念,亲缘关系更近。比如,羌语支内语种特别接近,甚至可以把那些人群都算作羌族。再往下的语种,就相当于物种。黄种人到达东亚以后,现在分化形成9个语系。从南到北分别是:南岛语系、南亚语系、侗傣语系、苗瑶语系、汉藏语系、满蒙语系、匈羯语系、乌拉尔语系、古亚语系,一共9个。满蒙和匈羯很不一样,很多北方民族说自己的祖先是匈奴。匈奴讲的语言是有声调的语言,讲话是一个字一个字讲的,在古书上都有零星的记载。我们去做匈奴人骨头的基因,去做与语言相关的基因,发现都是有声调的突变。蒙古人的基因就都没这个突变,都没声调。所以,基因已经决定了一个民族讲话有没有声调。匈奴人和蒙古人在其他基因上的差距更大,所以,千万不要以为现在住在一个地方,就是可以传承的。古代住在这里的人,不一定是这里现代人的祖先,因为他们很可能被赶跑了。蒙古人是后来才出来的,他们从黑龙江流域来到草原上,与匈奴人根本不是一种人,语言上更不相同。

　　更有意思的是,东亚这些语系在遗传学上是一对一对地出现。侗傣和南岛很接近,南亚和苗瑶很接近,汉藏和乌拉尔很接近,匈羯和古亚很接近。每一组语系都是一个有声调,另一个没声调,很有意思。我们发现,声调很晚才出现,大概是从西周开始才渐渐开始产生声调,产生声调都是受中华文明圈的影响、通过基因交流才造成的现象。匈奴人就在汉族人的北边,交流很多。苗瑶和侗傣也是,他们都住在长江边,属于长江流域。另外,那些语系的族群很早就跑到外面去了,跑到现在中国国界的外圈去了,并没有受到中华文明的早期影响。

　　文明对基因的影响很重要。从基因方面能够研究历史。每个民族的Y染色体不都是相同的,每个民族也都有不同的成分,也都有不同的染色体类型。一个男人是一种,一个民族会有各种男人。所以,不同民族的Y染色体分布格局是不一样的。同一个语族的基因类型基本一致。我们来看汉族的格局,就很有意思。从图3可以发现,汉族和藏族有多像,它们的条带、色谱、比例非常相像。每组Y染色体类型都差不多,比如,红色的都差不多,黑色和绿色的也差不多;只是在灰色条带原始群里,藏族北方的类型多一些,汉族南方的类型多一些,在差异不大的情况下,南北方的差异就在这里显现出来。所以,汉族

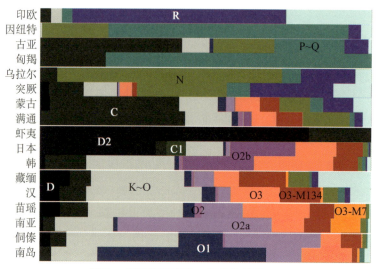

图3 东亚各族群间Y染色体差异

和藏族是接近的,汉藏语系的分类单位在基因上也是支持的。满蒙也是很接近的,满通古斯和蒙古这两条几乎一样,这种相似性和语言相似性也是对应的。苗瑶和汉藏稍微远一点,南亚和苗瑶比较接近,侗傣和南岛跟汉藏更远,所以,民族之间的关系通过这个比对,当然也可以通过统计学更严格的分析,给它们画出一棵树来(图4)。所有中华民族都是从一个根上发出的,都是同根的,大约都是两万年前从云南进入中国,渐渐分散开来。在15 000年前分散成苗瑶、侗傣,侗傣又分出南岛;苗瑶在10 000多年前又分出汉藏,汉藏又分成汉和藏缅两部分。

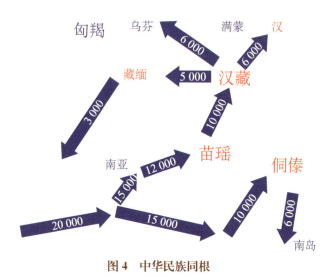

图4 中华民族同根

(箭头中的数字表示距今多少年各民族的祖先进入中华民族居住的这片土地)

民族是聚合形成

民族是这样通过分化形成的吗？不是的！分化只是旧石器时代人群迁徙扩散的过程，那个时候哪有民族呢？早期人群散布到中国各地，他们各自的基因当然不同。民族是有了文化以后聚集起来而形成的，而不是分化形成的。早期人群的分化是分不出民族来的，大家都分化了几万年以上。文明是后来才产生的，而文明的产生实际上是由自然规律造成的。文明是什么时候产生的？很晚，一直到冰川期结束以后，大约 12 000 年前。冰川期时不可能有文明，天气冷得不得了，吃的东西又少，冰天雪地地能活下来就不错了，史前文明是不存在的。从 18 000 年前，冰川开始渐渐消退，到 12 000 年前，气候恢复到现在的水平，全世界进入温暖、美好的环境，春天终于来了。我们等了几万年，春天才终于来了。这时动植物繁茂起来，各种兽群开始繁衍，慢慢壮大。我们人类有东西吃了，有东西吃了之后，人口就开始增长。所以，在 11 000 年前全球温带的女性人口开始膨胀。为什么只是女性呢？男性到哪里去了？女性在家里操持家务、采摘果实，很安全，又有东西吃，她们就活下来了；男性要去打猎，经常会遇到野兽，有时男人就会受伤甚至死亡，所以男性的损失很大。我们以前去少数民族调查，有些狩猎的民族，比如独龙族，在解放初包括十几年前，他们仍然经常狩猎，男性经常会有损失，村子里到处都是守寡的姑娘。

人群之间总有一部分人的智商稍微低一点，有一部分人的智商稍微高一点，人口一多，聪明人也就多了，人的创造发明也就多了。这些人勤于思考，会动脑筋，发明了农业。在 10 000 年前世界上若干地区，特别是在人口最多的西亚和东亚，陆陆续续开始出现农业，能够养活更多的人，就有了更多的发明，9 000 年前新石器时代开始了。人们吃饱了有时间磨制石器，就能把石头磨得精细一点，农业可以更发展，粮食更多了。人越来越多，特别是那些拥有农业的族群壮大起来以后，周边族群很想向他们学习、向他们靠拢，想了解这个族群怎么会这么厉害，粮食又是哪里来的。要向农业群体学习，就先要听懂他们的语言。语言就传播开来。他们告诉那些求学者，要种这种庄稼是有窍门的，先要用人头祭天，要祷告，要有一套咒语，要有一套祭天、祭谷神的流程。谷子要先用血水泡再播种，宗教就传播开来，文化也传播开来。当时的人还不知道什么是科技，什么是宗教，两者经常混在一起。所以，世界观、价值观、人生观整个三观体系在每个圈子里面都开始逐渐开始统一，8 000 年前民族就会发生。他们信仰同样的宗教，拥有同样的思想观念，遵照同样的神话体系，讲述同样的语言，语系也就聚合在一起，这就是民族的聚合。

这些人聚在一起创造了那么多东西，就需要有一个管理，不然社会就乱了，于是领导人出现了，领导人的财富积累起来就要传承。到了约 7 000 年前，四大文明古国建立了。

这个从气候到农业到文明的过程就是一个"人法地，地法天"的过程。气候变暖，物产变丰富，社会就发展了。这是一个自然的、社会的规律。文明不是说有些人拍拍脑袋就能想出来的。不是一个英雄想要建立一个国家，就可以建起来，不是这么简单的。四大文明古国,不管是古巴比伦、古埃及,还是古印度、古中国,都必须要经历这个过程。有人说,中国只有3 000年的文明史。不是的,按照西方发明的标准去衡量中国在逻辑上是有问题的。中国的文明国家在什么时候形成,后面我们会讲到。

中国农业的起源

农业是什么时候起源的呢? 不同的作物在不同的地方、不同的时期发源。穿越到唐朝,你想吃玉米是不可能的,宋朝的时候也不能吃上。穿越到宋朝,如果你说四川人吃辣,那就不对了,辣椒那时还在美洲呢! 宋朝人都不吃辣,四川人也不可能吃辣,宋朝的四川菜是以甜著名的,甚至甜得发齁。四川人后来填入湖南人的基因,很多成瘾基因关键点在湖南人里面产生突变,导致湖南人喜欢吃容易上瘾的食品,比如,不少湖南人爱嚼槟榔。成瘾基因突变最少的是浙江人,然后是福建人,他们都不喜欢吃容易上瘾的食物,这跟地区文化有关系。

我们回到农业起源的问题。在不同地方有不同的作物区划,不同的语系实际上就对应不同的作物区,语系的起源就跟作物的起源和农业区的起源有关。现在看来语系分布错综复杂,分布的地方不仅仅是单一农业区,但是这些语系是起源于单一农业区的。有的只是后期因为气候或政治原因搬迁了,就像一些苗族人现在生活在贵州地区。在贵州种庄稼有点困难,它不可能是农业发源地。有人说汉族起源于甘肃一带,那是不可能的,汉族人不可能起源于高原地区。

中国有两个主要的农业发源地(图5)。农业作物的驯化很多,主要还是大米、小米,还有黄米、大豆、菱角之类,由不同的文化去驯化。大米和小米是我们以前的主粮,而麦子不是。麦子本来生长在西亚,在4 100年前才来到中国。北方的小米是什么地方起源的呢? 小米起源于桑干河流域,就是丁玲所写的《太阳照在桑干河上》的桑干河,它从大同流

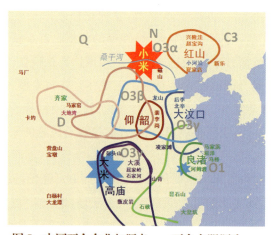

图5 中国两个农业起源点——两个文明源头

到河北,又从河北流到北京的永定河。我们讲黄河是中华民族的母亲河,那么桑干河是中华民族的"奶奶河"。最早的小米就是在这里驯化的,中华民族最早的源头是在这里。有粮才有人,有人才有文化。南方的大米是更早的作物,大米养活的人多,而且南方气候好,天气变暖后植被恢复得快,实际上大米驯化更早。小米是 10 000 年前驯化的,最早是在东胡林遗址、在永定河边上。大米是在沅江边上、洞庭湖西岸,11 000 年前就开始了,到了七八千年前已经有成片的水稻田。在洞庭湖西岸的云梦大泽就是种水稻的地方,环境好得不得了。中华文化的主流源头就是北方的小米和南方的大米。

中国早期形成了两个文明圈,即大米文明圈和小米文明圈。在不同的农业区就形成了不同的文化体系。种大米的包括:高庙文化区,从城头山文化到高庙文化,到大溪,再到屈家岭、石家河;还有长江下游的良渚文化区,从河姆渡到马家浜、崧泽、良渚、马桥这一层层文化;另外,还有北方山东的大汶口文化区,从后李、北辛到大汶口、龙山、岳石这一层层体系。这 3 块核心区域是种大米的。有两块区域是种小米的,一个是仰韶文化区,一个是红山文化区,黄河中游和西辽河流域也是种小米的。大米文明和小米文明,这两种文明早期是对峙的,文明之间既有交流,又有冲撞,最后可能是战争使它们融合在一起,形成了中华文明。我们之前做基因检测发现是两种不同的基因类群融合起来的,大米和小米共同养育了中华文化。

我们为什么说 7 000 年前中国文明就起源了呢?西方有人提出,文明的标准是看一个地区有没有到使用青铜器的时候。青铜器是西亚发明的一种配比很精密的器物。一个西亚发明的东西传到哪里,哪里就算是文明,那像话吗?玛雅文明没有青铜器,西亚的青铜器始终没有传到美洲,美洲就没有文明了吗?当然不是。那我们为什么不能拿中国发明的东西,看它传到哪里就说哪里有文明?比如,丝绸传到哪里,哪里才有文明,这样的话,西方文明就太晚了,距今连 1 000 年都不到。所以,不能拿某个地方发明的一个东西来作为标准。我们认为,文明还是要有一个更加普适性的标准。

新的文明评判标准

2014 年我在联合国总部做了一个讲演,讲的是需要一个新的评判体系,提出了一个新的文明标准,得到世界各国很多政要和学者的认可。我认为,第一,国家必须要有统治,文明必须要有管理。如果没人管,就乱套了,大家各干各的,就不文明了。第二,要有记录,这个文明才能传承。第三,要有等级制度、礼仪制度,这个国家才能维系。第四,还要有一些法律和历法,特别是历法。为什么要有法律和历法呢?"山中无甲子,寒尽不知年","寒尽不知年"就是野蛮。知道什么时候该去干什么,这才是文明。所以,历法是特别重要的。历法可以通过古代星象、天文等材料去甄别,特别是早期的这种天文台、观象台,我们在 6 000 多年前就有星象和历法。

为什么"统治"要成为文明的一个标准呢?早期的统治就是看有没有帝王,民主的统治是后来的事情。怎么证明？有帝王就有三宫六院，他生的孩子就多，他的谱系扩散就快。我们通过Y染色体去做遗传学分析，确定到底是哪代帝王，也可以分析帝王大概在哪里，把陵墓找出来。早期帝王的孩子多，谱系扩散得特别快，我们发现现今还存在很多当初Y染色体拷贝数特别多的样本。把所有中国人的Y染色体画成一棵树，就能知道每两个人之间在多少年前是一家。因为从这个谱系的接近度、血缘的接近度可以知道，他们血缘差别得越大，关系就越远，共同祖先就越早；他们的血缘越接近，关系就越近。

我们把每个谱系之间的关系画成一棵树（图6），结果发现，大部分的Y染色体谱系都是直线的，没有分叉，说明这一传承的脉络每一代都有一个男孩，这很不容易。可以看到，难得有一个老爷爷生两个儿子，两个儿子都有Y染色体一直传到现在，这个老爷爷就是一个分叉。在这棵树上面基本找不到三分叉，即使将全国40万个样本放在一起，信息存储量巨大，三分叉也很难找到。但有意思的是，在这棵树上我们看到有3个节点，它们有很多的分叉（图6中用3个矩形红块覆盖）。这里是随机抽样的几个样本，证明节点上这3个人生了很多男孩。实际上这3个人可能每人都生了上百个孩子，于是在这几个节点上就扩散开来，现在中国的男人里面，他们的后代接近一半。不管什么民族，都有这3个人的后代，即大约有一半的人都是这些人的后代。

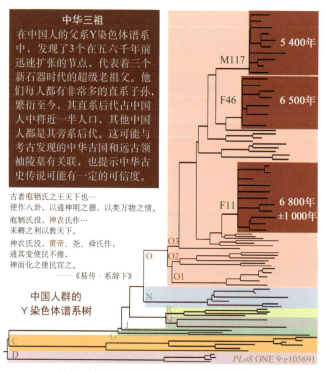

图6　中国人群父系Y染色体谱系树

根据后代的序列差异，即每两个人之间的差异程度，能计算出这个人生活的年代。图6中标示位点F11的这个人生活在距今6 800年左右，标示位点F46的人生活在约6 500

年前,标示位点 M117 的人生活在约 5 400 年前。夏、商、周是 4 000 多年前开始的,而这边都 6 800 年了,完全超出了我们认识的历史范畴。传说中在夏商周之前不是有三皇五帝吗？以前大家都认为这只是个神话传说,但有什么证据证明它是假的呢？自古流传下来的这个说法是我们传统的语境、传统的历史文本,但是我们长期以来没有证据证明它是真的,也没有证据证明它是假的。我们现在需要寻找证据去证明它是真或是假。至少从当前遗传的证据来看,这个说法不是空穴来风。我们有 3 个统治者,而且年代很早。

湖广高庙文化

这些年代在考古里面有证据吗？从考古遗址可以看到,6 800 年前并没有那么原始,中国最早的城市就是在那时出现的。我刚才讲到种大米的湖南常德彭头山,在它旁边一公里的地方,出现了中国第一个城市。这个城规模很人,相当于复旦校园这么大。护城河有 5 米宽,城墙有 5 米高,为什么要造 5 米高的城墙？里面都守护着帝王的三宫六院嘛！城里有皇宫,有祭坛,有皇陵。祭坛上面还摆了八角星的祭祀盘。最早的王陵中有一男一女,男的胸前戴着两个像太极图一样的玛瑙璜。这座 6 800 年前的城,现在是湖南常德的一处景区,帝王骨架展示在博物馆里。你们可以考证一下这位帝王是谁。这种文化叫高庙文化,7 800 多年前从沅江上游高庙坪上开始产生。在高庙文化中,每年夏秋潮退以后,他们就到下游种水稻,冬春时,他们就到沅江上游。到了晚期,他们不搬迁了,就在水里筑起高台,建造城堡,定居下来。水涨上来他们在城里住得好好的,水退下去他们就到城旁边的地里种水稻。高庙文化是中华文明最早发源的文化,对中华文化的影响很大。

从考古看,高庙文化沿着长江下去,大约在 6 500 年前扩展到山东。山东大汶口文化的陶器纹饰图案与高庙文化一脉相承。前面讲到的 Y 染色体基因 F11 在湖南是最多的,其次是山东。山东闯关东那一批人,又把这个基因带到东北。所以,基因分布和历史分布、考古分布是吻合的。我们现在看来,高庙文化的发展与苗族的基因起源、苗文化的发展和传播过程是一致的。苗族有大量 F11 类型,苗装上刺绣的凤凰造型与高庙文化的凤凰图案几乎相同,苗族织锦的八角星纹样也与高庙文化八角星徽章几乎相同。F11 类型在汉族里占了 1/5,在苗族里占了一半。上面是我讲的第一个故事。

中原仰韶文化

第二个故事是中原的仰韶文化,历史很悠久。6 400 多年前在河南濮阳城南留下一个大墓。1988 年濮阳缺水造水库,挖出了这个大墓,发现它的历史很悠久,就赶紧叫考古队员来清理。清理完了当地想继续造水库,考古队说："造水库干嘛？缺水你们忍一忍。"这么大的遗址要是留到现在,比秦始皇兵马俑还厉害,参观的人会有多少？墓葬最核心的部分被借到国家博物馆。这个墓葬有上千平方米,墓主人在中间,头朝南,脚朝北,旁边用贝壳排出各种造型(图7)。他的东边排了一条青龙,西边排了一头白虎。南边排了7个动物,第一个是一头驼鹿[即犴(音憨),井宿(音秀)],在北极地区、黑龙江北部、大兴安岭都有驼鹿;第二个是驼鹿背上有一只山羊(鬼宿);再往上是一头獐(柳宿)、一匹马(星宿)、一头鹿(张宿)、一条蛇(翼宿);再一个弯弯曲曲像蚯蚓一样的东西[轸(音枕)宿]。这7个动物就是南方朱雀七宿。这个排布造型是什么概念?就是所谓"二十八星宿"的漫天星图。东方是青龙七宿,西方是白虎七宿,南方是朱雀七宿,北方是玄武七宿北斗星等。众星环绕墓主,他是谁?他可能是图6中标示位点为F46的第二个人物,他留下来的后代在中国人中占了14%。

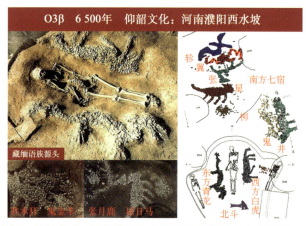

图7 仰韶文化:河南濮阳西水坡墓主周围的二十八星宿

很多人说,仰韶文化在中原,中原肯定是汉族的老家,仰韶文化肯定是汉文化的祖先。且慢,我们要分辨一下仰韶文化的特征。在仰韶文化里,出现最多的是太阳纹、水波纹、鱼纹,还有双鱼捧日、圆圈舞。汉族没有把鱼抬到这么高的地位,鱼不是汉族的象征。中国那么多民族谁对鱼最尊重呢?是羌族、藏族。藏族人是不吃鱼的,鱼是寄存祖先灵魂的地方,是不能吃鱼的。藏族人的"吉祥八宝"中就有双鱼图。只有极个别藏族群体受汉族影响,也有打鱼的,那是很少的现象。仰韶西迁以后,羌族、彝族、藏族的文化开始发源。他们喜好跳圆圈舞,但是汉族不会跳这些民族舞蹈,汉族喜欢唱戏。他们的文化对汉文化有影响,但不是汉文化的主流。它是氐羌文化,羌人是牧羊人,传说中羌人转向农业的一支姓姜。那个时候不用姓,姜姓后人对祖先没姓不理解,心想既然我姓姜,那我的爷爷也姓姜啊,不能说自己的爷爷没有姓。我们从传说中知道,第一个炎帝叫做姜石年,末代炎帝叫姜参卢。羊是4 100年前从西亚传进来的,之前中国根本就没有驯化的羊。

汉族的文化源头在哪里

那么,汉族的文化源头在哪里呢?图6中标示基因位点为M117的第三个人5 400年前生活在辽宁、内蒙、河北三省区边界地区,它是曾经的热河省,就是燕山一脉向北延伸的地方。5 300多年前开始建造金字塔形陵墓,这个中国"金字塔"比埃及金字塔还要早600年。中间的金字塔里埋的是这一族群最早的帝王;后面的金字塔里埋着他的儿子;再后面山岗的1/5处埋着他的孙子。一圈是16个人、16个金字塔,16代人都埋在这个圈里面,排布成天上轩辕星座的形状。北边就是青丘,青丘东边就是朝阳谷,有一个半拉山。2015年发现在半拉山东面还有一个比它早二三十年的墓。在中间这位墓主胸前摆了4套仪仗。一面玉璧代表神权;一顶玉瑁(音帽),看过《周礼》的都知道"君礼臣以瑁,臣礼君以圭",所以玉瑁代表皇权,早期的玉瑁真做得像帽子一样,套在发髻上的形状像马蹄;第三个是熊头玉权杖,代表有熊氏的宗主权;第四个是玉戉(音越),代表军权。神权、皇权、宗主权、军事权,有4套权力在他的手上。

这个文化就是红山文化。习惯大量用玉器,爱玉是汉族的传统。而且用玉器雕刻了各种龙凤的造型,龙凤又是汉族的标记。还有玉熊龙,以及各种小玉人。这些小玉人很有意思。你看他们把手放在胸前,胸部塌进去,小腹部涨起来,丹田胀气、吸气,他们在练气呢!还有盘腿而坐的,各种造型都在运气。为什么古人玩这个,而且这还很重要,要雕成小玉人流传下来?因为《黄帝内经》传下来的道理,就是讲练气的。道家的这个学说叫黄老之术。黄老道,黄帝开创,老子总结。道家信仰也是汉族的核心思想。这件事需要更多研究,很可能是真的。金字塔旁"御女星"的对应位置还出土了一个神庙,挖出一个女神,胸部丰满,脸相神奇。当时的审美观念跟现在不太一样。有人看了说,那时崇拜女性,是母系社会。但墓葬挖开一看,领袖全是男的,不是母系社会。我们传说中轩辕黄帝拜九天玄女为师,虽然传说是汉代才记录下来的,但上古的民间传说里可能是一直就有的,这件事也很值得探究。

中国早期三皇五帝的历史,能说它没有吗?这些踪迹都在。黄帝、炎帝、轩辕、神农,很可能是后人给他们起的名字。有些人当时有另外的名字,后人把他们叫成这些名字,并尊敬他们、神化他们。三皇是3个大时代,都延续了几百年,五帝则是5个小朝代。所以,早期的历史真的从基因、从考古、从实证的角度,好像看起来没有那么可疑。我们后来再精细地看遗传谱系时发现还没那么简单,除了这三大祖先以外还有三小,三小以外还有6个更小的。东亚新石器时代有12个扩张的共同祖先,包括在韩国和日本还有两个,在中国境内有10个,比传说中的三皇五帝还要多。他们之间的关系,我们现在还没研究清楚,但是迷雾在渐渐散开的过程中。至少我们发现,颛顼、夏禹跟黄帝对不上,有些历史人物的关系跟《史记》里面记载的有差异。《史记·黄帝本纪》里说,五帝都是皇帝的后代,黄帝是五帝的第一个,从位列三皇变成五帝之一,而把五帝里面原来第一位的少昊去掉了,为什么呢?因为少昊把黄帝给推翻了,所以他肯定不是黄帝的后代。司马迁希望讲求万世一系,只能有一个祖宗,不能有3个祖宗,更不能有12个祖宗。只有一个祖宗才叫大一统,这是司马迁的态度。但是我们发现,有些史书里不是这么记载的,《竹书》里就不这么记,以前历史没有这个说法,到了《史记》才改,司马迁自有他的政治目的。以前没证明的东西我们要重新证明,不要去迷信。我们现在有更多证据去思考"疑古时代"的那些问题。

夏人从哪里来

我们再讲第二个问题,夏人从哪里来?有人说夏朝不存在,夏朝是假的。中华文明探源工程把尧和舜挖出来了,夏肯定是存在的,只不过大家争议夏在哪里,什么文化层是夏,有各种各样的说法。但是从单一的学科,比如仅仅从考古学出发,解决不了这个问题。我们用基因来做,并且和考古学、历史学相结合,和以后挖出来的这些贵族的骨头进行比对一下,就会清楚了。需要解决的主要问题目前还没解决,但是我们提出一个可能的历史,接下去就要证明它。

这个历史很神奇。5 300年前,轩辕黄帝通过涿(音捉)鹿之战统一中国,全国的考古文化都发生了变化。红山文化成功扩大到足以影响全国的范围,就是轩辕黄帝打下来的,他得到了中原,得到了天下。很多地方留下战场遗迹,涿鹿、南阳、南京、镇江都有,天下是打下来的。中原开始庙底沟文化,仰韶文化5 300年前西迁到甘肃、青海一带,变成马家窑文化。马家窑文化其实就是仰韶文化的余绪,只不过从中原搬到了一个新的地方,然后受到新环境的影响,有一些东西稍微改变了一些以适应那里的环境。然后,安徽辉煌了600年的凌家滩文化灭亡了,湖南、湖北大溪文化变成屈家岭文化,那里出现的大量玉器都向东北看齐。长江下游江浙一带,原来叫崧泽文化,5 300年前变成了良渚文化,出现的各种玉器也向东北看齐,全国都是这样。在良渚早期的玉器,从东北来的只有一具。在良渚的中期遗迹中,从东北传过来的玉器都是方的,蛇纹石取代了玉器。从玉器来看,跟东北的关系断绝了。

5 000年前东北的红山文化没了(华北的还在),取而代之的是小河沿文化。我们仔细看小河沿文化,东西都是山东大汶口的纹饰。山东是少昊氏的地盘,黄帝统一中国的时候没把山东打下来。少昊5 000年前把黄帝老家给包抄了,变成小河沿文化。这时黄帝式微,统治不了全国各地。黄帝的子孙在江浙的统治不稳,后来可能发生了"田代齐姜"式的事情(就是原来齐侯姓姜,后齐侯由田氏替代,但还是齐国)。

江浙这一代的国王,很可能就是颛顼(音砖须),史书上说颛顼是黄帝子孙,那是早期的颛顼。江浙这一带很多人家,都认为颛顼是他们的祖先,和颛顼的文化关系非常密切。后期的颛顼就不见得是黄帝的后代,但颛顼是大禹的祖先,这点是明确的,所有书籍都这样记载。颛顼传了几代到鲧(音滚),鲧的儿子就是大禹,大禹攫得天下,这一传承可能比较准确。颛顼中的"顼"字,就是玉人头的意思;"颛"字,表示戴着华丽的礼帽。"颛顼"就是戴着大帽子的玉人头(图8)。玉人指良渚文化中的人像,当然更早的是东北的小玉人。东北的那些小玉人是修道的,而在良渚的宗庙里,经常有下面刻着兽头的玉琮(音从)。

到了4 500年前的五帝时代,各地特别是湖北石家河文化(图8),都有玉人头,跟良渚玉琮造型非常接近,有很夸张的大鼻子和大耳朵。这个造型的玉器是上海博物馆的馆藏之宝。它和三星堆青铜人头像非常像,这说明三星堆文物不是从埃及、巴比伦来的,而是我们自己

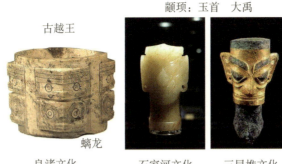

图 8 良渚、石家河、三星堆文化的文物可能代表着颛顼、夏朝的传承

传下来的。以前有玉石,就用玉石来做,后来有了青铜合金,就用青铜来做,都是夏人用于祭祀列祖列宗的。"夏人尚鬼"就是夏人喜欢把自己的祖宗刻了雕像放在一起的意思。

从良渚到颛顼,再到齐家文化。4 500 年前良渚文化又从开始北上,经过山东,甚至进入中原,良渚本地贵族都跑掉了,只剩下一些百姓。到 4 400 年前在陕西、甘肃、青海,又出现了齐家文化,把马家窑文化给盖上,出现大量类似良渚的玉琮、玉璧,还有一些中原的玉刀,所以,齐家文化其实可以叫西北良渚文化。还有一拨人从江浙一带把玉璧带到广东北面韶关一带,产生了广东的良渚文化,叫石硖(音侠)文化。

这些东西连在一起,是什么关系呢?这个故事很可能是:少昊是五帝第一代,少昊把黄帝打败,进入中原;过了 100 年,良渚变强就北上,打败少昊得了天下,就是颛顼时代;再过 100 年,帝喾(音酷)从湖北、安徽到河南,打败颛顼夺得天下,颛顼没法回到江浙,于是逃到西北,就产生齐家文化;颛顼流亡到西北,经过几代人,传到大禹。传说大禹是东南的越人,又说禹出西羌这种看似矛盾的说法在这个故事里就都能解释:大禹祖籍浙江,生于陕西。对齐家文化的贵族作基因分析,可以判定他们是不是浙江人。老百姓肯定不是,早期前 300 年从中原跑过去的都是贵族。

4 100 年前因为东西方文化的交流,"一带一路"走得顺,中国传给西方东西,西方也传给中国 3 件宝贝,就是羊、麦子、青铜,直接传到西北夏人。北方以前一直种小米,收成能有多大?麦子一到中国,能养活更多的人口。夏人又开发黄河流域的河套地区,建设塞上江南,人口就膨胀起来,还建了陕北神木的石峁(音卯)古城和旁边好几个古城。齐家文化的石峁很有可能是颛顼流亡政府所在地。大禹治水很重要,水治好后都城才可以兴盛起来。然后有了羊,羊比猪好养,大禹的士兵吃了肉食身体强壮,比舜的士兵强多了,成为战斗民族。还有青铜,舜帝的士兵都拿着石器,大禹的士兵拿的是青铜武器,要比石器坚固多了。大禹从陕北打下去,攻下山西南部尧都平阳,就是那个陶寺遗址。舜一世死后葬在陶寺,舜二世被大禹追到湖南南边"南巡"。史书上说,舜南狩禅位于禹。后来舜二世死在湖南最南边的永州,舜帝的两个妃子(舜二世的母亲)半道上哭死在君山。

这个故事看来是这样的。在大禹治理下,在夏人带领下,羌人本来是被统治的,结果有了羊、有了武器之后,就得了天下。很多羌人都认大禹为祖先,也认颛顼为祖先。从那时起羌人的文化变化了,开始养羊,从那以后叫羌人。《说文解字》说,"羌从人从羊"。科技考古人员筛选当时的麦粒,测定麦粒就是 4 100 年前的。4 000 多年前建立了传说中的夏朝,根据这个年代,考古结果跟这个历史完全对照。所以,我们认为夏朝的历史,最早从良渚开始,4 500 年前进入中原,开始五帝第二个朝代,4 400 年前流亡到西北,在石峁村达到了齐家文化巅峰;然后在 4 100 年前又进入中原,稍后建立了夏朝。夏朝的起源很可能是这样的。

4 400 年前颛顼朝被灭,有一部分人留守良渚受到欺压,又南迁到广东,产生石硖文化。后来这一人群又演化成百越民族,就是现在的侗族、傣族、壮族、水族等。所以,各种民族是历史原因造成的:羌人可能是涿鹿之战后失势的炎帝的部分后人,跑到西北变成西北民族;苗族可能是伏羲族的部分血裔,在涿鹿之战中失势,跑到湘西山里去了;侗傣民族是颛顼失去天下后跑到南方后变成的。民族不是自己分开的,本来是一家子,是后来因为各种政治原因才流散开,涿鹿之战以后融合成汉族,没有走掉留在中原的就不会变成羌族,还是汉族。少昊是太昊伏羲的后代,少昊的后代统治了中原,也变成汉族。结果可能是伏羲的后代在汉族里面所占的比例最高,达到了 19%;在假说下,汉族里黄帝的后人比伏羲的还要少一点。

夏朝末年时,商灭夏不是一场战役。刚开始商汤灭夏,夏人就逃到南方长江流域的安徽。夏有南朝,南夏北商对峙了 300 年。直到后来商人有了战马,才把南夏灭了,夏人逃到四川,把宗庙搬到那里,有了三星堆。

刚才我们讲的两个故事都是假说,有的证据多一点,有的证据少一点,但是我们可以大胆假设,给出中华民族早期历史的一个版本。这个版本不一定是全对的,尽管目前的证据好像都指向它,我们还是要继续小心求证,通过科技手段和人文手段的融合,把研究做实,然后讲出来,使我们的早期历史真相大白。文字记载是有的,但是很多古文字学家对文字记载有较多争议。比如,在尧的墓葬里挖出一个陶器,上面写着两个字"大尧"。"尧"字争议比较少,但是那个"大"字争议较多。早期文字不可能从商朝才开始,文字在商朝时已经很成熟了。但是我们发现早在 5 300 年前全国各个文化区域,不管湖南、湖北,还是浙江、中原,刻画的符号都是一样的,这跟仓颉造字的传说很可能是一致的。我们传说中的历史很可能都是真的,但需要我们运用各种研究手段来搞清我们的历史。

有人认为"炎黄"不能讲,"中华"也不能讲,担心一说炎黄,会影响一些少数民族的情绪。其实少数民族也是炎黄的后代,比如,维吾尔族里有 10% 的炎黄后代的基因,藏族里有一半的基因都是神农传下来的,苗族、羌族都是伏羲炎黄后代。其实东南亚一些外国人也是炎黄子孙。《左传》说"国之大事,在祀与戎",把"国之大事"做好,也是我们的责任,也是中华民族团结起来非常重要的信仰基础。

推动课堂教学革命,提高课堂教学质量

陆 昉

【主讲人简介】 陆昉,先后担任复旦大学物理系系主任、教务处处长、校长助理、副校长。现任复旦大学教师教学发展中心主任、复旦大学教学指导委员会主任、教育部高等学校专业设置与教学指导委员会委员、上海市物理学会秘书长。2001年获得上海市科技进步一等奖(第一完成人),2002年获得国家自然科学进步二等奖(第一完成人)。2003年荣获上海市第八届十大科技精英、上海市教育系统优秀共产党员、上海市优秀专业技术人才等称号。2004年获得全国模范教师称号。2007年获得上海市劳动模范、全国五一劳动奖章。对半导体材料中的深能级缺陷以及半导体异质结、量子阱、超晶格结构材料的光电特性等方面开展了大量、系统的研究工作。

【讲座摘要】 推动课堂教学革命的出发点就是要以学生发展为中心,通过教学改革促进学习的革命。具体任务就是要推广小班化教学、混合式教学、翻转课堂,构建线上线下相结合的教学模式。最关键的就是要看是不是能积极引导学生的自我管理、主动学习、激发求知欲望、提高学习效率、提升自主学习能力。我们的重点不仅仅是知识的传播,更重要的是怎么提升学生各种各样的能力,尤其是创新能力的培养。通过优质的在线教育资源和翻转课堂结合的混合式教学,可以有效提高学生的学习成效。只有在学生主动开展学习的基础上,才有可能利用好在线学习平台,提升学生的学习能力,使学生的未来能够真正像复旦人才培养目标所要求的那样,成为社会的栋梁。

推动课堂教学革命

我现在的一项主要工作,是在学校的教师教学发展中心与全校老师一起努力推进课堂教学改革。现在的课堂教学模式将要发生变化,从传统的以教为主向以学为主转变。在这个转变过程中,学生是主体,因此,希望你们能和教师们一起参与课堂教学改革,使你们的学习更有成效。

我今天报告的题目是"推动课堂教学革命,提高课堂教学质量"。一般来讲,"革命"这个词以前不大用在教学上,比较多用的是课堂教学改革。2018年10月8日教育部颁布了《关于加快建设高水平本科教育全面提高人才培养能力的意见》,这个文件就指出,要全面推进提高高水平的本科教育,全面提高人才培养能力。这个文件被称为"新时代高教40条",它对今后的本科教育会带来非常大的影响。其中第11条就提到了要"推动课堂教学革命",它的出发点就是要以学生发展为中心,通过教学改革促进学习革命。具体任务就是要推广小班化教学、混合式教学、翻转课堂,大力推进智慧教室建设,构建线上线下相结合的教学模式。这些从文字上看并不复杂,小班化教学我们现在已经在做,很多的通识教育核心课程都在推行小班化研讨课。而混合式教学、翻转课堂,将是我今天要介绍的重点。至于智慧教室的建设,大家已经看到,我们的五教、六教都做了很大的变化,这个变化并不是仅仅为了使得教室更加美观,更重要的是服务于课堂教学模式的改革,形成线上线下相结合的教学方式,并有利于推动研讨式、互动式的课堂教学,将我们的教学改革推向深处。复旦正在紧锣密鼓地推进教学改革,大家今后一定会有所体验。最关键的就是要看是不是能积极引导学生的自我管理、主动学习、激发求知欲望、提高学习效率、提升自主学习能力。

教育部提出的要推动课堂教学革命,就意味着我们现在的课堂教学存在很大的问题,应当有深刻的变化,否则就不会用"革命"两个字。我们现在传统的课堂教学大概是什么样的情况?去课堂看看,会看到不少教室学生坐后排多,低着头多,开小差多。这反映了现在的这种课堂教学方式,对某些学生来讲缺乏吸引力。学生完全是被动的,换句话说,学生是在规定时间、规定地点学习规定的内容。缺课在复旦教室里经常出现,有些可能是因为教师点名作为平时成绩不得不到教室来,但是到了教室也会干其他的事情,比较常见的是坐在后面几排,怕教师提问,在后面做其他的事情比较隐蔽,也不影响课堂。

出现这种情况的原因是,有的学生对教学内容不感兴趣,有些学生觉得教师讲课内容太简单,你讲的我都懂,没必要听;还有些学生不能跟随教师的讲课节奏,上课听不懂,一旦没能听懂,就越来越听不懂,自然而然就放弃听课去做其他事情。在这样大班授课的环境下,教师是无法有针对性地开展个性化教育。即使教师是认真讲课,学生在课堂上全力以赴在听课,其教学效果实际上也是有限的。

主动学习是有效性高的学习

图1相传是美国著名的学习专家埃德加·戴尔早在1946年通过大量实验得出的结论,开展教学研究时经常会引用这个结论。虽然教育学界并未找到反映这一研究结果的原始论文,而且有人提出图1中的学习方法界限并不是那么刻板,统计方法也不一定很严格。但大家还是可以看到,最上面的听讲方式,教师讲课,学生听课,它的效果在过了两周后大约只有5%能够记住,其余的就记不住了。大家也都有体会,如果"上课"以后你自己不学习、不复习,过一段时间上课内容基本上就忘了;如果是"阅读",可能倒还好一点,因为阅读实际上是按照自己的思路在阅读,听课的话是完全跟着教师的思路在听,教师讲的内容并不能直接在你的头脑中建立知识结构体系。

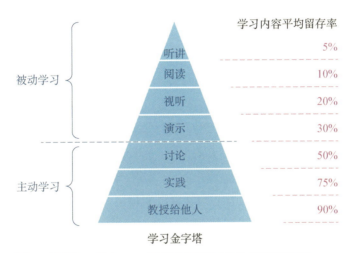

图1　埃德加·戴尔1946年提出的"学习金字塔"理论图示
（图片来源:百度百科）

上面这样一种被动学习的效果,实际上是极其有限的,怎样才能够有效地学习呢?下面几种是主动学习:研讨式课程、演示性和实践性课程,以及你把知识讲给别人听。现在要大力推广研讨型课程,在课堂上希望学生来讲,大大提升学习效率。

根据建构主义的学习理论,"学习应该是学生自己建构知识的过程"。这个建构过程实际上是没办法由他人取代的,换句话说,你在头脑当中建立起知识结构体系是要靠自己,而不是靠教师通过灌输的方法实现。

同样,每个人的思维方式千差万别,知识建构的过程都不一样,所以,这个过程一定不是在课堂上完成的,而是在课后通过自己的学习实现。你如果上完课以后自己再复习,通过自己的思考、整理、归纳,学习效果会完全不一样。也就是说,知识不是"教"会的,而是"学"会的。

从神经生理学角度我们知道,学习是一个记忆的过程,而记忆是在大脑的神经元细胞构成某一种联系,在大脑中有100多亿个神经元细胞,每个神经元细胞有成千上百个树突,通过这些形成神经网络。整个学习过程实际上就是通过一定的刺激,在神经元形成一定的联系。当然这个联系实际上会逐步消失,除非不断进行加强。

所以,要得到很好的学习记忆效果,一般可以通过这样两种途径:第一,将记忆对象之间形成有效连接,就像背单词一样,通过联想才能够有很好的效果;第二,在原来的知识架构体系上延伸,在已经有牢固的记忆基础上进一步延伸。这也就取决于原来的基础强弱,原来的知识架构体系越强,在这个上面的延伸就越丰富、越牢固。

我们学习知识,实际上是奠定学习知识架构的体系,只有在这个基础上,才能更好地拓展新的内容。这一点非常关键,但在上课过程中是没法实现这一过程的,只能通过课后自主学习予以实现。

关键是未来发展的能力

尽管目前我们的课程基本上是以传授知识为主,因为知识的积累对于新的知识学习是有帮助的,但是现在课堂上所学的知识,实际上是无法满足同学们今后所面对的未来社会发展的需要。

大家都知道,现在是一个"信息爆炸"的时代,新的知识在不断涌现。曾经有英国的技术专家提出,如果在19世纪新的知识大概每隔50年增加一倍,20世纪90年代每年就要增加一倍,到了2020年新的知识将是现在的3~4倍,毕业20年、30年以后,那个时候现在知识的占比将只有1%。美国教育心理学家巴斯提出,在半个世纪以前,人们从大学毕业以后,大约有70%的所学知识可以用到退休没有问题。现在则不行了,大量的知识技能要从社会这个大课堂里获得,在大学里所学的知识是没有办法满足社会发展需求的。

在这种状况下,学生在大学里学习知识虽然重要,但不是最关键的。关键是要培养学生能适应未来发展所需要的能力,这个能力包括什么?首先是自主学习的能力,这是非常关键的。也就是说,你以后到了社会上,不可能再回到课堂听课,可能有些新的知识教师也不能提供给你,你必须要有自己学习新知识的能力。其他能力还应包括思辨能力、表达能力、团队协作能力等,这些都对未来的发展至关重要。

教育的重点不仅仅是知识的传播,更重要的是怎么提升学生各种各样的能力,尤其是创新能力的培养。布鲁姆的教育目标分类(图2)有两个层次:低阶思维(记忆、理解、应用),和高阶思维(分析、评价、创造)。在现在传统的以教为主的课堂里,可能连低阶思维的培养也不能达到,更不要说培养学生的高阶思维。高阶思维的培养需要一定的环境和氛围,一定是要有丰富的资源,要有挑战性的学习,而不仅仅是接受传统课本上的知识,要勇于提出自己的看法和挑战。当然,还需要积极的交流和深层的思考。这些在目前的传统课堂里无法做到。正因为如此,我们现在提出课堂教学革命。所谓课堂教学革命,要利用好"翻转课堂"和"混合式教学",改变原来传统的课堂教学模式。传统课堂是课上教师讲解,课后回家做作业。考试时能够把教师讲的内容还给教师,整个任务就完成了。翻转课堂就完全不一样,课前通过在线视频的学习掌握所需要的知识,在课堂上则是以学生研讨为主。

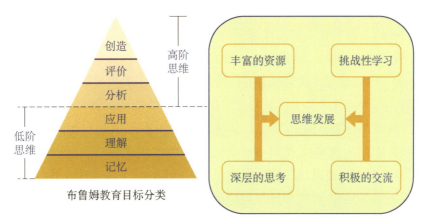

图 2　布鲁姆教学目标分类,传统课堂教学缺少对高阶思维能力培养

提倡混合式教学

混合式教学由两方面组成:一是要有优质的在线教育资源,使得学生在课前能够很好地学习,其学习效果应该要比在课堂上更好,效率也更高;二是在课堂上不再是听教师讲,而是学生们进行研讨、思辨、交流,这就是我们所讲的翻转课堂,而且它一定是线上和线下混合开展。

在教育部刚颁布的"新时代高教 40 条"里,第 11 条就是针对这一点,可以看出,在这种情况下学生不是被动学习,而是主动学习。因为这个学习完全由学生通过个性化的自主学习完成,不在统一的教室、规定的上课时间内完成。学生可以在自己认为合适的时间进行有意义的学习,课堂也不再以听课为主,完全以研讨为主。研讨型的课堂对于思维的发展、能力的培养会有很大的帮助。

教师从传统意义上的课堂传授知识,改变为引导学生开展学习。不用在课堂上讲重复的知识,对于学习过程的要求不在于掌握多少知识,而在于能力的提升。在整个学习过程中,表达能力、思辨能力、团队协作能力的培养变得很重要。尽管只是简单的翻转,但是它的意义非常深刻,而且也是非常不容易做好的。

做好翻转课堂非常重要的前提就是建立优质在线教育资源,有了这个资源才可以使学生自己很好地学习各种各样的知识。

在教育部的指导下,优质在线教育资源得到迅速发展,为教育革命提供了有力支撑。一个例子是"中国大学慕课"(www.icourse163.org),这个平台集聚了许多优质在线课程,包括各个学科大概有几千门课程。还有一个是"复旦大学在线学习平台"(fudan.

mooc. chaoxing. com），这是一个复旦和超星合作的在线学习平台。我们的教师完全可以自主地在这一平台上建设在线课程，学生也可以在这个平台上进行自主学习。当然还有"智慧树"（www. zhihuishu. com），以及清华大学的"学堂在线"（www. xuetangx. com），复旦也有课程在这些平台上。

到目前为止，各高校建设的在线课程达到 8 100 多门，有 4 300 万名高校学生通过这样一种学习方式获得了学分，这是指在学校实际获得的学分，还有 1.4 亿名高校学生和社会学习者注册。可以说现在我们国家的在线课程在数量上是世界第一的，发展非常之快。这还仅仅是一个开头，教育部去年认定了 470 门国家级精品在线开放课程，今年将认定 800 门左右，到 2020 年要认定 3 000 门，这将涵盖各个学科、各个门类。以后学生如果要想学什么课程，在网上都可以找到一些非常优质的在线课程，同时教育部将推出两个"10 000 门"精品课程的建设，除了 3 000 门国家级精品在线开放课程以外，还将建设 7 000 门利用线上和线下相结合的混合教学，总共国家级的课程有 10 000 门。另外，还有省级 10 000 门线上和线下相结合的精品课程。因此，更多的课程要发生根本性的变化，不再是现在传统的教师讲课、学生听课的模式。对于复旦来讲，我们从 2012 年起就开始混合式教学试点改革，到了 2017 年，作为教学改革专项进行推进，每学年进行申报，有不少教师进行课程改革，在学校教学发展中心的指导下不断进行变革。所以，现在累计有 400 余门次课程采用混合式教学方式，到目前为止，大概有 1.4 万人次的复旦学生通过这种方式进行了学习，获得了相应学分。

复旦开设过许多混合式在线课程，有些你们可能会碰到，也有不少课程还在不断建设。根据复旦《2020 年本科教育提升行动计划》，到 2020 年要开设 200 门这类混合式课程，其中包括正在重点打造的通识教育核心课程。现在我们优先将核心课程做成研讨型课程。另外还有一些大类专项课程，如高等数学、大学物理、英语、计算机类课程等。希望能够有更多的课程改变传统的教学方式。现在实行的"2+X"以后，我们希望很多学程课、辅修课、第二专业课都可以以这种方式进行。改成混合式的教学方式以后，学生的学习方式更加灵活，复旦下一步还要进行专业课程的改革，这一任务更加艰巨。

下面我以思修课为例，向大家介绍混合式在线课程的运行方式。可以说这是复旦最早进行的混合式在线课程的改革，从 2012 年就开始探索。马克思主义理论课和思想政治教育课这"两课"非常重要，但有很多时候基本上还是教师讲、同学听。教师在前面讲，学生在后面打瞌睡或者看电脑、看手机，打游戏等情况时有发生，上课效果并不理想。我们有些思修课教师讲得很不错，但如果仅仅是通过讲课的传授方式，学生还是缺少思考的余地，思想难以有根本转变，结果课上听听挺明白的，但是遇到具体问题还是不知道应该怎么对待。

思修课对学生的一生都会起到非常重要的作用，它能使每个学生终身受益。这次国家精品在线示范课程的认定，专门列了对于两课课程的推广，希望改变现在这种传统教学模式，能够改善教学效果，真正解决大家头脑中的困惑和疑虑，因为这些问题可能并不是通过简单的讲课就能解决的。

混合式在线思修课程完全做成线上线下结合、线下小班化讨论，改变以往大班上课的形式。传统的课程每个班级都有100多人，同时要开设出几十个班级，不少老师每个星期要讲几遍，讲的都是重复内容，效率很低，学生的学习效果大家也可以想象。混合式课程改为在线个性化自主学习、网络讨论互动交流。线上大家都可以自主学习，完全根据要求学习有关的内容，在线讨论也相当热烈。这门课程是跨校开设的，线上有各个学校的学生，有复旦的，也有其他学校的学生，大家一起在线上对一些共同关心的内容进行研究和讨论，通过讨论能够加深认识。除了线上学习以外，线下还有各种小组讨论、班级交流。在整个班级交流中，以学生讨论为主，教师起到点拨和引导作用。

这门混合式在线课程有将近一半学生在选修，另外一些学生也许觉得选这门课比较麻烦，要花时间准备讨论，还不如在传统课堂上你讲你的、我可以做我的事情。但是这样对于能力培养显然是不够的。通过小班化的讨论、交流，你的表达能力可以得到锻炼，你的思维能力可以得到提升，假如对有些问题不清楚，通过讨论，认识可以得到提高。如果考虑到自己今后的发展，应该选择更好的教育。当然，我们现在并不是强求，选择哪种形式学习现在都还是自愿的。

新华社曾经对这门课程专门做过一则"内参"，这门课当初是由复旦牵头，由北大、华师大、上海交大等多所学校参加，由一些名师组成的在线课程。他们把一些关键的概念、要点集中地在线上展示，教师就不用在课堂上重复讲授这些内容，而是把主要精力放在引导学生对一些问题有针对性地开展讨论。

很多一年级的学生对于这种学习方式感觉非常新鲜，觉得虽然比原来花更多的时间和精力，但收获很大，对自己的成长非常有帮助。关键就是要很好地组织好讨论课程，使得学生能有更大的收获。我去听过一些讨论课，课堂的效果还是很成功的。我深感通过教学改革，可以有效提高学生的学习成效。

通过 FCT 测试申请免修

我们学校还推行计算机应用能力水平测试（FCT 测试），原来有办公自动化、多媒体、网页制作、数据库等 4 门课，学生需要一门一门上课、一门一门考试。除了技术科学大类的学生以外，所有学生都要上这 4 门课，因为计算机的一些基本能力对所有学生都很有用，这是一个基本技能。但是同学之间的计算机能力差别很大，如果还是采取原来那样大家统一上课的方式，有些计算机能力很强的学生根本不用上课。我们后来把这些课程全部做成在线课程提供给学生，用 FCT 测试取代以前的课程考试，只要通过 FCT 测试就可以不再修这些课程。不管是在线学习也好、课堂学习也好，因为每个人的情况不同，有些学生在这方面能力很强，而有些边远地区来的学生可能还不会使用计算机，现在可以区别对待，实现个性化学习。

从 2015 年开始,在复旦新生录取通知书上就告知新生,学校有 FCT 测试,在 8 月拿到录取通知书后就可以在线自主学习,开学以后可以直接报名参加考试,如果 FCT 测试通过,这些课程就不用再学。每年都有不少新生直接通过 FCT 测试,获得免修资格,把学习时间释放出来。

利用外校优质在线课程开展混合式教学

复旦还有一门"模拟电子线路"课程值得介绍,这门课程的不及格率很高。其中有一位讲师是我们研修班第一期学员,他改变了传统上课方式,直接采用清华大学华成英教授在"学堂在线"的视频课程,让学生自主学习,每 2 周有 1 次课堂讨论、解题指导,学习方式按照翻转课堂的形式进行。其他 3 个平行班仍采用传统授课方式进行。

期末考试这门课程统一命题、统一批卷,考试成绩的统计结果如图 3 所示,可以看出采用混合式教学的班级期末考试的平均成绩要比其他平行班高很多。尽管这个班级的整体绩点并不很高,也就是说,这个班级并不是集中了最好的学生,也是一般性的学生,平均绩点为是 2.97,比平行 2 班的平均绩点 3.13 低很多。但是其他 3 个平行班 60 分以下的分别是 48%、48%、39%,而混合课程班考试成绩在 60 分以下的只有 21%,而且 80 分以上的高分者比例最高(47%)。今天早晨我和这位老师还在讨论,他说可能还要进一步改进,使得在线学习能够智能化,我跟他讲能否把 60 分以下的学生人数进一步减少,让各个学生都可以自主性、个性化学习。他准备采用人工智能的学习模式,根据学生学习的情况、状态推送相应的知识点,这样可以使得学生的学习更加个性化,完全有针对性。

	混合课程	平行班1	平行班2	平行班3
教师	讲师	副教授	副教授	教授
考试平均成绩	72.05	58.43	60.15	62.45
整体绩点	2.97	2.76	3.13	3.01

	混合课程	平行班1	平行班2	平行班3
80分以上	47%	21%	25%	16%
60~80分	32%	31%	27%	45%
60分以下	21%	48%	48%	39%

图 3　混合式翻转课堂教学效果的比较

这种学习方式的改变非常关键,从原先以"教"为主,改变成现在真正以"学"为主,学生以自己主动学习的方式,来掌握学习内容和进度。

同学们对这门课是这样评价的:"这种学习可以随时随地地学习和复习,非常方便。对于看不懂的地方,可以停下来想想,甚至还可以倒回去,搞清楚后再接着往下学,以前如果在课堂上有听不懂或者上课走神的时候,不可能说'老师你停下来重新讲'。现在这种学习方式,自己的学习完全可以自己掌握,有些地方如果觉得很清楚的,就可以快进或跳过。所以,学习的自由度完全是掌握在自己手里,学习的效率显著提升。"

怎样去主动学习、探索?每个人的知识架构体系要靠自己去建构,而不是靠教师传授,教师没有办法帮助你建立知识架构体系,只能完全靠自己。现在提倡建立思维导图,它可以把所有的知识点以知识架构的体系进行梳理并连接。

我曾经做过一个关于"如何体现以学为主的教学设计"的报告,报告结束后不久,就有一位老师给出了思维导图(图4)。他把我的报告内容进行梳理,用思维导图形式进行了归纳。我建议大家在学习的时候要学会整理归纳,形成自己的知识架构体系。

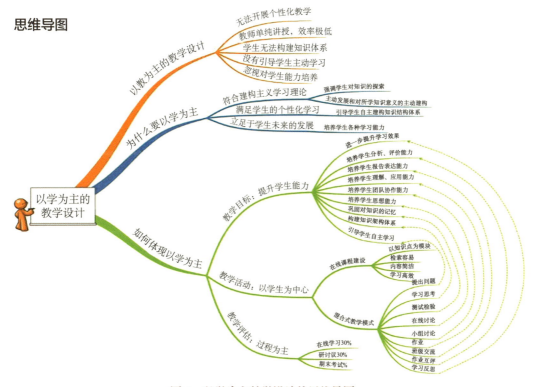

图4 以学为主教学设计的思维导图

(图片来源:本图由一位老师在一次报告会上根据我的报告内容绘制)

充分利用在线优质教育资源

要充分利用在线优质教育资源,目前在"中国大学慕课在线"学习平台上已有大量高质量的在线课程,涵盖了各个学科。比如,理学的有数学、物理、化学、天文、地理;数学有高等数学、数学分析、线性代数等。以前我们在学习的时候经常要翻阅各种教学参考书,现在有更好的在线教学资源。你们可以看这个教师是怎么讲的、那个教师是怎么讲的,而且这些在线课程资源全都是免费提供的。

这些优质在线课程资源大家应该要充分利用，包括我们复旦的教师也有不少优质在线课程资源。对这些课程进行学习，会对你们的自主学习有非常大的帮助，大家可以关注。此外，像清华大学的"学堂在线"推出一些微学位、微证书，比如，"数据科学"项目由几门课程组成，全部学习完之后就可以得到一个证书。这些课程都是处于尖端的新课程。复旦也在做微证书的课程，比如，复旦的法学辅修专业开放给上海东北片高校的学生，如果他们完成了该专业的一组在线课程之后，就可以拿到复旦的跨校辅修证书。

另外，复旦也专门有一个在线学习平台，通过复旦的学号、密码直接可以登录。同时，复旦还有一个"学习通"APP，可以用手机连通这个在线学习平台，在手机上就可以学习在线课程。今后复旦会有更多的老师在这个平台上建立在线课程，更好地为大家的学习服务。

关键是提升能力

总体而言，我们现在的学习并不是以掌握知识为主，关键是要提升能力。2012年美国国家研究院专门发布报告，这份报告预言21世纪生活和工作所需要的知识和技能，其中所需的三大能力包括认知能力、自我能力、人际能力。

认知能力就是指批判性思维、过程、策略，思维能力及分析问题、解决问题的能力，这是非常关键的。对于知识来讲，最主要的是信息的溯源，包括今后在人工智能方面对于信息传播所起的作用是非常大的。另外，口头与书面的表达和交流都对认知能力的建立是有帮助的，只有通过不断的交流、传递，知识架构体系才能更加完善。当然，创新能力也很重要。对于认知能力这3个方面都非常重要。

自我能力取决于知识开放程度，这也是复旦大学推行通识教育的一个因素，不仅仅是专业教育，还需要有各方面的基本素质，包括职业道德、人生观、价值观，这些对于今后的发展是至关重要的。同时，自我管理、评价也很重要。学生自我能力的培养还很欠缺，从小学到中学全都是被动的学习方式，由教师教学，认为学习就是到课堂上听教师讲，缺乏自主的探索、求知能力。在大学里如果再不进行培养，以后走出校门就根本没有办法适应。

人际能力就是团队协作和领导能力。我们现在提倡小组学习讨论，再进行班级交流，这里面团队的协作就非常重要。这种形式已经不是个人学习，就像小组讨论之后会由一个人上来发言，评分之后就代表小组的成绩。团队的协作对于学习过程非常重要。领导力就是在团队协作过程中逐步体现，是在交流和学习的过程中逐步形成的。

表 1　美国家研究院 2012 年发布报告中提到学生需要提升的主要能力

能力领域	能力群	在 21 世纪技能中的表述
认知能力	认知过程及策略	批判性思维、问题解决、分析 推理/论证 解读、决策、适应性学习、执行作用
	知识	信息素养 ICF 素养 口头和书面交流能力 积极的倾听能力
	创造力	创造与创新能力
自我能力	智识开放	灵活性 适应性 艺术与文化欣赏力 个人与社会责任(包括文化意识与能力) 对多样性、适应性、连续学习的认识 智力兴趣与好奇心
	职业道德/责任心	主动 自我方向把控 责任感 坚韧 毅力 成效性 第一类型自我管理(元认知能力) 职业性/伦理 正直公民意识 职业发展方向
	积极自我评价	第二类自我管理(自我监控、自我评价、自我加强) 身体与心理健康
人际能力	团队协作	交流 协作/合作 团队工作 协调 人际交往能力 同理心/接受不同观点 信任 服务导向 解决冲突 协商/谈判
	领导力	引导与指挥能力 责任 自信的沟通 自我展示 对他人的社会影响

(资料来源：转引自孙妍妍,祝智庭.以深度学习培养 21 世纪技能——美国《为了生活和工作的学习:在 21 世纪发展可迁移的知识与技能》的启示[J].现代远程教育研究,2018(3):9—18.)

我希望大家要以学为中心,一是要提升学习能力,二是要能够满足未来的发展。要做到这一点,学习就不应该是被动的,而应该是主动的,因为只有在探究过程中才有可能提升各种各样的能力。只有在主动开展学习的基础上,才有可能利用好复旦的平台,为成长奠定基础,让未来能够真正像复旦人才培养目标要求的,成为社会的栋梁。

问 答 环 节

学　生:有一个说法叫直播互动课,我很想知道它是通过什么形式进行互动的?我还有一个问题,就是您觉得线下讨论的频率和时长应该是什么样的?

陆　昉:在思修课、人文医学课都有直播互动环节,我们的老师包括其他老师都可以和复旦的学生以及复旦以外同步学习的学生进行交流。有一次,杨利伟将军到复旦来做军事理论课的直播互动,他讲完后大家提问,不光复旦学生可以交流、其他学校的学生也可以通过网络和专家进行交流。专家在复旦讲课,其他学校同样可以收看直播情况,可以实时提出问题进行交流、得到回答。

关于线下讨论课的频率和时长,以我上的那门混合式课程为例,原来每周要上课,现在是用一周时间让学生自主学习,针对提出的问题进行学习思考,第二周再在课堂上集体讨论,原来的上课时间有一部分变成讨论课,另外还有一部分时间要让学生自己学习。

如果是混合式的教学,教学管理部门允许学生不是每次上课都要到课堂上来,从某种意义上并没有加重学生的学习负担。但是对于讨论课,学生还是要充分准备。在我的课上,每个同学一般一个学期有两次代表小组进行交流的机会。每个小组就3~4个人,一个学期每个学生都有几次交流讨论。每个学生小组之间也有交流,我觉得有些学生可能学习得比我视频上讲的内容更多,因为他查了更多的资料,调动了学习积极性,学习效果就非常好。

学　生:您觉得这个讨论课学生带着自己的问题来上课,还是一个小组已经完成对问题的解答,过来做一个展示的形式?

陆　昉:主要是学生带着自己如何解决问题的思考来上讨论课。在线学习并不是直接简单学习,首先每一章开始都会把问题提出来,学生带着这些问题去学习,学习过程中会有一些测试,可以直接了解学习情况。在线学习完以后,我会提出6个问题,由6个小组自己讨论,每个小组针对其中一个问题进行准备交流。每个组会介绍其中一个问题,而这个问题正是在学习过程中所产生的,并且对于学习理解有非常大的帮助。在讨论的时候也不是说讨论完了就行了,而是讨论完了以后要进行提问,通过"学习通"直接发布测试题,当场就可以了解每个同学对这个问题理解到什么程度。讨论的时候每位同学也会仔细参与,之后会有一个简单的对问题理解的测试反馈。一般有6个问题进行6个测试。这些测试成绩组成平时学习成绩,系统中都有记录。讲完之后其他小组对这个小组进行评价,他的成绩作为小组的成绩。所以,这门课程有1/3的分数是在讨论课上形成,1/3

是在线上学习产生,期末考试成绩只占 1/3。这个过程反映学生各方面能力的培养,而不是靠知识点的获取,能力的提升更为重要。这样上课方式比我以往的上课方式要好。我以往每次都要重复讲课,讲课效果不是很好。现在我就不用再重复讲课,但是我要经常上网关注学生学习情况,要提出问题,还包括检查学生是否认真完成作业。学生互评作业也是一个非常好的过程。总之,现在重点要进行线上线下的设计,也不是说随便让学生学习就可以,学生学习还是要有教师的引导。

我发现很多学生认真准备讨论,查阅不少资料,在课程之外做了非常好的补充。这对于所有学生都有很大帮助。

学　生：老师,您觉得一个学期参加几门带有讨论课性质的课比较合理?

陆　昉：大家觉得这样上课可能要花很多时间,其实我觉得我们现在上课的效率实际上是不高的。就像我这门课原来每周要上课,3 个学时的课一般要求学生大概每周花 6 个小时的时间。但是现在我根据学生学下来的时间看,他们并没有超过每周 6 个小时的时间。在线视频总长 13 个小时,学生看视频的时间平均是视频长度的 1.8 倍,平均为 23 个小时,加上讨论课都不到原来上课所需的时间。我让学生在每一章学习完之后做一个反馈,在线学习花了多少时间,做作业互评花了多少时间,讨论课花了多少时间,结果并没有超过约定的时间。因此,这种学习方式实际上提升了学生的学习效率,并不是因为要准备讨论课,增加了学习时间,实际上效率提高反而缩短了学习时间。

学　生：您刚才向我们描绘了线上和线下相结合的学习模式,按照我的体验,现在我们上的大多数课依然是按照传统的教师讲授的方式很教学,如果觉得这种方式很适应,应该如何协调呢?

陆　昉：我现在知道谢锡麟老师上的"数学分析"是在线的,谢启宏老师上的"高级代数"也可以在线学习。"高等代数"这门课是数学系的必修课,有些学生要从其他系转到数学系,转过去以后就可以直接在线学习这门课,在线学习的分数可以照算。实践下来,在线完成学习的情况下,期中、期末考试成绩并不差。现在有些课程甚至提出来,是否可以通过在线学习的方式进行补充,甚至可以替换常规的学习。只要期末考试同样能够考得很好,我觉得应该是可以的。因为现在关键是要以学生为中心,要以学生的学习成效为主,只要学习效果提升了,当然应该支持。

后记

2017年8月,《书院的理念与探索——复旦大学书院讲演录》第一辑出版,受到了社会各界的关注。最近两年,五大书院不断邀请书院导师和校内外专家学者,举办各类讲座沙龙,涉及领域更加广泛,视角更加多样,为书院学生提供了一场场思想文化的精神盛筵。今天与读者见面的书院讲演录第二辑,收录了其中部分精彩演讲的实录。

在本辑的策划出版过程中,得到了复旦学院吴晓明院长和五大书院院长童兵教授、汪源源教授、彭裕文教授、王德峰教授、周鲁卫教授的关心和指导。复旦学院徐珂副院长和复旦党委学工部黄洁副部长组织策划了本书的编辑出版工作。参与本书文稿遴选整理工作的有龚万里、谭晓妹、代林利、李康、叶竞妍、高艳、夏璐等同志,王懿、虞文嫣、徐姗姗、马思嘉、张文妮、金大森、陈婉春等同志积极参与组织了相关讲座活动。复旦大学出版社范仁梅、梁玲两位编辑为书稿的后期编排、校对工作提供全程支持。

2019年5月

图书在版编目(CIP)数据

书院的理念与探索:复旦大学书院讲演录.II/吴晓明主编.—上海：复旦大学出版社，2019.6
ISBN 978-7-309-14365-2

Ⅰ.①书… Ⅱ.①吴… Ⅲ.①社会科学-文集②自然科学-文集 Ⅳ.①Z427

中国版本图书馆 CIP 数据核字(2019)第 099225 号

书院的理念与探索——复旦大学书院讲演录.II
吴晓明　主编
责任编辑/梁　玲
装帧设计/马晓霞

复旦大学出版社有限公司出版发行
上海市国权路 579 号　邮编：200433
网址：fupnet@fudanpress.com　http://www.fudanpress.com
门市零售：86-21-65642857　团体订购：86-21-65118853
外埠邮购：86-21-65109143　出版部电话：86-21-65642845
上海丽佳制版印刷有限公司

开本 787×1092　1/16　印张 17.5　字数 354 千
2019 年 6 月第 1 版第 1 次印刷

ISBN 978-7-309-14365-2/Z·93
定价：98.00 元

如有印装质量问题,请向复旦大学出版社有限公司出版部调换。
版权所有　侵权必究